北运河民俗志
——基于文献与口述的考察

第一卷

毛巧晖 等著

中国戏剧出版社
CHINA THEATRE PRESS

图书在版编目（CIP）数据

北运河民俗志. 第一卷，基于文献与口述的考察 / 毛巧晖等著. — 北京：中国戏剧出版社，2019.8
ISBN 978-7-104-04769-8

Ⅰ. ①北… Ⅱ. ①毛… Ⅲ. ①大运河－流域－风俗习惯－研究－华北地区 Ⅳ. ①K892.42

中国版本图书馆CIP数据核字（2019）第052509号

北运河民俗志·第一卷·基于文献与口述的考察

责任编辑： 王松林　张　霞
责任印制： 冯志强

出版发行：中国戏剧出版社
出 版 人：樊国宾
社　　址：北京市西城区天宁寺前街2号国家音乐产业基地L座
邮　　编：100055
网　　址：www.theatrebook.cn
电　　话：010-63385980（总编室）
传　　真：010-63383910（发行部）

读者服务：010-63381560
邮购地址：北京市西城区天宁寺前街2号国家音乐产业基地L座

印　　刷：北京鑫海达印刷有限公司
开　　本：787mm×1092mm　1/16
印　　张：28.5
字　　数：390千
版　　次：2019年8月　北京第1版第1次印刷
书　　号：978-7-104-04769-8
定　　价：148.00元

版权专有，违者必究；如有质量问题，请与出版社联系调换。

《北运河民俗志》编辑委员会

主　　任：沈　强
副 主 任：杜德久　赵世瑜
委　　员（按姓氏笔画顺序）：王卫华　王文超
　　　　　毛巧晖　石振怀　史燕明　刘一达
　　　　　杨利慧　张青仁　苑　柏　哈亦琦
　　　　　钟连盛　袁　剑　翟　丹　王　耀
　　　　　杨兰英

组织编写单位：
北京市文学艺术界联合会
北京民间文艺家协会

北运河民俗志
——基于文献与口述的考察

（第一卷）

毛巧晖　王卫华　张青仁　袁剑　王文超　翟丹　著

前言 preface

中国有两大"世界人工奇迹"——长城和京杭大运河。从中国地图上看,长城是阳刚的一撇,运河是阴柔的一捺。"一条运河千里长,运河两岸是故乡。"一个区域的文化遗产是这一区域的文化记忆,作为我国第九大世界文化遗产,大运河沟通南北,同时又衍生了多样性的地方文化资源,承载了运河沿岸民众的文化生活和珍贵记忆。水文化作为中华文化的重要组成部分,是"中华民族在长期的治水实践中形成的独特而丰富的物质财富"[①]。大运河经过金、元、明、清几个朝代的治理和发展,沿线留下了大量的文化遗产,它们以运河为核心文化特征,具有历史、艺术、审美和科学价值。

2012 年,中国共产党北京市第十一次代表大会提出将通州打造为城市副中心。2013 年和 2014 年北京市政府工作报告中也都明确要求加快通州这一城市副中心的建设。2017 年 2 月 24 日,习近平总书记考察北京城市规划建设和冬奥会筹办工作,到大运河森林公园视察时提出:

---

① 柳德明:《通州区水文化遗产调查与保护研究》,《水利发展研究》2013 年第 11 期。

北京城市副中心建设要高度重视绿化、美化，增强吸引力。通州有不少历史文化遗产，要古为今用，深入挖掘以大运河为核心的历史文化资源。保护大运河是运河沿线所有地区的共同责任，北京要积极发挥示范作用。

党和国家领导人高度重视大运河文化的保护和利用，习近平总书记提出："大运河是祖先留给我们的宝贵遗产，是流动的文化，通州要保护好、传承好、利用好。"① 2017年，他视察通州大运河，对大运河文化保护提出"古为今用，深入挖掘大运河历史文化资源的重要指示"，标志着对于北运河历史文化的研究不仅有重要的学术意义和现实意义，更具备国家战略的高度。曾经沟通南北的运河为北方提供了粮食和物资，为北京城的繁华安定创造了基础，尽管漕运早已成为记忆，但运河在历史上有不可磨灭的作用，她是历史的长河，是生命的长河。

关于北京地区的运河文化。东汉时期，曹操为了运军粮，开凿平虏渠、泉州渠（今武清），沟通了北方多条河流，是北京地区第一条真正意义上的人工运河。后隋炀帝开凿京杭大运河，真正将南北贯通了起来。这一时期，运河主要是作为军事运输之用，为军队运军粮、储备物资。而后辽金元时期，京杭大运河更加繁荣，不仅为军事之用，还运送绫罗绸缎、茶叶器具等除粮食以外的他物。但当时漕运运输的主要是官员的俸禄，民用物资所占比例极少，每条船限制在二十石至六十石，随着百姓不断增加的物质需要，商船逐渐增多。元时郭守敬开凿通惠河，使南方的物资直接通过水运抵达至皇城脚下，形成了积水潭的集市码头，如果子市、面市、茶市等。明清时期，北京城改建，将部分河道圈入城内，使得漕船只能抵达大通桥。这时，去往北京城的多条河道泥沙淤积，漕船行驶困难；北方的农业、手工业逐渐发展起来；铁路、公路的修建让陆路运输也变得方便了，政府疏于对河道的治理，北运河随着历史的脚

---

① 夏锦文：《保护好流动的大运河文化带》，《人民日报》2018年12月24日。

步由盛转衰。光绪二十六年（1900年），漕运废止。留下的是两岸因漕运而形成的村镇及人们的漕运记忆。

随着通州作为北京城市副中心北运河流域文化的挖掘也愈发重要。"运河不同的河段有各自的文化特征，重要河段的文化遗产也是重要的研究领域。"[①] 2018年，"北运河流域民俗文化普查活动及民俗志编纂"被列入中共北京市委宣传部全国文化中心建设重点项目。

北运河先后流经北京市通州区、河北省廊坊市香河县与天津市武清区、北辰区及红桥区。通州区北关闸以上称温榆河，北关闸以下始称北运河，沿途纳通惠河、凉水河、凤港减河等平原河道，于屈家店与永定河交汇，至子北汇合口入海河，干流长143公里，流域面积6166平方公里。21世纪初，在北京经济高速发展中，这一带凭借地理位置的优势，获得了新的发展契机。但在"经济发达、环境优美、设施一流"的宣传中，北运河古老的历史文化空间被隐匿。

超越了民俗学日常的以地域为基点的传统，北运河民俗文化研究，基于近年来区域民俗学研究的相关理论与方法，研究双能既承继传统的区域民俗学研究范式，也期冀对传统民俗空间地域的囿限予以拓展，对"流域"、"河流"等水域"空间"的民俗事象进行综合研究。水域"流动性"的特性，及其作为地域流动的物质媒介对于物质生活、信仰生活、商业、手工艺、口传叙事的意义成为论著讨论的着力点。

一个地域内的民俗事象都不是孤立存在的，它们之间彼此联系，共同构建成复杂的网络。"优越的资源和基础与文化遗产的保护存在双向关系，地理环境基质、空间资源以及历史积淀为文化遗产的保护工作奠定了基础，而文化遗产的保护工作对北运河的各项资源进行了进一步的整

---

① 王长松、李舒涵、何雨：《北运河文化遗产保护与发展路径分析》，《中国名城》2018年第11期。

合。"① 在通州北运河沿岸丰富多彩的民间文艺及民俗宝库中，有许多具有鲜明地域特色的民俗事件和民间形象。它们集中体现了当地民众的生存经验和生存智慧，折射出这一地域独特的价值观、道德观和审美观。这些民俗事象可以说在这一地域中具有典型意义，它们如民俗标志物，具有凸显民俗事象的标志性意义。

基于上述思考，再加上北运河研究从文献到实地调查资料都极为丰富，既有民俗志的编著，也有当地文化研究者的成套著作，我们在借鉴前人研究的基础上，首先将本书撰写范围界定于北京市通州区内北运河一带；其次则是梳理文献和古地图中的北运河流域历史与民俗；最后则是选取了流域沿岸的永顺、潞城、西集、张家湾、漷县等镇域，结合该区域典型民俗事象、文化事件以点带面勾勒其文化网络与发展脉络。

---

① 王长松、李舒涵、何雨：《北运河文化遗产保护与发展路径分析》，《中国名城》2018年第11期。

目录 contents

绪论 文献中的北运河民俗述要 …… 1

一、漕运民俗 …… 2
二、社会民俗 …… 12
三、精神民俗 …… 18
四、语言民俗 …… 24

第一章 永顺镇 …… 27

第一节 永顺北关地区概况 …… 28

一、北关地区的村落概况 …… 28
二、新建村民的运河记忆 …… 32

第二节 漕运码头 …… 43

一、漕运概况 …… 46
二、漕运仓储 …… 50
三、商业与物流 …… 53

目录 contents

第二章 潞城镇

第一节 潞城镇概况与建制沿革 ………… 111

第二节 潞城镇代表性考古文化遗存 ………… 114
- 一、潞城古城 ………… 116
- 二、胡各庄南汉墓群 ………… 121
- 三、召里村汉、唐墓群 ………… 124
- 四、明户部侍郎刘中敷墓 ………… 125
- 五、姚权自撰墓碑 ………… 126

第三节 潞城镇民俗概貌 ………… 128
- 一、运河沿岸丰富多彩的民间故事 ………… 128
- 二、基于运河形成的物质民俗文化 ………… 131
- 三、东堡高跷会 ………… 135
- 四、潞城镇的传统礼俗 ………… 136

第四节 潞城镇大营村的故事：时代变迁的一个侧影 ………… 141

目录 contents

四、停漕 … 56

第三节 运河边的节庆与信仰 … 58
一、祭坝和开漕节 … 59
二、漕运制度与信仰空间 … 63
三、运河水运与水神信仰 … 68
四、人口流动与多元信仰 … 75

第四节 围绕运河而生的民间艺术 … 83
一、运河号子 … 83
二、高跷 … 93

调研日志（一） … 101
调研日志（二） … 103
调研日志（三） … 105
调研日志（四） … 107
调研日志（五） … 109

目录 contents

二、吕家湾的旅游经济	178
第四节　村落与宗规	186
一、"三望沙古堆"	187
二、后寨府的宗规石碑	193
第五节　民间工艺	198
一、通州大风车	198
二、团花剪纸	203
三、画葫芦	206
第六节　民间文学	208
一、刘绍棠与大运河乡土文学	209
二、两河文学社	211
三、运河民间故事的传承	213
调研日志（一）	231
调研日志（二）	234
调研日志（三）	237

目录 contents

调研日志（一） ………… 147
调研日志（二） ………… 150

第三章 西集

第一节 西集概况 ………… 153
一、地理环境概况 ………… 153
二、历史人文概况 ………… 153

第二节 摆渡口与水域民俗 ………… 156
一、尹家河渡口 ………… 161
二、赵庄和于辛庄摆渡口 ………… 161
三、捕鱼生活 ………… 164
四、运河记忆 ………… 166

第三节 西集人的商业理念 ………… 169
一、礼仪与商业兼具的大灰店 ………… 175

目录 contents

一、「曹雪芹墓石发现」争论 ············ 288
二、张家湾与《红楼梦》文化空间的契合 ············ 290
三、地域景观与「文化展示」 ············ 294

第五节 皇木厂的「漕运」记忆 ············ 297
一、皇家木厂的漕运印记 ············ 300
二、「漕运」消失与「生活」革命 ············ 303
三、艺术记忆与文化交流 ············ 308
调研日志 ············ 313

第五章 潞 县 ············ 327

第一节 潞县的地理、历史与村落概况 ············ 328
一、潞县地理环境 ············ 328
二、潞县历史沿革 ············ 330
三、潞县村落概况 ············ 334

目录 contents

第四章 张家湾 ……… 240

第一节 张家湾地区概况
一、张家湾的村落概述 ……… 243
二、张家湾境域内的北运河沿革 ……… 243
三、张家湾的民俗概貌 ……… 250

第二节 里二泗庙会 ……… 255
一、里二泗庙与村落形成 ……… 259
二、里二泗庙会中的信仰生活 ……… 259
三、里二泗庙会的记忆与传承 ……… 265

第三节 花会的复兴与传承 ……… 270
一、小车会的表演形式 ……… 277
二、小车会的组织形式 ……… 278
三、小车会的现代传承 ……… 283

第四节 张家湾与红学文化 ……… 284
……… 287

目录
contents

附录 北运河问卷调查数据分析报告 … 413

一、问卷调查基本情况 … 413
二、问卷调查目的 … 413
三、问卷发放与回收情况 … 414
四、问卷调研结果分析 … 414
五、结语 … 418
六、附件 北运河流域民俗文化普查活动及民俗志编纂调查问卷 … 418

参考文献 … 421

后记 … 431

目录 contents

第二节　人文景观与多元叙事

一、辽春捺钵延芳淀……336

二、明清古城赏八景……337

三、四台八庙七十二眼井……342

第三节　运河漕运与传统村落……356

一、河务与漷县衙门……369

二、钞关与榆林庄……370

三、堤坝与马家堤……375

四、商贸与「马头集」……378

第四节　民间艺术与社区活动……381

一、传统民间艺术……383

二、现代社区活动……384

调研日志……401

……410

绪　论
文献中的北运河民俗述要

京杭大运河的北京通州段至天津三岔口俗称北运河。历史上北运河上游水系分为3支，即潮河、温榆河和白河。潮河乃东向支流，《水经注》称作"鲍邱水"，源自河北丰宁县城根营西南山下水泉子；温榆河为西向支流，《汉书·地理志》称作"温余水"，《水经注》称作"湿余水"，源自北京延庆县军都山八达岭；白河是中间支流，也是主干流，《汉书·地理志》称作"沽水"，源自张家口市沽源县。这3条支流汇聚一起，自通州向南流，经香河县、武清区入北辰区境内小街村，在屈家店闸与永定河交汇，从勤俭村南的勤俭桥出境，至新红桥与子牙河交汇，至三岔河口与南运河汇流，形成海河。[①]

北运河历史上有沽水、潞水、笱沟等多个名称，清雍正四年（1726年）始有北运河之名。《畿辅通志·河渠略》记载："（白河）雍正三年（1725年）大水，堤岸埽坝，多有冲溃。"[②] 怡亲王允祥受令治水，他于

---

① 天津市北辰区委员会文史委员会编：《北辰文史资料·北运河》，天津古籍出版社2003年版，第7页。

② 〔清〕于成龙修、郭棻纂：《（康熙）畿辅通志》，河北人民出版社1989年点校本，第493页。

南北运河各建坝开河,减水分流,别途归海。又将诸河分为四局,"北运河"为其中一局。雍正四年(1726年)二月怡亲王、大学士朱轼奏议言,"臣等查水利所关最重,河道贵有专官。我皇上轸念直隶地方,特命怡亲王兴修水利,遍阅诸河。凡有应加疏浚修筑之处,现在逐一兴工。若不特设专官,工程难以稽核。应如怡亲王等所请,直隶之河分为四局:……其北运河为一局。旧有分司亦应撤回,令通永道就近兼辖。其管河州判等官悉听统辖。"①自此,"北运河"彰名于世,替代了潞水、白河等旧称。

在北运河悠久的历史中,流域内生活的人民创造了丰富多彩的习俗,它们是当地人民智慧和经验的结晶,更是传承历史文化的宝贵财富。本章将利用北运河流域地区相关的历史文献,从物质(运河)民俗、社会民俗、精神民俗、语言民俗四个方面切入,力图描摹出北运河民俗的概貌。

一、漕运民俗

(一)北运河漕运

北运河地处京杭大运河首段,军需官饷、商贸物资进京都需大力仰仗北运河的漕运,北运河成为水路交通要道。其漕运事业,始于秦汉魏,兴于隋唐,盛于金、元、明、清各代。《金史·河渠志》记载:"大定二十一年(1181年),以八月京城储积不广,诏沿河恩、献等六州粟百万余石运至通州,入京师。"②元代漕运量成倍增长,漕粮年运量高的年份达300多万石。《元史·食货志》记载:"元都于燕,去江南极远,

---

① 〔清〕李逢亨:《永定河志》,北京燕山出版社2007年点校本,第270页。
② 〔元〕脱脱等:《金史》,中华书局1975年点校本,第683页。

而百司庶府之繁，卫士编民之众，无不仰给于江南……而江南之粮分为春夏二运。盖至于京师者一岁多至三百万余石。"①可以想见当时运河上舳舻蔽水，帆樯林立之盛况。

下面以北运河上的重要漕运枢纽通州为中心，从码头、仓储、漕运制度等方面介绍北运河漕运概况。

北运河上的重要枢纽通州于金天德三年（1151年）正式得名，"取漕运通济之义"②，素有大运河"龙头"之美誉。明人蒋一葵《长安客话》有言："国家奠鼎燕京，而以漕挽仰给东南，长河蜿蜒，势如游龙，而通州实咽喉之地。"③可见通州城在整个漕运体系中扮演着极为重要的角色。

（1）漕渠及码头

通州漕渠可分为两种：一种是由外省远程运输满粮到达通州的河道，统称外漕渠（简称外河），主要指北运河；一种是潜粮运至通州码头，经官府验收后，再盘运入京、通各仓的河道，统称里灌渠，主要指通惠河。④正因为这样的便利、全面的漕渠分布，既能对内还可对外，让通州的漕运事业繁盛。

历史上，通州城的漕运码头作为漕运枢纽在漕粮转运方面发挥了极大的作用，其漕运中心发生过自张家湾码头转至通州码头的变化。自元代至明代中前期，张家湾一直是通州最重要的水陆转运码头之一，"历

---

① 〔明〕宋濂等：《元史》，中华书局1976年点校本，第2364页。

② 〔清〕周之翰：《通粮厅志》卷1《左辅志》，明万历三十三年（1605年）原刊本。

③ 〔明〕蒋一葵：《长安客话》卷6《畿辅杂记》，北京古籍出版社1994年点校本，第130页。

④ 王文续：《明清漕运话漕渠》，《北京文史资料精选·通州卷》，北京出版社2006年版，第5页。

元明，漕运粮艘均驶至张家湾起卸运京"①，被称为"京东第一大码头"②。《读史方舆纪要》亦载："东南运艘由直沽百十里至河西务，又百三十里至张家湾，乃运入通州仓。"③张家湾位于通州的东南角，设有多个码头，其中最为重要者是张家湾上码头、中码头和下码头。三个码头负责的货运各不相同，上码头负责漕粮的运转，方便南来的漕粮运往通州；中码头则是砖料的专用码头，南来的砖料运至此，并存储于周边建设仓储内，再陆运至北京；下码头主要负责瓷器、木材石材、江米、食盐的运转。④明代嘉靖七年（1528年）吴仲主持疏浚通惠河，在通惠河上建五座河闸以蓄水通航，并在通州城北门外通惠河口南侧建石坝码头一座，漕粮经石坝转搬入通惠河，然后溯河而上，经五闸逐级递运，一直抵达北京城大通桥码头。另为转运通仓漕粮，吴仲在通州城东关外建土坝码头一座，漕粮在此码头卸载，然后经州城东门搬运至通州仓储存。通惠河上的五座水闸和通州城的土石二坝合称"五闸二坝"。⑤通州码头逐渐形成，接替因清嘉庆后运河改道导致衰落的张家湾码头成为漕运中心。张家湾码头转向以商业和客运功能为主。到了清代，通州土坝码头和石坝码头成为朝廷专用性码头，也是大运河北端最重要的两个漕运码头。石

---

① 〔清〕英良、高建勋修，王维珍等纂：《（光绪）通州志》卷1《封域志·山川》，清光绪五年（1897年）刻本。

② 〔明〕汪有执、杨行中纂修：《（嘉靖）通州志略》卷1《舆地志·市集》，明嘉靖二十八年（1549年）刊本。

③ 〔清〕顾祖禹：《读史方舆纪要》卷11《北直二》，中华书局1955年点校本，第488页。

④ 陈喜波：《明清北京通州运河水系变化与码头迁移研究》，《中国历史地理论丛》2011年第1期。

⑤ 陈喜波、邓辉：《明清北京通州城漕运码头与运河漕运之关系》，《中国历史地理论丛》2016年第2期。

坝码头承担着入北京仓[①]的正兑漕粮转运职能，土坝码头承担转运入通州仓的改兑漕粮的转运功能，极大地提高了漕粮运输及入仓的效率。据《（乾隆）通州志·漕运志》记载"通之水利，漕河为大，东南粟米，舳舻转输几百万石，运京仓者由石坝，留通仓者由土坝，故通于漕运非他邑比"[②]，《（光绪）顺天府志》也提到"而漕自东南者，罔弗由石、土二坝进"[③]，由此可见通州码头在漕运物资中转事务中的突出地位。漕运码头外，通州还设有宫廷专用的黄船坞、皇木码头、金砖码头、石盐码头以及接待中外使节的驿站码头——潞河驿。除了这些主要服务于朝廷的码头外，还有一系列服务于民众的商业码头，如"客运码头"[④]"货运码头"[⑤]等。明代为避免运河商船与漕船争抢河道，贻误漕运大事，在通州城东关外建有黄亭子一座为界，其南为民用类码头，上述漕运码头、官用码头均位于其北。[⑥]

[①] 北京仓是京师内仓的总称。由于粮食储备的需要，在清朝不同时期仓的数量有所变化，最盛时有十三仓。此十三仓储粮主要供给的对象是宗室贵族、京官和八旗官兵，在粮食歉收或发生灾难时也少量用于京师的平粜和赈济。多被设置于北京城内东部。

[②]〔清〕高天凤修，金梅等纂：《（乾隆）通州志》卷3《漕运志》，清乾隆四十八年（1783年）刻本。

[③]〔清〕周家楣、缪荃孙编纂：《（光绪）顺天府志》，北京古籍出版社1987年点校本，第2021页。

[④] 货运码头：位于今东关大桥以南的运河西岸，大约从今北京橡胶十厂南端起，一直延伸到玉带河大街北的上营村处。

[⑤] 客运码头：在货运码头之南，今永顺镇小圣庙村东口至大棚村一带的运河右岸。

[⑥] 陈喜波：《明清北京通州运河水系变化与码头迁移研究》，《中国历史地理论丛》2011年第1期。

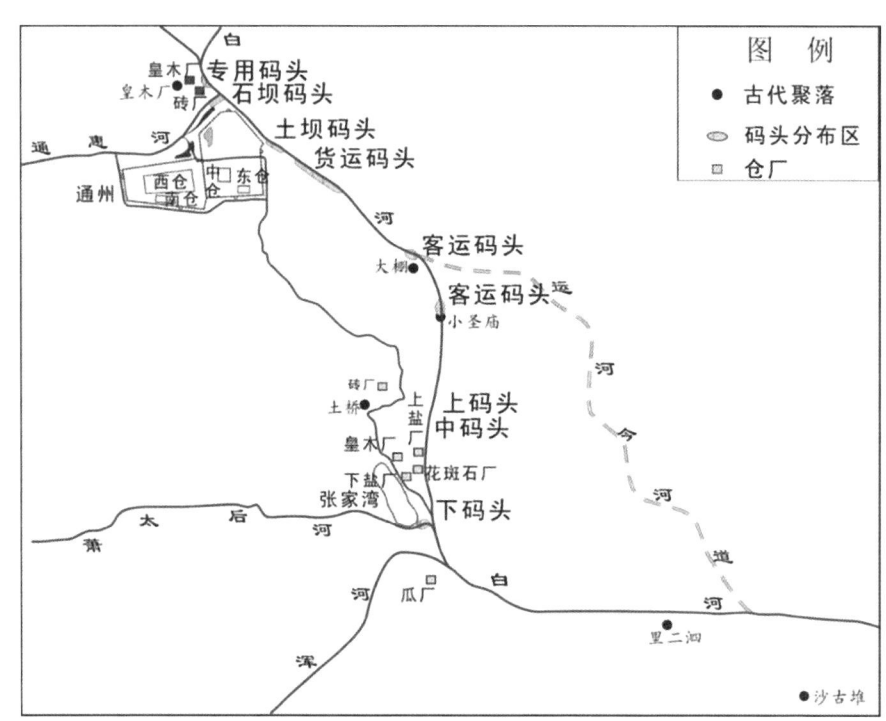

图 0-1　明嘉靖七年（1528年）至清嘉庆十三年（1808年）
以前通州运河水系格局与码头分布图①

（2）仓储

仓储和漕运的关系密不可分。通州早在金元时期就是重要的仓储基地。自运河运至通州的漕粮不能即时运入京城，需暂储于此，因此朝廷在通州设置中转仓。金代，朝廷在通州设立了太仓、丰备仓和通积仓三座粮仓。元代，扩至十三仓。因仓储政策变革，自明代开始，设立于通州的国仓不再是中转仓，变为了终储仓。明朝于通州共设大运东仓、中仓、西仓、南仓四座国仓。明洪武二年（1369年）徐达北伐克通州，命裨将孙兴祖筑城，位于潞河以西，外墙为砖石结构，内实以土，"周围九

---

① 引自陈喜波：《明清北京通州运河水系变化与码头迁移研究》，《中国地理论丛》2011年第1期。

里十三步，高四丈五尺，城门四"①，分别名为通运、朝天、迎熏、凝翠。"正统十四年，虏贼侵境，以仓廒在西城外，乃筑新城障之。"②为保护城外的仓储，粮储太监李德"复筑城七里有奇，环而翼之，是为新城"③。新城专为屏护通州仓而设。明代御史阮鹤曾说："通州一城，实漕运襟喉之地，南控江淮，西望关塞，东邻海寇，北迩边夷，遂于其地多建仓廒以丰储积，而复屯重兵二万五千以守之者，盖上以拱护京师，下以与东西北诸边声援相接，缓急之际可犄角以为赖耳……且新旧二城周围不下十数里，中设大运仓廒不下七百余座，内储军粮不下数百万石，集官民船艘不下数百万只"④，正是由于通州仓储地位的重要性，明代不但设重兵防守，置仓场侍郎、坐粮厅、仓监督管理出纳，而且不断增设漕仓，增大粮额。景泰年间"复增通州大运仓百间，而南仓设北东二门，余仓皆三门"⑤，通州仓在明代达到了鼎盛时期，不但储粮数百万石，而且东、中、西、南四仓其廒⑥近600座，仓房数千间。

清代通州仍然是重要的商贸与仓储中心。《（乾隆）通州志》曾说"是州为左辅雄藩，神仓重地，舟车之所集，水陆之要冲，川原奥衍，民物恬熙"⑦，《长安客话》又称赞其下辖的张家湾城"为潞河下游，南北水

---

① 〔清〕于敏中等编撰：《日下旧闻考》卷108《京畿·通州一》，台湾商务印书馆1986年影印文渊阁《四库全书》本，第3018页。

② 〔明〕张懋等纂修：《明宪宗实录》，卷159，十一月壬戌条，"中央研究院"历史语言研究所1962年校印本，第2914页。

③ 〔清〕于敏中等编撰：《日下旧闻考》卷108《京畿·通州一》，台湾商务印书馆1986年影印文渊阁《四库全书》本，第3018页。

④ 〔清〕万表辑：《皇明经济文录》卷18《北直隶》，明嘉靖三十三年（1554年）刻本。

⑤ 〔清〕张岱：《石匮书》卷36《漕运志总论》，稿本补配清钞本。

⑥ 廒：仓内建廒。廒是收贮米谷的房屋，每五间为一廒。

⑦ 〔清〕高天凤修，金梅等纂：《（乾隆）通州志·序》，清乾隆四十八年（1783年）刻本。

陆要会，自潞河南至长店四十里，水势环曲，官船客舫骈集于此，弦唱相闻，最称繁盛"。① 与明代相比，清代通州仓粮存储数目较少，且仓廒数大减。雍正时通州"大运西仓廒二百三座，大运中仓廒一百一十九座，大运南仓廒八十一座"。② 清中后期"通州中仓计九十八廒，在天花牌楼东；西仓计一百二十四廒，在天花牌楼南"③，两仓合计廒数222座，与雍正时期的数目相差几乎一半。清政府更加重视京仓，而通州仓属于"天子之外仓"，起辅助京仓、平衡京城粮食市场稳定的功能。④

（3）制度

明代通州仓的管理呈现金字塔式结构，最高管理者为户部，兼管者为户部下辖的湖广清吏司——"郎中一员，员外郎一员，主事四员，内三员管通州大运等仓"⑤，专管者为户部尚书或侍郎、坐粮厅郎中、仓监督主事等。清代基本沿袭明代的管理制度。⑥ 而作为储备国家漕粮的基地，通州的漕运管理制度尤为严格。

自明嘉靖七年（1528年）后，南来漕粮抵达通州土坝和石坝交卸，"既抵坝，以次验而收之"，通州坐粮厅"掌验收漕粮，转石坝、土坝之运。"⑦ 按《漕运则例》，正兑米由石土两坝斛量起卸过坝，运进京仓；改

---

① 〔明〕蒋一揆：《长安客话》卷6《畿辅杂记》，北京古籍出版社1994年点校本，第130页。

② 李卫等：《（雍正）畿辅通志》11卷《京师》，清雍正十三年（1735年）刊本。

③ 同上。

④ 郑民德：《明清京杭运河沿线漕运仓储系统研究》，南开大学2013年博士学位毕业论文，第43页。

⑤ 〔明〕李东阳等撰：《大明会典》卷2《吏部二》，明万历内府刻本。

⑥ 郑民德：《从地方志资料看明清时期通州的漕运》，《中国地方志》2013年第7期。

⑦ 〔清〕昆冈等纂：《钦定大清会典事例》卷25《户部仓场衙门》，上海古籍出版社2002年影印本，第228页。

兑米由土坝斛量起卸过坝，运进通仓①。起初，土石二坝每年行粮期间未设专官管理码头漕粮起卸转运事务，而是委官督理，设石坝起京粮委官一员，土坝起通粮委官一员。委官并非专官，而是"粮到而委，粮尽而罢，漫无专责"，且"以他处之官管本处之事，以卑琐之员，当鸿巨之任"，石土二坝漕粮转运因事无专属而奸弊丛生。明万历三十三年（1605年），通粮厅署郎中周之翰题请"设立专官，以通州同知改管土坝，专督通粮事务；通州判官改管石坝，专督京粮事务，白粮附之。"②此建议得到朝廷准许，同年三月添设石坝通州判官和土坝通州同知，分别督理土石二坝漕粮转运事务，"无事则居本衙门，有事则居二坝官厅，以便行事。"③清代漕运制度遵循明代，在土石二坝设分辖土坝通州州同一员和分辖石坝通州州判一员④，分辖石坝通州判官"管辖军粮经纪、水脚、船户及白粮经纪、水脚、船户六项人役，催督漕、白二粮自石坝起，运至普济等闸抵大通桥，入京仓"；分辖土坝通州同知"管辖军粮车户、船户二项人役，督催漕粮至新旧城外，起车径入西仓、中南二仓交纳。"⑤

土石二坝均建有号房，号房是用于暂时存储漕粮的建筑，即所谓"栖粮之所"。《（乾隆）通州志·漕运志》载："按行粮之时，或风雨骤至，或搬运不前，全赖号房堆垛"。土石二坝和大通桥码头还设有袋厂，"凡各仓起回空袋暂贮上袋厂，空船随时带回，交下袋厂备用"⑥，以便装

---

① 〔清〕杨锡绂：《漕运则例》卷20《京通粮储·收受粮米》，清乾隆刻本。
② 〔明〕周之翰：《通粮厅志》卷7《统辖志·委官》，明万历三十三年（1605年）刻本。
③ 〔明〕游应乾：《二坝设立专官疏》，载《通粮厅志》卷9《艺文志上·奏疏》，明万历三十三年（1605年）刻本。
④ 〔清〕高天凤修，金梅等纂：《（乾隆）通州志》卷3《漕运志·设官》，清乾隆四十八年（1783年）刻本。
⑤ 〔清〕吴存礼修，陆茂腾等纂：《（康熙）通州志》卷3《漕运志·闸坝》，清康熙三十六年（1697年）刻本。
⑥ 〔清〕高天凤修，金梅等纂：《（乾隆）通州志》卷3《漕运志·仓厂号房》，清乾隆四十八年（1783年）刻本。

运漕粮入京通二仓，由运粮置袋经纪掌管。

明代漕粮规模初无定制，成化八年（1472年），朝廷规定每年漕运粮食数额固定为400万石，其中正兑粮米330万石，改兑粮米70万石。正兑京粮经由石坝转运，因此石坝码头每年转运漕粮规模在330万石左右，土坝码头每年转运漕粮规模在70万石左右。石坝"每日行粮三万石"①，土坝每日漕粮转运规模约为石坝码头的一半，即"石坝日运三万石，土坝半之。"②因清中后期每年漕粮规模减小，石坝和土坝的漕粮转运规模也相应变小，"石坝在州城北，七省正兑漕米运京仓者从此盘入，通惠河岁计二百四十四万石有奇，扛夫喧轰，昼夜不息，日以起运三万石为率"③；"改兑漕粮四十五万余石悉由州东土坝入通仓。"④

按照规定，漕粮每年抵达通州有一定期限，"凡米至京仓，月旦为期。三月一日，北直隶、河南、山东卫所至，五月一日，南直隶、凤阳等卫所至，六月一日，南直隶、浙江、湖广各卫所至"⑤，并且规定各省完粮时间为三个月，每年石坝土坝码头行粮时间从三月上旬至九月，漕船于十月运河封河之前返还。⑥

---

① 〔明〕周之翰：《通漕三策》，载《通粮厅志》卷10《艺文志中·论揭》，明万历三十三年（1605年）刻本。

② 〔明〕游应乾：《剂量收支以平仓政疏》，载周之翰《通粮厅志》卷9《艺文志上·奏疏》，明万历三十三年（1605年）刻本。

③ 〔清〕陈豫鹏《石坝大光楼行并序》，载《（光绪）通州志》卷10《艺文志·诗》，明万历三十三年（1605年）刻本。

④ 同上。

⑤ 〔清〕孙承泽：《天府广记》卷14《仓场·漕规》，北京古籍出版社1984年点校本，第176页。

⑥ 此制度部分参考自陈喜波、邓辉：《明清北京通州城漕运码头与运河漕运之关系》，《中国历史地理论丛》2016年第2期；郑民德：《从地方志资料看明清时期通州的漕运》，《中国地方志》2013年第7期。

（二）漕运与通州城的发展

通州因漕运而兴盛，州民因漕运而富裕，各业依漕运而兴旺，南方富商船家，北方大贾车主，咸会通州。通州也因此发展成为京东行政、经济、商贸、文化中心城市和全国性的物资交流中心。关于通州的富裕情况，1620年出使中国的朝鲜使臣黄中允于《西征日录》中写道："余见辽东人民物贸之盛，以为无比，比及到山海关，则辽东真如河伯之秋水，以为天下殷富此为无敌。今见通州，则山海关又不啻山店贫村。其人居屋舍可以十万计，彩胜银幡令人夺目。帆樯满江，簇簇如藕……至于城中街市则绣堆金窟，左右炫眼……秦之说挥汗成雨，连衽成帷为过于夸张矣。于今始信其不诬也。忘轩李胄诗曰：'通州天下胜，楼观出云霄。市积金陵货，江通扬子潮'可谓善形容也。"① 同时代的朴趾源于《热河日记》亦言："天下船运之物皆凑集于通州。不见潞河之舟楫，则不识帝都之壮也。……下船登岸，车马塞路不可行。既入东门，至西门五里之间，独轮车数万，填塞无回旋处。遂下马，入一铺中。其瑰丽繁富，已非盛京、山海关之比矣。艰穿条路，寸寸前进。市门之扁曰'万艘云集'，大街上建二檐高楼，题曰'声闻九天'。"② 李宜显《庚子燕行杂识》言："街路之上，往来行人及商胡之驱车乘马者，填街溢巷，肩摩毂击，市肆丰侈，杂货云委，处处旗牌，左右罗列。如绒裘、袜、红帽子、书、瓷器、米、谷、羊、猪、葱、白菜等，或聚置床上，或积在路边，车运担负，不可尽数。至如壕堑之深广，城壁之坚致，楼榭台观之壮观，署宇仓社廒之宏大，非如沈阳之比，真畿辅之襟喉，水陆之要会

---

① ［韩］林基中编：《燕行录全集》第十六卷《西征日录》，韩国东国大学出版社2001年版，第55页。

② ［韩］朴趾源著，朱瑞平校点：《热河日记》，上海书店出版社1997年版，第84页。

也。"① 从这些外国观察者更为客观的描述，我们可以真切感受到通州的繁荣富庶。黄中允《西征日录》还言："北京有变则百司皆乘此以达金陵，算计远矣"。② 略早于黄中允出使中国的朝鲜使臣闵仁伯在其《朝天录》中亦言："上自皇上，下至百僚，计员有船。脱有缓急，各乘此船直达金陵之计也。成祖神算，岂不远哉？"③ 据此可知，当时在通州运河中，配备了上至皇帝、下至百官专用的紧急避难船只，一旦国家形势有变，能迅速将首都中央机构在通州通过运河南下陪都南京继续发挥其功能，保障国家的稳定。④ 可见，通州关涉着安全而快速的撤退路线，从政治和军事层面上看，有着战略意义。而通州城之所以承担了这样的重要作用，也正是因为其漕运枢纽的身份。

二、社会民俗

现存的通州方志共7部，其中明代1部、清代4部、民国2部。这些志书专设有"风土志"一类，细致载录了当地人民的日常生活习俗，是很好的考察民俗的资料。

（一）人生礼仪

以人生重要仪式的婚、丧为例来看，清王维珍等纂《（光绪）通州

---

① ［韩］林基中编：《燕行录全集》第三十五卷《庚子燕行杂识》，韩国东国大学出版社2001年版，第372页。

② ［韩］林基中编：《燕行录全集》第十六卷《西征日录》，韩国东国大学出版社2001年版，第55页。

③ ［韩］林基中编：《燕行录全集》第八卷《朝天录》，韩国东国大学出版社2001年版，第26页。

④ 杨昕：《朝鲜使臣笔下的明代通州》，《延边大学学报》（社会科学版）2009年第2期。

志》载本地婚礼习俗曰:"先遣媒妁问名,取女年庚,合婚。亦有男女亲长作保亲者,不必合婚,谓之'撞婚'。行定礼,用钗钏、绸帛及羊酒、果饼等物。将娶,骋抒礼,用衣饰及羊酒、果饼等物,俗名'下茶',又名'过礼'。将娶先期,婿家备礼物及鸡席送女家,曰'催妆'。女家送妆奁,仍以鸡席归婿家,曰'铺床'。妆奁丰俭,各称其家。娶前一日,曰'花烛'。男女家俱有戚友备礼称贺,各设吉席款待。娶之日,间有亲迎者,近亦罕行。娶之次日,女家送果品等物,曰'点茶'。三日复送席,曰'馈饭'。娶后几日,择吉行庙见礼,女家亲戚咸往婿家,曰'会亲'。九日,女家迎婿、女至家,曰'回九'。十八日,女家亲戚咸往婿家,曰'作双九',或女家复迎婿、女至家,曰'回双九'。及一月,女家迎婿、女至家,曰'住对月'。或婿先返,择日送女归。"① 将结亲的男女方从初步建立联系到背后的两个家庭的深入结合过程通过礼仪梳理了出来。这一套礼的规范,既增重了男女双方对婚姻重要性的认同,也降低了议亲过程中两个家庭产生的摩擦的风险。民国金士坚、徐白等纂修的《通县志要》对婚礼习俗进一步补充曰:"择门第之相称,凭媒妁以联姻。先将女子年庚送交男家,名曰'压小帖'。婚之定否,纯由男家主持。婚定后,男家书年庚交与女家,名曰'换帖'。择吉期行定婚礼。男家书正式庚帖,备喜饼,镯钏送至女家,交换女家正式庚帖,名曰'过大帖',又曰'下家礼'。娶期择定,行聘礼。男备通书、果饼、首饰送至女家,名曰'过通书',又曰'下定礼'。娶之前日,男备果饵、酒肉送至女家,名曰'催妆'。女家置备妆奁送往男家,名曰'送妆'。双方亲友备礼往贺,曰'贺喜'。娶之日,男备彩轿往娶于女家。女家随轿来男女二客,男曰'帮轿人',女曰'送亲人',带来面食一盒,名曰:'随身饭'。娶女至婿门前,婿用弓矢向之三射,名曰'射草'。遂由二女

---

① 〔清〕英良、高建勋修,王维珍等纂:《(光绪)通州志》卷9《风土志·风俗》,清光绪五年(1897年)刻本。

眷扶女与婿行结婚礼。院设香案，女婿同拜于案前，名曰‘拜天地’。拜毕，女婿入卧室，相向坐，交换杯盏，各领一啄，名曰‘坐帐’。设席，宴随来之男女二客，名曰‘会亲客’。宴毕而归。女拜亲族戚友，名曰‘拜堂’。晚间，男女合房之先，将女家带来之随身饭，女婿共餐之，名曰‘吃子孙饽饽’。娶过三日，女家送果饵，名曰‘点茶’。行庙见礼，女拜全家，俗云‘分大小’。谒邻族，俗云‘拜街坊’。四日，婿同女往叩岳家，名曰‘接回门’。九日，女家来会亲。名曰‘看单九’。十九日，女家亲友来会亲，名曰‘作双九’。娶经匝月，女归宁，名曰‘住对月’。”①

再来看丧礼，《(光绪)通州志》载：“死之次日，戚友俱送冥镪，男丧送纸马，女丧送纸轿。丧家延僧道作佛事，曰‘接三’。其不作佛事之家，无接三礼。士大夫家及丰裕者，或七七俱作佛事。其不作佛事者，遵文公《家礼》，于死后五、六、七等日，延庠生行成服礼，逾时治丧。亲友奠赙者，丧家裂帛答之。发引前一日，戚友吊，曰‘封灵’。士大夫家延庠生行迁柩礼。发引日，丧家或用僧道，士大夫家或延庠生子途行遣奠礼。戚友束帛素服送殡，或设路祭，或设祭品于墓所，曰‘山头祭葬’。三日，本家祭于墓，曰‘暖墓’。向遇丧事有司会者，颇于丧家有益。今不甚行。”② 民国金士坚、徐白等纂修

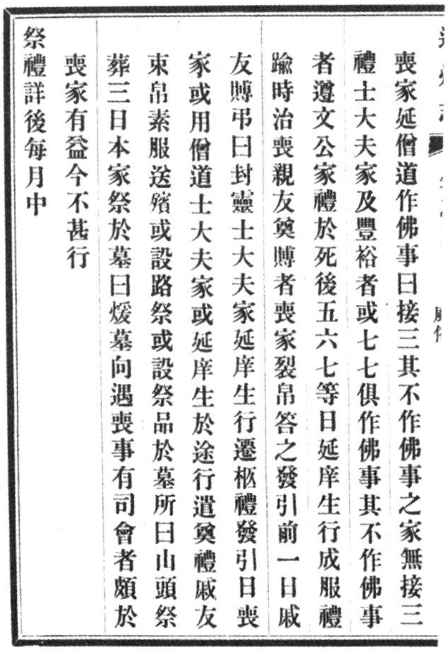
喪家延僧道作佛事曰接三其不作佛事之家無接三
禮士大夫家及豐裕者或七七俱作佛事其不作佛事
者遵文公家禮於死後五六七等日延庠生行成服禮
踰時治喪親友奠賻者喪家裂帛答之發引前一日戚
友賻弔曰封靈士大夫家延庠生行遷柩禮發引日喪
家或用僧道士大夫家或延庠生於途行遣奠禮戚友
束帛素服送殯或設路祭或設祭品於墓所曰山頭祭
葬三日本家祭於墓曰煖墓向遇喪事有司會者頗於
喪家有益今不甚行
祭禮詳後每月中

图 0-2 《(光绪)通州志》内页

① 金士坚、徐白等纂修：《通县志要》卷 9《风土志·风俗》，民国三十年（1941 年）铅印本。

② 〔清〕英良、高建勋修，王维珍等纂：《(光绪)通州志》卷 9《风土志·风俗》，清光绪五年（1897 年）刻本。

《通县志要》曰："人死寝床于堂内,家人哭往五道庙或土地庙中烧纸,名曰'报庙'。为数须往七次,历时经一昼夜。然后殓之于棺。延僧诵经,男烧纸轿、车马,女烧纸轿、牛车,亲友送冥镪,名曰'接三'。停棺五日或七日。葬于茔,名曰'发引'。发引之前日,丧家举行开吊,戚友备祭礼往吊;名曰'送行'。收义名曰'领帖'。在礼士之家或资产丰裕者,于开吊之日,延生行成主礼,奠祭礼,多备纸糊车马、人物,名曰'烧活'。近来民智稍开,视为无足轻重。葬过三日,家人祭墓,名曰'暖坟'。"① 可见自明以来,各礼仪环节名称虽然有所变化,但主要环节还是被承袭下来了。

（二）岁时民俗

志书中还记载了本地的岁时民俗,由中可想见通州人民结合岁时特征的富有情趣的多姿生活。《（光绪）通州志》②载曰：

> 正月 "元旦",家设香烛酒果,拜天地、祖宗,出门贺节。城隍庙中,自隔岁除夕至元旦,有庙场香会。"元宵节",以果相馈。自十三至十六,各庙鼓楼悬灯,放花炮。其演戏者,曰"灯戏"。男女各游街市观灯,曰"走百病"。又曰"走桥儿"。自十五至三十,里二泗娘娘庙有庙场香会。二十五日,啖饼饵,曰"填仓"。
>
> 二月 二日,为"龙抬头"。用灰撒地,谓之"引龙"。煎绿豆粉为饼,曰"熏虫儿",为多蝎、蝇、臭虫也。自初一至初三,各署土地庙演戏,祀神。十九日,北坝菩萨庙有庙场香会。

---

① 金士坚、徐白等纂修：《通县志要》卷9《风土志·风俗》,民国三十年（1941年）铅印本。

② 〔清〕英良、高建勋修,王维珍等纂：《（光绪）通州志》卷9《风土志·风俗》,清光绪五年（1897年）刻本。

三月　"清明节"，本州城隍盛仪仗、驺从出巡，赦孤。家各祀祖先，数日内各扫墓。有丧之家，三年内于春首戊寅日以前，祭新坟，俗谓"新坟不过天赦日"也。自二月晦日至初二，孤出庙有庙场香会。自十七至十九，杨富店娘娘庙有庙场香会。自二十七至二十九，东岳庙有庙场香会。

四月　八日，为"浴佛会"，遍以熟豆施人，谓之"结缘"。自初一至十五，宏仁桥娘娘庙，张湾广福寺即接待寺，俱有庙场香会。初八日，堂子胡同碧霞行宫万缘庙会众，请天仙圣母神像，赴掌髻山朝顶。十八日，草寺娘娘庙有庙场香会。二十七、八日，城内外四处药王庙有庙场香会。二十八日，北关九神庙有庙场香会。

五月　初一日，本州城隍庙自四月晦日至初一，有庙场香会。里二泗娘娘庙亦于初一有庙场香会。"端午节"，家以角黍相馈遗。插艾，悬符，饮菖蒲、雄黄酒，制五色线系儿女臂以避毒。演龙舟于运河之中以为戏。十三日，为"关帝诞"。自初一至晦日，王恕园关帝庙有庙场香会。陈积百货，互相市易，演戏，礼神，游人杂沓。

六月　六日，曝衣。十七日，俗称为"本州城隍诞"，有庙会。

七月　七日，为"女节"。用盎盛水曝日中，水面生膜，投以小针，谓之"丢巧"。十五日，家各祀祖先。本州城隍盛仪仗、驺从出巡，赦孤。各处作佛事，放河灯，超度孤魂。各庙作"盂兰会"。

八月　十五日，家设瓜果祭月，以月饼相馈遗。

九月　九日，蒸粉面，置枣、栗其上，曰"花糕"。同有采菊载酒登高者。

十月　初一日，本州城隍盛仪仗、驺从出巡，赦孤。家各祀祖先，裁纸为焚之，曰"送寒衣"。初八，相传为"本州土地诞"。初七至初九三日，于土地祠内演戏，张灯，游人云集。

十一月 "长至节"，家各祀祖先。

十二月 八日，用各种粟、米杂诸果同煮，曰"腊八粥"。二十三日，夜设牲醴、糖饼"祭灶"。"除夕"，各祀祖先，设酒肴宴乐，曰"分岁"，坐至夜分，曰"守岁"。烧炭火、苍术以辟瘟。各于门前燔柴，曰"燎岁"。花炮之声达旦。或贴纸钱、或贴门神，士大夫家则挂桃符。

其他志书所载岁时民俗活动与《（光绪）通州志》差异不大。通过历代志书对这些节点上重要民俗活动的总结，通州地域民俗文化被进一步巩固和传承。

（三）典礼

志书中还记载了政治性礼仪，如《（康熙）通州志·礼乐志》记载了"庆贺""颁历""迎春""乡饮""宾礼""乡约""救护""上任""祭典"等重大场合的礼制习俗。① 如：

> 迎春 每岁立春前一日，知州率僚属出东陛门祭拜芒神，春牛祀回贡于州大门内东侧，次日，按立春时刻，具朝服祭芒神，以杖击土牛三匝而僚属如之。

这是记载了古代以迎春神、鞭春牛等为主要内容的催耕迎春习俗。

> 救护 凡遇日月之食，本府帖文到州。至期于堂上，州守击鼓三声，率僚属吏胥环步月台之下，令僧道奏乐，其声不绝，即古者伐鼓用牲于社之意也。阴阳生报初亏、食甚、复圆。凡

---

① 〔清〕吴存礼修，陆茂腾等纂：《（康熙）通州志》卷5《礼乐志》，清康熙三十六年（1697年）刻本。

三次行礼。日食用朝服,月食常服。

这是记载了古代的日食救护礼仪。远古之人认为日食是太阳遭到了某种动物的侵犯,于是一旦发生日食,就要敲锣打鼓帮助太阳赶走侵犯者。[①] 这本来是民间习俗,后逐渐演化成为一种官方认可的正式仪式。其实,随着社会发展,日食救护的实际作用不再为人们所信,但因其具有敬畏天戒的象征意义而得以保留。

> 庆贺　每遇万寿节、东宫千秋、元旦、冬至,令节前一日知州率阖属官吏师生在嘉靖寺习仪,次日五鼓行礼,其应具表笺预期择日安置龙亭,仪仗、鼓乐前导,出旧城南门外,捧付斋表官捧进。
>
> 每遇诏敕下颁,官吏、师生出郭郊迎。具龙亭、仪仗、鼓乐前导,出新城南门大街十字口行礼,遵照官制。

这是记载了古代庆贺和迎接诏敕的礼仪。用仪仗、鼓乐和龙亭,配合叩拜大礼,通过这样隆重、繁复仪式表示对皇帝的忠诚和尊崇。其中"龙亭"是一种需要人抬的香舆,其上放置下官朝贺的文书、皇帝下颁的诏敕。它是一种专供迎接、导引之用的礼仪器具。

三、精神民俗

历史上通州主要的民间信仰是碧霞元君和天妃信仰,它们的供奉和流行与两位神祇的执掌有很大关系,都是贴合本地人民实际生活需要的。

---

① 关增建:《日食观念与中国传统社会》,《第七届国际中国科学史会议文集》,大象出版社1996年版,第269页。

下文以供奉两神的寺观马驹桥碧霞元君庙和里二泗村佑民观为例来进行介绍。

（一）马驹桥碧霞元君庙与泰山女神

清人潘荣陛在《帝京岁时纪胜》中说："京师香会之胜，惟碧霞元君为最。"① 碧霞元君庙，主祀东岳大帝之女——天仙玉女碧霞元君。碧霞元君是东岳的女神，其诞生和汉以后泰山治鬼之说渐盛有关，世人"但恐至太山治鬼，不得治生人"②。为了解决这个问题，一方面自泰山方位着手，宣扬东方主生；另一方面又利用民间泰山女的传说，逐渐创造了泰山的女神碧霞元君——保佑生育，治疗疾病，补足了泰山神的治生功能。③ 所以碧霞元君特别得到负责生育的女性欢迎。

北京习称碧霞元君为"泰山顶上天仙圣母"，故又将此类庙宇简称为"顶"。明代北京城乡有著名五顶，分别以其所在方位定名，马驹桥碧霞元君庙位南，称南顶。④ 明代刘侗、于奕正《帝京景物略》卷三"弘仁桥"条记载了帝都的元君庙，言："麦庄桥，曰西顶；草桥，曰中顶；东直门外，曰东顶；安定门外，曰北顶。盛则莫弘仁桥若，岂其地气耶！"⑤ "弘仁桥"即马驹桥，清于敏中等编纂的《日下旧闻考》有言：

---

① 〔清〕潘荣陛：《帝京岁时纪胜》，北京古籍出版社1981年版，第18页。

② 〔晋〕陈寿：《三国志·管辂传》卷29《魏书·方技传》，中华书局1959年点校本，第826页。

③ 赵世瑜：《国家正祀与民间信仰的互动——以明清京师的"顶"与东岳庙为个案》，《北京师范大学学报》（社会科学版）1998年第6期。

④ 据赵世瑜《国家正祀与民间信仰的互动——以明清京师的"顶"与东岳庙为个案》所述：五顶中的南顶有两座：一在北京永定门外大红门，建筑规模较小；一在京南重镇马驹桥，规模与香场庙会比其他几顶都大，故称大南顶。清乾隆励宗万著《京城古迹考》中提到"弘仁桥"的庙时有载：今此庙曰大南顶，旧曰南顶。

⑤ 〔明〕刘侗、于奕正著，孙小力校：《帝京景物略》，上海古籍出版社2001年版，第132页。

"天顺七年四月，新建宏仁桥成，桥在南海子东墙外，旧名马驹桥。"①《帝京景物略》"盛则莫弘仁桥"一句大力夸赞大南顶之繁盛，后又细致描绘了其庙会时的热闹场面："岁四月十八日，元君诞辰，都士女进香。先期，香首鸣金号众，众率之如师如长，令如诸父兄。月一日至十八日，尘风汗气，四十里一道相属也……步者，婺人子，酬愿祈愿也。拜者，顶元君像，负楮锭，步一拜，三日至；其衣短后，丝裩，光乍袜履，五步、十步至二十步拜者，一日至。群从游闲，数唱吹弹，以乐之。旗幢鼓金者，绣旗丹旟各百十，青黄皂绣盖各百十，骑鼓吹，步伐鼓鸣金者称是。人首金字小牌，肩令字小旗，舁木制小宫殿，曰元君驾，他金银色服用具称是。后建二丈皂旗，点七星；前建三丈绣幢，绣元君号。又夸儓者为台阁，铁杆数丈，曲折成势，饰楼阁崖木云烟形；层置四五儿婴，扮如剧演……别有面粉墨，僧尼容，乞丐相，逼伎态，憨无赖状，间少年所为喧哄嬉游也。桥旁列肆，搏面角之，曰麻胡。饧和炒米圆之，曰欢喜团。秸编盔冠幞额，曰草帽。纸泥面具，曰鬼脸、鬼鼻。串染鬃鬣，曰鬼须。"②这个庙会不仅有祀神的一套礼仪，也有娱神的一些节目，如中幡、抬阁等，还售卖香客吃喝用玩之具，"香客归途，衣有一寸尘，头有草帽，面有鬼脸，有鼻，有须，袖有麻胡，有欢喜团。入郭门，轩轩自喜。道拥观者，啧啧喜。入门，翁妪妻子女，旋旋喜绕之。"③可见，马驹桥元君庙庙会除了酬神祈愿的功用，也是一个百姓喜欢的节日。

马驹桥碧霞元君庙即临桥而建，"桥长二十五丈，曰宏仁桥，桥东碧

---

① 〔清〕于敏中等编撰：《日下旧闻考》卷108《京畿·通州一》，台湾商务印书馆1986年影印文渊阁《四库全书》本，第3073—3074页。

② 〔明〕刘侗、于奕正著，孙小力校：《帝京景物略》，上海古籍出版社2001年版，第132页。

③ 同上。

霞元君庙西向临桥"。① 马驹桥碧霞元君庙，始建于明成化年间。此庙东为古之延芳淀、柳林宫故址，西即南苑缭垣红门。明代后期即形成京师泰山崇拜的香火中心。②《帝京景物略·春场》载："四月一日至十八日，倾城趋马驹桥，幡乐之盛一如岳庙。碧霞元君诞也"③，盛赞其庙会之盛。清中叶时，"桥既颓圮，庙亦陊岁弗治。"④ 乾隆皇帝于三十八年（1773年）发内帑重修马驹桥和碧霞元君庙："岁癸巳，饬工建桥，并命缮葺其庙，踰年落成。"⑤ 并亲自撰写《御制重修马驹桥碑记》《御制重修碧霞元君庙碑记》两文，令刻碑立于桥畔。惜此后元君庙逐渐败落，据《通县志要》记载，民国时，该庙已无存："因屡遭拆毁渐滨于斜敧倾颓，民国十八年呈准拆卖兴学，修建本区完全小学，现只有山门庙场后殿供关帝殿前有古松数株。"⑥

（二）佑民观及天妃信仰

北运河一带水神天妃祠庙的建造缘由主要为护卫漕运，佑民观就是其中之一。佑民观坐落在北京通州区张家湾镇的里二泗村，俗名"娘娘庙"，元代时开始供奉水神天妃，即海神妈祖。里二泗是张家湾的一个重要码头，大运河水运携来的东南沿海妈祖信仰扎根于此，供奉水神的佑

---

① 〔清〕于敏中等编撰：《日下旧闻考》卷108《京畿·通州一》，台湾商务印书馆1986年影印文渊阁《四库全书》本，第3074页。

② 李继昌：《御制马驹桥碧霞元君庙碑刻尚存》，《北京考古集成7—9》，北京出版社2000年版，第1033页。

③ 〔明〕刘侗、于奕正著，孙小力校：《帝京景物略》，上海古籍出版社2001年版，第68页。

④ 〔清〕乾隆：《御制重修碧霞元君庙碑记》，载《日下旧闻考》卷110《京畿·通州三》，台湾商务印书馆1986年影印文渊阁《四库全书》本，第3077页。

⑤ 同上。

⑥ 金士坚、徐白等纂修：《通县志要》卷3《建置志·庙宇》，民国三十年（1941年）铅印本。

民观就应此而建并在相当长的时间中香火旺盛。它曾经是"正一道"在北方的重要传承地点之一①，其河（海）神信仰在一定程度上成为了当时人们在保障漕运方面的精神寄托。②

《元史》载："今岁新开牐河，分引浑、榆二河上源之水，故自李二寺至通州三十余里，河道浅涩。"③这是该庙首次见于史书。《日下旧闻考》注曰："《元史》所载李二寺即今里二泗也，地在张家湾。"④《（光绪）通州志》言："佑民观，在州张家湾，即天妃庙，旧名里二泗。凡运船往来在此修醮……明嘉靖十四年道官周从善奏请赐额，观曰'佑民'，阁曰'锡禧'。"⑤据上述可知，李二寺、里二泗均为佑民观旧称。此庙元代时叫李二寺，明嘉靖十四年（1535年），道官周从善修缮、扩建李二寺，并奏请皇帝为本庙赐名，世宗皇帝朱厚熜赐名"佑民"。自此，佑民观代替了天妃庙之名。被赐名为"锡禧"的阁是玉皇阁，《（光绪）畿辅通志》有载："里二泗近张家湾，有佑民观，中建玉皇阁醮坛，塑河神像"⑥，据此可知其中还供奉着河神像。这河神、海神共存一庙的情景，也是这佑民观一个特色。⑦而由"凡运船往来在此修醮"一句可想见当时佑民观香火之盛。此外，佑民观又有一名曰"保运观"。《读史方舆纪要》有载："火烧屯而北七里，曰公鸡店，……又六里，曰保运观，亦谓之李二

---

① 据冯鹤《通州佑民观小考》考证，重修佑民观的周从善来自龙虎山天师府，是正一派"从"字辈道士。

② 冯鹤:《通州佑民观小考》，《道教论坛》2012年第3期。

③ 〔明〕宋濂等撰:《元史》，中华书局1976年点校本，第1596页。

④ 〔清〕于敏中等编纂:《日下旧闻考》卷109《京畿·通州二》，台湾商务印书馆1986年影印文渊阁《四库全书》本，第3043页。

⑤ 〔清〕英良、高建勋修，王维珍等纂:《（光绪）通州志》卷2，清光绪五年（1897年）刻本。

⑥ 〔清〕李鸿章修、黄彭年纂:《（光绪）畿辅通志》卷5《诏谕四》，商务印书馆1934年影印版，第6645页。

⑦ 冯鹤:《通州佑民观小考》，《道教论坛》2012年第3期。

寺。"①《行水金鉴》也提到"保运观"这个名字："顺天府运河自武清县杨村驿……六里至保运观，即里二泗，十里至张家湾。"②

佑民观的庙会在通州颇为有名，甚至已作为一项民俗活动被写入方志。上文所引《（光绪）通州志》记述的岁时民俗中就专门收入了佑民观庙会："正月……自十五至三十，里二泗娘娘庙有庙场香会""五月……里二泗娘娘庙亦于初一有庙场香会"。佑民观不仅一月和五月有庙会活动，其中一月的庙会活动会持续半月。这从侧面反映出佑民观在当时是具有一定辐射力和影响力的寺观。《燕京岁时纪胜》中记："（里二泗）前临运河，五月朔至端阳日，于河内斗龙舟、夺锦标。香会纷纭，游人络绎"③，可见佑民观当时的热闹情景。

随着佛教及基督教在当地的传播，道教在通州地区的势力渐弱，"自光绪后半叶，耶稣教来通布教，信徒渐众……道教则已过去，渐就式微矣"④，佑民观逐渐衰落，被改建为学校，"娘娘庙……在里二泗，现为里二泗公立初级小学校及乡公所"⑤。"文革"期间，佑民观所有殿堂、神像及文物全部被毁，只剩下院中一棵古树及数块石碑。2004年，里二泗村民及附近居士筹集资金开始重新修建观中殿堂，重塑神像，并于2007年邀请刘崇尧道长主持庙内宗教事务。2009年，北京市宗教局批准佑民观为对外开放的宗教活动场所，并命名其为"佑民坤道院"。⑥

---

① 〔清〕顾祖禹撰：《读史方舆纪要》卷129，中华书局2005年点校本，第5487页。

② 〔清〕傅泽洪等编：《行水金鉴》卷155，台湾商务印书馆1986年影印文渊阁《四库全书》本，第450页。

③ 〔清〕潘荣陛：《燕京岁时纪胜》，北京出版社1961年点校本，第20页。

④ 通州区史志办公室整理：《民国通县志稿》，2002年版，第106页。

⑤ 金士坚、徐白等纂修：《通县志要》卷3《建置志·庙宇》，民国三十年（1941年）铅印本。

⑥ 冯鹤：《通州佑民观小考》，《道教论坛》2012年第3期。

四、语言民俗

本节以通州地标性建筑燃灯佛舍利塔和钟鼓楼为对象,介绍流传下来的围绕这两座建筑产生的民间传说和歌谣,以从中窥见多彩的北运河语言民俗和当地人民丰富的想象力。

(一)燃灯佛舍利塔与"通州燃灯塔的传说"

燃灯古佛舍利宝塔位于北运河西畔,全称为"通州佑胜教寺燃灯古佛舍利宝塔",是现存北京地区最高的塔。《长安客话》载:"通州佑胜教寺在州治西北,学宫之右,偪近城垣。有燃灯古佛舍利宝塔。"①《(康熙)通州志》载:"(佑胜教寺)浮屠十三层,下作莲花台。创于唐贞观七年癸巳,历五代、辽、金、元而始成,为州之巨观,即八景中之'古塔凌云'也。"②"为州之巨观"一句肯定了舍利宝塔的地标地位。

《(康熙)通州志》载有一则关于它的奇异传说:

> 燃灯古佛舍利宝塔,相传后周宇文氏时建,唐贞观七年尉迟敬德监修。塔之顶有铁矢一,世传金将杨彦升射中其上,明代犹存,每天气晴朗,日光丽空,则塔影垂映于白河中。河去州五里许而奇异如此。塔顶藏舍利数百粒,大如小米,色淡黄微红,莹澈如珠。又佛牙一,长三寸许。本朝康熙十八年地震,塔圮,舍利、佛牙俱坠地,人皆见之,俟重建,塔成,仍置于其上。③

---

① 〔明〕蒋一葵:《长安客话》卷6《畿辅杂记》,北京古籍出版社1994年点校本,第131页。
② 〔清〕吴存礼修,陆茂腾等纂:《(康熙)通州志》卷2《建置志·寺观庵堂》,清康熙三十六年(1697年)刻本。
③ 〔清〕吴存礼修,陆茂腾等纂:《(康熙)通州志》卷11《禨祥杂志·逸事》,清康熙三十六年(1697年)刻本。

北运河古也称白河，距塔仅百余米。另外，《通县志要》有"塔中铁链"一条，记载了舍利塔内的铁链是龙的化身的传说，这则故事加重了燃灯佛舍利塔的传奇色彩：

  县城内舍利塔下层有铁链一，颇巨，下垂井中。好事者牵之则簌簌然有风声。相传此井通海系者，殆蛟龙之属云。①

（二）钟鼓楼与"雷瘸子成仙"

通州钟鼓楼坐落在北大街堂子胡同（古称发祥胡同）与教子胡同东口之间的街中。在现代记时器出现以前，钟鼓楼的"暮鼓晨钟"是通州百姓掌握时间的主要工具。据考，通州钟鼓楼始建于明初。② 自明嘉靖十七年（1538年）毁于火灾又于二十七年（1548年）重建后，明清多次修复。新中国初期，钟鼓楼的场地还被用来办有线广播、图书借阅、教育展览等活动。钟鼓楼于1968年被拆，砖瓦木料被运往大厂县境内潮白河滩建"五七干校"。③

《通县志要》载有钟鼓楼敲钟人雷瘸子成仙的传说：

  雷瘸子　雷姓，佚其名，生而跛，司鼓楼击钟。一夕遍访亲友，谓将远行，是夜，钟竟不鸣。翌日，争传雷瘸子于同日

---

① 金士坚、徐白等纂修：《通县志要》卷9《风土志·传说》，民国三十年（1941年）铅印本。

② 据王翔《通州钟鼓楼》考：《（康熙）通州志·城池》"旧城"条载："按：旧志相传元以前无城，编篱寨为之。明洪武元年（1368年）闰七月，燕山忠敏侯孙兴祖从大将军徐达定通州，督军士修其城。"钟鼓楼的始建年代，很可能是在修葺旧城的同期或稍后，大约不会早于明初。《北京文史资料精选·通州卷》，北京出版社2006年版，第67页。

③ 王翔：《通州钟鼓楼》，《北京文史资料精选·通州卷》，北京出版社2006年版，第67页。

同时至各亲友处辞行，殆仙去云。①

这个故事在流传中，细节被不断填充，通州现今流传的民间故事中，雷瘸子的事迹被扩展为推晚敲钟、提早击鼓以使狱中苦力减少戴镣铐时间，给予了他成仙的合法性。

> 后来他听人说，监狱里规定：每天早晨，听到钟鼓楼的钟声，就把手铐脚镣给犯人戴上；每天晚上听到钟鼓楼的鼓声，就把手铐脚镣卸下来。雷瘸子心里有了主意。从此以后，他总是每天早晨很晚才敲钟，使犯人晚戴手铐脚镣，晚上很早就击鼓，使犯人早点儿把手铐脚镣卸下来。②

此外，现在通州还流传着雷瘸子相关的民谣，可见这个故事的受欢迎程度：

> 一京二卫三通州，通州有个钟鼓楼。
> 雷拐子撞钟有门道，前三后四左五右六，
> 着火有他来通知，四面八方都知晓。③

---

① 金士坚、徐白等纂修：《通县志要》卷9《风土志·传说》，民国三十年（1941年）铅印本。

② 节选自陈文兴、刘继斌、陈魁元供稿，刘大石整理：《雷瘸子成仙的故事》，《运河民间故事集》，通县文化馆，1985年，第24页。

③ 通州区地方志编纂委员会编：《通县志》，北京出版社2003年版，第693页。

第一章
永顺镇

大运河、通惠河、温榆河、小中河（中坝河）和运潮减河等六条河流的交汇，使位于通州西北部的永顺镇成为了多河富水、上拱京畿、下控天津的古城重镇。作为大运河起点的京杭大运河、通惠河、温榆河、小中河（中坝河）、运潮减河五河交汇处即在永顺镇内。早在清雍正四年（1726年），怡贤亲王允祥奉命治理大运河时，就将大运河分为数段，最为北端的北运河起点处就在如今通州永顺镇范庄村南的温榆河和小中河的相汇之处。"千里运河第一镇"的地位在铸就永顺镇繁荣经济的同时，亦使其积累了以运河文化为特色的深厚积淀，尤以北关地区最为突出。"穷南关，富北关，吃吃喝喝是东关"这句流传在通州数百年的俗语，说的不仅是北关繁荣的商业贸易，更是对当地运河文化深厚积淀的认可。本章以永顺镇北关地区为田野点，在对北关村落历史与村民生产生活进行梳理的基础上，对北关地区的漕运文化、商贸文化、信仰习俗、节庆习俗以及民间艺术进行呈现。

第一节　永顺北关地区概况

一、北关地区的村落概况

关指的是关厢,即旧时城门外的一片区域,可大可小。"富北关"的说法与北关的漕运码头是分不开的。漕运码头的建立使得北关的人口流动日益频繁,也形成了各式各样与码头各类职能相关的职业及为其服务的饮食摊位,熙熙攘攘有如市场一般。

古时候通州城外的北关大致指的是如今新建村和永顺村所处的区域,其中新建村位于北关东侧,与河岸最近,自然与漕运码头关联最为紧密。如果将京杭大运河两岸由漕运兴起的村镇比作千万明珠的话,大运河北端永顺镇的新建村便是第一颗闪耀着历史光辉的明珠。新建村现在的建制历史并不长,由1953年设新建乡演变而来;1958年高举"三面红旗"建人民公社时取消了乡,成为新建生产大队;1983年7月,人民公社解体,又恢复了乡领村的设置制度,公社改称为乡,大队改叫村,因此有了现在的新建村。新建村目前有八个自然村,各个自然村都有自己的历史,且其中不少

图1-1　大运河永顺镇段
拍摄者:程浩芯;拍摄时间:2018年7月11日;
拍摄地点:通州区永顺镇

村落与漕运密切相关，其中尤以皇木厂、盐滩、下关和牛作坊最为突出。

通州区历史上有两个皇木厂村，都位于京杭大运河北头的西岸。两座村子的由来都与明朝年间永乐皇帝迁都北京有关。明朝初年（1368年），开国皇帝朱元璋把首都定在江宁（今南京），把大梁（今河南省开封）定为北京。建文四年（1402年），朱元璋的四儿子朱棣，经过几年"靖难之役"的战争，夺取皇位，建年号称永乐。当时，朱棣为了能够及时有力地打击边外的元朝残余势力，另外他的兴王基地在北平府（今北京），北平是天府之国、战略要地，因此他下决心将都城迁到北平来。永乐元年（1403年），朱棣下旨把北平改叫北京。

从永乐四年（1406年）开始，永乐皇帝开始筹建北京。众多的官员被派到了西南和南方各省，包括今天的云南、贵州、四川、湖南、湖北、江西，成千上万的当地民夫被征调采伐各类木材。楠木、铁梨花、柏木、松木、檀木、硬合欢木、杉木、红木等各种古老、粗大、珍贵的木材，都被运到大运河边，有的编成大木筏，有的装上船，顺着大运河运到北端的张家湾码头。张家湾以北到通州的这段大运河河道宽广、水流散漫，浅滩又多，行不了船，也运不了木。大批大批的建设北京的皇家木材运到张家湾就算到了头，只能选择在这儿卸货，木材被抬到岸上存放起来，并且设立了厂子进行保护和管理。存放的木材适时经陆路运送到北京的各个皇家建筑工地。因此存储皇家木材的地方就被称作皇木厂了。北京建筑皇宫殿宇园林等重要宫殿的木材都是从这里运过去的。随着皇木厂渐渐形成村落，皇木厂也便成了村名。

新建村的皇木厂与张家湾的皇木厂一模一样，只是设立的时间和位置不同。明朝嘉靖七年（1528年），直隶巡按御史吴仲主持重修通惠河的工程，把张家湾到通州的几十里大运河河道也进行了修治，通惠河的河口从张家湾挪到了通州城北。大运河运来的漕粮、皇木和其他的各种货物，都可以直接运到通州城东，再上岸存放，或者进行交易。因此在通州城北的大运河西岸又设立了一座皇木厂，形成村子后便用了这个名。①

在皇木厂的东边,隔着九圣庙,便是盐滩村。盐滩原来叫盐厂,和皇木厂一样,都是在明朝嘉靖年间通惠河重修过程中,从张家湾迁到通州城北的。盐厂主要用来存放和外销南方运来的食盐,从沿海一带出产的盐,经大运河运到张家湾的盐厂,再经附近骆驼店的骆驼销往北京、京畿、华北、外蒙古甚至俄国。可以说盐厂是沟通南北食盐交易的重要物资集散地。张家湾的盐厂有两处,均在大运河西岸,一个在上游,称为上盐厂,另一个在下游,叫做下盐厂。两个盐厂之间相距两里左右。

通惠河重修之后,盐厂被迁到了通州城北关,承担和原来的盐厂一样的集散功能。村子内有一条南北走向的通道,由于车辆和运输驼队运盐的时候将其走成了一个条形洼地,因此盐厂便分成了两部分,东盐厂和西盐厂。

清光绪二十七年(1901年),北京到天津的火车道修筑成功,大运河停止了漕运,朝廷的漕粮和其他的官用官买的东西,都经火车从天津运往北京,盐厂因此荒废。由于长时间的食盐堆放,盐厂的土质出现了变化,这块地方渐渐形成一片一片的盐碱地,加上天旱地上没有水,这里的土地不长庄稼,当地人便把这里叫做盐滩了。随着盐厂废弃,盐滩便成了这个村的村名。②

下关村是通惠河卧虎桥北头的第一个村。通州城从修筑时起,北城墙外把高粱河这条自然河流当作护城河,出北门西拐北折是卧虎桥,过桥再西转北弯,向东又过两座桥,就直奔山海关去了。这是一条北京和辽东之间的交通大道,下关村就在这条大道的嗓子眼的地方。在北齐天保八年(557年)建渔阳郡和潞县(今通州区)城池后,这里开始有了人家,当地人将这块地方称为下关。关于下关村的村名来历,说法不一

---

① 周良:《大运河源头第一镇》,内部文稿,第31—33页。

② 同上书,第34—35页。

而足。有人说当时有个"上关"村,因此对应着有了"下关",但是上关到底存不存在,无一考证。周良先生认为"下"是"进入"的意思,"关"是指城门,从这个地方进入城门,因此取名"下关"。①

新建村有个自然村叫作牛作坊。自元朝至元十六年(1279年)开始,通州北关成了京杭大运河的北端码头,国家的漕粮在这里验收、储存,又从这里转运到大都。南方运来的百货在这里卸船登岸,转销北方各地,地方产的山珍、皮毛等各种物品在这里装船,销往江淮。来到这里做买卖和卖苦力的回族人很多,他们的饮食风俗是吃牛羊肉。汉族人自古也喜欢吃牛羊肉,但是牛是农业生产的主要牲畜,历朝历代政府都严禁宰杀耕牛,所以汉族人虽然爱吃牛肉而往往吃不到,但是回民是吃牛羊肉的。这里的回民设了一处杀牛羊的场地,叫做"牛羊作坊",以此满足码头上回民和通州城乡汉民的饮食需求。由于通州人喜欢简化称呼,因此,"牛羊作坊"便成了"牛作坊",同时形成的村子也便叫了这个名字。②

图1-2 牛作坊村民在旧北关清真寺前
拍摄者:程浩芯;拍摄时间:2018年7月12日;拍摄地点:赵凤岐提供翻拍

---

① 周良:《大运河源头第一镇》,内部文稿,第20—21页。
② 同上书,第25页。

此外，新建村的马厂和姜厂子亦与运河有着密切的关系。马厂是古时官方养马的地方。基于漕运，通州城内设有各类粮仓，其中储存的豆类是马粮的上好选择，且调运方便，于是马厂就建在了通州城附近。姜厂子位于盐滩村南面，南方的生姜通过漕运至此存放，同样备以提供京城与北方各地食用，久而久之形成村落，以姜之名界定村名。其他村子的名称虽与漕运联系不甚紧密，但也各有来头，或因外来人口在此处驻扎后形成，如牛作坊是回民聚集处、桂子胡同相传是山东民众聚集形成，或因旧时庙宇得名，如大悲林[①]。因此可以说，新建村的历史沿革就是明朝以来永顺地区漕运码头的历史沿革，其社会变迁及文化交融与漕运码头的兴衰密切相关。

二、新建村民的运河记忆

生活在运河边，村民的生产生计和日常生活都要受到大运河的影响。经过通州市永顺镇新建村村委会干部的热情帮助，我们联系到了一些曾经在运河边乞讨过生活，或者对过去的运河生活尚有记忆的老人。这些老人大多80岁以上，甚至有一位已经满100岁。他们向我们讲述着记忆中的运河和运河故事。

（一）皇木厂村——王锐

皇木厂村村民王锐，今年86岁。他祖上七代都在皇木厂村生活，根据小时候的记忆和父辈的讲述，他还清楚地记得以前皇木厂村和周围沿河村落的生产生活。

---

① 《北京市通县地名志》编辑委员会：《北京市通县地名志》，北京出版社1992年版，第73—77页。

王姓是皇木厂的主要姓氏，村子里有碾子王（家里有碾子，全村都上他家使碾子）、小车子王（家里有小车子）、鱼王（卖鱼，倒鱼的）、面铺王（卖面的，那时候也没有白面，就是苞谷面）、草王和桩子王等等，都姓王，但不是一个家族。王家就是卖面的。

皇木厂以前住的人不多，总共70多户，也就200多号人。现在大约有400多口人。以前给皇上进贡皇木，从北运河上拉来的木头都得存放在这里。实际上，新建村这几个村子都是跟运河存放货物有关。皇木厂存放木头；盐滩放盐；姜厂子是存放姜的地方；下关相当于一个货栈，运河上拉来的东西要从这中转到通州城里。

皇木厂以前多的是卸货的，我出生的时候漕运已经停止了。不过我从父亲和爷爷那儿听说了一些趣事。比如有一种装卸工叫"蹚大鞋"的。那时候的人穷，吃不上饭，"蹚大鞋"的说白了就是搬运粮食的时候顺便在鞋里蹚一些回去做口粮。那时候的鞋都是自己手工做的，纳帮衬底，鞋一般比脚大，走起路来声音"咣当咣当"的。装卸工在卸粮的时候，两个脚丫这么来回蹚，一天也能蹚不少米回家。甭管几口子人，把鞋里的米往那儿一倒够吃一顿的。

那时候皇木厂的村民也种地，一年一年地种，土壤的肥力也会下降，所以一到冬天男男女女都到河边挖河泥去。河里的土壤肥力充足，能改善种地的土壤，防止田地沙化。冬天河沟子快干了，河里的泥暴露在外面，人们就把大块的河泥劈成小块，用小车拉到地里边卸。河边离地里远呀，等拉到地里的时候，河泥基本都化了，拉车的人穿的棉袄能湿透。把河泥卸到地里边后，还需要有人把它拍散整平喽，那时候我们没事就说一起平地去，拿着铁锨在地里一锨一锨地整。整好了地，第二年庄稼才长得好。

　　我小时候爱玩,喜欢去河边看人家搭木桥的。听老人回忆,解放后到八九十年代北关的搭木桥工程队曾经很有名。那时的桥都是人工用木头搭起来的。盐滩和姜厂子会搭木桥的比较多。铁坨一千斤,搭在四方架子上。木桩扎在河里头,用把八九米十多米的绳子箍起来,怕铁坨砸的时候给砸劈了。河里有三条船,一条大的在中间,两个小的在两边,每个小船上有25个人,大船上有5个人。搭木桥的时候还得喊号子,好听着呢。中间船上的人一喊号子,两边的人就接,声音大,哟哟哟哟哟……顺势把铁坨拽到粗木杠子上,让木杠子插到提前准备好的圆眼里。就算搭好了木桥的一部分。喊号子的人见什么喊什么,脑筋快,但要合着调,一个人喊别人接。我年轻的时候干过这个,那时候的搭木桥工程队除了在通州附近搭木桥,还会去密云或顺义等地搭桥。工程队的人也不固定,盐滩、姜厂子、皇木厂的年轻小伙子基本都会干,有活了就相互招呼一声,大家聚起来就可以干活出工了。

　　生活在运河边,捕鱼成为村民必不可少的一种生计方式。皇木厂由于与运河有一段距离,因此捕鱼的人比较少,我记得盐滩和下关两个村会捕鱼的人却非常多。由于经常去河边玩,所以清楚地记得当时人们捕鱼的场景。盐滩和下关村的村民捕鱼的方法很多,但是比较有特点的是用鱼鹰捕鱼。鱼鹰学名叫鸬鹚,是一种常常被人们驯化作为捕鱼工具的鸟。嘴比较长而且呈锥状,善于捕鱼,常栖息于海滨、湖沼中。盐滩和下关的村民将鱼鹰养在家里,在捕鱼之前的一两天给它们断食。鱼鹰被饿着,捉鱼的时候才会起劲。捉鱼的时候鱼鹰会被拴在渔船的一条横杆上,一排过去十几只。旁边有三个人盯着它们,等时机一成熟就用锤子猛地砸船,鱼鹰扎到水里头便捉鱼去了。

捉到的鱼不能被鱼鹰给吃了，渔民会在捕鱼之前将鱼鹰的嗓子用绳子系上，以便防止饿极了的鱼鹰把捉到的鱼吃掉。太小的鱼或许吞得下去，但是稍微大点的鱼就卡在喉咙里了。渔民从鱼鹰的嗓子眼里取出鱼来，然后一掐鱼眼，鱼就打不起挺来了。就这个捕法，一天也能捕挺多鱼。老人说这种捕鱼方法需要技巧，外行弄不上来。

冬天北运河冻上了，但是也有捕鱼的。人们在冰面上想办法凿洞下去捕鱼。都说冬天冷，不适合捕鱼，但是水里其实不冷。这种情况一般两口子都捕鱼去，男的下到冰下面捉鱼，女的在河边生火。丈夫下水的时候腰间会系一根长长的绳子，一端放在妻子这儿，等到差不多的时候，妻子会把丈夫拉上来。男的捉鱼的时候，女的也不闲着，从河边找些枯枝烂叶过来，生个火堆，防止丈夫上来的时候冻坏了。丈夫一上来，妻子马上把准备好的棉袄厚衣服盖到丈夫身上，让他到火堆旁烤火，不停地给他搓手搓腿，让身上暖和起来。冬天捕鱼不能一个人去，不然太危险。

村民们捕鱼的方法有很多，还有一种是抄网捕鱼。一般两个人抬着一张网，走到河里，然后径直抄下去，一下就能捕半桶鱼。捕上来的鱼什么都有，要是做熟了特别好吃。另外还有一种捕鱼的方法是将树枝捆成捆，先一年将树枝插到河塘里，围成圈，鱼会住到树杈里面，等到第二年开春的时候，将原先插了树枝的地方先用网围上，然后拔出插到河塘里的树枝，这叫"起腻"，鱼会扑腾扑腾地都跑到网子里，一下就可以捕很多鱼。①

---

① 访谈人：程浩芯、曲直、杨慧云；被访谈人：王锐；访谈时间：2018年7月18日；访谈地点：通州区永顺镇新建村王锐家中。

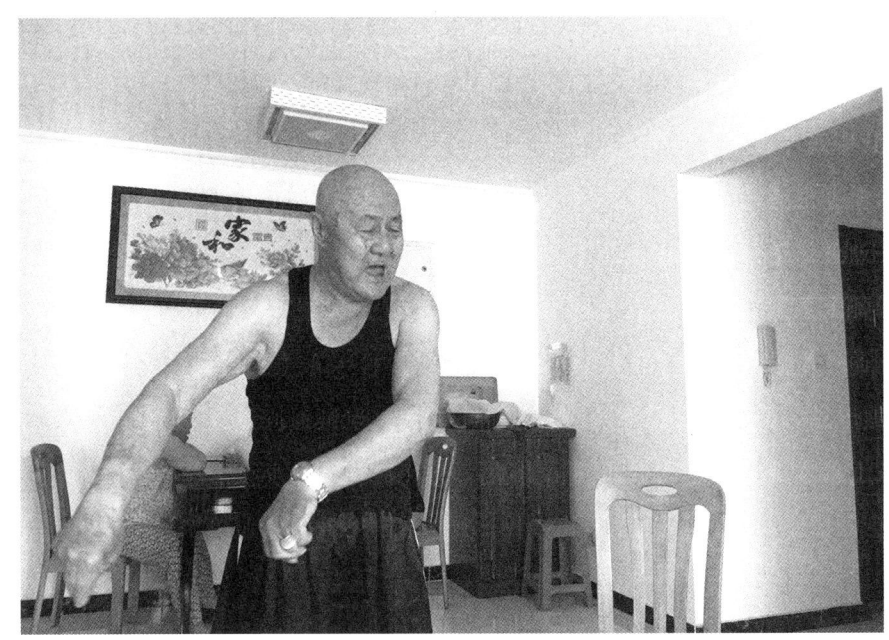

图 1-3　王锐老人演示运河号子

拍摄者：程浩芯；拍摄时间：2018 年 7 月 18 日；拍摄地点：通州区新建村王锐家

（二）皇木厂村——司鑑

皇木厂村百岁老人司鑑回忆了自己做装卸工的经历。

> 过去从运河的货船上往通州城里运竹木都是人工扛。我自己就扛过。一人一次扛一根，竹子重，一天能扛十来根。给的工钱也没多少，两三根给一毛钱。反正就是给人家打工，能填饱肚子就行，挣不了几个钱。当时也是因为家里的地没收成，饿肚子才去打的工。天气热，大旱，地里的粮食都黄了，实在没吃的才去给人家打工挣饭吃。运到城里的竹子多数都买给店家，经过编织加工成了篮子、网、蒸屉等可以卖钱的东西。女人一般在家有闲时间会找些竹子来编筐和篮子之类的卖钱补贴家用。
>
> 盐滩和下关村打鱼的人比较多。这两个村子的船比较多，

几乎家家有船。大船用来装货在北运河拉货,小船就用来打鱼了。捕鱼时用大网捕,两人拉着网,在河里一兜,就可以抓到不少鱼。一天一般能捕二三十斤。捕完的鱼有人等着收,鱼贩子骑着自行车在河边等着,收上来一桶两桶鱼就骑着自行车沿着村子和街道卖去。但是钱得等到鱼卖完之后才能给捕鱼的渔户。等到一开春的时候,在冰上捕鱼的人也很多。怎么捕呢?在冰上凿一眼,一有氧气,鱼就跑过来了,这样也能在冰冻的河面上捕鱼了。对皇木厂的村民来说,捕鱼是副业,没事闲的时候才会去打鱼,一方面自己家里有了吃的;另一方面可以换点钱。①

图1-4 百岁老人司鑑讲述跑船经历

拍摄者:程浩芯;拍摄时间:2018年7月19日;拍摄地点:通州区新建村司鑑家

---

① 访谈人:程浩芯、曲直、杨慧云;被访谈人:司鑑;访谈时间:2018年7月19日;访谈地点:通州区永顺镇新建村司鑑家中。

（三）盐滩村——马淑贤

今年94岁的马淑贤老人是盐滩村的村民，年轻时在运河船上待过。她家过去是盐滩村的大户。家里有两条船，一条大船，一条小船。大船是盐滩村最大的运输船，往天津运货物。

> 小的时候，我家里这条大船的桅杆比五间房还长，船长16丈，重16万斤。这条船还有个外号叫"盖北河"，意思是大得要盖过北运河。要使这条船任务重、责任大，"戚人"干不了。这条船往天津运粮食还有其他的货物，1934年，我10岁就上船了，我还清楚地记得去往天津一路上要经过的地方：小神庙、榆村庄、码头、武清县、杨村、杨柳青……直到天津。到天津要过闸，有一次在天津的闸口困了三个月左右，就是因为当时的天津市长不让开闸，大概是抗日战争前期的时候。我当时比较小，也就10多岁，因为小所以没人管我，只记得在船上玩了三个月。
>
> 航行途中船如果搁浅了，船上的人就要下去拉纤，旗杆（桅杆）上有一根绳子，分成四股绳，每四个人拉一股绳。如果是夏天大伏天，拉纤的人都要穿棉袄，怕被大太阳晒伤了。纤夫将纤板斜放在背上，将绳子搭到上边

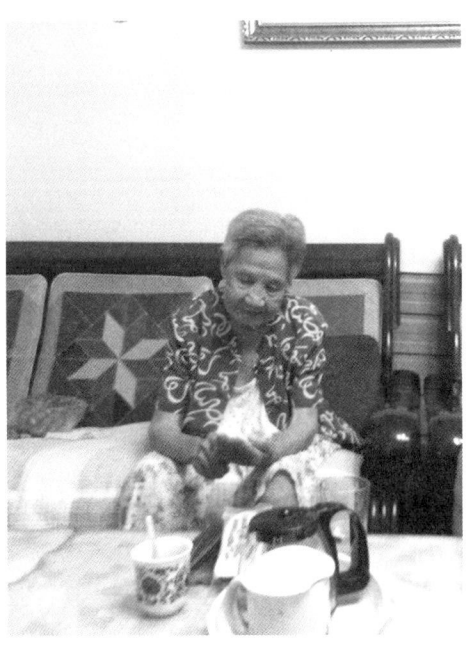

图1-5 马淑贤老人回忆运河往事
拍摄者：杨慧云；拍摄时间：2018年7月23日；拍摄地点：通州区新建村马淑贤家中

使劲拉。同时船上有人不停地摇橹。

当时从运河上运来的船上什么都有,瓜果百货,现在超市里头有的那时候船上都有,光姜糖花胡椒就有好多种。可见当时运河上往来货物的丰富。①

(四)下关村——王振海、王振江兄弟

王振海、王振江是通州区永顺镇新建村下关村的村民。两人为兄弟,家里世代在运河上使船打鱼。王振海老人今年83岁,王振江老人今年86岁。王振海老人提到过去的生活一度哽咽,不愿提起以前的苦日子。王振海老人共有六个孩子,加自己和老婆总共八人,都指着他吃饭呢。他说晚上睡觉时,炕沿下面整整齐齐八双鞋,过去压力确实大。因为运河水运河饭养活了全家,王振海老人对运河有着难以割舍的情感,直到现在还每天去河边散步。虽然他腿脚已经不方便,但是笑称自己上了车(代步车)就是爷。他不愿我们采访那些过去运河边的生活,也不愿向外人讲述自己的经历,多次说到激动处哽咽起来。

> 我们小时候就跟爸爸在船上生活。以前京津公路那段还是土路,所有的运输都得靠船。小时候跟着爸爸在运河上走粮船,在河里的生活智慧也是从爸爸那儿传下来的。当时家里有一艘运粮的船,八丈长,十丈高。船的载货量要视具体情况而定,水深,赶上风,就能装十多万斤;水浅,又没有风,就装不了多少。船大,后面有个茶舱,里面住着家眷。一般使船的活自己家干不过来,都得雇人。雇的人哪里的都有,都是十五六岁、二十来岁的小伙子。雇人也有讲究,一是雇人不能在茶舱后面,过去算耍流氓。另外船主在挑选伙计的时候,需要考试,船主

---

① 访谈人:程浩芯、杨慧云;被访谈人:马淑贤;访谈时间:2018年7月23日;访谈地点:通州区永顺镇新建村马淑贤家中。

问来考试的人,"船在哪儿搁着呢",前面的人如果说"船在河里头搁着呢",或者说"船在水里搁着呢",这都考不过。最后有人说"船在我心里头搁着呢",这就过了。就是说吃运河水长大的人心里头得装着运河,任何时候都不能忘了运河。

家里的船主要是在通州和天津之间往返运输。船上装的货物什么都有,酒糟、粪干、煤都往上装。从通州到天津往返一趟大概需要三四天,如果赶上风,又是空船的话,估计一天就够了。航行中有一些需要注意的问题,比如要过桥裆(桥洞)的时候,船要把锚往后扔,降低行船的速度,以免撞上木桥的桥墩。尤其是1939年涨大水的时候,用锚做刹车的法子很重要,因为一旦撞到桥上,船就碎了。另外,如果碰到水浅的地方,船不走了,就得先办法让船"起波"。"起波"需要两艘船,将吃水浅船上的货物运到另一只船上,这样被困住的货船就可以继续行进了。运的时候都是人背,有些货物用麻袋装,有的用箱子装,用箱子装的就很难背,过去真是太辛苦了。行船过摆渡口的时候也有规矩,摆渡口有专门收过路钱的人,没怎么在运河上行过船的人不懂行内的暗号,过路就得交钱。常年使船的人过摆渡口时会用橹将船敲一敲,摇橹的姿势也是有讲究的,摆渡口的人一看是行内人,钱也不收了。

使船的人吃住都在船上,晚上在船上休息睡觉,需要把船的锚扔到河中间,让船停在运行途中,叫"爬锚睡觉"。晚上睡觉的时候最怕有贴船劫道的。土匪和强盗乘着小船悄悄贴到爬锚的大船边,爬到大船上,拿着枪和棍把船上睡觉的人堵在一块儿,不让出来,管船的过来,也不敢说什么。强盗土匪明着抢东西,所以在运河上使船风险还是很大的,丢了东西也赔不起,有时为了快点儿到卸货的地方,不得不日夜行船。常年在运河上跑船,多交几个朋友是必不可少的。我们行船的时候都会给沿岸的朋友带点儿礼物，鱼啊，米啊，总之哪儿哪儿都是朋友。出门有朋友，可以相互照应。

解放之后，我家里的大船都卖了，跑不了运输，改旱运了。家里有小船的就在河附近打鱼，打的鱼自己吃，也出去卖。河里头净是鱼，什么鱼都有，打完了就给收鱼的贩子。鱼贩子会在河边等着收鱼，完了再去沿街叫卖或者拉到城里头卖掉。我（王振海）有次打鱼打得晚，鱼贩子走了，就自己挑着一百五十斤鱼走到通州城里卖去了。当时也是年轻，心气大，五十里地，全靠边走边歇保存体力。鱼装在有水的木桶里，走在路上还得不停地颠挑担，怕鱼死喽。①

（五）牛作坊村——刘文宝

牛作坊村村民刘文宝自述自己祖上是山东人，五百多年前祖先随明朝皇帝朱棣来到通州的，他对大运河还有村民生活的记忆大多数来自他奶奶的讲述。刘文宝喜好读书写字，他特意为访谈准备了稿子，讲述过程十分流畅。

在明清时期京杭大运河事实上是一条贡河，除了运输粮食以外，还有丝绸、瓷器、文具、蔬菜瓜果、南方的贵重木材等。这些物资源源不断从大运河运来。就得完善各种的设施、码头、存放物资的库房和场地，就是现在的物流仓储中心。咱们北关的下关、盐滩、姜厂子、皇木厂等这些村子也就慢慢出现了。这些个地方都要有劳动力，有后勤服务人员，有家属等，这样就逐渐形成了村庄。各行各业的人也因此聚居到此地了。宰牛宰羊

---

① 访谈人：程浩芯、曲直、杨慧云，被访谈人：王振海、王振江；访谈时间：2018年7月20日；访谈地点：通州区永顺镇新建村王振江家中。

卖牛羊肉的来了，卖大饼开饭铺的开张了，卖小吃的，卖切糕的都有了。搞装卸的人都有活可以干了。马厂的装卸工出大力士。杨三愣子就是一个大力士，他一个人能扛一根上吨重的楠木，虽然不知是不是真的，但是在我们这儿也有过这么个传说。

在明清时期靠河养家糊口的人不在少数，大船王、小船王（在运河里使船的）、鱼王，还有赶马车的不计其数。用船从南方运来的主要是粮食，皇族需要大量的粮食，官员的俸禄，大量的军粮，还要有储存粮食的仓库。通州城里就有东仓、中仓、西仓、后南仓，明朝时为了建西仓，还把通州城向西扩大了。从码头到粮仓需要大量的运输力量。牛车、小驴车、马车、骡子车都派上了用场。运输算是养活了咱北关。当时的车还是木轮车，一车拉不了多少东西，当时就是以多制胜。从咱们这里发船往南方也要满载货物。从西北来的货都是用骆驼驮来的。我奶奶告诉我说"咱牛作坊就有十八家骆驼店"。骆驼队把西北产的小米、荞麦面、羊毛、牛羊皮运到北关来，装船运往南方各地。驼队又从咱这里装上丝绸、布匹、茶叶、药品、日用生活品运往西北。在运粮和保管粮食时还有相当规模的军队参加。咱北关这里一年当中得有大半年非常繁忙，挣钱的机会很多，因此就传下来一句话，"穷南关，富北关，吃吃喝喝是东关"。

东南沿海的文化通过大运河传播到通州再传到北京，又从北京传播到全国各地。隋唐时期儒教和道教在北京和通州已经很繁盛了。燃灯塔高高矗立在我们北关，我们北关人从外地回来看到通州塔就到家了。北关的文娱也有一定的发展，茶馆、说书馆、小车会、跑旱船、高跷会等民间花会办得有声有色。咱们北关的高跷会在通州地区还是很有名的。到了上世纪50年代，征兵入伍参军时，高跷会为新战士祝贺，欢送他们，给他们表演。

运河推动了南北方的货物交流和贸易,也带来了广泛的人口流动。回族人为了做买卖和卖苦力来到通州,在这儿逐渐形成了回民聚居区。刘文宝说牛作坊的回民来自各地的回族地区,他们在这儿做生意、当装卸工,有的卖牛羊肉或其他点心小吃。回民的到来给北关带来了更多样丰富的文化,汉民由于受到历朝历代的朝廷禁止屠杀耕牛的影响,很难吃到牛肉,但是回民的到来给他们品尝牛羊肉的机会。牛作坊的回汉关系也特别和谐,刘文宝讲原来村里的回民和汉民都是随意混居,没有明显的界限,汉民和回民之间的关系非常融洽。①

第二节 漕运码头

漕运,即利用水道调运粮食,是中国历史上十分重要的经济制度。19世纪末康有为有言:"窃漕运之制,为中国大政、所以充太仓而供玉食,实京师而备不虞。"②足见漕运在中国历史上的重要性。

秦朝统一六国之后,建立封建王朝,实行中央集权制度,为了削弱各地区的政治军事力量,废除了分封制并销毁了六国的长城和兵器。同样对各地也实行了规模巨大的税收制度,将地方财产汇集进朝廷,税收形式则以粮食为佳。但古时车马技术较为落后,运送极为缓慢不便,而水运则更适宜于远距离的货物运输,漕运便在此背景下诞生。自秦汉起,

---

① 访谈人:程浩芯、杨慧云;被访谈人:刘文宝;访谈时间:2018年7月19日;访谈地点:通州区永顺镇新建村村委会。

② 〔清〕康有为著、汤志钧编:《康有为政论集》,中华书局1981年版,第354页。

历朝历代将田赋之粮通过水道送至都城①，后分发给百官作俸禄、军队做粮饷。宋元两朝漕运规模差异较大，宋朝朝野官员数量较多，政治组织规模较大，再加上军队为防御北方入侵，多驻扎在京城附近，因此漕粮运送数目较多。元朝时期北方民族入主，都城不再需要重兵把守，因此漕粮需求量较低。至明朝，明成祖迁都北京，同样重兵驻京，漕运又重新扩大规模。据李文治、江太新统计，宋代中期（公元998年至公元1100年）每年漕粮运送约为600万石；元代中期（公元1308年至公元1329年）每年漕粮运送为287万石到353万石不等。明代中期（公元1425年至1572年）则回升至300万石到600万石②。

漕粮制度有三个主要部分，分别是征收、运输和交仓。朝廷在各省设立征漕州县，将征收所得漕粮通过运河运输北上，在漕运码头交接转运。漕运码头是漕运制度中重要的一环。明清时期，作为粮食入京的中转站，通州漕运码头涉及漕粮的调配、物流、仓储等各方面因素。其存在既凸显出古时中央集权政府的组织能力，也展现了以此制度为轴心各地民众的日常生活。通州永顺地区早在元代就有漕运码头存在，曾有言"通惠河，即元郭守敬所修故道也"③。光绪时期《通州志》有记载："历元明，漕运粮艘均驶至张家湾起卸运京。"④但后来修缮不利，通惠河淤泥堆积无法行船。明代前期，漕运码头位于南部的张家湾，卸粮之后需用车马驮行数日入京，车马劳顿，花费不菲。嘉靖七年（公元1528年），巡按直隶监察御史吴仲上奏开凿通惠河，历时近半年修缮完毕。《（嘉靖）通州志略》有记载，详细地描述了当时修河前后的状况：

---

① 陈峰：《漕运与中国的封建集权统治》，《西北大学学报》（哲学社会科学版）1990年第2期。

② 李文治、江太新：《清代漕运》，社会科学文献出版社2008年版，第7—8页。

③ 中国水利史典编委会编：《中国水利史典　运河卷一》，中国水利水电出版社2015年，第175页。

④〔清〕高建勋等修、王维珍纂：《光绪通州志·卷三》，中国国家图书馆藏。

入国朝百六十余年，沙冲水击，几至湮塞。但上有白浮诸泉，细流常涓涓焉。成化丙申，常命平江伯陈锐疏通，以便漕运。漕舟曾直达大通桥下，父老尚能言之。射利之徒，妄假黑眚之说，竟为阻坏。正德丁卯，又常命工部郎中毕昭、户部郎中郝海、参将梁玺复疏通之。所费不赀，功卒不就。其势虽压于权豪，要之，三人空言无补。嘉靖丁亥，臣巡视通仓，往来相度，因见水势陡峻，直达艰难，踵御史向信之言，为搬剥之说。恭遇皇上神明，言入即悟，贤宰相实力赞之，随命臣暨工部郎中何栋、户部郎中尹嗣忠、参将陈璠同往修之。工兴於戊子二月，告成於本年五月，不四月而粮运通行，上下快之。是年所费才七千两，运粮两百万石，所省脚价十二万两。功完而命臣供职如旧。又逾年而始得代。初年止运军粮，今则并民粮亦运之。要之，谁能行舟，舟能负重，所谓多多益善，断乎无不可者。其有所不可者，乃治河者之罪，非河之罪也。但地形搞下，不无冲击之患，欧阳玄所谓"势如建瓴，一蚁穴之漏，则横溃莫制"，城如是言也。随时修浚防守之功，尚有有赖於后之臣工焉。①

畅通之后的通惠河重新作为入京运粮船的水道启用，连带从通州到张家湾的运河道也重新修通。当时张家湾地区居民众多、民宅拥挤，刚好北部通州城有旧坝为基础，可作码头。于是漕运码头从南部张家湾转移至通州城外的河道西侧，分为入京漕运与入通州漕运两部分，且分别位于北关东侧与东关处。通州过去有童谣："穷南关，富北关，吃喝玩乐去东关。"即指此处。

---

① 〔明〕杨行中纂辑、刘宗永校点：《（嘉靖）通州志略·卷三漕运志》，中国国家图书馆藏。

一、漕运概况

嘉靖七年（1528年）以后漕渠北上，通州城外的漕河分为内外两部分。"外漕河，即潞河也。流经州城东，至天津接御河，以南通江淮，舳舻由此而达。"[①] 其中潞河就是今天的北运河，位于旧通州城东侧，而御河则是南运河。"里运河，即通惠河也。河之地方，虽半属在京大兴县，然河运事务，俱隶通州户工二部分司总理……"[②] 里漕河即指通州城北侧的通惠河。漕运事务全部集中于通州管辖范围之内，并在外漕河中设立由通州地方军民组成的河道管理小组百十人，以不时疏通河道淤泥，降低洪涝风险。

明武宗以前，春季大型漕船上的漕粮在张家湾码头卸粮通过陆路北上。但五月运河水开始上涨，水位较高，大型漕船从南方驶来后可以全部停泊在通州城东边的河道内，从通州城东北角伊始向南排列长达七八里，省却了转移漕粮的花费，也使得运粮十分快捷便利。等到嘉靖七年（1528年）通惠河及潞河修缮完毕后，淤泥尽扫，漕运码头移到了北边通州城下。可三四月时运河水量较少，水位较低，大型漕船依然无法从张家湾上行，因此创建了外漕河的小型漕船（又称剥船）递运官粮制度。小型船吃水浅，在低水位的通州—张家湾段河道上也能来去自如，将大型漕船上的漕粮转移至小船上即可北上。与正德以前的陆运相比，外河官粮的剥船递运制度将转运漕粮的花费大幅降低，减少了粮食的消耗，吴仲功不可没。

---

① 〔明〕杨行中纂辑、刘宗永校点：《（嘉靖）通州志略·卷三漕运志》，中国国家图书馆藏。

② 同上。

（一）五闸二坝

通州有名的"五闸二坝"都是嘉靖年间吴仲修建的，分别坐落在里外两条漕河处。五闸指的是通惠河内的五道闸口，通惠河西高东低，河水向东汇入北运河，再加上河水本身较浅，入京的漕船难以逆流而上。因此闸门存在的意义在于将上游流下的水截住，在每两道闸之间形成没有水位差的河道，漕船可以在此分段河道内顺利西行。五道闸口自东向西分别为普济闸、平津下闸、平津上闸、庆丰闸与大通闸。各闸门距离从四里到二十里不等，每道闸都有泄洪闸等设施，以防止洪涝灾害。但《（嘉靖）通州志略》中记载，庆丰闸也分上下两处，相距五里，应是不同时期闸门有所拆建的缘故。嘉靖年间每一闸内的小型漕船有六十只，每一只船专门配备一个人负责船只的日常维护与修理。普济闸、平津上闸、平津下闸、庆丰上闸、庆丰下闸五道闸合计三百只船，每只船所转运的粮食按石计价。朝廷在大通桥处设立有督储馆，其他闸门处设立有公馆，皆建立于嘉靖七年（1528年）。不同处所有头门、耳房、大厅、厢房与厨房等数量各不相同的房间，沿途巡查者及下级官员不时在公馆下榻，便于处理漕河事务。官方还在庆丰闸边上设立了龙王庙供拜龙王，祈福水运平安。

"二坝"则分别指石坝和土坝，两者都是朝廷钦定的漕运码头，不许私人船舶停放。石坝位于旧通州城城外东北角，即通惠河与北运河河口的西南岸，主要卸运往北京城的漕粮，被称作京粮；土坝位于旧通州城城东处，主要卸运往通州城内粮仓的漕粮，被称为通粮。石坝有所记载："在州旧城北门外，嘉靖七年建[①]""石坝一座在通州北关外嘉靖七年新创。"[②] 石坝，卸下来的漕粮顺着通惠河道向西，被运送至河道南侧的

[①] 〔明〕杨行中纂辑、刘宗永校点：《（嘉靖）通州志略·卷三漕运志》，中国国家图书馆藏。

[②] 〔明〕吴仲：《通惠河志·卷上》，《续修四库全书》史部政书类第850册，上海古籍出版社2002年版，第637页。

一个水湾,叫做葫芦头。葫芦头西面水连通惠河,漕粮在此处装载入前往京城方向的小型漕船,向西驶入通惠河道,经过上述五个闸门的逐级递运,最后至北京城东侧大通桥码头,卸粮后以车马运送入京。土坝也同样建立于嘉靖七年(1528年),位于通州城东的外漕河西侧。《(嘉靖)通州志略》有记载"土坝一处,在州东城角,防御外河。通仓粮米,就此起载①"。与石坝漕粮运往京城不同,土坝卸载的漕粮都要运入通州城内的粮仓中。石土二坝周边设有朝廷命官,专门负责漕粮的检验、调运、分配等事务,并配以各个相关职能的雇工,协助检运。

(二)漕粮运验

吴仲在修石坝的同时,在石坝边上修建了大光楼(又言大观楼),名字取自"自上下下,其道大光"。明清两个朝代的户部官员在此楼验收漕粮,所以也被称作"验粮楼",又因为临着大运河建造,且邻近石坝,又被称作"河楼"、"坝楼"。据周良先生的《漕运古迹漫谈》所言:"大光楼位于通州旧城北门外迤东、石坝码头旁,面河两层,下层为高阔的券洞,是通道,上层为单檐歇山脊筒瓦顶,面阔进深均三间,四带廊有护栏。"②描绘了大光楼的大致情况。在1901年停漕之前,每年3月至10月期间南方漕船北上运粮,都要在大光楼接受司漕官员(时称满、汉仓场侍郎)的查验。这些漕仓官员都是由皇帝选派,并依照清代官员制度置办的。检验漕粮时,由下属漕粮经纪人选取少量自漕船上取来的样本,呈上大光楼让官员过目,检验粮食的质量,水分含量不能过高,高者有骗秤之嫌,杂质含量也有要求,两者都合格方可进行下一步工序。待到检验完毕,质量符合各类标准后,将漕船上的粮食进行称重,够秤方可

---

① 〔明〕杨行中纂辑、刘宗永校点:《嘉靖通州志略·卷三漕运志》,中国国家图书馆藏。

② 周良:《漕运古迹漫谈》,载北京市政协文史资料委员会编《首都文史精粹·通州卷》,北京出版社2015年版,第17页。

真正过检。清代李钧《转漕日记》有部分篇幅介绍了大光楼及石坝转运漕粮的盛况：

> 凡漕粮交卸后，经济装入袋中，以船（名印弔载船）载至坝前，用人夫扛至里河（即通惠河），又用船载至大通桥，运入京仓。楼建于石坝上，遥对盘山，风光隐隐，楼下人夫负重者，褴缕不绝，额题"大观楼"，联句："天下供输归什一；楼前风月自无双。"又有前仓督莫宝齐先生（晋）联曰："天近九重边，槛外披云迎日月；地临万户上，檐前聚米作山川。"①

土石二坝码头的管理制度也随时间而变化。按照陈喜波与邓辉考证，在万历三十三年（1605年）以前，土石二坝每年验收南方漕粮并没有在码头处设置专门管理转运事务的官员，而是将其他地方的官员借调至此管理事务。石坝与土坝各安置一名，分别为石坝的起京粮委官与土坝的起通粮委官。在河面未冻结、漕粮运送期间，官员行此职责，在此时间之外，官员回归本职。此项方式虽然灵活，但也由于职责较为混乱而引起各类违法之事滋生。起京粮委官驻石坝公馆，有名督储馆，位于石坝码头。公馆南部有石坝掣斛厅，每年开漕时祭坝仪式也在此处举行。土坝官厅建于土坝码头，也是土坝掣斛厅，土坝漕粮运至时起通粮委官即在这里办公。万历三十三年（1605年）之后，朝廷将职责划归至官员个人，使通州同知专门管理土坝，监督通粮事务；使通州判官专门管理石坝，监督京粮事务。二类官员在石土二坝事务繁忙时移居相应的官厅，无事时则回到自己的衙门②。除了官员办公的地方，土石二坝附近还有两处衍生建筑较为重要。一个是号房，号房是漕粮卸载后暂时存储的库房，

---

① 〔清〕李钧：《转漕日记》，载陈左高：《历代日记丛谈》，上海画报出版社2004年版，第71页。

② 陈喜波、邓辉：《明清北京通州城漕运码头与运河漕运之关系》，《中国历史地理论丛》2016年第2期。

明清两朝因供粮数量不同而面积不一，石坝的粮食转运量要多过土坝，因此号房数量也更多，少时数十间，多则近百间。另一个就是袋厂，主要用于存储装运漕粮的袋子，粮食转运后，空袋运回，就放在此处。

二、漕运仓储

清朝时期京城与通州的仓米仅限供应皇室贵族、文武百官及八旗官兵，而储存漕粮的仓场多居京城，在康熙以前京城加通州的仓房共计793个。康熙、雍正、乾隆三朝期间，民间殷实、漕粮增多，旧有仓房无法满足日益增加的存粮，于是不断增加仓房数量。三朝过后，通州有中、西二仓，共250个仓房，存粮为百官的俸禄之粮。京城则有13个仓场，共956个仓房，存粮为八旗三营兵粮、四品以下官员的俸禄之粮。[①]

（一）存仓排布

石坝卸下的漕粮过五闸进大通桥时，由大通桥监督从各船中再度抽验数袋，合格后分开送入不同粮仓内。其中交贮太平仓的换入护城河道使用船继续水运；对内仓、裕丰、储济、东万安等距离护城河较远的粮仓，则直接在大通桥处将粮食装上马车运送入仓；对西万安、禄米、南新、旧太、北新、海运、富新、兴平、本裕、丰益等各仓则采取折中方案，先使用剥船载粮沿着护城河到达朝阳门，然后再换马车运送入仓。由于从大通桥到京城各仓的路途中有可能存在监守自盗的问题，因此漕粮到仓后还要由仓内监督再次抽验，合格方可最终入仓[②]。

土坝卸下来的通粮都要运入通州城内的粮仓进行储存。据陈喜波、

---

① 李文治、江太新：《清代漕运》，社会科学文献出版社2008年版，第134—136页。

② 于德源：《北京漕运和仓场》，同心出版社2004年版，第319页。

邓辉考证，漕粮运入通州粮仓有两条路线，一条是城内车马运送路线；另一条是城外护城河水运路线。车马运送路线为"漕粮自土坝上岸，然后自土坝起车入通州东门，沿着东大街至北大街南端，过通流闸桥至南大街北段，然后向西转入西大街，经西大街、新城大街先后抵达大运中仓、西仓。"①万历二十二年（1595年）后，护城河启用以帮助运送通粮。漕粮"扛到码头之南的护城河北段的剥船之上，粮船循护城河南行至旧城南门和新城南门，然后分别起车运入大运中仓和大运西仓。"②《（康熙）通州志》有记载让土坝的官员"管辖军粮车户、船户二项人役，督催漕粮至新旧城外，起车径入西仓、中南二仓交纳"③。乾隆十八年（1753年）后南仓被撤销，通州的粮仓仅剩西仓和中仓。

（二）官制

仓场是通州漕运的重地，因此在通州设立的总督仓场衙门设立的满、汉户部侍郎便十分重要。京、通各个粮仓及五闸二坝的维护都是仓场总督衙门最主要的工作，顺治年间设立仓场衙门后，每年漕运开始之前，仓场总督便要外出巡查，查看通惠河五闸状况，以及确保土、石二坝的各个运送环节能够正常运行。漕运开始之后，两位总督有一人驻扎通州的仓场总督公署，位于通州新城南门里，此举便于仓场总督即时检查漕运实况，解决漕运过程中的各类问题。坐粮厅则是在通州听任仓场总督差遣的漕粮验运机构，开漕之前坐粮厅要提前准备好转运漕粮的口袋；开漕之后，仓场总督又会敦促坐粮厅尽快卸运漕粮，使得漕运码头工作有条不紊地进行。已经卸粮完毕漕船责令尽快踏上返程，为其他漕船腾

---

① 陈喜波、邓辉：《明清北京通州城漕运码头与运河漕运之关系》，《中国历史地理论丛》2016年第2期。

② 同上。

③ 〔清〕王宜亨修，王傲通、王兆陛纂：《（康熙）通州志·卷三漕运志》，中国国家图书馆藏。

出空地。

康熙二十六年前（1687年）坐粮厅内官员主要从户部选出，之后则扩大为六部。雍正以前任期先后为一年、三年，之后则定为两年一届。总体说来，官吏人数差异明显，官为享受朝廷俸禄，由朝廷任命，而吏则由官员任命，不享受朝廷俸禄。坐粮厅内官有石坝州判一人、土坝州同知一人、通济库大使一人、通流闸官一人、庆丰闸官一人，吏有书事、催粮官、舍役等数十名。同时，坐粮厅也管辖石坝军粮白粮经济以及土坝的车户，这些都是二坝运输至仓场过程中的配套人员。康熙六十一年（1722年）以前，仓场内时有霉变的烂米："……颜伯、王国治、达兰泰各员任内，收贮米石疏忽致多霉烂，额数有亏迟延交代①"，后对于粮食入仓责任认定及其处罚，有所记载："嗣后应令仓场总督于新、旧监督交代之时，查看明晰。如可接受者，即行声明参奏，将好米交新任监督收管，其霉变亏少米石，着旧任监督赔补，仍交与该部严加议处。"②

漕粮的各类运输与存储问题十分明显，于德源认为京、通仓弊的主要原因有两个。第一是选官制度不当。粮仓事关朝野百官生存基石，责任巨大，事务繁多，但职位却不高，一般京官不愿前往任职。元、明、清三朝都将上任仓官作为惩罚有过错的官员的措施，并认为他们的戴罪之身可以使得在这个职位上尽心尽责。但适得其反，有罪官员到了仓储任职后，仓储的各类犯罪行为层出不穷，清朝的仓场监督虽然是满汉各一人，但也都是宗亲八旗闲散人员，营私舞弊多有发生。第二个便是仓役盘踞，把持仓务。具体如扎囤、倒囤等技术及烦琐的程序都由一小部分人掌握，并世代承袭。即便朝代更替，这些私党也依然延续了下来，并在当地具有极大势力，扰乱社会秩序③。

---

① 〔清〕马齐、朱轼纂修：《大清圣祖仁皇帝实录》康熙六十一年十一月丁亥，中国国家图书馆藏。

② 同上。

③ 于德源：《北京漕运和仓场》，同心出版社2004年版，第336页。

三、商业与物流

通州的商业和物流与漕运本身联系十分紧密,可以说有了漕运作为轴心,通州才逐渐发展起了商业贸易。明清两代以大运河作为载体北上的漕粮远远超越了元代,同时漕粮以外的各类货物也十分繁盛。这不仅给通州带来了巨大的商贸流通体量,也使得通州本地居民的生活紧密地围绕着运河展开,南北方各地的商人都汇集在通州,文化也在此交融。

（一）漕运中的土宜

元代时期禁止漕船携带私人货物,但基于贩运各类货物有利可图,因此屡禁不止,到了明清两朝,朝廷干脆允许漕船适量携带各类货物以补贴行船花销,称之为土宜,并免除相关税费。而除了漕船,在运河北上的还有商船,商船则须交纳一定量的商税从而较漕船的货物运输成本更为高昂。因此,在北上的漕船搭载货物就成了营收最高的贸易往来方式,也使得漕粮与货物的重量比不断下降,影响了正常的漕粮运送。成化及弘治年间,明朝政府规定携带的私人货物不得超过十石,但由于高额的利润,效果并不显著。嘉靖年间,明朝政府将官兵私人货物的定量提高到四十石,并严禁官兵帮助商人携带货物。万历年间则再度放宽定额,将官漕船的限制从四十石提升至六十石,超出部分予以没收,而民漕依然保持四十石[1]。这一系列的变化与明朝商业的逐渐兴起关系十分紧密。民间素有"京城什么也不产,但京城什么也不缺"之说,说的就是运河将沿岸各地的商货运送至京所产生的效应。

到了清代,允许携带私人货物的量继续上升,雍正年间可达126石,至道光年间甚至增至180石且全部免税。据李文治、江太新考据,"清王

---

[1] 于德源：《北京漕运和仓场》,同心出版社2004年版,第409—410页。

朝令增加漕船携带土宜，七亩地是对运丁'以资运费'。实际效果是'恤丁伍而通商贾'。"①其中包含农产品、棉纺织品、丝织品、油类、酒类、果品、药材、杂货、各种菌类、香料、腌肉、海产品等等，数不胜数，漕粮上交完毕后，漕船再携带枣、核桃、瓜子、豆、烟草等作物返程，超过免税额度的量也收取税费，但税率很低。南下货物主要是各类农产品，而北上货物主要是手工业产品。北上与南下的货物差异反映出南北产品及经济发展的差异，也反映出北方农产品丰富逐渐商业化的趋势②。

（二）会馆

会馆是中国城市文化的体现，是以地缘或业缘组建起来的机构，这些机构在各大城市建有馆所，为组织内部的人提供休息、交流的空间。会馆最早在1415年出现于北京，到了20世纪50年代北京市房管局收回会馆建筑的管理权改作他用，共持续存在了五百余年。刘征认为，会馆"如同地方的祠堂，由私人集资兴建，但具公有的形式，起着协调和互助的作用。会馆对于某些商业、手工业行会来说，甚至还发挥着行业管理的职能"。③

通州也有会馆，但值得一提的是通州有专门的漕运会馆，这些会馆也具有集结同乡的功能，但更多地是为漕运体系服务而创建的。据周良先生所言，漕粮的装卸与检验既需要通州官吏指引，也需要随漕船北上的官兵配合。而任何因漕粮质量问题而出现的滞留都需要官兵有休憩的地方，因此也就建造了漕运会馆④。通州的会馆主要有江苏漕运总局、浙

---

① 李文治、江太新：《清代漕运》，社会科学文献出版社2008年版，第379页。

② 同上书，第381页。

③ 刘征：《北京会馆纪事》，中国戏剧出版社2015年版，第3页。

④ 周良：《漕运古迹漫谈》，载北京市政协文史资料委员会编《首都文史精粹·通州卷》，北京出版社2015年版，第25页。

江漕运总局与江西漕运会馆,各自供奉不同的地方神。其中又以江西漕运会馆更为著名。江西一代多祭拜地方水神许真君,为许真君修建庙宇,成为许真君庙,又称万寿宫。而江西漕运会馆作为漕运系统的一部分,与水关联紧密,自然要祭拜水神许真君,因此这个会馆也称万寿宫。而此时的漕运会馆已不仅仅是官兵下榻的处所,而更是各方商旅聚集的地方,在万寿宫内部有会馆人员操办的各式戏曲节目,在万寿宫外的河道边聚集了各式各样的商贩与卖艺者。会馆的建立成为关联各类人群的纽带,也带动了当地经济的发展[1]。

(三)骆驼店与茶局

作为旧时通州繁荣场景的展现,最为有名的可能就是骆驼店与茶局了。骆驼店专门为北方远道而来的骆驼队办理各种事务,如交货、揽货、提供场地供人畜休整、办理各项手续等,其收入是各项事宜中抽取货物买卖的部分收益。据柴济川所言,清朝末年的通州有十八家骆驼店,分别开设在北关的牛作坊、皇木厂及马厂等地[2]。开骆驼店的商人通常都熟悉各路来客的秉性并互相关系十分紧密,拥有自己的信息网络也是成功吸引更多来客的原因之一。除却各种信息往来、提供食宿以及牵桥搭线,骆驼店还成为土宜货物的倾销场所。土宜货物免税额度有限,而往往随漕船运送的土宜都超过了这个额度,也就导致有相当数量的货物无法在外部明面销售,骆驼店的商人就会利用自己的渠道将这些偷税货物私下卖出,这也是漕运里的土宜超额情况屡禁不止的原因之一。在骆驼店休息的骆驼队规模不一,有数百头的大户,也有数十头乃至数头的小户,

---

[1] 周良:《漕运古迹漫谈》,载北京市政协文史资料委员会编《首都文史精粹·通州卷》,北京出版社2015年版,第26—28页。

[2] 通州区政协文史学习委员会编:《通州民俗》,团结出版社2012年版,第157页。

其中相当一部分走西口，前往张家口乃至乌兰巴托等地①。

茶局又被称作茶局子，也是反映南北贸易往来的标志。茶局类似骆驼店的职能，但对象换成了茶商，它们为各类茶商提供食宿及交换信息的场所，并帮助茶商保管及售卖茶叶。保管茶叶需有一定的技术以保证茶叶不受潮，售卖也需要茶局自身有广泛的商业渠道。每年春夏茶叶随船到来之后，茶局雇人将之放入店内的棚子里，检查品质好坏、补足数量同时整理入库，并在秋后向外地出售。茶局的店主也从这些工序当中抽取一定量的佣金以维持店铺经营。

骆驼店和茶局都是漕运的衍生行业，漕运土宜以及各类民间商人的依附使得通州不仅仅作为一个装卸货物、机械搬运的码头而存在，而更多地使得当地人民围绕着码头的功能塑造了自己的生活与文化。人们的生活因漕运码头的迁入与废弃而发生变革，几百年来与码头有着紧密的联系。

四、停漕

1901 年，大运河数百年的官方漕运终于停止，其中掺杂着复杂的历史因素。第一点是商品经济的发展，清朝末年，商品粮已经在市面上流通十分繁盛，清政府在市面上购买粮食也可以供给文武百官及皇室成员。而此时冗杂且耗时耗力的官方漕运便显得花费颇高。商米的便捷与官漕的劳顿形成鲜明的对比，促使许多官员向皇帝进谏希望停漕。第二点是国家财政的困难，多次入侵使得清政府国库空虚，而本来就花费不菲的漕运体系就令财政压力更加明显，再加上漕运内部的各类徇私舞弊、贪赃枉法之事层出不穷。漕运本身慢慢成为清政府的

---

① 王文续：《漕运码头和石坝土坝》，载北京市政协文史资料委员会编《首都文史精粹·通州卷》，北京出版社 2015 年版，第 41 页。

累赘之事，而商品粮的兴盛给停漕造就了基础。第三点，鸦片战争以后，太平天国逐渐控制了南方大部分区域，切断了数个省的粮食上贡。其间清政府将粮食改为银两征收税款，补充镇压起义的军饷。太平天国平息后，漕粮折征款仍收归地方所有，并不上交朝廷，自此以后，北运的漕粮也逐渐减少①。

光绪二十七年（1902年）七月，清廷颁布了停漕令："漕政日久弊生，层层剥蚀，上耗国库，下朘民生。当此时事艰难，财用匮乏，亟宜力除糜费，逐加整顿。著自本年为始，直省河运海运，一律改征折色，责成各督、抚等认真清厘。节省局费、运费等项，悉数提存，听候户部拨用……"②漕运停止后，相关各职能部门逐渐撤改。官漕消失不见，但民商用运输依然繁盛，并一直持续至抗日战争伊始，在这期间通州城的民间贸易往来并未间断。据通州永顺镇新建村下关村村民王振海回忆，他们家当时在运河里就有船帮助托运货物，船上装着酒糟、粪干、煤等各类货物，主要航线是通州到天津的往返程。从通州到天津往返一趟大概三四天，顺风的话时间会大大缩短③。从有村民以船运为生可以看出，在停漕到抗日战争之前，通州作为码头的职能并未衰减，数百年的漕运制度虽然终止，但通州人民的生活已经离不开运河，他们对运河的情感也贯穿于这数百年的历史当中。

---

① 陈峰：《漕运与中国的封建集权统治》，《西北大学学报》（哲学社会科学版）1990年第2期。

② 〔清〕王先谦撰：《东华续录·卷168》，中国国家图书馆藏。

③ 访谈人：程浩芯、曲直、杨慧云；被访谈人：王振江、王振海，访谈时间：2018年7月20日；访谈地点：通州区王振江家。

图 1-6　20 世纪 30 年代的运河土坝码头
拍摄者：杨慧云；拍摄时间：2018 年 7 月 22 日；拍摄地点：通州区文化馆提供翻拍

第三节　运河边的节庆与信仰

北关码头的设立和漕运的兴盛极大带动了地方社会的发展，也深刻影响了通州的民俗文化面貌。每年盛大的开漕节和独具特色的祭坝仪式就是当地重要的节庆活动。漕船往来及相关经济活动还促进了人口的流动迁徙，南北文化在此相汇，催生出会馆、庙宇等新的文化空间。在北关及通州城内，有因水运而建，以祈求行船顺利的天后宫、小圣庙，有作为同乡会馆，兼具崇祀功能的万寿宫、三义庙，有官方兴修，服务于漕运各环节的祖斛庙、仓神庙，还有外地客商捐建，为祈求生意兴隆和在外平安的大悲寺、关帝庙，很早就定居北关并形成聚落的回民还有自己的清真寺。这些大小庙宇构成地方社会多元共处、和而不同的信仰图景，反映出运河影响下通州文化的开放性、多元性和包容性。

一、祭坝和开漕节

京杭大运河是古代南北交通运输的动脉。水运受自然条件的影响较大，冬天河水封冻，无法行船，漕运暂时停止；等到春回大地，冰融河开，漕运又逐渐繁忙起来。与这种周期性、节律性的漕运开停活动相伴随的，是通州北关每年热闹的开漕节和停漕节。

开、停漕节最早源于敬拜吴仲的祭祀盛典。祭典分春祭和秋祭，尤以春祭为重。仲春时分，当新一年的漕运即将开始，北关码头都会举行隆重的祭坝活动，祭祀疏浚通惠河有功的吴仲等人，以表不忘功德、慎终追远之意，同时祈求神灵保佑，希望时和岁丰、漕运平安。这一官方主导的仪式日久成习，逐渐成为全民共同参与和庆祝的节日，在敬神祈福的基础上，又增添了花会表演、演剧等许多娱乐和狂欢活动，由此演变为隆重热闹的开漕节。

据文献记载和当地老人回忆[①]，开漕节的时间是每年阴历三月初一前后，即南来第一批货船陆续抵达北关之时。坐粮厅官员们从二月就开始观测星宿运行位置，观察草木物候状况，以确定春祭的具体日期，日期确定后，官民们便纷纷组织起来，着手准备节庆相关事宜。

开漕节当天首先举行的是公祭，由官方主持，政商各界代表参与。朝廷和地方官员率军白粮经纪、石土二坝负责人等齐集于石坝，按等级

---

① 参见北京市政协文史和学习委员会、北京市通州区政协编：《首都文史精粹通州卷·大运通州》，北京出版社2015年版，第46—60页。以及对通州文史专家郑建山的访谈。访谈人：程浩芯、曲直、杨慧云；被访谈人：郑建山；访谈时间：2018年7月22日；访谈地点：通州区郑建山家。

列队。宣读毕祭文，参与者依次向几案上吴仲、何栋、尹嗣忠、陈璠等先贤的神位焚香敬拜。一旁锣鼓管笙雅乐齐奏，由人装扮的狮子蹲踞在侧。祭祀完毕后，朝廷官员与坐粮厅官员会前往码头各处视察一番，并登上大光楼，凭栏俯望运河盛况，着手检验开春后的第一批漕粮。军、白粮经纪持斛、斗、升等量器，陆续到掣斛厅校测准确，再送至祖斛庙供奉，以保证度量精准、公平无欺。这一系列仪式性的环节在朝廷官员和神灵的见证下进行，标志着新一年漕粮运输、验收等程序正式开启。

石坝上，隆重的祭祀仪式刚结束，大小花会等表演队伍就渐次登场，开始属于民间的狂欢。蹲踞的狮子在锣鼓声中蹁跹起舞，相逗成趣。码头运船上的运丁纤夫还会敲锣打鼓逗狮子上船，引其至船舱、甲板各处表演，有求喜庆吉利之意。众多花会中较有特色的是由专业脚行扛夫组成的双石会，他们的表演以力量取胜，并伴以一系列惊险刺激的动作，如单臂举石锁、仰卧蹬磨盘、叠罗汉、耍石礅等。其中还会有一位从五闸二坝的闸夫、扛夫中遴选出来的大力士，表演负粮、运粮等动作，演至高潮处宛有神灵附体，可身负千斤重的粮食而面不改色，故有"坝神"之誉。据陈乃文走访调查，过去通州城里商老胡同有位张先生善于借力使力，二闸有位王胖子臂力超群，二人都先后在不同年份扮演过"坝神"。

双石会演出将毕，石坝上开始上演具有仿古意味的"巡坝戏"。演员身着明代服装，饰演巡坝官员，效演当年吴仲巡视石坝的故事。官员在石坝上边指点边唱念，除固定唱词外，唱念内容往往应机而变，实际说的是当下哪段坝需修缮、哪段河需疏浚，具有很强的现实指向。巡坝队伍前有长号、锣鼓开道，后有旗、伞等仪仗相随，一直从石坝巡演到土坝方结束。

巡坝戏结束后，各路戏班、花会登场献艺。地方戏班、杂耍等在石坝东南空旷地带撂地唱演，收取赏钱；花会则先在石坝献艺，继而至掣斛厅、石坝楼、土坝、黄亭子等处流动演出。其中，每年必演的是善字老会的大头舞,表演者头戴大号纸糊盔具,只在眼、口部留出洞。舞蹈只舞不唱,常跳的是"月明和尚度柳翠"。该故事讲述僧人月明坚持讲法,最终度化风尘女子柳翠皈依佛门,故事主题是教化世人要放下冤仇,常怀善心。据说该剧每年必最先登场,用意是以演剧教化民众,化解"通州坝(霸)"的好勇斗狠之风。

接下来便是莲花落、太平鼓、高跷会、地秧歌、小车会、五虎棍、霸王鞭、耍叉等花会和杂耍表演的时间。献艺各处还有茶水老会、糕点公会等定点文会供应饮食。除本地花会外,还有随漕运留寓通州的南方人上演花鼓戏等地方剧种,各色商铺摊贩也争相开张,锣鼓喧天,人群如潮,北关码头呈现出一派喧嚣热闹的欢庆景象。当地歌谣中唱道:"三月清明晴谷天,祭坝开漕都喜欢。男的扛粮女缝补,傻小子捡信皮儿也闹几个钱。小媳妇做饭去冒烟,坝楼子下面闹翻天,石坝衙门大吃八喝开了筵。"①来自各地、各阶层的民众共同欢度这一盛大的节日。开漕节一过,新一年的漕运就开始了。

陈乃文家藏清嘉庆、道光年间的仓场总督衙门《漕运底账·杂款》中有关于"祭坝费银、铺垫银"的记录,指的是官府资助开展祭坝活动的费用。②每年春祭日期确定后,承办祭坝事宜的经纪就可以从仓场衙门领取几十两银钱。除此之外,开漕节的各种款项还要由军、白粮经纪摊凑,并向州城内及东、北关的行业公会、大小商家募集,用于购买物资、分付酬劳,以及沿河大小庙宇的香油添置、修葺整修等。

与开漕节相对应的是秋末冬初的停漕节。大小官员依例到各庙宇上香,酬谢神灵庇佑,本地的小车会、高跷会等也会前来走会。但此时天气已经转冷,漕船粮帮已陆续南返,节庆场面要清冷得多。清朝末年,

---

① 陈乃文:《天后宫与漕运》,载北京市通州区政协文史资料委员会编《古韵通州》,文物出版社2006年版,第198页。

② 同上。

随着"停漕改折"政策的颁布和陆路运输的兴起,运河水运全面衰落,开、停漕节也随之消失了。

开、停漕节的核心功能是敬神以祈求漕运平安顺利。它因漕运兴盛而生,因漕运废止而终,与运河漕运有着密切的依存关系。与此同时,这一节日对通州地方社会和文化景观的影响是深远持久的。节日作为一种文化空间,还发挥着娱神娱人、教化民众、凝聚人心、促进交流等多重功能。开、停漕节为各路花会、南北剧种等民间文艺活动的展演和传承提供了重要舞台,也为不同身份民众之间的交流互动提供了难得的机会。深具地方特色又兼采南北之长的通州文化,就形成于这样的交流和传承过程中。

除开、停漕节外,北关百姓的许多节日民俗都与河有关。据《乾隆通州志》记载,每年端午节,沿河百姓会"演龙舟于运河之中以为戏"[1]。每年七月十五中元节,通州民众还有放河灯的习俗。这一民俗全国各地常有,但在通州还有一段动人的传说:相传很久以前,通州城闹蚊灾,满城都是黑蚊子,一位14岁的摆渡姑娘荷花日夜兼程不辞辛苦请来神灯灭蚊。当蚊灾终于得到缓解时,荷花却因过度劳累含笑死去,那天正是七月十五。为了感念这位荷花姑娘的功德,通州百姓以后每年七月十五都会来到运河边,用真荷花或纸扎荷花做成河灯,放进河里,希望荷花姑娘能收到他们的敬意。这一传说及相应的节日民俗反映出的正是通州民众的民俗生活与运河的密切联系,运河原本就是民众生活的一部分。然而,在近现代相当长一段时间里,这种联系却呈现出疏离甚至互斥状态,民众的生产生活与运河相行渐远,那些具有运河特色的民俗节庆活动自然也逐渐衰落了。

---

[1] 〔清〕高天凤修、金梅纂:《乾隆通州志·卷九》,国家图书馆藏。

二、漕运制度与信仰空间

某一区域的民间信仰总与该地的自然环境和社会生活紧密相连,有赖于运河丰富的水运资源和繁荣的漕运,过去通州北关的许多庙宇及相关信仰活动都与水运有关。这些信仰的兴起大致分为两种情况,一种是为保障国家漕运制度各环节安全顺畅运行,设立相关庙宇祭祀。如运河边兴修通惠祠,验粮厅设祖斛庙,各漕粮仓库设仓神庙等;另一种神灵具有明显的水神性质,为行船打鱼的民间百姓所供奉,为的是祈求水运平安,如妈祖、龙王、小圣信仰等。当然,二者难以截然区分,运河资源及相关信仰更多时候是由不同群体所共享的。

(一)吴仲和通惠祠

如前所述,开漕节最早源于对吴仲等人的祭祀,而早在明代,北关码头附近就已经修建起了供奉吴仲的通惠祠。当时留下的《通惠祠碑记》显示出该祠庙的诸多信息。碑记全文如下:①

通惠祠碑记略
明督学御史颜鲸

国家建都幽燕。岁漕自东南经江淮河济之险,与洪涛争命,于数千里间比抵湾,率十钟而致一,已复就车牛,资丁壮,陆挽以达京师,费脚价巨万。貂珰勋戚与诸强有力之家竞为齿牙,揽结以牟利,不可究诘,邦民大厉。先是元郭守敬谓京西北白浮神山诸泉流入宫城,势东泻可沇以舟,省搬运之苦。成化宏治间,言者交章每为异论,所乘事辄中罢。嘉靖丁亥,毗陵吴公仲以御史按京储,周视水道,尽得其状。乃排群议,抗疏以

---

① 〔清〕高天凤修、金梅纂:《乾隆通州志·卷十》,中国国家图书馆藏。

闻，力赞天子独断。上诏公卿决策行之，遂命仲专董其役筹工程，能众庶丕作。于是斥山通泽，决去陀泐漫溓，而泉流始清；塞诸水口之罅漏旁溢者，而小川始入；相远迩，仞高卑，则堎置闸，而游波始汇；又随其盈缩之宜，立疏导之法，剞舟具徒，鳞次转运，皆有程度，以垂永久。下逮署舍桥梁，栽柳种麻，纤悉毕虑。工始于嘉靖戊子二月，告成于是年五月，费银才七千，皆取诸官币之扣余，而民不知夫役，征诸车脚而人不扰。水利大通，千艘衔尾，自河湾直达都门，若峻坂走丸，率一日而立致四五万石，岁省脚价十二万两。迄今御堤云绕水流，其中飞帆鼓枻，虽江淮之津不让利焉。予惟士之担荷世道者，不难于兴天下之利，惟利兴而不计其害之为难；不在于成天下之功，惟功成而不居其有之为大方。公之发议也，犯诸权贵所畏恶，而不以为疑；及事兴，群不逞之徒比党危之，且为飞语相煽，而不以为惧；持衡中坚，事集论定，成百代之伟绩，而不以为德；劳苦功高，身竟外补，再官太仆，早已挂冠，而不以为悔。然则慕公之高与录公之功者，于此可见其概矣。公去后数十年，民益思之，相与立祠岁祀焉。因为作诗使歌以祀公。诗曰：御河之水，其流汤汤。舟之楫之，乃万斯仓。岂弟君子，为谋允臧。御河之坊，其浸溶溶。沛我膏泽，河洛攸崇。岂弟君子，并力是营。御河之柳，郁郁其阴。愿言永憩，实获我心。勿翦勿伐，君子之林。御河之浒，爰构我堂。倭此旧德，邦家之光。万国至止，怀允不忘。御河之祠，岁岁烝尝。勤我父子，采兰缩浆。公其永正，其气洋洋。

时嘉靖四十五年岁在丙寅

这篇作于明嘉靖四十五年（1566年）的碑记详细记述了吴仲疏浚通惠河的起因、过程、措施和功绩。在时人看来，吴仲值得立祠纪念，既因为他治河有功，使漕运效率大大提高，节省了人力物力，使"水利大通，千艘衔尾，自河湾直达都门，若峻坂走丸，率一日而立致四五万石，岁省脚价十二万两"；也因为他不畏流言非议、坚守正义，利兴而不计其害、功成而不居其有的高尚品德。因此，"公去后数十年，民益思之，相与立祠岁祀焉"。然而，到清中期，《（乾隆）通州志》中记载通惠祠已经"祠基无考"[①]。原因不得而知，可能是毁于战火或年久失修，但这一结果足以说明，随着时间的推移，普通民众对吴仲这位治水功臣的认知和记忆逐渐淡漠，关于吴仲的信仰便从百姓日常生活中淡出了。

（二）鲁班传说和信仰

与吴仲这一确有其人其事的历史人物相对的，是不断被演绎和神化的传说人物鲁班。鲁班原名公输班，是春秋战国时期鲁国一位有名的发明家，在机械、建筑、手工技艺等许多领域都有所成就，相传木匠用的墨斗、锯子、刨子等工具都是他发明的。附会在鲁班身上的传说越来越多，他逐渐被后世视为土木工匠行业的祖师爷，由历史人物演化成了行业神信仰。通州北关流传着"吴仲建闸遇鲁班"的传说，讲述的是鲁班爷在运河疏浚过程中的显灵事迹：[②]

> 提起开凿通惠河，吴仲是个大功臣。嘉靖皇帝命他负责工程指挥，但还没开始就遇到了一个难题：通州和北京城海拔落差很大，据说通州燃灯塔塔尖和京城朝阳门门洞下面的顶门石一般高。谁都知道水往低处流，可这通州高京城低，怎么办呢？吴仲整天愁眉不展，在工地上转来转去。
> 当时工地附近热闹非凡，有一个卖炸糕的老头，须发皆白，

[①] 〔清〕高天凤修、金梅纂：《（乾隆）通州志·卷二》，中国国家图书馆藏。
[②] 访谈人：程浩芯、曲直、杨慧云；访谈对象：郑建山；访谈时间：2018年7月22日；访谈地点：通州区郑建山家。

形容举止气度不凡，不停地吆喝着"炸——炸糕！炸——炸糕！"吴仲起先没在意，但老头总是在他面前晃悠，还不停地重复着吆喝。一连数天，总是能遇到。这时候吴仲感到奇怪了，老头为什么总重复"炸——炸糕"呢？忽然他眼前一亮："炸"，不就是"闸"吗？通过建闸问题不就解决了吗？炸糕炸糕，就是一闸要比一闸高啊！吴仲豁然开朗，马上走到书桌旁画下建闸方案。他再想去街上找白发老头当面致谢时，人已经消失不见了。吴仲正觉奇怪，突然看到工地上供奉的鲁班爷画像，不正是那位卖炸糕的老人吗？原来是鲁班爷显灵啊！从此，鲁班爷显灵帮助修通惠河的事迹就流传开来。

这一传说巧妙解释了通惠河建闸方案的由来。除此之外，还有一个情节结构类似的传说，讲的是鲁班爷帮助修建通州塔的故事：通州要建13层燃灯宝塔，但大家都不知道怎么建造，鲁班爷化身讨饭老人来到工地，以饭碗相扣的动作点醒众人，通州塔就以这种方式很快修建而成。这些传说内容虽多有虚构，但却真实传达出长久流传于通州民众间的鲁班信仰。通州过去多河富水，运河深刻影响和形塑了沿河民众的劳作模式与身体技能，无论是造船修船，还是搭建桥梁、修筑堤坝，土木技艺必不可少。据北关村民回忆，直到20世纪六七十年代，北关地区仍有一批杰出的造桥工匠，搭建木桥的技术远近闻名。与这些身体技能相对应的，便是关于行业神鲁班的传说与信仰。直到今天，尽管科技进步日新月异，但人们希望土木工事平安顺利的心愿始终存在，鲁班传说就仍有不断被讲述、传承和产生的空间。

（三）祖斛庙和仓神庙

在通州诸多庙宇中，祖斛庙和仓神庙由官方设立，与漕运制度密切相关。据《（乾隆）通州志》记载，"祖斛庙：一在州北门外，一在张家湾城外"①。张家湾和北关曾先后作为大运河的北端码头，两地各有一处祖斛庙，证明该庙是服务于漕粮卸载和验收所用。北关祖斛庙始建于明代，庙中所供神祇不详，一说是供奉发明量器的黄帝臣伶伦；一说是供奉发明过粮用斗的庄子。②"斛"是坐粮厅统一下发量米用的木质量具，烙有火印以示标准官斛。祖斛庙内供奉着一张铁斛，正在使用的木斛出现故障以及每年领用新斛时，都要用庙中祖斛进行校对，确保精确无误。祖斛庙的设立，表明当时官民对漕粮称重和验收环节精准程度的重视。

漕粮经验收后一部分即收储在通州各粮仓，因为要储备供应给京城皇家贵族，通州粮仓的安全问题自然是重中之重。通州最早的仓神庙名曰增福庙，是明永乐年间随仓库设立一起修建的。据明代《重修通州大运仓庙垣记》所记："增福庙在大运西仓之中，盖我朝永乐间立仓时所并建者……庙以翊佑仓储而设，岁久日引而坏"。这篇碑记中还详述了保障通州各粮仓安全的重要性和修缮仓神庙的必要性，其中指出：

> 夫大运之仓，朝廷以贮江南之漕，以克军国之计，以寿宗社之脉万万年者。其所系视水火之切，于人尤大而重，夫事大具重，则凡维持保护使无纤介意外之虞，以资亿兆源源之需，以纾九重宵旰之虑于无穷，殆有非人力所尽能者，是则神以翊之，亦其宜哉！夫庙宇之修饬，较诸仓庾其尚可缓乎哉？③

碑记作者认识到，守仓官兵要认真保障通州粮仓的安全，"使无纤介意外之虞"；但另一方面，这个过程中可能"殆有非人力所尽能者"，因

---

① 〔清〕高天凤修、金梅纂：《(乾隆)通州志·卷二》，中国国家图书馆藏。

② 参见北京市通州区文化委员会编：《通州文物志》，文化艺术出版社2006年版，第146页。通州区地方志编纂委员会编：《通县志》，北京出版社2003年版，第599页。

③ 〔明〕杨行中纂辑、刘宗永校点：《(嘉靖)通州志略·卷十三》，国家图书馆藏。

此设立仓神庙、祈求神灵庇佑就显得尤为重要。除此之外，因为事关国家粮食安全，在京的朝廷官员乃至皇帝对漕粮仓库以及仓神庙也十分重视。清雍正皇帝曾下令在京城内外各仓库新建或修缮仓神庙，并对仓神予以敕封①：

> 国家漕运之制，远轶前代。积贮盈溢，分建各仓以贮之。仓中或旧有神祠，未列祀典。司事者以请下礼部议，通州三仓，惟西仓旧有仓神祠；在京七仓，惟右翼兴平仓旧有大仓神祠，俱应重加修葺。左翼择于海运仓，城外五仓择于新建之储济仓，各建庙宇，设司仓神位，每岁春秋致祭。敕加封号，封通州仓为均调显佑司仓之神……赐御书匾额载入祀典。

这时的通州仓神被敕封为"均调显佑司仓之神"，在朝廷祀典中获得了合法地位。但是，仓神庙、祖稤庙毕竟是因漕运制度而设，漕运废止后，北关码头及通州城的验粮、储粮等相关功能随之不再，这些官修庙宇也就消失了。从中也可看出中国传统民间信仰的伸缩性和变通性。

三、运河水运与水神信仰

除了因漕运而兴修的官方祠庙，北关地区更多庙宇与百姓日常生活息息相关。北关许多百姓自称是"吃运河饭的"，以跑船、打鱼、摆渡为生。加上码头的设立和水运的繁荣使大量沿运河而来的南方船商、漕丁聚集在北关，不同人群共同的心理需求推动了当地水神信仰的兴起。这其中有本地的地方性神灵，也有沿运河传播至此的南方神灵，它们的共同特点是与水有关，担负着保佑水运的职能，因此得到北关百姓虔诚

---

① 〔清〕乾隆官修:《清朝通志·卷四十一》，中国国家图书馆藏。

供奉。

(一)天妃宫与妈祖信仰

北关地区清中期就有了奉祀妈祖的天妃宫。《乾隆通州志》记载:"天妃宫:一在北门内,始建无考,明崇祯十三年修;一在北门外。"①这说明,妈祖信仰至晚在明末就传播到了通州,这是多方面因素共同促成的结果。

天妃,或称天后、妈祖,一般认为历史上确有其人。相传她是宋代福建莆田湄洲岛人,名为林默,年轻早逝,最早因生前有通灵能力和死后屡显灵验,为当地百姓祀奉,进入湄洲地方神灵体系。后来不断显灵,护佑商船、惩罚海寇等灵验传说日渐增多,使其信仰圈逐渐扩大,成为东南沿海渔民一致供奉的海神。与此同时,神灵地位也获得提升,宋高宗绍兴二十六年(1156年),朝廷第一次加封妈祖为"灵惠夫人",使其正式跃入国家信仰体系,此后各代不断敕封,到清同治十一年(1872年),更赐其最高规格的六十四字神号:"护国庇民妙灵昭应宏仁普济福佑群生诚感咸孚显神赞顺垂慈笃祜安澜利运泽覃海宇恬波宣惠道流衍庆靖洋锡祉恩周德溥卫漕保泰振武绥疆嘉佑天后。"妈祖信仰经历了正统化和标准化的过程,朝廷的提倡和推广进一步推动了它在各地的传播。该信仰向内陆地区的传播与商业经济的发展有关,闽商将信仰带至广东、湖南各省;向海外传播则是由移民通过海路带至台湾、东南亚等地,逐渐传至各国华人社区。

明清时期,随着京杭大运河的贯通,有护佑水运功能的妈祖信仰沿运河逐渐向北方传播,祭祀妈祖的庙宇在山东、直隶等运河沿线地区纷纷建立,运河北端通州的两座天妃宫就是在这样的背景下兴建的。由于资料匮乏,我们难以判断这两座天妃宫的兴建动因和出资主体,它们可

---

① 〔清〕高天凤修、金梅纂:《(乾隆)通州志·卷二》,中国国家图书馆藏。

能是南省粮帮为祈求漕运平安而建,也可能是闽籍商人出资兴修。但可以肯定的是,受过敕封的妈祖信仰满足了吃运河饭的船民、渔民、漕丁、客商等不同群体共同的精神需求,因此可以在通州落地生根。当时通州繁荣的商贸经济活动也是庙宇兴修和维系的重要物质条件。关于北关天妃宫的情况,据通州文史专家陈乃文记述,其宫门为过殿,内有"千里眼""顺风耳"立像,正殿三间坐西朝东面向运河,内有天后泥塑立像,戴冠持笏,后有持扇侍女,两边有侍女塑像群及龙王、水神作为配祀,南北两壁还有天后巡海图壁画。他还记道,"先父生前曾讲,他小时家里当着军粮经济差,年年都跟着他的祖父到北关天后宫烧香。那天宫内香烟缭绕,磬声不断,男女老幼摩肩接踵,人流如云,一片熙攘和睦气氛。"①

到了清末民初,随着水运衰落和破除迷信、"庙产兴学"运动的强力影响,北关的许多庙宇都被废除了。天妃宫在民国时期被用作北关小学校址,1949年以后成为北关小学分校。昔日香烟缭绕、人流如云的"熙攘和睦气氛"一去不返。

(二)小圣庙传说与小圣信仰

流动的运河推动信仰的流动。除了妈祖这样的全国性神灵,北关还有为运河沿线地区共同崇拜的区域性神灵,小圣信仰就是如此。《(乾隆)通州志》有记:"小圣庙,一在州北门外,一在张家湾。"② 目前所知通州各地兴建的小圣庙不止这两处,通州城南的永顺镇小圣庙村,就是因村内有小圣庙而得名的。通州人把小圣当作河神供奉,小圣庙村关于神灵来历的传说是这样的:③

---

① 陈乃文:《天后宫与漕运》,载北京市通州区政协文史资料委员会编《古韵通州》,文物出版社2006年版,第198页。
② 〔清〕高天凤修、金梅纂:《(乾隆)通州志·卷二》,国家图书馆藏。
③ 郑建山选编:《大运河的传说》,文化艺术出版社2004年版,第33页。

很久很久以前，小圣庙是一个地主家的庄园，那时不叫小圣庙，叫王家园，由于这家信奉神仙，在庄园里修了一座供神的庙，后又叫小庙庄。

有一次，给皇上运粮的船队刚到小庙庄附近，突然船队像触了礁似的打横，怎么摇也走不了，有一个船夫看见河里有一个头上长了一个角，似龙模样的东西，身上骑着一个稀奇古怪的人。这个消息从前传到后，船夫和押船的官吏大为吃惊。当时船上运的全是"皇粮"，谁也不敢耽搁，官吏赶紧派人报告了当地官府，官府马上找了几个木匠和泥瓦匠，就按船夫看见的模样，用木头当骨，用泥作肉，塑出了古怪人骑独角龙的形象供到小庙里，还举行了隆重的烧香上供仪式。从这以后，船队一路过这儿，就得烧香上供，这个稀奇古怪的人被称作小圣爷。从此，这个庙开始叫小圣庙，村子也随着改为小圣庙村了。

按这一传说，小圣应该是土生土长的本地神灵。还有传说讲通州小圣庙供奉的小圣是安清帮"护漕小爷"王培玉。[1]但实际上，天津、河北、山东等运河沿线地区也供奉小圣，并且有关于神灵来历较为一致的说法，明确指出"小圣"即滕经，年少落水而成神，曾被敕封为"平浪元侯"。民国《天津县新志》记载："神，滕姓，名经，年二十三落水成神，故称小圣，盖海神也。旧有庙在河西。始封平浪侯，继封护国济运显应平浪元侯，商舶往来屡荷显应；顺治六年，复建庙河东，栋宇宏敞，陈廷敬、余泰来皆有碑记，载碑刻志。"[2]相传滕经是河北清河县滕蒿林村人，民国清河县的《元侯龙神庙碑记》对滕经身世和成神过程的记载更为详细："邑城之东滕蒿林村，旧有龙神祠一所，在县城为龙庙。考

---

[1] 周良、谷建华：《漂来的北京》，中国书店出版社2012年版，第89页。

[2] 高凌雯纂修：《天津县新志·卷十一》，中国国家图书馆藏。

《县志》，侯名经，姓滕氏，年十二补弟子员，当时号为'神童'。明嘉靖二十三年，顺天乡试，归至天津，坠河死。死尸浮，面如生。数月驸马显圣，嘉靖敕封北河平浪小圣。清康熙敕封护国镇河显佑济运平浪元侯灵应尊神。至今沿河多有庙宇，香火不缺……"①

按滨岛敦俊的看法，生前义行、死后灵验和受皇家敕封是凡人成圣的三个要素，滕经成神的故事也是如此。尽管受敕封之事不见正史记载，应该是传说创编者的有意编造，却有效增强了神灵的合法性和正统性。该传说是小圣信仰的最早发源或者也只是地方变异之一，此处不宜妄断。但"沿河多有庙宇，香火不缺"则是事实，因为具备平息风浪、护佑航运的职能，作为河神的小圣信仰在运河地区广泛流传。小圣原本的身世传说在信仰传播过程中逐渐丢失，只有神灵功能稳定地保留下来，导致"小圣之名颇为不经，而此土多有之，皆以为河神。"②这就为各地创编新的地方性传说提供了空间，通州小圣庙的传说即是如此。

（三）其他水神信仰

明末笔记著作《五杂俎》中有对当时常见水神信仰的描述："江河之神多祀萧公、晏公，此皆著威灵，应受朝廷敕封者……北方河道多祀真武及金龙四大王，南方海上则祀天妃云。其他淫祠，固不可胜数也。"③这里提到的几位神灵在通州均有祠庙。略述如下：

真武庙：通州各地常见，《（乾隆）通州志》共记八处："一在州北关；一在州治南，即浙省乡祠；一在西海子；一在哈叭桥；一在张家湾；一在上马头；一在北刘各庄；一在高安屯。"④真武亦称玄武，道教将其

---

① 段飞编注：《清河历代文选》，中国文联出版社2012年版，第275页。
② 〔清〕王履泰：《畿辅安澜志》，载《续修四库全书 史部·政书类》，上海古籍出版社1995年版，第326页。
③ 〔明〕谢肇淛：《五杂组》，上海书店出版社2009年版，第304页。
④ 〔清〕高天凤修、金梅纂：《（乾隆）通州志·卷二》，国家图书馆藏。

奉为镇守北方之神。北方属水，故真武又有水神的性质，元代《玄天上帝启圣录》中就收录了许多真武显灵镇河兴福、现海救危的灵应事迹。当然，作为中国民间信仰系统中的常见神灵，真武的神职是多方面、全方位的。通州北关等地多兴建真武庙，反映的是当地民众祈福避灾、求取平安的美好心愿。

龙王庙：通州各地常见，《（乾隆）通州志》共记八处："一在州东关；一在州土坝；一在州烟郊，即崇兴庵前配殿有龙王像；一在州新城西门内；一在州新城草场；一在州大街；一在州河东马家庄；一在潞县北门外。"① 中国古代的龙崇拜源远流长。在民间，龙王被视作掌管江河湖海一切事务的最高神灵，具有治水防洪、兴云致雨的职能。通州运河边的百姓崇拜龙王，祈求风调雨顺、水运顺利，不仅兴建公共庙宇虔诚祭祀，还在家中设龙王神位朝夕敬拜。北关新建村的王振江、王振海年轻时以跑船为生，据他们回忆，当时家中供着龙王像，无论是否出船，船民以及在家的亲人都会每天上三炷香祈祷平安。②

金龙大王庙：清代通州东关、张家湾等地都建有大王庙。清赵翼《陔余丛考》记载，该神为南宋人谢绪，元兵攻打临安时投水自尽，乡人建祠纪念。明太祖兴兵时曾显灵助战，后"永乐中，凿会通渠，舟楫过河，祷无不应。于是建祠洪上"，再到后来广泛传播，"江淮一带至潞河，无不有金龙大王庙"。③ 潞河即今通州，从江淮一带到北方通州，金龙大王的传播区域正是运河沿线。

晏公庙：旧"在州东关，明万历六年建"。④ 据传晏公名戍子，元初江西清江县人，溺死成神，后屡显灵验，被封为平浪侯。此后沿江沿河

---

① 〔清〕高天凤修、金梅纂：《（乾隆）通州志·卷二》，国家图书馆藏。
② 访谈人：程浩芯、曲直、杨慧云；被访谈人：王振江、王振海；访谈时间：2018年7月19日；访谈地点：通州王振江家。
③ 〔清〕赵翼：《陔余丛考》，河北人民出版社1990年版，第626页。
④ 〔清〕高天凤修、金梅纂：《（乾隆）通州志·卷二》，国家图书馆藏。

地区多有奉祀，以保佑水运平安。

鬼王庙：该庙兴修目的是镇压河鬼。"在西水关三官庙前。因河鬼作祟，于康熙二十四年李公讳会生建"。①

可以看到，北关及通州各地的水神信仰多种多样，来源不一。除了供奉特定的水神，通州一些庙宇中的神灵也与漕运有关。如关帝庙全国各地常有，但通州王恕园关帝庙则特"为庇漕而建也"，目的是使"济粮艘而无巨浸之虞，则风涛免患也；利运输而能有飞挽之乐，则险阻糜忧也"。②关帝本与水运无关，但在运河地区也被赋予了特定的护漕职能，由此可见通州民间信仰的地域特色。

通州多元信仰的盛行得益于明清时期优越的水陆交通地位和繁荣的经济活动。许多庙宇的兴建和出资主体都是外地商贾，位于城南的张相公庙，向我们展示了一个外地神灵被带到通州的过程："考神本浙之萧山人，入水为神。万历时有浙人经商于此，获神佑，遂立庙。"③韩森的研究指出，宋代以来地方性神灵多是随着富商、官员的迁徙流动传播到外地的，通州诸水神的例子也是如此，而这些信仰的兴起动力和流播路线正是京杭大运河。

贯通南北的大运河不仅是粮食与物资的输送通道，也是信仰与文化的交流传播通道。因为水运频繁、商贸繁荣，外地信仰沿运河传播到通州，不仅丰富了通州地区的神灵体系和庙宇景观，也潜移默化改变着当地民众的信仰心理和信仰行为，推动了南北文化的交流融合。从日常敬拜实践到神诞、庙会等信仰活动，再到与之相伴生的花会等信仰组织和民间文艺，不同信仰在民众生活中发挥着抚慰心灵、寄托希望、调节娱

---

① 〔清〕王宜亨修，王傲通、王兆陞纂：《（康熙）通州志·卷三漕运志》，中国国家图书馆藏。

② 〔清〕黄成章纂修：《（雍正）通州新志·卷六》，中国国家图书馆藏。

③ 〔清〕高建勋等修、王维珍纂：《（光绪）通州志·卷二》，中国国家图书馆藏。

乐、互惠互助等功能，这是大运河对通州文化的重要影响。

四、人口流动与多元信仰

水运和商贸促进人口的流动迁徙，外地人在通州重要的活动空间是同乡会馆，江西会馆万寿宫、山左会馆三义庙、山西会馆关帝庙等兼具崇祀功能，亦可被视作信仰空间。还有的移民群体定居通州，仍保持着自身独特的文化传统和信仰习俗，丰富了通州文化的多元性。通州各地聚居着许多回民，北关等地的清真寺就见证着多民族共处的和谐图景。

（一）商贸、会馆与信仰空间

外地人在通州经商和生活，除了会把将家乡信仰带到通州，建立新的庙宇供奉祭祀，还会以捐款等方式资助当地庙宇的兴建或重修，既满足自身的心理需求，也以参与公共事务的方式进一步融入当地社会。北关地区曾有佛寺曰大悲寺，据清雍正八年的《创建大悲禅林碑记》记述，该寺由山西众商人出资兴修："山西众商人因己未年（即康熙十八年，公元1679年——引者注）地震重灾，祈福响应，敬礼菩萨，无由致其诚。于是拓基筑址，鸠工庀材，创为大悲禅林。"① 还如东关大王庙的重修由"晋人任恺及州人冯鑑、白樽等代募五省粮商捐集巨款"② 完成，张家湾大王庙则由浙商钟世亮、晋商赵运隆先后出资重修。③ 这些例子均反映出当时通州商贸的繁荣和外地商人群体的活跃。

同乡商人在通州结成了共帮互助的利益共同体，在商业经营、民生

---

① 〔清〕黄成章纂修：《（雍正）通州新志·卷六》，中国国家图书馆藏。
② 〔清〕高建勋等修、王维珍纂：《（光绪）通州志·卷二》，中国国家图书馆藏。
③ 〔清〕黄成章纂修：《（雍正）通州新志·卷六》，中国国家图书馆藏。

救恤等方面同声相应、守望互助，有的建立起同乡会馆作为活动场所。与京城里会馆多为试馆的情况不同，通州的会馆主要有两类，一是外省为处理漕运事务而建的漕运会馆；二是外地同乡商人共建的商业会馆。许多会馆以庙宇的形式修建，如通州新城南门外的三义庙由山东籍在通人士共建，清雍正六年（1728年）的《重修三义庙碑记》记述了山东同乡效刘关张义气、集资重修三义庙之事，文后刻有"山左会馆"，强调该庙性质。据庙内碑刻记载，三义庙曾创立义园，有病殁通州而无力回葬故乡并就葬当地的山左人士，由本省同乡捐资买棺予以埋葬。[①] 从中可见这类庙宇兼会馆的多样用途。

（二）城内城外万寿宫

江西会馆又称许真君庙或万寿宫，全国各地常见，在通州有两处，都与漕运兴盛有关。

一处是专门的漕运会馆。《光绪通州志》记载："许真君庙：即江西漕运会馆，在州城内罗家桥。国朝乾隆三十年知州万廷兰率江西各帮运丁公建。道光元年重修，改名万寿宫。"[②] 漕运会馆是比较特殊的一种会馆类型，其他地方少见。南方各省每年运粮来京，通州为漕运终点，交粮结账等环节程序繁杂、费时颇多，于是各省兴建会馆，用于处理漕务、上下沟通，同时也为运丁们提供休憩等待之地。清代通州有江苏漕运总局、浙江漕运总局等机构，性质及功能与漕运会馆相同。

另一处万寿宫在北关，又称瓷器会馆，是在通经营瓷器业、书业等的江西同乡共建的商业会馆。漕运兴盛时期，通州凭借优越的水陆交通地位，成为南北物资交流的重要中转地，南方江西等省的瓷器沿大运河

---

① 北京市通州区文化委员会编：《通州文物志》，文化艺术出版社2006年版，第106页。

② 〔清〕高建勋等修、王维珍纂：《（光绪）通州志·卷二》，中国国家图书馆藏。

运抵通州，再换陆路运往京城及北方各地，通州城内因此出现了专门的瓷器批发销售市场，经营瓷器的江西商号达数十家。同乡商人为维护共同利益，加强商业联系，集资共建了北门外的万寿宫，以商户轮值管理的方式运营。

漕运会馆与瓷器会馆两座万寿宫性质有别，相同的是都兼具祭祀功能，其内供奉的是江西人的家乡神灵许真君。

许真君原名许逊，字敬之，曾任旌阳县令，是东晋时期有名的道士。传说他精通神仙修炼之术，且术不轻用，用必济世。他曾周行于江湖各地，斩蛟除恶、治理水患，做了许多好事，深受百姓爱戴。许逊逝后，族人就地为之立祠，名许仙祠。后来道教兴盛，许仙不仅得到民间百姓虔诚供奉，还得到了朝廷的认可和敕封，灵验事迹不断增多、流传渐广。许仙祠于南北朝时改祠为观，名游帷观，北宋时又升观为宫，敕题"玉隆万寿宫"，许逊被封为"神功妙济真君"，后即称许真君。江西是许真君信仰的发源地，因此江西人视许真君为家乡神。明清时期，江西科举兴盛、商贾活跃，士子、官吏、商人、移民遍布全国，他们在各地兴建的同乡会馆常沿用万寿宫之名，其内奉祀"吾乡福主旌阳许真君"。

传统民间观念常认为，家乡的神灵更亲切也更灵验，更容易为自己提供庇护和保佑，这是民间信仰随人口流动而传播的精神动力之一。江西会馆供奉许真君，既为客居他乡的游子提供了朔酹望献、追永祈福的祭祀场所，成为联结游子与故乡的情感纽带，也是游子们面对艰难困苦时的精神寄托。同时作为集体活动的公共空间，也起到维系乡情、促进联络、凝聚同乡认同的重要作用。

清末漕运废止后，通州商业日趋萧条，外地客商纷纷返乡或前往他地，两座万寿宫的会馆功能随之不再。北门外的瓷器会馆1900年后委托玉成瓷庄一家管理，1917年玉成瓷庄歇业，会馆逐渐散落，房屋土地被拆分变卖，原址渐成民居。①位于城内的万寿宫也改作他用，民国时期改为休闲娱乐场所，成为土客共享的公共活动空间；1952年原地改建新华饭店，江西会馆就此退出历史舞台。

与通州其他信仰相比，万寿宫内的许真君信仰与江西籍人士结成了稳定的人神互惠关系，无论是神灵职能还是信仰活动都有着极强的群体性和排他性，而无意于进行地方化的融入。因而当江西商人离开通州，许真君失去了供奉主体和保佑对象，信仰也就很快消失了。但"万寿宫"这一符号仍在通州民众生活中活跃了很长时间。因为地理位置优越，城内万寿宫所在街区从清代开始就是通州城最繁华的地段，街上商铺林立，摊贩众多，还有大批民间艺人聚集献艺。当地民谣说"穷南门，富北门，大店铺在东门，吃喝玩乐在万寿宫前门"，形容的就是当时万寿宫前的热闹场面。久之"万寿宫"被用作该街道地名。提起万寿宫，通州人常把它比作北京的天桥、隆福寺，尤其是民国以后，很少有人记得"万寿宫"的会馆和信仰渊源，而更多地将其与繁荣的城市商业相连。这一符号的变化，折射出的是清代以来通州历史、人口、经济生活等方面的变迁。

不少通州老人还记得20世纪三四十年代万寿宫的景象。当时街上商家店铺都是老式平房，多数为小型商户，包括药店、书店、首饰店、花鸟店、理发店及各色杂货铺，店铺前宽阔的人行道上，则是众多摊贩，售卖日常百货、旧衣鞋帽、古玩杂物、书籍玩具等。经营食品的摊贩也不少，如包子、炸糕、烧饼、馄饨、凉粉、豆腐脑、豆汁儿、刨冰等小吃以及节令瓜果比比皆是，经济实惠，方便快捷。最吸引人的当属各种游戏娱乐和曲艺杂耍，有撂地说书、说相声的固定书场，也有外地艺人临时的摆摊献艺，小规模的有耍猴、摔跤、耍中幡、耍飞叉等，大规模的有马戏团、杂耍班等，有的一来就是十天半个月，在空地上用布幔围

---

① 《北京百科全书·通州卷》编辑委员会编:《北京百科全书·通州卷》，奥林匹克出版社2001年版，第282页。

成场地，每天开演，观众需买票进入观看。此外，万寿宫还有茶馆、书社、戏园等演出场所，有名的有荣庆戏园、德庆茶社、增盛号书馆、松竹梅书馆、同乐社、文明轩等，南北曲艺荟萃一堂，极大丰富了通州百姓的娱乐生活。①直到1952年街区改造，万寿宫原址处建起新华饭店，这条大街被改为新华街道。曾见证过漕运的繁荣、人口的流动、城市经济的发展的"万寿宫"，就此成为历史。

（三）北关回民与清真寺

通州人口流动迁徙的情况不仅有外地客商往来，还有少数民族移民定居。早在元代通州就有回民迁入，据民国《通县志要》记载："本县之有回民应始于元朝。城内回民旧有金、居、鲍、宛、杜、闵、康、蓝八大姓；县南枣林庄李、马二姓皆成祖战将而定居于此者；于家务何姓为蒙古人也，思达而之裔；张家湾之戴、王、尹、马四姓皆自沧州迁来……"②这里提到境内几支回民姓氏的来源。通州回民来自全国各地，一部分来自北方游牧地区，元代有回族军士、工匠随蒙古大军的南进到达通州并在此定居，此后陆续有零散迁入的北方流荒者和经商者。其中部分人实际是蒙古族穆斯林，久之入籍回族。"于家务何姓为蒙古人也"当属这种情况。更多回民是随着漕运兴盛沿运河到达通州的，其中既有来寻找商机的商人，也有各地饥民流民。大顺斋火烧的创始人刘大顺明代从南京来通州谋生，起先挑扁担走街串巷卖糖火烧、油果子，后来逐渐开店铺、设分号，生意越做越旺。到民国年间，据《通县志要》统计，通州城内有回民七百户，聚居城内东南隅；城外东关有十七户，西关有

---

① 张秉实：《通州万寿宫往事》，载北京市政协文史资料委员会编《北京文史资料精选·通州卷》，北京出版社2006年版，第257—263页；郑建山：《解放前通州的文化活动》，载北京市政协文史资料委员会编《北京文史资料精选·通州卷》，北京出版社2006年版，第278—286页。

② 金士坚修，徐白纂：《民国通县志要·卷六》，中国国家图书馆藏。

十五户,北关有三十户,其他乡镇数十户到几百户不等,俨成规模。

回民来到通州,多赖运河船运谋生,有的从事货物装卸、运输和经纪业务,有的做些食品制售这样的小买卖。北关码头附近多出卖苦力与从商的回民,久而也形成了回民聚居的自然村,村名为"牛作坊",相传是过去集中进行牛羊肉宰杀加工的地方。因为回民普遍信仰伊斯兰教,习修《古兰经》并按经义言行,有着严格的习俗禁忌,表现在饮食方面是嗜吃牛羊肉,表现在宗教行为方面就是建清真寺作为活动场所。

据《通州文物志》调查,1949年以前通州有清真寺10座,分布在内城、关厢、马驹桥、张家湾、于家务、永乐店等回民聚居区,其中历史最久的是位于通州旧城中心的通州清真寺,始建于元延祐年间。北关清真寺位于牛作坊村,据传也始建于元,明清两代数次重修。清末北关一带回汉义和团民曾于此操练,参与"扶清灭洋"斗争。1900年,八国联军侵入通州,寺为洋寇烧毁。民国时期回民又集资重建,建筑规模远逊于前,大概形制为坐西朝东小四合院式,有礼拜殿为三间,南北配殿各三间,倒座房三间,中为通道。① 牛作坊回民刘文宝熟谙清真寺历史,曾作诗记述这段历史:"……敌军火烧清真寺,烧毁文明积仇怨。人民胸中怒火烧,星星之火可燎原。抗击敌寇起狼烟,人民怒吼响彻天。晚清政府已朽烂,割地赔款民遭难。重建寺院没有钱,民众含泪又募捐。时建时停几十年,民穷财尽真艰难。寺院草草来恢复,到了民国凑合完……"②

据刘文宝等村民回忆,牛作坊的回民和汉民一直相处融洽,集体化时代,清真寺的部分空间曾提供给生产队使用。至20世纪末,该寺还经历了几次修缮。2001年寺院整体翻新重建。2010年因城市建设,新建村

---

① 通州区文化委员会编:《通州文物志》,文化艺术出版社2006年版,第170页。

② 原诗作于2014年元月,题为《北关清真寺迁址落成有感》,刘文宝提供。访谈人:程浩芯、杨慧云,被访谈人:刘文宝,访谈时间:2018年7月19日,访谈地点:通州新建村村民委员会。

整村拆迁，北关清真寺亦于异地重建，迁址新华北街19号，2014年落成使用。

图1-7　北关清真寺
拍摄者：程浩芯；拍摄时间：2018年7月23日；拍摄地点：北关清真寺

从北关清真寺元代至今数次重建历程可以看到，与民间信仰诸庙宇不同，清真寺作为穆斯林活动场所，有着固定的信教群体和宗教活动，北关清真寺因漕运带来的人口流动而兴建，却并未随着漕运的废止而消失。通州地方学者朱向如认为，该寺最早建成时功能如同会馆，因漕运或商贸来到通州的外地回民可在此会谈、休息、沐浴、礼拜。①漕运衰落后，寺院使用者以定居北关的当地回民为主，他们仍继续保持着自身的宗教信仰和民族传统，因而清真寺屡毁屡建，即使最艰苦的战争年代，回民们也仍慷慨出资支持寺院重修。今天，又有许多外地人来到通州工作和生活，其中有不少来自西北等地的穆斯林，北关清真寺也向他们开

---

①　朱向如：《形同会馆的两座礼拜寺》，载北京市通州区政协文史资料委员会编：《古韵通州》文物出版社2006年版，第136页。

放，为外地穆斯林就近参加宗教活动提供了极大便利。随着人口流动和经济发展的步伐加快，当代通州民族互动和文化交流又越来越频繁。

透过北关历史上的民俗节庆活动和宗教信仰情况，我们可以看到通州独特的民俗文化特征。节庆方面以开漕节及祭坝习俗最为独特，端午节赛龙舟、中元节放河灯等节日民俗也与多河富水的地理环境密切相关。在北关等多民族共居地区，回族等少数民族居民还有着自己的节日和信仰习俗。宗教信仰方面，结合对北关以及通州其他庙宇的考察，可以看出该地区民间信仰鲜明的区域特色：

从神灵种类来看，通州有华北地区的常见庙宇，如东岳庙、玉皇庙、关帝庙、碧霞元君庙、药王庙、财神庙、火神庙、马神庙、龙王庙等，同时也有天妃、许真君等南方神灵，还有运河沿线区域性神灵如金龙大王、小圣等，整体呈现出种类多样、来历多元的特点。像吴公祠、祖斛庙、仓神庙等更是其他地方少有。

从神灵职能来看，通州许多民间信仰神灵直接与水运有关，官方或漕工、船商、渔民等以河运为生的民众供奉各种水神，以保佑行船平安无虞。为保障漕粮安全，官方还会在各机构或场所附近设立相应庙宇。还有一些神灵迎合了民众渴望发财致富的心理特点，因此被广泛供奉，通州城内外数座关帝庙就是如此。此外，各同乡会馆内所供奉乡土神的灵力只针对特定群体，这也是会馆作为信仰空间的一个特色。

供奉何种种类和职能的神灵，由庙宇的修建和出资者决定。从这点来看，通州各庙宇创修者的阶层、职业、乡籍多种多样，因为地近京城，漕运事务又关涉国家命脉，通州有的庙宇由皇家命令修建，其余官方修建、民众自发捐建、官民共建的情况各不相同。其中，外乡客商贡献尤多，他们或新建庙宇供奉家乡神灵，或捐资参与当地庙宇的兴建修缮，这是通州多外地神灵、神灵又多具兴财赚利职能的重要原因。

通州节日和民间信仰的地方特色反映的是区域社会独特的地理条件和社会经济状况，归根结底都与运河有关。一方面，运河深深滋养了沿河百姓的生产生活，以河为生的生计模式决定了与水有关的节日民俗和以水神信仰为主的信仰选择。另一方面，元明以来，依靠丰富的水运资源和繁荣的漕运，通州确立了"水陆之要会，畿辅之襟喉"的重要地位，大运河极大带动了地方社会的发展。大运河既是粮路、货路，也是商路财路，还是人口流动迁徙之路、信仰与文化传播之路，通州繁荣的商贸经济活动和频繁的人口流动都有赖于此，这是各种信仰活动兴盛的前提，也是通州文化具有多元开放特色的原因。

第四节 围绕运河而生的民间艺术

一、运河号子

大运河从通州城东北的拦洪闸桥起始点，向东南蜿蜒流去，势若游龙。就在运河通州段，曾回荡过极富特色的运河船工号子。"号"者，"大呼也"。是伴随劳动并常带有呼号的歌曲。号子的种类很多，在北京地区大体分为六种，船工号子、建筑号子、搬运号子、农事号子、作坊号子和矿工号子[①]。通州区的运河船工号子的发现、挖掘和整理开始于1987年，由通州区文化馆已退休干部常富尧收集和整理。由于古籍文献中并无关于运河号子的记载，无人知道运河号子具体产生的年代。运河号子与运河船工日常的劳动紧密相关，因此常富尧预测运河号子产生的

---

① 北京市通州区文化馆编：《不能隔断的记忆》，大众文艺出版社2010年版，第118页。

年代一定很久远。根据船号演唱者的回忆，通州的船号只能追溯到清道光年间。号子的兴衰也与漕运的发展息息相关，清光绪年间，随着漕运废止，水运衰败，陆路兴起，运河号子失去了它原来在劳动中的功能，渐渐被人遗忘，消失。

（一）通州运河号子的历史渊源

通州，位于京东，"取漕运通济之义也"。通州的漕运有着悠久的历史。早在秦代，通县水域就有官船活动。元明清三代，封建王朝定都北京，漕运进入了鼎盛时期，通州成了"上控京阙，下控天津。……舟车辐辏冠盖交驰，京畿转漕之襟喉，水陆之要会"，成为了京津水陆交通枢纽，重要的漕运码头和货物集散地。"通惠河舟艘直入积水潭，帆樯林立。"每年运粮漕船而万余艘，"岁入粮四百万石。"官府的谁是船和商船一万余艘。这些船队，浩浩荡荡，首尾衔接十几里，"万舟骈集"成为有名的通州八景之一。有诗曰："广拓水驿万艘屯，漫卷舟帆桅樯存。东装西卸转输紧，南纳北收漕务纷。终日无休人语喧，彻夜不绝粮帮临。吸引小艇能沽酒，三江风景到通门。"伴随着浩浩荡荡的船队，就是此起彼伏的号子声。1987年，通县郎府乡年近九旬的韩文恩听前辈老人说："当年漕运昼夜不停，运河号子连天，有人说'十万八千嚎天鬼'。"①

光绪年间，运河的主要给水河——潮白河溃决改道，使运河断了主要水源，加上光绪末年，国运大衰，朝廷改征粮为折扣银两，漕运废止，水运衰败，陆路兴起，通州码头地位逐渐消失，但是，在运河上民间的客货运输，直到1943年运河因大旱断流时才停止。至此，与漕运共兴衰

---

① 郑建山：《通州民俗文化》，漓江出版社2013年版，第162页。

的船工号子也从大运河上消失。①

（二）通州运河号子的种类

运河号子的种类根据人们在行船过程中不同的场景而有所差异。比如开船、起帆、顺水、逆水、船搁浅、停船时就有不同类型的号子。一般号子都是领号人领唱，其他人跟着唱。目前已知的号子可以分为十种：②

1. 起锚号：开船前，撤去跳板，开始起锚喊的号子。此号紧凑有力，为无旋律齐唱。

2. 揽头冲绳号：用篙把船头揽正，顺篙冲船，把船冲至深水处喊的号子。此号稳健有力，无旋律，为一领众和。

3. 摇橹号：船到深水处，顺水摇橹时喊的号子。摇橹号简洁明快，有的曲调只有两个音。坚毅并且有弹性。

4. 出舱号：同时也是装舱号，卸船或装船时喊的号子。这种号子比较自由，旋律性强，为只有上下乐句的单曲体结构。可以即兴编词，唱者豪迈乐观，也为一领众和。

5. 立桅号：逆水行船之前，立起桅杆时候喊的号子。这种号子简洁有力，也为一领众和。

6. 跑篷号：升起篷布时喊的号子，船工忌讳"帆"的音，认为不吉利，因此称作篷。这种号子比立桅号更慢些。也为一领众和。

7. 闯滩号：船搁浅时，船工下水推船时喊的号子。这种号子用立桅号曲调，只是速度慢一些，更扎实，有张力。也为一领众和。

8. 拉纤号：纤工背纤拉船时喊的号子。这种号子悠长、缓慢、稳健。可即兴编词或使用歌谣、民间小曲的词。为了增加劳动兴趣，领号人扮

---

① 北京市通州区文化馆编：《不能隔断的记忆》，大众文艺出版社2010年版，第119页。

② 北京市通州区文化馆编：《不能隔断的记忆》，大众文艺出版社2010年版，第121—122页。

成三花脸,头上梳小辫,手上拿着大扇骨,骨头上挂着铃铛,拴着红布条,在前面领逗。此时,领号人专门在前面领号,不干活,因此有别名叫"甩手号"。

9. 搅关号:修船期把船用绞关拉上岸,推绞关时喊的号子。这种号用"拉纤号"的曲调,只是不唱悠长的部分,节奏性强,所以也叫"短号"。该号也为一领众和。

10. 闲号:船工休息时喊的船号。这种号子比较自由,旋律性强,为即兴编词演唱。

此外,运河号子还有一曲两号和同号多曲的现象。一曲两号指的是一个曲子却能在两种不同的号子中被使用,比如"闯滩号"可以用"立桅号"的曲子,但是要稍慢些。同号多曲是指不同人唱同一个号子,有时曲调会有差异或根本不同。

通州区文化馆退休职工常富尧在1987年在盐滩和附近几个村落通过寻找会唱运河号子的老人,共收集到了十四首运河号子,部分号子的唱词如下:

1. 起锚号子:喂捯喂咳,喂捯喂咳,喂捯喂咳,喂捯喂咳,完喽!(该曲根据锚大小为二人或四人齐喊,其长短以锚拉到船为止)

2. 搅头冲船号子:咳咳,咳咳,咳咳,咳咳,咳咳,咳咳(领)完喽!(唱时一领一和,唱一句迈一步,长短以船到深水处为止)

3. 立桅号子:喂上来,喂呀咳,咳呀,咳,喂,捯啊,咳呀,咳,喔依喔,上来喂呀咳,咳呀,咳,喂捯哇,咳呀,咳,喔依喔,上来喂呀咳,咳呀,咳,完喽!

4. 跑篷号子:喔哟来,呀喔,哎!嗨哟来,哎嗨哎,嗨呀喔喔。

5. 摇橹号子:哟哦,嘿!晃起来,嘿!嘿来,哟!哟嘿,哟嘿,嗨嗨嘿!嘿嘿嘿!哟嘿,哟哟嘿,哟嘿!嗨嗨嘿!嘿嘿嘿!哟嘿!

6. 出舱号子:仨儿来吧,一拉个的呀儿,啰。哟来,了喂哎嗨,呀,哎嗨,嗨呀。仨儿来吧,一个劲儿的起来了,喂嘿,了喂哎嗨,嗨呀，哎嗨，嗨呀。小红鞋儿可就，八根带儿。男女那个打，扮儿，来溜。苇子那个，开花儿来，可就报了，完来溜。

7. 拉纤号子：喂嘿嘿，呀喔，过来了，喂嘿嘿，喂喂呀，喂嘿喂。喂喂，喂喂。喂着上来了喂嘿嘿，喂嘿嘿，喔喔。喔喂呀喂嘿嘿，呀，喔上喔的，喂呀，啊，喂嘿嗨，哎嘿，哎嘿，喔哟，过来了，过来了，喂嘿嘿，喂喂。

8. 闯滩号子：喂哎嗨，哎咳，喂哟来，噢，喔喔，咳哎，咳哟来，哎咳，加点儿劲儿，哎咳，撞两号咳哎，哎哟来，噢，喔喔，咳哎，喂哟来，哎咳，加点儿劲儿，哎哎，闯上来啦，哎哎，过来啦，哎咳完喽！

9. 闲号子：嗨！年轻的，小伙儿哎，缺少一个，做饭的，人儿来了，一百多斤儿，哎，难为你来，驮来了。①

运河号子的词简单却不单调，都是运河上的船工在劳动中总结出的智慧。运河号子的特点在于实际的功能性，船工和纤夫在行船中容易犯困，劳累，运河号子可以很好地集中船工的注意力，提高劳动效率。前九种号子的歌词比较固定，闲号子则比较自由，是船工在休息时娱乐的方式。常富尧老师讲，一般船上的船工都是十五六岁的小伙子，渴望爱情，当岸上有姑娘时，号子便成了传达爱意的工具。②

（三）运河号子的特点

常富尧总结运河号子的特点为"水稳号儿不急，词儿带通州味儿，北调儿含南腔儿，闲号儿独一份儿"。③

水稳号不急是指运河经过的地方都是平原，水势平稳和缓，所以船

---

① 以上号子的歌词参见郑建山：《通州民俗文化》，漓江出版社2013年版，第165—175页。

② 采访人：杨慧云、程浩芯、曲直；被访谈人：常富尧；访谈时间：2018年7月22日；访谈地点：通州区文化馆。

③ 郑建山：《通州民俗文化》，漓江出版社2013年版，第163—164页。

号也有这样的特点，平稳、优美、抒情如歌，没有紧张激烈的节奏。常富尧还对比了黄河号子的特点，黄河号子激烈、高昂、悲壮，同黄河本身一样具有阳刚之气。而运河是一条人工开凿的河，水势平稳和缓，像母亲一样安详温柔善良。

词儿带通州味儿是说运河号子的词带有很浓的京味儿和通州味儿。主要体现在唱词多用儿化字，比如三儿、日儿吧、人儿、鞋儿等，和一些具有通州地方特点的衬字和衬词，比如四儿搭四儿的、一了个的、来溜等。这些具有地方特点的词使通州运河号子散发着北京民歌中的京味和乡土气息。另外，通州人特有的表达方式也赋予了运河号子不一样的特点，如通州人将媳妇称为"做饭的人儿"、将男人称作"一百多斤儿"、用"苇子开花"代表季节或是劳动的结束。这些都使通州的运河号子有着区别于其他河号的不同之处。

北调儿含南腔儿是说运河号子含有南方民歌的音调。这在速度较慢、曲调平缓的号子中表现明显。常富尧认为，这与漕运本身相关，运河带来了南北文化的交流和沟通。运河号子就是在这样的历史契机中形成的。现在还在世会唱运河号子的赵庆福老人听先辈讲，运河号子最初都是和南方漕运船工学来的。常富尧对运河号子的音调分析之后，认为它和南方民歌确实有千丝万缕的联系。比如，运河"拉纤号"和"出舱号"与江苏民歌《无锡景》《紫竹调》《茉莉花》《如皋探妹》等有多处音调相似。中央音乐学院教授周青青在《北京通州运河号子中的山东音乐渊源》一文中通过对比通州运河号子和山东民歌的曲调旋律，认为通州运河号子与山东民歌有一定的相似之处。京杭大运河作为中国唯一南北走向的水利工程，不仅贯通了中国南北的交通，也促成了中国南北音乐文化的传播和积淀。山东漕运号子随着运河来到北京，既满足了通州码头航运劳作的需要，又在北京通州留下了山东音乐的印记[①]。

---

① 周青青：《北京通州运河号子中的山东音乐渊源》，《中央音乐学院学报》2012年第1期。

闲号儿独一份儿是指通州运河号子有一种不为劳动而唱,这在其他河号中很少见。闲号的"闲"指的是"闲体"和"闲心",两闲并在,才有可能唱闲号。闲号是在船即将到码头或者干完活之后,喊号者为引来岸边人们的呼应而唱的号子。唱的都是让别人和自己都开心愉悦的内容。比如常富尧老师就讲,以前船工在水势平稳靠近岸边的地方,常常喊号子向年轻的姑娘表达爱意,是船工在劳动之余娱乐的方式。

(四)运河号子的传承

1. 停漕之前

运河号子的领号多为家族传承;其次是师徒传承和互学传承[①]。

据运河号子现在唯一的传承人通州区永顺镇盐滩村赵庆福老人的儿子赵义强讲[②]。父亲的号子是从曾祖父祖传下来的。曾祖父将号子传给了爷爷和父亲的姨夫,爷爷和父亲的姨夫又将号子传给了父亲。赵义强说父亲小时候调皮不爱识字读书,就每天跑到运河边上看船工跑船拉货,他机灵,有聪明劲,六岁上船,帮大人拿长把水舀舀水浇船,防止船裂开。九岁就顶一个伙计替爸爸和姨夫扳舵、推舵。跟着爸爸和姨夫在船上耳濡目染,很快就学会了运河号子。领号的人在船上地位比较高,出不出活全看领号的,在这种体力劳动中,领号人起很大作用。由于薪水比别人高,家里的孩子又方便教,所以运河号子基本都是祖传。

另外一种传承方式是师徒传承。领号的人也会把号子教给为自己干活的徒弟。

最后一种是互学传承。一起干活的船工相互之间学习号子。据赵庆

---

① 北京市通州区文化馆编:《不能隔断的记忆》,大众文艺出版社2010年版,第119—120页。

② 访谈人:杨慧云、程浩芯;被访谈人:赵义强;访谈时间:2018年7月20日;访谈地点:通州区永顺镇新建村赵义强家中。

福老人讲,盐滩村的一些领号人就是相互学习的号子。不过还是不如祖传或者师徒学的多。

2.运河号子的再发掘

运河号子在漕运停止,水运衰败之后失去了传承和继承的土壤,渐渐被人们遗忘。直到1987年,通县依照北京市文艺集成办公室的要求,在全县范围大规模开展普查、采集、整理民间歌曲的活动,运河号子才得以被采集记录和谱曲。通州区文化馆退休职员常富尧就是这项调查工作的负责人,没有他现在也不会有这么多关于运河号子的曲目记录和相关研究了。

据常富尧回忆,自己1987年开始参加通县民歌采集整理的工作。最初和其他同事一起收集了70多首当地的民歌,这里边并没有运河号子。后来交上去之后,领导和专家们觉得通县最有特色的民歌应该有运河号子。通州是京杭大运河的北起点,历史上是元明清三朝古都的重要码头,当年"万舟骈集"是通州著名的八景之一。伴随着浩浩荡荡的运船的是此起彼伏的号子声。因此运河号子对通州民歌意义重大。常富尧说他在采集民歌时注意到过运河号子,曾有郎府乡张各庄当时年近九旬的韩友恩老人听他的前辈讲过,当时的漕运日夜不停,号子声连天响,人们把喊号子的人都叫做"十万八千嚎天鬼",可见当时号子对人们的影响有多大。但是在真正调查的时候,常富尧遇到了困难。他在各乡镇文化站查遍文献资料没有发现一点关于运河号子的记录,在最初去的几个村子也没有发现会唱运河号子的人。寻求无果,领导已向市里通报通州区没有运河号子,常富尧也接到了别的任务。但是他一直心有不甘,不愿就这么结束调查。常富尧利用休息日的时间,骑车从运河通州段南端的和合站起,沿河向端头各村探访。常富尧说自己当年采访了很多人,但一开始收效甚微,一方面,被采访者年纪太小完全不知运河号子;另一方面,有些老人已经年迈多病记忆不清,一些被介绍推荐的访谈者等找到时发现已经故去。总之，收获很少，一度让常富尧特别沮丧。最后在常富尧快要走投无路找不到线索的时候，竟然在盐滩村发现了几位会唱运河号子的老人。他们世代是船户，经过反复的回忆，终于记起了14首完整的运河号子。常富尧将这14首号子全部记录并转成谱子。现在14首运河号子都记录在《中国民歌集成·北京卷》中。常富尧将这些号子的录音和谱子送到市里时，大家心情都很激动，仿佛发现了兵马俑。

2003年，常富尧又去挖掘和整理了8首运河号子，还记录了不少相关的文字。2003年，运河号子健在的传承人只剩下盐滩村的赵庆福，为了给他留下影像记录，常富尧找了通州区文化馆其他工作人员对赵庆福演唱的运河号子进行了图片和影像采集。后来为了引起人们对运河号子的重新关注，常富尧又联系报社，对赵庆福老人进行了采访报道。此事引起了多家电视台和媒体的争相报道，2004—2005年之间，曾经掀起一股采访报道运河号子和传承人赵庆福的热潮。常富尧很高兴，根据运河号子编创了歌曲，并且配合赵庆福的运河号子到20多个乡镇、社区、单位演唱。2005年全国范围的非物质文化遗产申报开始进行，通州运河号子顺利成为通州区第一批列入国家级非物质文化遗产代表作的项目。

图1-8　常富尧等人在通州区非物质文化遗产专场演出中表演运河号子
拍摄者：杨慧云；拍摄时间：2018年7月22日；拍摄地点：通州区文化馆提供翻拍

常富尧接触运河号子20多年，一直勤勤恳恳尽心尽力想把北运河上人们的运河记忆留下来，让如今早已没有漕运，没有了往日熙攘热闹船运景象的通州还能回忆起运河血脉中流淌的祖先记忆。他曾写文自述自己与运河号子的20多年的缘分，其间多困难阻碍，但是他深刻认识到保护民间文化的重要性，并立志成为"一名中国民间文化守望者"。全球化、现代化、经济一体化的今天，传统文化几乎是"全部倒塌了"的，非物质文化遗产的普查工作应该"趁早、主动、韧性、奉献"。事实上，从运河号子被发掘整理以来，常富尧一直试图让更多的人了解运河号子，除了和唯一在世的传承人赵庆福在各个乡镇社区演唱运河号子之外，跟年轻的舞蹈演员编节目在地方和中央电视台表演，配合中央电视台的工作人员给运河号子拍摄纪录片，在小学给小学生们讲运河号子都是他常做的事。课题组采访他时，他已满头白发，一脸温和的笑容，说到相应的号子会随时唱起来。跟运河号子有关的新闻报道、照片图片、采访资料、手写的谱子和笔记都整整齐齐被他收录在一起。看了确实让人感动。①

3.成为国家级非物质文化遗产之后的传承

在中华人民共和国成立之初，盐滩村会领船号的人有30多个，1987年仅剩10个，如今仅剩赵庆福一人。运河号子的传承确实存在困难。漕运未停之前，运河号子有其实际的功能，即使停漕之后水运废止，运河号子依然可以在其他劳动场景中使用。比如赵庆福的儿子赵义强就讲父亲在搭桥打碾中也领过号子。盐滩村的搭桥队在当时很有名，据赵义强讲通州还有其他很多地方的桥都是他们搭的。人们在打桩用力的时候喊的就是运河号子。另外据常富尧的调查，运河号子也曾被用在搬运等劳动中。可见运河号子本身有自身的适应性，人们觉得劳动的时候喊号子

---

① 以上内容主要参考于常富尧提供的手稿《做一名中国民间文化的守望者》以及课题组对常富尧的访谈。访谈人：杨慧云、程浩芯、曲直；访谈对象：常富尧；访谈时间：2018年7月22日；访谈地点：通州区文化馆。

可以使得上力，心里舒坦就可以随时随地赋予它新的生命。

然而今天的通州高楼并起，人们面临着不一样的生产和生存环境，运河号子已经失去了现实环境的依托。虽然运河号子成为了国家级非物质文化遗产，但是能够继承它的人还是寥寥可数，赵庆福的儿子孙子从父亲爷爷那学了一些号子，常富尧在调查中学会了演唱号子，但是这曾经"十万八千嚎天鬼"的号子能传承多久依然是个未知数。比起传承，更多的是启蒙，常富尧在史家小学给小朋友们做讲解。[1]赵义强如今也在通州区的许多学校排练演出或做一些关于号子的演讲，他说他发现其实很多小朋友很喜欢听号子的，他们对号子有天生的好奇。我们课题组去采访赵义强时，他正好有个关于运河号子的演出在附近的学校排练，舞蹈桥段和号子演唱的部分都是他指导的，比如拉纤的时候该是什么样的动作，升篷的时候应该怎么唱他都会给演员们一些建议。由于运河号子成为了国家级非物质文化遗产，关注的人也越来越多，希望这可以给延续了几百年的运河号子新的历史契机。[2]

二、高跷

在此次调研过程中，有地方文化负责专员和村民都提到了通州区，尤其是北关曾经存在过的高跷会。高跷会在过去广受民众的欢迎，但是现在在通州北关地区已经找不到它的踪影了，唯有一些年纪稍大的人还记得高跷会曾经的传奇。课题组经过与新建村村委会联系，见到了通州区永顺镇新建村牛作坊村的村民赵睿。

---

[1] 访谈人：杨慧云、程浩芯、曲直；被访谈人：常富尧；访谈时间：2018年7月22日；访谈地点：通州区文化馆。

[2] 访谈人：杨慧云、程浩芯；被访谈人：赵义强；访谈时间：2018年7月20日；访谈地点：通州区永顺镇新建村赵义强家中。

赵睿的父亲曾经是高跷会的成员，他自己小时候也踩过高跷。据他回忆，目前北关参加过高跷会的老人基本都已去世，稍微年纪大点的可能还对高跷会有印象，但是懂行的人都不在了。赵睿自己喜欢高跷，但是由于新建村已经搬上了楼房，多年以前就没有人组织高跷会了，所以这一项重要的民俗活动渐渐在现实生活中失去了踪迹。不过庆幸的是，赵睿为我们提供了 1987 年北京市通县文化馆工作人员在通县尤其是北关地区调查访问高跷会时撰写的手稿。手稿由杨新茂撰写，撰写时间是 1987 年 7 月。虽然是以北京市通县文化馆的名义所做的调查，但是并没有在正式的出版物中找到相关信息。赵睿说这是他们家从 30 年前就一直保存的手稿，很珍贵。当时一些高跷会的重要组织者和参与者还未去世，因此赵睿提供的这份手稿为通州北关高跷会的研究提供了重要的资料。[①] 以下内容均以赵睿提供的调查手稿为准。

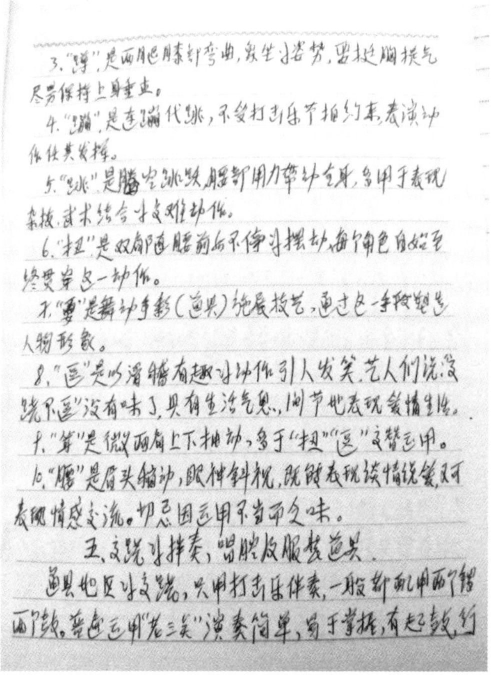
3."蹲"是两腿膝部弯曲，象坐的姿势，要挺胸提气尽量保持上身垂直。
4."蹦"是连蹦代跳，不受打击乐节拍约束，表演动作任其发挥。
5."跳"是腾空跳跃，腿部用力带动全身，多用于表现杂技、武术结合的高难动作。
6."扭"是双肩随腿前后不停的摆动，每个角色自始至终贯穿这一动作。
7."耍"是舞动手彩（道具）施展技艺，通过这一手段塑造人物形象。
8."逗"是以滑稽有趣的动作引人发笑。艺人们说"没跷不逗"没有味了，具有生活气息，间节也表现爱情生活。
9."弄"是微微两肩上下抽动，多于"扭""逗"交替运用。
10."瞟"是眉头抽动，眼神斜视，既能表现谈情说爱，又可表现情感交流。切忌因运用不当而变味。
五、高跷的伴奏、唱腔及服装道具
通县地区的高跷，只用打击乐伴奏，一般都配用两个钹两个鼓。普遍运用"老三点"演奏简单，易于掌握，有起鼓、行

图 1–9　牛作坊村民赵睿提供的高跷手稿资料
拍摄者：杨慧云；拍摄时间：2018 年 7 月 23 日；拍摄地点：新建村村委会

（一）高跷会概况及历史沿革

民间花会高跷，在通县地区比较流行，据 1987 的初步调查显示，共有 28 档，是一种群众性民间舞蹈形式。代代相传，历史悠久，表现力很

---

① 访谈人：程浩芯、杨慧云；被访谈人：赵睿；访谈时间：2018 年 7 月 23 日；访谈地点：通州区永顺镇新建村村委会。

强，表演动作或粗犷奔放，或情意绵绵，深受群众的欢迎和喜爱。

高跷在通县的历史虽然源远流长，但是关于它的起源说法不一。不少民间老艺人追溯到100年之前，有的还介绍了一些传说故事，比如：大杜社乡六郎庄和宋庄乡翟里村的艺人都说他们村的高跷是100多年前组建的。而徐辛庄平町村和西集村的高跷均组建于光绪年间，距今也有百年的历史了，其中有的已达数百年之久。据台湖乡胡家堡村的艺人王德祥（现已去世）介绍，胡家堡村的高跷是明末清初从朝阳区双桥公社咸宁侯村（该村原属通县，1985年划归朝阳）学来的，距今大约四百年了。

通州区的高跷历史更久，据下关村艺人张绪武介绍，下关高跷起源于明朝永乐年间（1403—1425），距今有将近六百年的历史，是1987年调查时发现的年代最久的一档花会，他曾听他的上辈艺师高贵元老人说过，明朝永乐年间，北关牛作坊（现属永顺镇新建村）是回汉杂居地，由回民出钱购买服装道具，组织高跷，并请当地的通州知府（姓何，名不详，也是回民）审查，后来何知府到朝廷议事，呈奏皇上，说通州组织了高跷，用以庆祝天下太平，君民同乐，皇帝说：君民同乐，万古长青，何知府回来后，将北关高跷会命名为"万古长春会"。他们的介绍具有传奇色彩，情节感人，故事逼真。关于通县民间花会的史料记载寥寥，多数是关于花会的民间传说。

1984年，沈阳市艺术馆的两位同志来通县了解回民区的高跷活动情况，他们说沈阳市沈河区的高跷秧歌，就是由北京通州一个名叫铁鲁张的人（回民）早年闯关东的时候传授给当地的，因此这些凝聚着通县人民的智慧和创造力的民间舞蹈，已从它的故乡——通州流传到了东北地区。

（二）高跷的作用及有关民俗

流行于通县的高跷主要用于祭祀。它的活动主要依附于民俗和庙会。

如牛堡屯乡后街的高跷会每年六月初六到长子营"冰雹庙"向冰雹神朝香顶拜，以求冰雹神保佑五谷丰登，人畜两旺，每年正月十五，所有的高跷会都要到庙宇朝顶进香。求神赐福，消灾免难，事事平安。过去的劳动人民往往借助于求神的方法寄托人们的美好希求和愿望。

通县最繁盛的庙会要算城南里二泗村的娘娘庙会了。这里每年有大活动四次，即阴历正月十五、三月十五、四月十八、五月初一。又以正月十五和五月初一进香祈愿最为热闹。各路民间花会艺人，争先恐后均以赴里二泗娘娘庙朝拜为荣。因此庙会又是高跷会的盛行地。每年正月十五，除买东西和烧香许愿者纷纷外集，还有南八会，北八会（高跷、秧歌、狮子、大鼓、十不闲、小车会等），都来朝顶进香，在庙前大显身手，各显其能。似有请神人校阅之势，该庙会场，真是摩肩接踵，拥挤不动，为如愿尽兴地施展技艺，各会乘兴而往，败兴而归者有之。可见，当年二泗庙会是何等的兴盛与热烈。综上所述，通县高跷会大都在传统的农历重大节日活动。主要以娱神为主，但也包含庆祝丰年的意蕴和群众的自娱性。走会是有一定的规则的，各高跷会在正月十五向娘娘庙进香前几天，正会要下请帖请各督官（各村高跷会的负责人）研究走会事宜，然后各督官在发请帖请各位艺人。朝顶时的先后顺序也有规定，进庙之前各会要到指定的地点集合，叫做"齐合"，不得随意变更时间和地点，亦不能随便赶前错后，待组织者发号指令之后，方可进庙朝拜。然后走街串巷表演。两会相遇要燃放鞭炮，并且互相换帖，恭敬致意，以防生事，否则，就违反会规，停止表演，可见走会的纪律也是十分严格的。

（三）高跷的内容与形式

关于高跷的形成通县也有两种说法，一种是由武术的梅花桩演化而来，加强了杂技的功夫。另一种说法是由梨园行演化而来，原有演员在舞台上踩跷，后来打地摊表演加入了木跷，一是为了表演技巧；二是便于群众观看，但这些说法都无从考证。然而从高跷现在的表演可以看出有各种人物角色。有塑造人物形象的手段和表演程式，有传统队形的变化，有丰富的唱腔内容和各种特技表演，是戏剧武术和杂技的一些主要因素，兼而有之。

通县的高跷所表现的内容主要是渔樵生活，同时又有三个故事和传说，丰富了它的内容。

1. 相传宋朝时，金花娘娘与张天师作对，用聚众幡将妖聚来，缠着一个樵夫作耍，其意在捣乱张天师作法，后人引以为乐。

2. 梁山英雄抢法场，攻打大名府。表演《水浒》中的一段内容，卢俊义被抓后，梁山好汉以高跷扮作各种角色假装进城烧香顶拜，大闹法场，救出了卢俊义。

3. 人间除妖，传说在很早以前，通州的庵、观、寺、庙、阁经常生事（闹鬼）。永乐皇帝得知后，请来了张天师之子，分别降服了妖精，并将其聚集到了通州的西关娘娘庙等候发落，人们借此扮作高跷表演。

通县高跷主要是文跷和武跷两大类，仅有一档跑跷而且是来源于天津武清县，多数高跷艺人是文会武跷，艺人们说："文跷稳，武跷狠"，意思是文跷也掺杂了武跷的特技表演，一般都是由十二个人扮演，也有十个人表演的，扮演的人物有拽头、小二哥（也称买豆腐的）、武扇、老坐子（也称文扇）、渔翁、樵夫、俊锣、俊鼓、丑锣、丑鼓、渔婆、卖膏药的。这十二个角色里又有"四打，四唱，四跳"的分工，表演形式也是多样的。有群舞，边走边舞变换各种队形；有二至四人的组舞，所表现的内容组与组之间又没有什么内在联系；还有各种特技表演，如：单腿跳、向后下腰、迈毛、蹲桩、（骑马式）劈叉、蝎子勾、背剑、怀中抱月、鹞子翻身、朝天蹬、从八仙桌上倒立翻跟斗、跳板凳、跃高桌、走桥、跳坡等。这些精彩表演，使人们惊叹不已。

八九十年代通县地区的高跷，基本上保留了原有的面目。解放后有的改扮了人物，在原有的基础上加上了新词新曲，但基本保留了原有的特点和技艺。

图 1-10　高跷表演
拍摄者：杨慧云；拍摄时间：2018 年 7 月 23 日；
拍摄地点：新建村村委会提供翻拍

（四）高跷的表演及风格特色

通县地区的高跷也是各放异彩，如张家湾乡里二泗的高跷，原是台湖乡胡家堡村来的人教的，但是里二泗是庙会盛地，艺人眼界开阔，而且有艺人同时参加本村业余剧团，他们的表演动作显得体态优美，有较浓的戏曲色彩。而台湖乡胡家堡基本还是保持了原有的特点，各按其角色表演独有的技巧，虽然显现出武功基础好，但是表演动作线条粗略些，大杜社乡六郎庄和漷县乡黄堡村的高跷，都善于吸收新的套路，表演显得调度灵活，情绪强烈。与其相反，张家湾乡马营村到 1987 年仍保留了十个角色，他们以唱腔为主，格调朴实。而牛堡屯后街的高跷，虽然也是十个角色表演，但他们的套路不多，仍以长于表演瞟眼耸肩较多为共同特色。通州北关牛作坊村的高跷，讲究人物造型，他们的表演体态舒展，动作细腻。其在封建时代受过皇封，自称正统。

通县各地高跷，虽然各有特色。但是，从高跷的现状来看又有共性。

按照节拍，两脚不停地走动是它们的共同规律，跷功高超者也只能保持短暂的静止。而高跷艺人具有的特有运动规律为其步法，并运用蹬、板、蹲、蹦、跳、扭、耍、逗、耸、瞟的技术，充分地显示出高跷的独特风格。

1."蹬"是高跷的基础功，由站立过渡到走、扭跑、跳，状如重足而立。

2."板"是单腿离地，倒踢木跷，演员用"扳"表演各种动作。

3."蹲"是两腿膝部弯曲，像坐的姿势，要挺胸提气，尽量保持上身垂直。

4."蹦"是连蹦带跳，不受打击乐节拍的约束，表演动作任其发挥。

5."跳"是腾空跳跃，腰部用力带动全身，多用于表现杂技、武术结合的高难度动作。

6."扭"是双肩随腰前后不停地摆动，每个角色自始至终贯穿这一动作。

7."耍"是舞动手影（道具）施展技艺，通过这一手段塑造人物形象。

8."逗"是以滑稽有趣的动作引人发笑，艺人们说，高跷具有生活气息，常常表现爱情生活。

9."耸"是微微地将两肩上下抽动，多于"扭""逗"交替运用。

10."瞟"是眉头稍动，眼神斜视，既能表现谈情说爱，又可表现情感交流。切忌因运用不当而乏味。

（五）高跷的伴奏、唱腔和服装道具

通县地区的高跷，只用打击乐伴奏，一般都配用两个锣两个鼓。普遍运用"老三关"，演奏简单，易于掌握，有起鼓、行鼓、进场鼓和还乡鼓。节奏有快有慢，清晰有力，艺人说，"头锣打，左右碰，最后有两个锣盖顶"，这一艺诀同样应用于击鼓关。

高跷唱腔统称为唱腔秧歌，攒秧歌和秧歌以高腔调为重，均是舞一

段唱一段，多以"渔樵问答"方式演唱，节奏平稳，旋律线条粗中有细，但句式结构不大规则，音乐效果与舞蹈形式也不大吻合，但能为高跷增添民族风格和地方色彩。唱词内容极丰富，涉及日常生活类、爱情类、宗教信仰和传说故事，谈古论今，无奇不有，据老艺人讲，高跷唱段用词广泛。可涉及十三道辙韵，而且同时渔樵对答并存多种声韵。句式多以四、六、八、十二等双句组成，艺人谓"四、六、八板"，衬字较多，但大都合辙押韵。

通县地区的高跷服装道具在十年内乱期间，受到严重摧残，濒临绝迹，1987年时的服饰绝大多数是凭艺人印象仿制的或新购置的代用品，而原有拽头穿青缎镶边的白纽襻衣裤，围征裙，打丝绦，扎弯带，披肩发，戴月牙紫金箍。扮成勾脸和镶云边的艺人着红绿裤，头戴发。武扇穿内衣软靠红色绣花公子袍，戴饰面牌，拱嘴翘髯，顶端有一个绒球，艺人称之为"佛球"。老坐子穿红色锦缎上衣外套青官衣，连不上裤子碎花青褶裙，包大头，饰八宝彩珠。渔翁穿黄草色缎子衣裤，系弯带，戴草帽圈饰面牌。两个鼓穿青箭衣，扎丝条系弯带，戴蛐蛐帽饰面牌。两个锣穿红色或粉色的锦缎衣裤，有饭巾各四喜带，戴绒球娥子。渔婆穿粉红衣裤，白水裙有披肩，包大头。卖膏药的穿紫袍，黄马褂青彩裤子，戴红缨帽，据人说，十二个角色除一人穿清朝服饰外，其他角色基本都是明朝的服饰，1987年能搜集到的已不多，而且艺人的回忆也是零碎不系统，更重要的是至今在通县地区尚未发现具有研究价值的图文资料，因此说1987年看到的服装已不是那时的模样，无论颜色、图案和款式都带有若干年代演变的痕迹。所以进一步研究高跷的服饰是研究高跷起源流传和演变的重要方式。

为继承古老的文化，牛作坊村的杨寿全曾带领高跷艺人们在1949年到朝阳区的楼梓庄乡高安屯村传授高跷技艺。1987年时高安屯村的高跷分会还会与通州区的其他分会一起玩会，保持师徒关系和原有的传统。

调研日志（一）

组长：张青仁
组员：程浩芯、杨慧云、曲直
撰稿人：曲直　时间：2018-07-12

今日永顺镇调研组完成了本组第一次田野调查，主要调查地点为永顺镇政府、通州博物馆。

上午九时许，调研组一行四人前往北京市通州区永顺镇政府，文化站万庆松站长向我们介绍了永顺地区有名的地方学者，如著名作家王梓夫、刘祥、通州民俗专家郑建山、已故运河研究专家周庆良等。王梓夫是通州土生土长的作家，对通州历史研究十分深入，著有代表作品《漕运码头》《大运河启示录》；刘祥于80年代毕业于北京大学中文系，后任通州区文联秘书长、作协主席，主要作品有《少女的运河》《运河组歌》；郑建山毕业于中央戏剧学院戏剧文学系，曾任通州文化馆副馆长，代表作有《通州文化志》《大运河的传说》等；周庆良生前是北京运河研究专家、通州文物专家、通州十大文化名人之一，两次荣获国家文化部、文物局先进工作者，著有《通州文物古迹》《通惠河》，是名副其实是"通州通"。阅读这些学者的著作有助于了解永顺镇的历史背景，从而为调查打下良好基础。

介绍完通州地区有名的学者后，万庆松站长着重描述了新建村的一个高跷会。新建村是一个行政村，下面包含着盐滩和牛作坊等八个自然村。这个高跷会的成员以牛作坊村民为主,并有邻村村民,据传乾隆年间,皇帝观看了高跷会的表演,还上去跟着踩了一会儿,并赐同乐长春四个字作为高跷会的名号。高跷会技艺精湛,每年前往天台山表演。80年代,哪里有活动了高跷会时不时地去捧个场。90年代初,高跷会转化成为秧歌队并在晚些时候解散。

下午一点左右,在北师大校友雷林萍老师的接待下,调研组参观了北京潞河中学。潞河中学创办于1867年。最早为建于通州城北的潞河男塾,后发展为包括小学、中学、大学和一所神学院在内的教育机构。1918年,其大学部迁出组建燕京大学,中斋部仍在通州原址,始称私立潞河中学校。校内拥有多栋百年建筑,绿树成荫,湖光山色,十分宜人。

下午两点,调研组与通州博物馆的任德永馆长进行了非正式访谈。任德永馆长了解了大致情况后,答应我们帮助联系各位地方学者,并带领我们参观了博物馆内的部分展馆。任德永馆长也答应为我们提供万寿宫的一些历史资料,如石匾额的照片及来历。谈及北关时,他提到了本地居民的顺口溜"穷南关、富北关、吃喝玩乐在东关",可见旧时当地人对地理区域的划分与认知。

下午三点半,调研组回到永顺镇政府档案馆,向李浩培主任申请借阅永顺地区各村历史沿革的相关资料。李主任同意我们借阅档案馆的部分文献资料以支持项目调研。其中较为重要的两部书应属《北京市通县地名志》与《北京百科全书·通州卷》,对了解通州地区划分及历史变迁有很大帮助。

今天的空气潮湿闷热,但我们在永顺镇政府和通州博物馆获益良多,万庆松站长、李浩培主任与任德永馆长都为我们的调研提供了大量帮助。我们希望能借此更多地了解永顺地区及关键村落的历史脉络与民俗文化,为之后数周的调查奠定基础,也让自己更加了解北京的文化底蕴。

调研日志（二）

组长：张青仁
组员：程浩芯、杨慧云、曲直
撰稿人：杨慧云　　时间：2018-07-14

今日永顺镇调研组对通州地方文化名人张建先生进行了访谈，张建先生是通州地方有名的文化名人，对通州运河文化十分了解。下午三时许，课题组到达张建先生家中，并对其进行了访谈。此次访谈，张建先生主要描述了万寿宫的概况以及北关附近的商贸活动，并将其珍贵的关于万寿宫的手稿资料送予课题组，在此表示非常感谢。

通州区有两座万寿宫，一座在城里，属于官办的江西漕运会馆，负责处理一年一度的江西漕粮水运和交粮事宜。另一座在城外，属于私人集资捐建的商业会馆，主要由经营瓷器的江西商人所维系运作。两座万寿宫性质不同，鉴于城内的万寿宫与今永顺镇无太大关系，因此，张建先生具体描述了城外的万寿宫概况。

城外的万寿宫要比城内的大。据张建先生回忆，城外的万寿宫位于北门外，朝北而立，修建在好几层台基之上，台子高，宫内的院子也很大，院内还有一座约明代时期锻造的大铁炉，后因漕运废止，宫殿衰败，该铁炉也不知去向。殿内奉有许真君和关公像，佑护地方漕运旺盛安康。

万寿宫原来是江西的瓷器商业会馆。属于江西瓷器行业协会（民国时称为江西瓷器行业工会）北京总会的通州分会。该会馆的主要功能是卸验南方货船运来的货物，并且作为商人客旅休息吃饭的场所。后来又发展出一些庙会活动，具体的庙会活动在《通县志要》和《通州志》中有零星记载，现在了解当时庙会盛况的老人大多都已去世，只能通过旧有的访谈资料知晓当时的庙会活动。张建先生在访谈过一些老人后，了解到每年二月初一和八月下旬，分别是许真君诞辰和得道的日子，值此时节，通州的江西人齐聚万寿宫，上香、设宴、唱戏，非常热闹。

清末民初，北京与天津通铁路，漕运衰败，瓷器商人也相继回家，原来的会馆也日渐破败。城外的万寿宫在解放前期归一李姓后人看管，他将宫殿名贵物件悉数拆去变卖，房梁、木头、石狮子和殿内其他器物所剩无几。到20世纪60年代时，万寿宫已消失不见。

另外，张建先生还提到北关的商贸活动。从南方来的商业货船基本都在北关卸货，然后沿通惠河北上。这里因此也发展出不少骆驼店、茶叶店和粮店。骆驼店多分布在石坝附近的牛作坊、盐滩、皇木厂等处，经营江南塞北的货物交流。由南方而来或到南方而去的货物，靠运河输转；运往口外，或由塞北运来的货物，主要依赖骆驼，故名骆驼店。茶叶店则将南方运来的茶叶销往西北边疆各地。

此次对张建先生的访谈受益颇丰，尤其是收获了许多关于万寿宫的珍贵资料。在这里要再次郑重感谢张建先生将其尚未出版的《三庙一塔》中关于万寿宫的资料送予课题组作参考资料。借由此次访谈，永顺镇调研组对万寿宫和北关的历史概貌有了更详细的了解。

调研日志（三）

组长：张青仁
组员：程浩芯、杨慧云、曲直
撰稿人：程浩芯　　时间：2018-07-19

  明嘉靖年间，北运河北端码头由张家湾迁至通州北关。南来运船可直抵北关的石坝码头，所载货物经卸装验收后经通惠河运至北京城。这一改变极大提高了漕运效率，也带动了北关地区的发展。自此，北关承担着漕船装卸、货物储存、物资转运、商贸交流等多重功能，"帆樯蔽云日，车马隘康庄。渠转江南粟，市藏天下商"——这里沟通着大河上下、长城内外，也连接着首都与地方、皇家与天下，忙碌的北关码头正是当时经济繁荣、海晏河清的盛世太平景象之缩影。另外，当我们的目光从大历史投向小地方，运河边的盐滩、下关、姜厂、牛作坊……这些村庄的形成过程、人口来源、地理景观、聚落形态等也深受运河和漕运码头设立的影响，运河水深深滋养着其中的人们，他们在运河边的世代生活，他们对运河的情感与记忆，他们因运河而形成的独特的劳作模式、生活习惯、宗教信仰、口头传统等，将为我们理解和叙述北运河提供一种更鲜活有温度的视角。

  基于这样的认识，我们组决定将调查和写作重点放在北关地区，并选择新建村作为重点调查村落。新建村过去位于通州北关河边，是一个涵盖8个自然村的行政村，2009年因城市建设拆迁，整村搬迁至通州区物资学院路。7月17日下午,我们在张青仁副教授带领下来到新建村,受到村党支部副书记王书平的热情接待。王书记向我们介绍了新建村的基本情况,并现场召集各分支会计,一起讨论确定合适的访谈对象和调查线索。7月18—19日,在各位村干部的大力配合和热情帮助下,调查组对新建村皇木厂王锐、司鑑,牛作坊刘文宝、赵凤岐等数位村民进行了访谈,对村落历史文化、民众生产生活及运河记忆等有了全方位的深入了解。

新建村所含自然村的形成原因及村名来历几乎都与漕运相关。其中一部分是因为存放物资的缘故:过去货物运至北关码头需要在附近暂存,存放木材的地方叫皇木厂,围养牲畜的地方叫马厂,转运食盐的地方就叫盐滩,等等;还有的村落形成与人口流动迁徙有关,据赵凤岐讲述,他的祖辈有许多亲戚祖籍是山东、天津等地,有的是以跑船为生,到达通州后就在此定居。一个自然村名为"牛作坊",是因为南北商贸交流使北关附近聚集了大量回民,以屠宰经营牛羊肉为生,日久聚居成村,村落即以生计为名。现在回族人口约占牛作坊人口总数的三分之一,村民们一致认为,他们的回汉关系堪称民族关系的楷模。

人口流动带来文化交流,就信仰空间来说,回民兴建的清真寺、因水运而兴盛的天后宫、江西人修建的万寿宫等,构成北关地区多元互映、和谐共处的信仰图景,也是各民族、各地区文化在此交流融合的一个明证。

如今的新建村住宅小区紧邻地铁站,因为地缘和交通优势,受到许多外来租房人口的青睐。通州许多地区也是如此。每天早晨,当我们乘坐空荡荡的6号线到达今天的"通州北关"时,开往北京城的反方向列车总是人满为患。来自全国各地的人们在这个城市真实而勇敢地生活,上演着当代人口流动、文化交流的新故事。"帆樯蔽云日"的水运盛况一去不返,但因为人才和物资集萃,当代通州"市藏天下商"的盛景却不输以往任何一个时代。

调研日志（四）

组长：张青仁
组员：程浩芯、杨慧云、曲直
撰稿人：程浩芯　　时间：2018-07-21

7月20—21日，永顺镇调查组继续在新建村进行调查。在各位村干部的大力配合和热情帮助下，我们对新建村下关王振江、王振海，盐滩赵义强等数位村民进行了访谈，重点了解了沿河村民因运河形成的劳作模式和风俗习惯，对他们的运河记忆有了深入的体会。

"靠运河，吃运河。"紧邻运河和漕运码头的繁荣给当地百姓带来大量谋生机会，如从事装卸运输、经营商贩店铺、跑船、打鱼等，村民们至今仍以"渔王""面铺王""大船赵""小船赵"这样的称呼来区分不同的家族和支系，指的正是该支系过去从事的职业。

皇木厂的百岁老人司鑑还记得自己少年时从北关码头往通州城里扛送竹竿赚取零钱的往事。以跑船为生的王振江、王振海兄弟自己家里有一艘船，招雇船工时总会问这样一个问题：你要把船放在哪里？答案不是水里，不是河里，而应该是放在心里。船，几乎是他们全部的生活依靠。常年在北运河上跑运输，兄弟俩既体会过沿河两岸都是朋友的江湖义气，也经历过河中遇匪、货物被劫的危险时刻。当陆路运输全面取代水路运输，船民们又换上小船，捕鱼为业，集体化时代，渔业仍是下关等生产队的重要经济来源。吃运河饭的人家有许多独特的习俗和禁忌，如家里供奉龙王爷，一天要上三次香，祈求保佑行船平安；讲话忌讳"翻""沉""扣"等字，有的摆渡人甚至不愿运载姓陈、姓寇的客人等等。除了跑船打鱼，北关人的造桥技术也远近闻名，皇木厂的王锐向我们讲述了和同伴到密云、顺义等地搭造木桥的经历，运河对沿河民众身体技能和生活智慧的形塑，体现在方方面面。

　　近二三十年，村民们的劳作模式和职业选择发生了较大转变，他们的生产生活与运河相行渐远。2009年，新建村因城市建设整村拆迁，村民们陆续搬迁上楼。让新建村民倍感遗憾的是，新村建设完全抹去了祖辈生活的印记，盐滩、牛作坊这些旧地名不再保留。自己村落的历史文化就此逐渐消失，这是村民们不愿看到的。许多村民对运河的感情一辈子难以割舍，就像83岁的王振海至今仍坚持到运河边遛弯，眼前的河水常让他想起过去跑船打鱼的悲欢生活。这些村落的历史、个人的经历为运河注入了温度和情感。在我们看来，对运河文化的发掘保护，不仅要发掘涉及经济、商贸、交通、安全等宏大议题的漕运"大历史"，也应书写受运河滋养和形塑的沿岸村落的"小历史"；不仅要保护好运河古迹遗存、生态环境等人文自然景观，也要关注生活在其间的民众关于运河的经验、情感与记忆。他们是运河文化的创造者，也应是运河文化建设的受益者。

调研日志（五）

组长：张青仁
组员：程浩芯、杨慧云、曲直
撰稿人：曲直　　时间：2018-07-22

7月22日，永顺镇调查组前往通州有名的地方学者郑建山老师家中进行访谈。郑建山老师毕业于中央戏剧学院戏剧文学系。1978年开始发表文学作品，2003年加入北京作家协会。著有《通州文化志》，民间故事集《大运河的传说》等。2013年出版《郑建山作品选》上下两册，共计七百余页，涵盖散文小说、历史故事、戏剧文论、民俗文化等多方面内容。郑老师1981年参加工作，曾任北京通县文化局科员，县文化馆副馆长、文学室主任，对通州的文化底蕴了解十分深入。

通州作为南方物资运送北京的重要枢纽，具有非常鲜明的包容性和开放性。古时候的各国使节进入北京之前都得在通州候着，等待皇帝的传唤。南方来的客商将他们自己的文化带入通州、在通州形成了众多混合文化元素，这便是运河文化的一个特性。而北关便是这个枢纽的重中之重。

郑老师讲述了旧时北关码头许多有趣的谋生方式。有些人从南方运河沿岸各地挖些土带到北关码头上叫卖、本地人将土融入自家的土地里、认为这混合起来的土肥力更好，有利于庄稼生长。还有在码头"卖打"的人。旧时压漕粮入码头都会在石坝处查验斤两、以确认有无偷盗行为。

有些押粮的官员偷偷将粮私卖一部分，被查出后便要按照律法治罪挨打，于是码头上就兴起了代押粮官挨打的行当。还有"扛大个"的苦力，指专门帮助货船卸货的营生，他们前往码头出卖劳动力换取用于每日生活的报酬，攒不下钱不说还十分劳顿。如果说漕运码头是古时候北京兴盛、集权得以成功的原因，那么民众们便是其基石。

  北关码头的兴建源于明朝嘉靖年间吴仲修缮通惠河。关于这段历史，在北关流传着十分生动的民间故事。吴仲上奏皇上想要修缮通惠河，但有其他官员不同意，双方争执不下时，忽然电闪雷鸣，一道闪电劈下。吴仲借此良机，将其解释为老天发怒了，皇上一看，立刻同意吴仲修河。通惠河西高东低，运粮船的走向与水的流向相反，吴仲苦恼于如何让其顺利入京，恰巧听见旁边有一老者叫卖炸糕，吴仲听了几遍，灵机一动，想出谐音"闸高"，于是乎在通惠河与运河交接处修建闸门，以使得水位上升，粮食得以运送到北京城。民间故事虽不如正史那般真实准确，但反映了百姓生活中对历史的想象，这也是通州文化中不可或缺的一部分。

  郑老师在最后向我们赠送了《大运河的传说》《首都文史精粹·通州卷》等多本珍贵资料，对了解运河故事、感受通州文化具有很大的帮助。在他的讲述下，我们对通州的历史文化氛围有了更形象及深刻的认识。

第二章
潞城镇

第一节 潞城镇概况与建制沿革

潞城镇位于北京市正东,长安街东延长线上,处于京杭大运河、运潮减河、潮白河三河环绕之中,呈西北—东南斜向狭长型,西北端与现通州主城区接壤,北邻宋庄镇以及河北省三河市,南接张家湾镇,东南端与西集镇相连,2018年区划调整之前的镇域面积71.32平方公里,其中,25平方公里在通州新城范围内,下辖56个自然村、54个行政村、3个居委会,总人口9.5万人,其中常住人口7.5万人,流动人口约2万人。户籍人口5万人。以"潞城"千年古县为代表的通州历史文化,是北京地区历史上独具特色的京东地域传统文化,承载着两千余年积淀形成的历史文化内涵。

从地形上看,潞城位于古永定河、白河、潮白河冲积扇地形的台地之上,始终饱受古潮白河洪水威胁之困扰。路县最早的历史可以追溯到

图2-1 潞城镇位置图

西汉高祖十二年（公元前195年），当时属渔阳郡，辖今日之通州区、三河市、大厂回族自治县的大部分地区。东汉建武元年（公元25年），因傍潞河，路县改名为潞县。此后潞县曾属玄州（唐武德年间），幽州（唐贞观以后）、幽都府（辽代）、析津府（金代）、大都路（元代）、北平府（明代）、顺天府（明代，清代）、河北省通县（民国，现代）、北京市通州区（现代）。刘锡信的《潞县治考》载："潞县旧治二，汉时在潞河东八里之故城，唐以后即治今州城。俱证之近年所得唐石刻，可以为据。惟中间二三百年，未审治何所。按《水经注》，引魏氏土地记，云：潞县城西三十里有潞河也。以此计之，元魏潞县治所，当在潞河东三十里，约略在通州三河交界之地。今遗址绝无可考，盖是时尚未析三河县。元魏县治，在适中之地，理或近之，徙治潞河西，虽年代莫考，疑当在齐周置渔阳郡之时。今州城北门内十三级燃灯佛塔，穹窿高峻，颇为巨观，建自周宇文氏。当日建塔，必在郡邑城市之地，意潞县必已徙治于此矣。"①长期以来，潞城都是重要的商贸中转点，它在最近数百年的衰落，则缘于大运河港口中转地通州城的崛起。潞城残城最后毁于清朝光绪时

---

① 刘锡信：《潞城考古录》，中华书局1985年版，第5—6页。

期的大洪水。1961年当地建胡各庄公社、俜子店公社，1983年改建为胡各庄乡、俜子店乡。1992年俜子店乡更名为甘棠乡。1996年，胡各庄乡面积35平方千米，人口2万人，辖三元、古城、辛安屯、杨坨、郝家府、大台、胡各庄、庙上、大营、东夏园、留庄、东大营、西堡、东堡、七级、黎辛庄、南刘各庄、八各庄、前北营、后北营、堡辛、召里、常屯、后屯、孙各庄25个行政村；甘棠乡面积36平方千米，人口1.8万人，辖兴各庄、燕山营、李疃、武疃、凌庙、前疃、前营、后疃、大甘棠、小甘棠、刘庄、岔道、俜子店、前榆、后榆、卜落垡、大豆、小豆、武窑、崔楼、夏店、肖庄、大东、小东、谢楼、康各庄、太子府27个行政村。2000年，撤销胡各庄乡，设立胡各庄镇；撤销甘棠乡，设立甘棠镇。2001年末，撤销甘棠镇和胡各庄镇，合并成立潞城镇，镇政府设在原胡各庄镇政府所在地，辖2个社区、54个行政村。京哈高速公路、京秦电气化铁路过境，大运河、潮白河、运潮减河环绕全境。2015年6月，为配合北京城市副中心建设，潞城镇被整体纳入通州中心城规划范围，棚户区改造项目正式启动。此次棚改共占地15平方公里，涉及17个村、9300户、户籍人口2.5万人，总投资358亿元。以通州区潞城镇棚户区改造为例，截至2016年10月，通州区已圆满完成了潞城镇棚户区改造两期17个村共1.8万"新市民"的拆迁安置任务，其中16—35岁青少年超4400人，约占25%。经过此次棚户区改造，潞城镇原有的村落结构基本消失，代之以新的城市化街道格局。2018年，因通州区新定位新发展需要，潞城镇行政区划有所调整：设立潞源街道办事处，以潞城镇西北部区域为辖区范围。辖区四至范围：东至宋梁路，南至北运河，西至东六环路，北至运潮减河。办公驻地设在现潞城镇政府所在地。设立潞源街道办事处后，潞城镇其余区域为调整后的潞城镇辖区范围。潞城镇政府办公驻地迁至武兴路南侧6号。

从历史延续性视角下考察潞城镇和大运河的关系，体会围绕运河发展形成的民间艺术的无尽魅力，是我们研究运河文化的一个非常有意义的课题。基于此，在本章内容中，潞城范围依然以原潞城镇辖区为标准。

第二节　潞城镇代表性考古文化遗存

由于独特的地理位置，在长期的历史发展中，潞城镇形成了别具特色的文化遗产，在各个阶段呈现出不同的风貌。

为配合北京城市副中心建设，通州区文物保护与考古有了新发现，其中在潞城出土了大量具有代表性的考古文化遗存。依据《中华人民共和国文物保护法》《北京市地下文物保护管理办法》等规定，北京市文物局与北京城市副中心行政办公区工程建设办公室责成市文研所对通州区潞城镇的胡各庄村、后北营村、古城村等地区展开考古调查、勘探与发掘工作。2016年，北京市通州区文物部门会同其他部门开始对潞城镇周边地域进行考古发掘，共有9家具有考古团体领队资质的单位参与发掘，累计2000余人参加。这是北京进入新世纪以来最大规模的一次考古发掘，在半年多的时间里，共进行101.3万平方米的勘探，发掘4万平方米。光勘探面积就相当于142个足球场，共发现1092座古墓和一座汉代古城遗址，通州实物考古史从隋唐往前推进了千年，中间断环全部补齐。① 可以说，潞城及其周边的历史，成为整个通州历史的代表和见证者，更进一步补充和完善了北京的历史。

---

① 此部分资料来源于中国考古，http://www.kaogu.cn/cn/kaoguyuandi/kaogusuibi/2016/1125/56255.html。

图2-2　北京城市副中心行政办公区云中心考古发掘现场（资料照片）

据统计，此次考古已发掘墓葬1092座，年代跨越2000余年，从战国至清代，都有相关的遗存。重见天日的还有69座汉唐窑址、8座灰坑、10眼水井和3条道路。出土文物种类繁多，其中包括陶器、瓷器、釉陶器、铜器、铁器、铅器、料器、皮革器等。具有重要历史价值的墓葬、窑址、地层剖面已经整体迁移保护，共计60处遗迹。

这些文物分散在距地面5米深的泥土里，考古工作者按照朝代将不同层以数字标注。中国社会科学院研究员刘庆柱认为："延绵连续的地层既有自然堆积，也有人为堆积，还有地震形成的断裂层。这说明通州区域的历史延续性"，而且，"通州是北京所有区中开放性最强的。这个地方自古交通便利，漕运兴盛，所以多民族在这里长久共融。这次的考古发现是最好的印证，出土的文物为了解通州地区两千年来自然环境变迁、人地关系提供了最直观的证据。"①

---

① 此部分资料来源于中国考古，http：//www.kaogu.cn/cn/kaoguyuandi/kaogusuibi/2016/1125/56255.html。

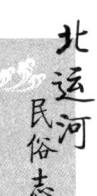

据北京市文物局统计，在出土的墓葬中，79%的墓葬为战国至汉代墓葬。这说明城市副中心所在区域至少自两千多年前的战国时代就有大量人口居住，特别是东汉时期社会繁荣、人口众多，是宜居之地。同时，这些文物为探索北京东部地区汉代以来的社会文化面貌、经济发展状况、人口密度和分布、丧葬习俗等提供了重要依据。此外，这批考古发现与天津、河北等地的同类遗存极为相似，这也表明京东、津西、冀中地区，自古以来在文化面貌上就呈现一体性。

以下对原潞城镇辖区内的主要考古文化遗存分别加以概述。

一、潞城古城

潞城镇内曾经有个名叫古城村的村子，位于六环路以东通胡大街的北侧，东距通州城区约8公里。这个村子之所以称为"古城"，就是因为这里有一座古城遗址，村落就坐落在古城遗址上。清人刘锡信在《潞城考古录》中曾记载："通州潞河东八里，有古城，周围四里许，遗址约高五尺，东西北三面俱存，惟南面近官道，已成陆地，西北隅废堞，独高丈余，疑当日角楼瞭台之类，考之州志，曰相传为前朝驻兵处，或云古潞县，疑不能明也。"①作者刘锡信是乾隆时人，由此可知乾隆时期古城遗址保存相对完整。由于村民取土等原因，路县古城遗址不断遭到破坏，至清光绪年间，古城西北角楼台尚存残迹，北城垣依旧，民国间渐渐被村民取土而减小，最终形成现在的模样。目前，该遗迹长41米，基宽18米，高4米，为黄土夯筑，夯土层清晰均匀，厚约10厘米，夯窝密排坚固，是典型的古代土筑城墙。据史料记载，路县在西汉初年设置，筑城应在此后不久，至王莽在位时，路县改称为通路亭，其亭治仍然设

---

① 〔清〕刘锡信撰：《潞城考古录》，中华书局1985年版，第1页。

在此地。东汉光武帝刘秀建武元年（25年），因依潞水，故改名为潞县，同时，渔阳郡治自今密云梨园村迁此，郡、县两级政府机关并设此城。次年，渔阳太守彭宠于此举兵叛朝。八月，刘秀派遣将军邓隆、祭遵率兵前来平叛，败绩。建武五年（29年）春，彭宠为家奴所杀，祭遵挥军攻入此城，进行诛烧，郡、县治大火，殃及千余家，火飞城外。县治东迁今河北省三河市城子村，郡治还迁旧址。唐中宗李显神龙元年（705年），崇州、鲜州（安抚降唐奚族部落羁縻州）二州政府一并寄治在此城内，至唐肃宗李亨至德元年（756年）方才撤除。明代，为修缮通州城垣、仓场、衙署等官家建筑，补充水运南方砖料不足，于此设窑烧砖，取用千年古城熟土制砖，将此城东、南两面城垣用尽，只余西、北垣墙以抵西、北诸河泛冲村庄。

至清光绪年间，该城西北角楼台尚存残迹，北垣依旧，民国间渐被村民挖取而减小。解放后，集体生产组织复于此设窑烧砖，至1959年夏，只余北垣东段残址50米，当年7月24日，通州区人民委员会（后简称人委）公布其为通州区文物保护单位。"文革"间，遗址体积再行减小。1987年夏，北京市运潮减河复堤工程，将残存土城遗址掩于堤内，此前，取城址夯土一块，长35厘米、宽28厘米、厚10厘米，质地坚硬，夯窝清楚可见。此外，在村民挖城制坯时，曾于垣墙内发现一枚汉初"半两"铜币与一些夹砂红陶碎片。又于遗址南侧取土时，出土一件战国红陶釜，泥质，残高25厘米、口径26厘米，直口，折沿，深腹，环底，外沿下饰纵绳纹，腹、底周饰横划纹。① 在20世纪50、80年代北京市的两次文物普查工作中，考古工作者先后都对城址进行了调查。2007年，北京大葆台西汉墓博物馆汉代城址调查课题组再次调查了该处

---

① 北京市通州区文化委员会、北京市通州区文学艺术界联合会编：《通州文物志》，文化艺术出版社2006年版，第15—16页。

城址，并再次肯定了城址为汉代潞县故城遗址的判断。①

在2016年为配合北京城市副中心建设而进行的考古发掘中，在大量墓葬发掘现场西北方向大约两公里处，考古工作者找到了通州唯一汉代城址——路县故城。路县故城是目前所知通州区唯一的秦汉城址。它在北京成为早期中国北部地区政治、军事和交通中心的过程中具有重要的文化、交通、经济和军事意义。

据北京市文物局新闻发言人于平介绍，在2016年7月至9月，文物部门对这座汉代城址进行了总范围约50多万平方米的考古勘查，并选择重点部位抽样进行考古勘探。目前，结合古城址的具体情况可将古城遗址分为城墙基址、城内遗存、护城河和城外遗存四部分。其中，故城北墙基址长约606米，东墙基址长约589米，南墙基址长约575米，西墙基址长约555米，四面城墙基址基本可以闭合。城址平面近似方形，符合中国传统中正公平的理念。城总面积约35万平方米，符合西汉县级中心的规制。城内，一条南北向的路面遗存藏着乾坤，明清时期与辽金时期的遗存叠加着，在这下面，应该还会有更早期的路。在探沟里的包含物中，考古发掘者找到了汉代钱币和陶片。城外，南城墙墙基外侧约11—13米处发现有护城河道遗存，河道走向与城墙基址走向基本平行，宽度约30—50米。这次考古发现意义重大，并以"北京通州汉代路县故城遗址"为名，最终入选2016年全国十大考古发现。②

---

① 胡传耸:《北京考古史·汉代卷》，上海古籍出版社2012年版，第48页。
② 此部分资料来源中国文博网，http://www.wenbao.net/shidakaogu/201602.html。

图 2-3　路县故城遗址考古现场（北京市文物局供图）

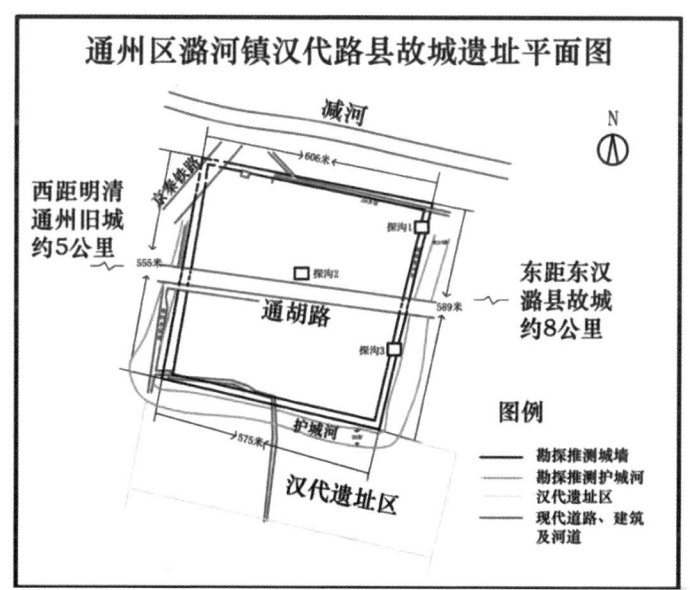

图 2-4　北京通州区潞城镇古城遗址平面示意图 [1]

---

[1]　图片引自鲁晓帆:《北京通州出土两方唐代墓志考释》(下),《收藏家》2017 年第 6 期。

中国社会科学院考古研究所研究员刘庆柱指出，路县是汉代渔阳郡辖四县之一，它在北京作为早期中国北方地区的政治中心、军事中心和交通中心的过程中具有重要的文化、交通、经济、军事意义。有专家认为，在城内找到了直径超过15厘米的汉代瓦当，这说明该城基本相当于西汉府衙规制。

2017年，考古人员在故城的后续发掘过程中，发现40余口水井，其中绝大部分属于汉代时期。遗址考古负责人孙勐介绍，这些井有方形、有圆形，有用砖砌的，也有用木板贴在内壁的，一来是起支撑作用；二来是为了防止水的流失，还有过滤井底沙子土层的作用。水井大小规模也有所不同，比较大的一口水井，直径2米多，深达7米，据推测至少可供近百人使用。据考古工作人员初步判断，除了生活使用，如此密集排列的水井，很可能跟当时这一带手工业生产有关联。

在这座约35万平方米的古城中，汉代人究竟如何生活，引起考古人员的兴趣。随着考古的进一步深入，答案逐渐清晰。一处探方内，几口大缸已经能看出模样，此外还有一个个不规则的土坑。孙勐说，这里就是汉代人的房屋，而且是一个半地穴式的房址。半地穴就是从当时原地表向下挖，挖出一个规则的坑，再在上边砌墙立柱，人居住在里边，有一半是地面以下。据此前考古文献记载，半地穴式建筑是北方少数民族的建筑风格，最早出现在半坡遗址。这种建筑有利于防寒保暖，还能抵御野兽侵袭。文献还表明，在北方地区，西汉时多为半地穴建筑，东汉也有一些沿袭。

2017年1月9日，北京市政府正式批准对汉代路县故城城址进行原址保护，建立遗址公园和博物馆，这将极大地推动北京乃至全国考古和文物保护事业的深入发展。

路县故城城址平面示意图

胡各庄村墓葬群航拍全景

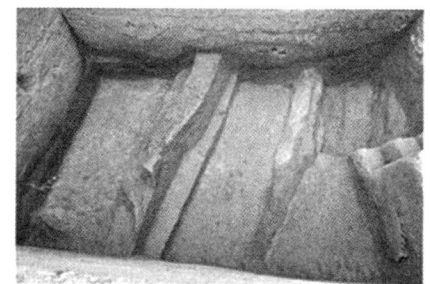
城壕遗存的中部

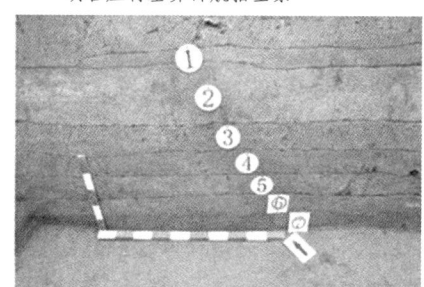
南城墙北侧剖面夯层

瓦当

陶豆

图2-5 2016年全国十大考古发现宣传图

二、胡各庄南汉墓群

胡各庄南汉墓群在潞城镇胡各庄村南200米通胡南路北侧,东西长约400米、南北宽约200米、占地面积约8万平方米。2001年修筑北京外六环路,自此处取土垫路基,发现10余群汉代砖室墓葬,共有100余座。单室者居多,双室与三室者较少,没有大型多室砖墓,也有一些竖穴土圹墓。墓顶一般距地表2.5—3米,埋藏较深。基本全部遭到破坏,许多陶器被破碎弃在墓边,国家文物受到严重损失。当年深秋,北京朝阳区一小商店主,雇佣河南5名民工,租一辆小面包车,夜间至此盗墓,

3人一组,一人持手电筒照亮,两人挖掘。通州公安分局驻宋庄刑警队刚好在汉代灰陶三眼灶间乘车巡逻,盗墓分子魂飞魄散,束手就擒。区文物部门立即驱车赶到现场,办好接交手续,将未盗走之出土文物带回。次日,文委领导至取土坑现场调查,发现部分古墓被挖掘,遂至镇政府,要求将取土坑推平,且派人日夜看守现场,责成文化站加强巡视,从此再无盗挖现象。

本次缴获所盗挖之出土文物有铜镜一面,仍然固结在一块绳纹砖上,还有灰、红陶器等,部分应属国家三级文物。折沿乳钉纹铜镜一面,粘在砖上,残断,面径15厘米、轮厚0.6厘米、面厚0.2厘米、背面边轮宽1.5厘米,截面为等腰三角形,大乳钮周设4乳钉相对,近轮设4环弦纹形成3环区,外二区内为向心短直线,似阳光辐射,内环区为铭文带,字锈蚀不清;主题纹饰存中心部位,似是阳线龙凤纹,泥质土黄色耳杯3件,椭圆形,长11.5厘米、宽7.5厘米、深2.9厘米、壁厚0.1厘米,侈口圆沿,收腹环底,假圈足,长边对出随形长耳,长5.9厘米、宽0.7厘米、厚0.6厘米,内外光细,对称均衡,轻巧素美;铜片镏金四出如意头饰件1件,长9.6厘米、厚0.05厘米,中心为圆孔,径1.7厘米,出十字如意头,头之中心各设一长圆形孔,轻薄一致,对称美观。正面镏金几近脱落,背面残存粘织物,古朴而华贵,当时铸造工艺颇高。此外还有乳钉菱格纹墁地方砖4块、白衣圆足折腹高领灰陶壶1件(口残缺)、灰陶印纹三眼灶1件(灶门残)、灰陶立墙平底盖1件、灰陶卧麂俑1件、红陶鸡俑1件、红陶卧犬俑1件、灰陶男俑1件、红陶高乳房女俑1件(头残缺)、铜胎镏金(多剥落)长条形饰件2件与"五铢"铜币11枚。是墓出土之铜胎镏金饰品与花纹繁密之铜镜,可见证当时青铜铸造工艺水平很高。其他随葬品较多,可知此处大型汉墓群文物价值较大。①

---

① 北京市通州区文化委员会、北京市通州区文学艺术界联合会编:《通州文物志》,文化艺术出版社2006年版,第55—56页。

在2016年对胡各庄村的考古发掘中，考古人员发掘出62座战国晚期至西汉瓮棺葬。这是古代墓葬形式之一，以瓮、盆为葬具，常用来埋葬幼儿和少年，个别成人也有用瓮棺的，一般用2件或3件较大的陶器扣合在一起，多数埋在居住区内房屋附近或室内地面下。瓮棺葬的葬具一般是日常使用的陶器，底部钻有小孔，作为死者灵魂出入的地方。此前，北京瓮棺葬的发掘较为零散，这次是首次大规模发现，将为研究其在东北亚的传播起到重要作用。

在发掘完成的窑址中，一座汉代马蹄形窑址显得尤为独特。在窑室清理过程中，发现窑床有大量烧制完成并摆放整齐的青砖，上下两层交叉摆放，为了更好地烧制，每块青砖间都有一定空隙。青砖的规格与窑址周边多座汉代墓葬用砖规格一致，可以初步推断，该座窑址应为周边修建墓葬提供用砖的烧砖陶窑。半倒焰式马蹄形窑址是北京地区汉代烧砖用的常见窑址形制，这类窑址的窑门一般高度较低，不大适合人的进出，装窑和取出产品似乎另有地方，极有可能就在窑室顶部，在装坯和取出成品时只需将顶部打开，用泥封顶非常简便。北京地区汉代发现数量较多，但在窑址内发现大量烧制完成且摆放整齐的青砖较为少见，该

图2-6　汉代窑址全景俯视图（北京市文物局供图）

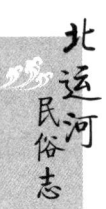

座窑址的发现,很直观地展现了汉代时期砖窑的形制、烧制手法及烧砖用途,证明了汉代砖室墓葬与窑址之间有着紧密的联系,也为通州汉代路县故城的相关研究提供了更多的实物资料。

三、召里村汉、唐墓群

该墓群位于潞城镇召里村西约700米,京秦铁路以东、运潮减河以北处,面积约3万平方米。在1974年以前,此处地势较周围耕地高1米余,平整土地时,曾发现有数座汉代砖墓。1992年春,该村土地承包户于靠近铁路东侧挖鱼塘,约5000平方米,曾发现5座汉代与2座唐代砖室墓,尽被推毁,村党支部发现后报告文物部门,区文物管理所人员赶到现场时,只见到1座唐墓墓底,平面方形,边长3.5米,铺有50厘米厚纯净中号白沙,无纤毫杂土。汉墓内随葬陶器破毁无存,村委会从机手处收集一面"位至三公"铭文铜镜,上交国家。此镜圆形,面径10厘米、厚0.4厘米。镜面微有锈蚀,其背面饰以花纹,桥纽无座。纽上下有两条平行直线,其间楷书铭文"位至三公":纽孔两侧为主题纹饰,有夔凤各一只,作升降状,相互呼应,似铁线勾勒,甚清晰挺峻;外围以同心圈带,内有向心短线,细密整齐。缘轮宽平。一般书法史多言楷书出现于晋代,而上镜铭文却将楷书出现提前到汉代,仅此即表示这面铭文铜镜价值之高。唐墓内随葬物器陶质器物亦碎无存,村委会收集到1件瓷瓶、1件铁剪与1件银钗,上交给国家。喇叭口高领塔式瓷瓶,高22.5厘米、口径6.5厘米、腹径14.4厘米、足径8.5厘米。当时接到此瓶,其口部残缺,文物管理所要求该村在推挖鱼塘弃土中仔细翻找,果然找到瓶口,使此瓶基本完整。胎质粗,色灰白,刷青釉,足露胎,腹下部积釉较厚,而以上釉薄有条条流釉痕迹。轮制,颈、口与腹、足单制后接合,小喇叭口,长颈,平肩,钵腹,假高圈足外侈,足底弧凹。

线条收放变化较大,规整端庄,釉厚温润,是唐代瓷器精品。又双头银钗,长11.8厘米、宽2.5厘米,一钗对弯,两端出扁尖。铁剪一把,长28厘米,锈蚀严重,两股分离,为墓主妇人所用。①

四、明户部侍郎刘中敷墓

该墓位于潞城镇后屯村东口外迤北。墓地南向,占地约3000平方米。祖冢后有坟圈,前有汉白玉供桌,桌前列置艾叶青石圆雕五供像。余冢以"人"字形排列。1974年"学大寨"平整土地,是墓夷为耕地,冢皆被掘,随葬器物尽毁,石供桌被运至村口小学校内,4只鼓形供桌腿与石五供俱砌垒于猪圈处。1984年,人民公社解体,生产队各种设施建筑拍卖给村民,石五供与鼓墩不知去向,只有石供桌一张仍弃置于已迁学校之旧院内。供桌长1.87米、宽0.94米、厚0.34米,桌面四缘浮雕缠枝牡丹纹饰,四角浮雕折枝牡丹纹,四立面纹饰同桌面,俱精细流畅,寓意长久富贵。刘中敷乃明顺天府大兴县人,洪武末,燕王朱棣以"靖难"名义起兵南征夺权,建文帝遣将派兵前来平叛,刘中敷时为生员,亦被选调守卫北京安定门而立功,后任江西右参议。宣德中迁升为山东左布政使,质直而廉静,官吏畏而守法,百姓喜而怀念。正统初,其父逝,奏请回家守孝未准,被英宗召见而授任户部尚书。蒙古瓦剌部入贡,英宗问其所贡马、驼、旨、菽数量,其不知,被逮入狱,后释为民。景帝即位,起用之,任户部左侍郎。蒙古兵挟持英宗包围北京,刘中敷曾奉命督修通州新城,保护大运西仓,对保卫北京、通州作出贡献。景泰五年(1454年)卒,葬于通州城东安德乡。

---

① 北京市通州区文化委员会、北京市通州区文学艺术界联合会编:《通州文物志》,文化艺术出版社2006年版,第59—60页。

五、姚权自撰墓碑

据相关史书记载，清朝末期，姚权曾在北京城西直门内中和银号、果子巷同丰银号、骡马市大街恒丰银号等处经理捐务，并且受到朝廷封典，他应该算是中国历史上早期私办银行的著名业务员。该墓碑为姚权自撰自书，原立于今潞城镇小东各庄村东耕地中，"文革"期间将碑推倒，方座就地掘坑掩埋，碑身运砌于本村赵姓门楼下坎处。1996年该村整治街道，赵姓门楼被拆除，碑身仆弃于街侧。碑身为艾叶青石制，碑文内容录下（字迹无法辨识处用□代替）：

姚氏名权字季衡，行三，自己以笔得述一身历迹。

余生于道光辛丑二十一年□□□□□□□□□□□□□□□□□□□□□七年，受大胞兄名桢、通州文童教读，复受三河县邵堡村附生刘夫子，通州□□□□□□□□□□□□□□□□□□通州太子府郑永龄之胞妹，后因家势供读为难，从父命至京城西直门内□□□□□□□□□□□□□□□□□□申和银号，经理捐务。

咸丰十一年，申和闭歇，复就果子巷同丰银号，经理捐务□□□□□□□□□□□□□□□□□□请九品封典，有敕命为证。同治四年，与京居刘禹臣、浙江余姚县何□□□□□□□□□□□□□□□□□□授浙江桐乡县典史，遂捐加六品衔。是年八月到任，因受湿气，两脚浮肿，步履□□□□□□□□□□□□□□□接署，于九月抵里，同治十三年，复在骡马市大街开设恒丰银号。

光绪四年，加□□□□□□□□□□□□□□

□□□四品封典，有诰命为证。

元配郑氏，于同治元年生一女，娉配通州东□□□□□□□□□□□□□□□□□□□□□□□□□□故续娶通州东永和屯杨廷伟之女为继妻，于同治十二年生一女，聘配三□□□□□□□□□□□□□□□□□□□□□□□□□第一子，名大安，即景元，考取通州武生，娶妻京居奉天即补知县宋葆元之胞妹，□□□□□□□□□□□□□□□□□□□□□□□□□□捐贡加捐中书科中书职衔，娶妻燕郊镇监生张朝栋之女。光绪八年，在家生第□□□□□□□□□□□□□□□□□□□□□溧阳县廪生、候选知县游幕通州狄彦修之女。光绪十二年生第四子，名大本□□□□□□□□□□□□□□□□□□□□□之女。光绪十五年，生第五子，名大典，报捐从九品，娶妻小辛庄附生王世□□□□□□□□□□□□□□□□□□□职衔，娶妻三河县张各庄镇附生同知衔张锡纶之女。光绪二十二年生第三女，□□□□□□□□□□□□□□□□□在余吉地左边，先茔右边，安葬多年，系属一地，非另地，将来不宜启并，乃余切□□□□□□□□□□□□□□□□□□心自问，为商为官为农，与亲友过犯毫无。今亲笔传述一身历迹，刻石永远为□□□□□□□□□□□□□□□□□□□□□□□□□

大清光绪丁未三十三年九月九日，姚氏名权□□□□□□□□□□□□□□□□□□□"①

---

① 转引自北京市通州区文化委员会、北京市通州区文学艺术界联合会编：《通州文物志》，文化艺术出版社2006年版，第244—245页。

第三节　潞城镇民俗概貌

潞城镇被京杭大运河、运潮减河、潮白河三河三水环绕，虽然三河形成时间不同，但泮水而居的生活还是深刻影响了潞城镇人们的生活习惯。民俗是地域文化的一种重要表现形式，其中穿插或化用了大量鲜活的地域民俗事项，这些散落的生产、生活和信仰等风情习俗，体现了潞城镇人民独特的生存智慧和鲜活的地域文化色彩。

一、运河沿岸丰富多彩的民间故事

潞城镇民间故事的产生与发展受社会和地理环境的制约，同样受到自然和文化背景的影响。

有描述当地的地名由来的民间故事。比如在潞城崔家楼有一座沙古庙，相传是凌家的家庙。因为这里盛产白沙子，故而得名。关于三望沙古堆的传说，有两个版本，一个和皇上有关；一个说的是百姓的故事。

"有一年康熙皇帝从此处过运河，南边正对着的就是这个沙古堆，康熙皇帝坐着船沿着河走了很久，向西一看又看见了沙古堆，船继续沿河顺流而下，此时的船已经绕过弯道向南驶去了，皇帝在船上向北望去又看见了沙古堆。"[①] 民间的版本则以百姓为主体。"潞城靠河，就有靠河吃饭的。俗话说：街上走的有礼，河里行的无礼。这河里行的说的就是纤夫，之所以无礼，是因为为了拉纤方便，光背不穿鞋。纤夫们在河道上

---

① 此资料由张宝石、马景良收集，马景良提供，特此致谢！

拉纤,行路艰难,向北走时抬头就看见远处的沙古堆,等拐个弯往东走的时候,一扭头往西边又看见了沙古堆,终于走呀走的,绕过河的弯道去了,回首南望也能看见这沙古堆。这便是民间三望沙古堆的故事。"①

有描写当地人民的生产生活方式的民间故事。通州潮白河两岸流传着一首歌谣:"白庙的笊篱枣林庄的筐,北刘庄笊篱不漏汤。邢各庄炮竹赛鸟枪,师姑庄出了伙打鱼郎。"这故事说的是一位叫王三的打鱼郎。

"王三的水性好,十里八乡都知道。可是日子过得穷,直到30岁时父亲因病去世,无依无靠才张罗着娶了媳妇,娶的是财主家的小寡妇。这媳妇在财主家花钱花惯了手,不会过日子。直到年根下发现连过年买肉的钱都没有了,妻子要求他去河里摸鱼换肉钱,王三很生气,但是为了让妻子学会过日子便一口答应了,要求是,妻子必须陪自己去河边摸鱼。寒冬腊月,潮白河结了冰,王三冒着生命危险凿冰下河摸鱼,等在岸边的妻子,站在凛冽的寒风里冻得难受,才发现过日子的不容易,反思自己平时花钱大手大脚,到如今两人都受罪,决心好好过日子。于是将浑身冻得青紫的王三拖出了冰水,道明了心意,王三见妻子有悔意便不再生气,二人回了家。从此王三妻子勤俭持家,二人过上了舒舒服服的生活。"②

还有关于当地人民信仰生活的民间故事。京杭大运河人们叫作"大河",与之平行的潮白河被叫做"小河"。"小河"边上的一个村子里面有座关帝庙,香火不断。这村子里有一个好吃懒做的张三,30多岁了还没娶上媳妇。张三有位同族的叔叔是位教书匠,人们称为张先生。村子里还有一个人叫王刚,是个出了名的孝子,人也勤快,披星戴月地劳作,日子过得富足踏实。一天张三去关帝庙上香,被张先生碰见了。于是张先生决定启示张三迷途知返,心生一计,与王刚以及关帝庙看门大爷设

---

① 此资料由张宝石、马景良收集,马景良提供,特此致谢!
② 此资料由张宝石提供,特此致谢!

了一个活局。这活局是，告诉张三上头炷香就能得到关帝的帮助过上好日子，但是，关帝庙的头炷香不是早去就能烧上，而是要照着王刚的样子孝顺爹妈、努力做活，诚心打动关老爷，关老爷便会暗中相助，头炷香不点也就自着了。于是张三信以为真，也披星戴月地劳作，孝顺爹妈，三年后家里也囤下了余粮，过上了好日子。①

还有关于当地名人的民间传说。比如"刘丞相的传说"，话说这"刘丞相"是个大力士，力大无比。京东一带，流传着刘丞相青牛转世传说。刘丞相是清朝末年人，出生在通州侉店乡大东各庄一个贫苦农民家里。他一生为乡亲们办了许多好事。因此，人人都称他"丞相"，天长日久渐渐地把他原名给忘记了。刘丞相的力气有多大呢？过去村子里都有石磨，乡亲们用它来磨粮食，一天一家人家正在用石磨磨玉米，村里的恶霸李财主霸道惯了，这一天也如往常一样，夺了石磨先用，乡亲们不敢招惹他只好忍气吞声，这一幕恰好被刘丞相看见了，上前推开李财主，一把将石磨上的石碾子拎了起来，双手稍一用力就把石碾子举到了一棵老枣树上，李财主又气又怕，却也无能为力只好默默地回家去。可是这位大力士，最后却因为小孩的一句话而丧了命。一天下午，西集烧锅的一辆酒车陷在道上的一个泥塘里，车上装着几大篓酒，分量足有上万斤。最后还是刘丞相给解了围，他上前扛起了酒车，一咬牙一蹬腿就把酒车背了起来。就在这个时候一对母子从此经过，小孩子见此情景指着刘丞相对母亲说："妈，你看一头大青牛"。谁知小孩这句话竟然道破了天机，使刘丞相现了原形，原来刘丞相是一头大青牛。刘丞相回家后告诉自己的儿子自己要死了，交代死后要光着身子埋，并且要把刘丞相住的那间屋子的窗户糊起来不能见光，这样他就可以变成一头力大无比的大黑牛，拱塌皇城宫殿。可他的儿媳妇实在不忍心刘丞相赤裸着身子下葬，于是叫人给他穿了条裤衩。办丧事的时候家里人嫌太黑把封起来的窗户又重

---

① 此资料由张宝石提供，特此致谢！

新扒开进了光，如此，刘丞相所化的青牛被一条裤衩束住了后蹄没能脱身，窗户里透进的光被清廷的萨满发觉了，在萨满的提示下，清廷找到了挣扎的大青牛，并且残忍地杀害了它。[①]

我们还搜集到关于当地一位叫郭志荣的女性的民间故事。郭志荣，清末民初，通州杨坨人。虽为女性，但身型高大粗犷，尤其一双大脚片子，没有缠足引人注目。后来嫁给高辛庄田六为妻，因此人称"田二片子"。郭志荣常常骑着小黑驴，带着十几头毛驴赶脚，当时女人干这行是极其稀罕的。

袁世凯复辟，世道黑暗。冯玉祥被派遣驻守廊坊一带。一日正值日头高照，郭志荣赶着毛驴队来到了冯玉祥的营地外，只见其每头毛驴上都点了一盏马灯，她自己也举着一盏，冯玉祥见状不解问其何故。郭志荣解释道："太阳虽然很足，但外面一片黑暗，就您这营盘是亮的。"冯玉祥早便听闻过郭志荣是位女中豪杰，今日一见便知此人见识非同一般，于是便介绍郭志荣给自己妹妹做保姆。在这样的环境中，郭志荣不断地接受新思想的熏陶，很快从一位女中豪杰成长为革命军中的一员。当冯玉祥去苏联学习时，郭志荣也随冯的家人一同前往。

相传，在苏联期间，郭志荣凭借着过人的胆识，杀死了林中一头伤人的野猪，得到苏联人的赞赏，从此也威名远扬。只是可惜，在回国途中，因为火车出车祸而遇难。[②]

二、基于运河形成的物质民俗文化

民俗是人们对生产生活经验的总结，是民族文化的重要组成部分，

---

① 此资料由张宝石提供，特此致谢！
② 此资料由张宝石提供，特此致谢！

其中，饮食文化是最基础的一种民俗文化。就饮食民俗与地理环境的关系而言，饮食文化的形成与地理环境密不可分，饮食习俗的形成、发展与演变都受到地理环境的制约和影响。潞城镇有民谚"正月初一蹦一蹦，大人小孩不得病"。指的是腊月初一这一天，家家户户炒棒子花的事儿。此物类似爆米花，是把红薯、玉米粒、花生、蚕豆放在沙子里炒，炒的时候沙子一蹦一蹦，因而得名。炒制用的沙子往往有固定的来源，比如潮白河边。往往是家中男性年轻人前去取沙子，由家中主妇烹调此物。潞城镇还有一道广受当地人民喜爱的小吃，名叫"咯吱盒"，此物需要由纯绿豆做面摊煎饼，随后切成条，撒上花椒、香菜，有些有钱的还要撒上肉，然后卷成卷下锅炸，口感酥脆。当地还会食用一种特殊的油：苍耳子油。因为运潮两河沙滩边生苍耳子，待黄熟时，用笊篱状的大拍子收集到筐里，挑回家晒干。冬天趁干、趁脆，上碾子碾去刺，晒干簸净。再上大柴锅炒熟，再上碾子轧，放锅里搅，漂出的油放坛子里，食之风味独特。

潞城镇现存传统建筑，深刻地反映了运河沿岸地区的地域特色、文化特色、生活习俗习惯等。随着城镇化进程的加快，传统民居建筑的生存空间逐渐被现代化的建筑所占据，但是传统民居却仍有着重要的建筑艺术传承价值，在现代建筑的多元化发展中，传统民居还需要得到进一步的传承和创新。

比如当地对建房高度有着一定的标准。同一年代建的房屋，高低基本相同，追高不追低，同是一排房屋，东家的房可以比西家高一点，但西家绝不能比东家高一寸，有句俗话："不怕东高一丈，就怕西高一寸。"因为东方属左，西为右，民间有左青龙右白虎之说，白虎不能压过青龙。同是一排房，前脸谁也不能超过谁，前脸必须处在同一条直线上。屋后可以不处在同一条直线上，这叫前齐后不齐。

而过去在兴建房屋时，需要举行建屋仪式。请先生在每年的冬至正午12点（午时）整，用罗盘定好房屋的位置，位置选好了，请风水大师选良辰吉日请泥瓦匠、木匠，定尺寸、画线奠基挖槽，挖槽的第一锹土要当圣土一样保护好，盖完房后将这第一锹土一分为二，一半在抹房顶时掺入泥水中，一半在抹土炕时掺入泥水中，意取：我土我屋，世代相传，平安有余，吉祥永驻。在举行建屋仪式时还需要唱"硪歌"。

石硪在砸槽中是重武器，石硪是用一个粗40厘米左右，高约80厘米的石碌碡（即石磙子），把石碌碡立起，用两根直径12厘米左右粗、长约4米的木杆，用粗绳捆绑于石磙子的中间，打上"人"字撇，捆绑牢固。砸石硪者为12人以上，多者16人。一边4人手扶木杆，听指挥者的号子唱毕，众人将石硪举过头顶，同时众人唱硪歌。运河东部的硪歌，要求要有一个德高望重、才思敏捷、能现场抓词、见人唱人、见物唱物的领硪者。这硪砸得好与坏，土槽砸得结实不结实，都在领硪者这张嘴，因为他是总指挥。

  领：十六个壮汉高搭起呀！

  众：哎——嗨——呦——啊！

  领：搭起咱就玩命砸呀！

  众：哎——嗨——呦——啊！

  领：东家请咱砸好槽呀！

  众：哎——嗨——呦——啊！

  领：他儿子等着住新房呀！

  众：哎——嗨——呦——啊！

  领：住新房为的是娶新娘呀！

  众：哎——嗨——呦——啊！

  领：老东家为的是他抱那胖孙孙呀！

  众：哎——嗨——呦——啊！

  领：往北砸砸北帮呀！

  众：哎——嗨——呦——啊！

领：再来它一下呀！

众：哎——嗨——呦——啊！

领：下下不离点呀！

众：哎——嗨——呦——啊！

领：往南挪一碇呀！

领：东家让咱砸好槽呀！

众：哎——嗨——呦——啊！

领：砸不好他打咱眼呀！

众：哎——嗨——呦——啊！

领：打眼咱合上（和尚）来呀！

众：哎——嗨——呦——啊！

领：合上（和尚）我再掰呀！

众：哎——嗨——呦——啊！

领：掰开我再合上（和尚）呀！

众：哎——嗨——呦——啊！

领：合上（和尚）我再掰呀！

众：哎——嗨——呦——啊！

领：眼睛我老合上（和尚）呀！

众：哎——嗨——呦——啊！①

"碇歌"曲调旋律优美，歌词的口头文学内涵丰盈。"从简约的'吭唷吭唷'的劳动号子，发展成异彩纷呈的民歌曲调、把历史文化的精华融为一体，博采民间音乐的多样性而自成体系，高亢而不失委婉，流畅而不失豪放。"②"碇歌"口头文学性将固定歌词与即兴创作有机结合，对

---

① 此资料由张宝石提供，特此致谢！

② 李永胜：《谈汉江碇歌曲调的多样性与研究价值》，《戏剧之家》2013年第3期。

仗工整，结构严谨，平仄照应，韵律和谐，叙事、抒情一览无余。潞城镇"硪歌"对于研究我国传统音乐的形成和发展以及民间口头文学的内涵，提供了最原始、最生动、最广泛的素材和范例。

作为文化的物化形式之一，传统服饰的传承与发展受地域、文化等多方面因素的影响。比如潞城镇传统服饰"毛衫"，是一种有里有面的双层加衣，样式是叉襟的明朝服饰的样子，并且袖口衣襟下部都不缝边。相传，明末吴三桂引清军入关时，抗清英雄史可法手下一位刘姓大将，因保卫大明战死沙场，后来他的妻子为他生了一个儿子，为了纪念丈夫就给儿子做了一件毛衫。衣襟袖口下部不缝合，寓意死仇不报、痛苦无边，但大明大清都是中华民族，此仇无法报。因此至今孩子的毛衫都不缝边。至于有里有面，是希望孩子做人做事能够有里有面。还有一种传统服饰叫做"主腰子"，其设计为双层，中间絮有棉花，宽30厘米，长则根据个人的体形腰围而定，上有坠带，下有系带，本是民间一种御寒的服饰，是女子结婚时从娘家必带的物品之一，寓意到夫家有主心骨，有娘家给撑腰，腰板硬。

三、东堡高跷会

东堡高跷会起于清代，至今已有200余年历史，"文革"期间停办，服装道具被瓜分。1990年，村集体投资4万余元复办，角色也由原来的12角变为24角，并在全县的29档高跷中首列起用女同志。服装道具化妆和所有程序也有了很大改进，东堡高跷先后参加了县举办的三届小食节和乡级游演，也曾参加过北京地坛庙会和电视剧《运河人家》的拍摄。近年由于经费不足，加之现在独生子女多，村里年轻人的家长都不愿孩子去踩高跷，从2014年后再未举行过高跷会。

高跷会的12个角色都是各种"精灵"转世，并多涉及通州的寺庙，各有一段奇异的神话传说。其中的角色可分为"陀陀"与"小二哥"、"头鼓"和"二鼓"、"武扇""文扇""丑花"与"俊花（打锣的）"、"渔婆儿""卖膏药的"等。到了民国初年，通州的庙宇曾经遭受一次反对迷信，拉毁佛像行动的劫难。之后除少数因火灾（如大寺）或其他原因遭到毁坏外，大多数寺庙被改作校舍，潞城镇胡各庄的五圣庙也被改为学校，这种现象几乎遍及全县城乡。另有少数庙观被乡、村公所或其他单位占用。

四、潞城镇的传统礼俗

传统仪俗存在于地域、家族、家庭和一个人的个人经历中，且贯穿于人生历程，几乎每个人都需经历的礼仪就是人生礼仪。传统的贯穿人生的仪俗主要有诞生礼、冠笄礼、婚嫁礼、丧葬祭礼等。随着社会的进步，人生仪俗逐渐褪去了宗教色彩，并删繁就简，出现了世俗化倾向。

（一）新生仪俗

旧时，小孩出生前一个月，女方的母亲要带着面、鸡蛋、被子等去婆家"催生"。婆家要准备好产房，将门窗糊严，褥子垫厚，让产妇感觉舒适。婴儿当天出生后，接生婆要给小孩用草纸擦身，三天后给婴儿洗澡，俗称"洗三"。产后第12天，产妇娘家妈给产妇包饺子，捏饺子边，称"捏骨缝儿"，意谓产妇日后不会落下月子病。产妇的娘家人（主要为女性）要带上红皮鸡蛋等营养品来给男方家贺喜。过去封建社会提倡男尊女卑，男孩子出生叫"弄璋之喜"，女孩子出生叫"弄瓦之喜"，男孩子办满月可以提前一天，意谓有发展，而女孩子则要满30天整。

（二）婚礼仪俗

结婚首先要换庚帖，合生辰八字（双方出生年、月、日、时称为四柱，每个柱有天干、地支、共八个字，以双方天干地支不冲突为佳，称为合）。男女双方家长商量，择选结婚的良辰吉日，俗称"定日子"。婚礼的前两天，女方家要请厨子准备迎亲前一天的宴席，称为"落桌"。出嫁女方的姑姑、姨等直系亲友要给嫁妆里放置点心盒或者衣服鞋袜、穿戴用品等，俗称"添箱"。娶亲的当日早晨，新郎要坐在没挂轿帘的轿子里由人抬着，跟在鼓乐队之后在村内转一圈，成为"晒轿"。新婚夫妇结婚第三天回娘家，称"回门"。新朋探望的时间又分为"单九"和"双九"。"单九"是说亲朋好友在新婚的第九天，到婆家去看新娘。娘家人在第18天时要去瞧"双九"。新人正月初二回娘家，叫接新正月。

开脸习俗流行于潞城镇全境，是婚礼习俗之一。在结婚当天，新婚少女要通过开脸仪式转向成年，可以看作是一种特殊的成年礼。所谓开脸，就是用丝线蘸上水，捻成交股状，在少女的脸上捻成圈走，这样就可以把脸面上的绒毛绞股到丝线上，随着丝线的拉扯，绞到丝线上的绒毛被连根拨起。解放后此习俗逐渐消失。

（三）生日仪俗

中华人民共和国成立前，由于生活困难，村民基本没有拜寿习俗。但村内有句俗语称"六十六，不死掉块肉！"因此，通常女儿在自己父母六十六岁那年会买一块肉，回到家进院子时不言语，到院子里反身把肉扔出院子，意谓掉块肉，老人就可以长寿了，表示孝敬，祝福父母健康长寿。大户人家还要吃"寿面""寿桃"。

（四）葬礼仪俗

逝者弥留之际，亲人要为其擦拭身体，穿寿衣。断气后要净面、梳头，将死者双脚并拢，用麻捆住，然后将逝者抬到屋居室正中的灵床上，成为"停床"。庙本家要请棚铺搭棚（用苇席和杉木杆搭成）设灵堂、请吹鼓手、到杠房订杠（准备抬灵）、到大庙里请和尚做法事、请人糊烧活。逝者的后人要把死讯及丧事活动安排告知亲友，称"报丧"。所有亲属瞻仰完遗容后，才能将逝者的面部盖上，亲属戴孝。孝服规格按照辈分依次递减，本族亲属通常只戴孝帽、系孝带；远亲仅系孝带。逝者装入棺材中，称为"入殓"。棺材打扫干净后停放在正房门口，在棺材底部铺上铜钱、纸钱，将死者抬入棺中，亲友与死者见最后一面，然后由女儿"开眼光"，放一碗清水，用棉球蘸水，给逝者擦双眼，边擦边说：眼观六路、耳听八方。擦完后，将碗扔上房摔碎。逝者擦双眼后，左手拿打狗饼，右手拿打狗棍，然后棺木封盖。棺前置供桌，桌上燃长明灯（过去主要是纸捻的煤油灯），出殡前不能熄灭。另外桌前置丧盆，供吊祭者烧纸钱用。逝者入殓后，孝子、亲戚轮流"陪灵"，为死者焚烧纸钱，跪送前来吊唁的亲友。逝者入殓后，家属请一位全活人儿负责主持"搛罐"仪式。逝者长子跪在供桌前，双手捧罐，由全活人儿先往罐里夹第一筷子菜，然后逝者亲属，先男后女，依次往罐里搛菜。男性按姑爷、儿子、侄子顺序；女性按姑奶奶、媳妇、侄女顺序进行。搛菜时，一个人搛完后，将筷子交给全活人儿，然后由全活人儿将筷子再交给下一个，筷子在手中传递，不能中途放在桌上，也不能在桌子上戳，直到搛完为止。然后在罐上盖一张饼，多余部分由儿子们咬下，放在怀中。把饼咬到与罐子口基本相齐时，由全活人将一块红布盖在饼和罐子上，用五彩线将罐口系紧，交到长媳左手，长媳抱住直到坟地，不能换手。出殡仪式又大三天、小三天之分；以凌晨零点为界限，零点前逝世为小三天，零点后逝世为大三天。出殡前要"接三"，出殡前一天要"送三"，丧家要准备冥车、骡、马、杠箱、幡、盘、挑纸钱（纸的数量与故者年龄相等）等烧活摆在门前，并在门前摆有大鼓。出殡又称"出灵"，是丧葬仪式中最重要的程序。出灵前，有专门请来的杠房负责指挥，将棺材抬到门外，抬杠人们要在堂屋外绑杠。出殡后第三天，死者儿孙要在天亮之前到墓地"圆坟",围着坟墓左转三圈、右转三圈,将坟头修圆整,将秫秸弯成门形,用七根秫秸横三竖四穿好插于坟前,意为死者"叫鬼门",然后在坟前埋葬死者的脚下位置用土拍成土台子,摆上供品,焚香烧纸,磕头祭拜,圆坟过程中及回家途中不能与人说话。天亮后,逝者的女儿、儿媳等女性亲属前来烧纸祭奠。追祭故去亲人,每隔七天祭一次,有"烧一七、空二七,烧三七、空四七,烧五七、空六七"之说,直至七七。旧时,村民非常注重祭祀祖先的传统礼仪,每年农历七月十五、十月初一、清明节等节日都要烧香和上供祭祖。①

抢碗习俗流行于潞城镇东南部的大东各庄村往南到郎府西集一带。也是葬礼习俗之一。依此处习俗,往往要在亲人死后,宴请亲朋、街坊邻居。亲朋好友、街坊四邻吃完中午饭后,临走时一定会把自己吃饭时所用过的饭碗拿走,拿回家当饭碗用,意思是今后谁用这只碗吃饭,谁就能活到或超过今天逝世老人的年龄,年纪越大,碗被拿走的越多,反之年龄越小,碗就少有人拿,死者年纪在五十岁以下的吃饭人绝没有把碗拿回家的。"民间比谁家的饭碗被拿走的多为荣,拿走的越多,这家主人就越高兴,证明这家死去的老人年高德高,证明这家人气旺。"②

一刀两断也是葬礼中的习俗之一。在墓地参加葬礼后,亲朋们不能各走回家的路,要返回死者家中,死者后人在桌子上放一长木板备一把刀,回来的亲友们拿起刀在木板上剁一下,再用刀背在木板上剁一下,嘴里还要说上几句,要边说边剁,我在阳间,你在阴间,情已了,一刀两断人鬼情,你走阴间道,我过阳关桥,做完这道法事后,再与死者的亲人话别,各走回家之路。③

---

① 此资料由张宝石提供,特此致谢!
② 此资料由张宝石提供,特此致谢!
③ 此资料由张宝石提供,特此致谢!

（五）节日仪俗

潞城镇在解放前和解放初，中秋节时月饼品种主要是"自来红"和"自来白"，各家各户把准备好的"自来红"和"自来白"月饼、沙果（有钱人摆放些苹果、梨）、几枝黄豆枝（兔子爱吃黄豆）摆在院子里的供桌上，并将"兔儿爷"神纸像请出祭拜。① 而到了农历十月初一寒食节，气候渐渐寒冷，村民买上黄、白两色纸剪成纸衣和纸钱，并于夜晚在街道路口或坟地用棍挑着焚化，意在给过世的人送去御寒衣服。② 潞城镇还流传着"三节吃犒劳"的民谣。这里的"三节"说的是五月节、中秋节和立冬，为什么在这三个节吃犒劳呢？先说这五月节指的是农历的五月初一，因为按照旧历，一过五月初一就是麦秋了，就要收麦子了。过去麦收全靠人力，而且五月节前后便容易开始下雹子，若不及时收麦子，这半年的功夫就全废了，这个时候犒劳一下工人们，工人们也有力气、信心去劳作。再说这中秋节，也就是大秋，就到了收麦子的季节，也是种来年作物的时候。立冬就是下工的时候了，该结账的结账，要是来年还能被留下做工就定下来年再来。"可要是没给"吃犒劳"会怎么样呢？当地流传着一句俗语"有油没油芝麻地报仇"，根据当地人的说法，这里还有一个关于斗争的故事。"咱们这儿过去还种芝麻，收芝麻可是个技术活，讲究一刀切断，还不能用力砍，震动得大了芝麻粒就掉了，影响收成不是？所以要是地主太抠门，工人们也有不好好收芝麻的，这就叫'有油没油芝麻地报仇'。"③

（六）求雨仪式

"小旱不过五月十三，大旱不过六月二十四。到了农历六月前后还

---

① 此资料由张莉提供，特此致谢！
② 此资料由张莉提供，特此致谢！
③ 此资料由马景良提供，特此致谢！

不下雨，老百姓们就开始张罗着求雨了。此时，以村子为单位在关帝庙里摆供桌。求雨仪式必备的就是用树枝和草捆扎起来的'大乌龟'，民间传说'乌龟'可以带来雨水，于是人们在仪式上往这只'乌龟'身上浇水，以此来求雨。村民马景良说到了此时，各家都会根据各家情况来献贡，"供桌上还会摆放整个的猪头，并且把猪尾巴放在猪嘴里，以代表是整猪的意思。还有就是公鸡，以及一些点心之类的"。关于求雨的仪式，在《通州县志》中也有记载"……京东……，祷雨辄应。"①

第四节 潞城镇大营村的故事：时代变迁的一个侧影

"'为名忙，为利忙，忙中偷闲，请您稍稍歇歇脚；劳心苦，劳力苦，苦中作乐，请您常来大营坐。'如果想暂时远离城市生活的忙碌与喧嚣，那么，大营民俗旅游村是一个好的选择。在长安街东延长线的最东端，京杭大运河北、潮白河西、运潮减河南的三河环抱处，有座被鲜花、果树包围，奇石点缀其间的美丽小村庄，这就是通州区潞城镇大营村。走在大营村里，抬头只见绿树成荫，吸气就闻阵阵花香。宁静、漂亮的村庄，令人心旷神怡。运河古道、漕运码头丰厚的人文底蕴，使大营村显得灵动而又不失厚重。沿运河而建的万亩滨河森林公园更是一处天然氧吧，而大营村俨然成了一处绿色环抱中的运河人家。"②

---

① 此资料由马景良提供，特此致谢！

② 北京市旅游业培训考试中心编：《京郊旅游案例：民俗旅游村精品汇》，旅游教育出版社2013年版，第100页。

该村村名"大营",乃明初成祖为守卫运河、保卫北京而在此设置军队屯垦之驻营地,故名。其北边曾有一个叫"庙上"的村子。永乐年间,当地仿效京城,也信奉关羽,建庙以祀。到了清朝初年,崇祀更盛,附近村民也都前往上香,久而久之,在关帝庙附近逐渐形成村落,得名"庙上"村。"上"就是"侧"的意思。

　　大营村占地1200亩,有农户145户,人口500多人,从事民俗旅游接待的农户48家,直接从事旅游接待的村民达150余人。现今,随着潞城镇的整体规划调整,该村的旅游业趋于停滞。整个潞城镇核心区除了这个村子外都被拆除了,整个村子也正在等待着自身的转型。

图 2-7　大营村四合院今景
拍摄者:刘润蛟;拍摄时间:2018年7月15日;拍摄地点:大营村村南

　　村庄位于地铁潞城站以南不到300米,由于地理位置好,现今有大量外来务工者租住。根据随机了解,一间单间价格在1000元/月左右。该村有着一段让人引以为豪的旅游开发史,还在2010年被评为北京最美乡村,今日仍能看出村庄内设施完善。村口入口处是一座仿古式过街楼,楼外侧有三米余高的大理石，上书"大营村"。村口内有指示牌，标明旅游办公室、四合院、文化广场、公共厕所等景点、设施。主干道两旁还有许多山石，都起了名字，其介绍名牌还附有英文。

通过了解得知，该村旅游业从2007年起就逐渐衰弱，在征地之后，旅游业陷于停滞。这里以苏、詹二姓居多，据说以前是个兵营。有意思的是，作为通州区最早做民俗旅游的村庄，当我们问起有什么特色的民俗活动或者传说故事的时候，包括这位苏姓村民，几乎都回答："没有什么。"另一位詹姓年轻人则直接建议我们："想看民俗去张家湾。"①

随后我们来到村政府对面的一户民俗旅游户，希望进一步了解，但发现这里已经不再做旅游，改做房屋出租。但房主人和该村一位老书记是亲戚，便引荐我们过去。这位老书记叫詹宝光，是该村的知名人物，也是该村当年发展旅游业的直接领导者。老爷子身体健硕，很是热情。詹老出生于1942年，家里祖上较为富裕，被自己称为"出身不好"，早年在城里还有买卖。他9岁丧母，中学未毕业即辍学。1962年当上村里的农业技术员，1978年当上生产队长，1980年当上村书记，这个书记一干便是30年整。

老詹书记是该村旅游业发展的重要人物，村民谈起这位老书记，会说："这些（别墅）都是他建起来的。"显然，村民对现在村领导口碑不佳。②

詹老回忆当年做民俗旅游的时候，用到了"经济发展"和"生态环境建设"这两个词汇。据他回忆，从90年代就开始做旅游了，希望用村庄的绿色（用詹书记的话说就是"三季有花、四季常青"）吸引城里人和外国人。但随即发现了一个问题，原有平房过矮，且缺乏厕所。于是在

---

① 此资料来源于访谈。访谈人：袁剑、刘润蛟、王宇晗、朱晓晓；被访谈人：苏姓村民、詹姓村民；访谈时间：2018年7月15日；访谈地点：大营村村委会外。

② 同上。

2001年开始了全村的翻建，历经四年改造完成，几乎家家都是一座小洋楼。当初的村庄是这么设计的，分为梅花园、杜仲园、银杏园、玉兰园、竹林园、盆景园六园，加以风格不同的装饰，还有鱼塘可供垂钓。该村于1991年斥资2000万元，盖了一座占地50亩的四合院，成为当时的重要景点，随后还曾从北京联大招来旅游专业学生专业经营。开展旅游后，村民收入增加到原来的三倍。当时的宣传材料这么写道："从1998年开始，大营村真正地走上了发展生态旅游观光农业之路。自从接待游客以后，村民们手里有了余钱，不少人感觉原来的房子面积小了，各项硬件设施不能满足接待需求，于是'一户一园'的新思路又出现在詹宝光的脑海里。从2000年大营村开始以'民助公建'的办法进行'一户一园'建设，先后投资5800万元，建起了142栋别墅小楼、15000平方米的高层住宅楼等基础设施；又投资240万元建了平房小院40套，其中64户已成为挂牌营业的生态旅游接待户。为了搞好旅游接待，农户们精心'包装'起自家的庭院，有的种菜养鸡，有的架藤养鱼，还有的则搞起了园艺盆景，每户的庭院都搞出了自己的特色。这样，既解决了旅游接待问题，又改善了村民的居住条件，也美化了村里的环境。……从2004年起，大营村又开通了运河港，推出运河水上游，让游客尽情领略运河的旖旎风光。几年来，大营旅游度假村先后接待国内外游客30余万人次，其中接待美、英、法、日、韩等140多个国家的外宾1700多人次。2000年春节期间，参加'2000年相约中国，让世界了解中国'活动的有关中国知识竞赛获奖的45个国家的53位外宾，在国家文化部、北京市宣传部门等领导的陪同下，来到大营度假村与村民共度新春佳节。2001年9月，大营村曾承接'第四届北京国际旅游文化节通州分会场外国戏下乡'演出的接待活动，来自英、法、美、捷克、蒙古、菲律宾、巴基斯坦7个国家的120位外国朋友，在大营村文化广场，为村民们演出了丰富多彩的传统节目，并在演出结束后，参观了大营度假村，并到百亩果园进行了采摘。2005年，大营村实现工、农、商、旅游业等社会总产值3800

万元，人均收入达到了9043元的水平。"① 此外，大营村还被定位为"盆景文化创意旅游村"，其经典项目为："建设盆景艺术馆、盆景培育基地、运河码头、运河人家主题馆、运河盆景主题餐厅，为游客展示不同时期盆景的特点，了解盆景发展史，品尝运河鱼、虾等精美菜肴，以及大顺斋糖火烧、小楼烧鲇鱼、中华老字号通州腐乳为代表的'通州三宝'，大运河背景摄影活动。"②

据詹宝光回忆，五任农业部长以及温家宝、刘淇等国家和北京市领导人都曾经来此考察民俗旅游发展。最鼎盛时期曾有12国艺术团来此演出，累计有30多个国家的人来此旅游。有意思的是，当我们问起有没有旅游节之类的，或者演出集中在什么时候之时，詹书记说："上边会安排，通知有演出我们就准备，没有固定时间。倒是2006年有一次外国部长来过大年。"③詹宝光的书房里，摆满了各种奖状，以及领导人的合影，其中有温家宝、刘淇等，也有赵忠祥等社会名人的各种书画作品，书房里还挂了一幅赵忠祥画的驴。在80年代，村里曾经组织过13位画家来此写生，是通过当时已经成为劳模的詹老，在劳模会上认识的朋友介绍的。

詹老很自豪地说："我们是通州最早做民俗旅游的。"④从那些合影的旧照片也能看出这里的辉煌。但是，我们问到民俗特色、特色食品，大家基本都会以没有什么来回答。那为什么这里依旧会出名呢？或许一定程度上村庄本身的存在成为了一种民俗象征。而且，这里采用梅兰竹菊

---

① 《中国小康村纪实丛书》编委会编：《新农村建设群英谱》，西苑出版社2006年版，第313页。

② 北京市旅游发展委员会编：《北京乡村旅游发展报告：2010年度》，中国旅游出版社2011年版，第286页。

③ 此资料来源于访谈。访谈人：袁剑、刘润蛟、王宇晗、朱晓晓；被访谈人：詹宝光；访谈时间：2018年7月15日；访谈地点：詹宝光家中。

④ 同上。

的主题概念，引进中医理念等方式都成了村民生活曾经的一部分。这些虽然不是本地的"民俗"，但是在某种程度上定义了大营村。

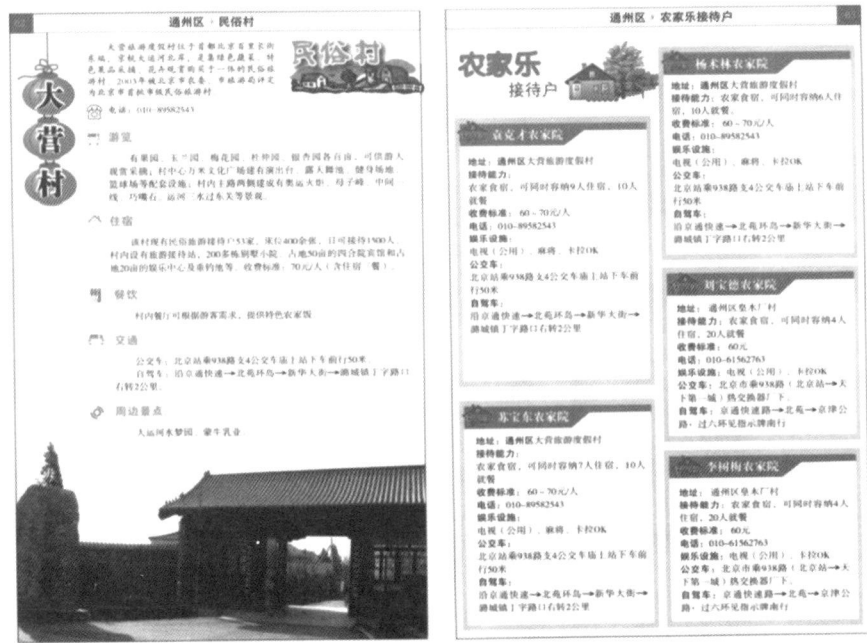

图2-8　辉煌时期的大营村旅游宣传册[①]

---

① 选自耿闻等编:《中国乡村旅游指南》，中国旅游出版社2007年版。

调研日志（一）

时间：2018 年 7 月 16 日

撰写人：袁剑

访谈对象：张莉，女，51 岁，原胡各庄村人。
（潞城镇 2001 年由甘棠镇、胡各庄镇撤并而设）

地点：通州区通和园小区（拆迁异地安置楼）

和我们见面的张莉阿姨原来是幼儿园老师，后来因为没有教师资格证，改做了幼儿园的厨子。因为丈夫去年因车祸去世，现在张莉阿姨独自住在另一个镇——梨园镇，离原来的胡各庄开车也要十多分钟才能到。张莉出生自胡各庄村，那时候还是公社，后来就和甘棠镇合并建立了潞城镇。她 19 岁时来到通州城里，随后就嫁到了这里。

张莉对儿时的胡各庄的最大印象就是贫困，虽然称为胡各庄，但是以张、赵、李、程姓居多，只有两三户姓胡的，还有几户姓邱的。当问起胡各庄的特色的时候，张说："没什么特色，就是穷，那时候谁穷谁去胡各庄。"在她的记忆中，只有过年才能吃上白面，有些孩子都没有奶喝，只能喝面糊糊，有时候甚至只能吃玉米糊。张莉还留有老家房子的照片，这是一座 470 平米的小院加房子，房子是一排五间。西边两间是张莉及其姐妹和他父母居住，东边两间是爷爷奶奶和未成家的哥哥住。中间是吃饭的地方，有两口锅，锅下的灶台通向两边的床。也因此，夏天是不能在屋子里做饭的，只能搬到院子里去做。

原来家中及周边种有枣树、桑树、桃树。到了80年代，村里人说桑树不好，不宜种在家里面，在爷爷的要求下便砍掉了。后来又有村里人说枣树也不好，有早死之意，便也砍掉了。但是，实际上张莉一家并不是很"迷信"，她爷爷是共产党员，因为一次丧事中摔盆都被批评了。屋子里也没有什么神位。据张莉回忆，整个村子里也没有庙。但后来还是在家门口建起了一座高大的影壁，因为家门口冲着胡同口，当时村里人说她家里老有人生病就是因为门口太冲，要遮蔽一下。因为家里太穷，连砌影壁的砖都是捡来的。

张莉认为，自己并非严格意义上的通州人，有时候去城里（通州城里）送菜，一去一回可能就要半天。村里邻近一条称为南河（即运潮减河，与大运河相连，兴建于20世纪60年代初期，是北京市第一条以机械施工为主的大型水利工程）的河流。每隔四五年，县里就组织村民来疏通河道，往往要历时一个冬天。在张莉的回忆里，这个工程并没有给她留下深刻的记忆，唯一的印象就是"干活给饭吃。"

在葬俗方面，村里坟地没有固定的地点，一般是跟大队商议，在田间地头寻找地方，只要不占用太多耕地就好。当然也有一定规矩，比如人头要冲西。具体安排请村里懂得这些事情的人（不是道士，而是一般村民）来做。很遗憾，现在已经很难找到这些人了。

在张莉阿姨对节日仪俗的记忆中，幼时的一年可以从腊月二十三祭灶讲起。现在，她已经记不清楚祭灶的具体仪式，因为家中没有灶神位。但是关东糖还是要买来吃的。从这天一直到正月三十，每天有不同的活动，她只记得要磨豆腐、蒸馒头、杀鸡、炖肉，但具体哪天做什么已经模糊。她说，饺子要在大年三十和正月初一之交的子时食用，有荤有素，馅没有什么特别的要求。正月初一则有一种更为特殊的食物，称之为蹦一蹦，有谚语为"正月初一蹦一蹦，小孩子不生病。"这其实类似爆米花，是把红薯、玉米粒、花生、蚕豆放在沙子里炒，炒的时候沙子一蹦一蹦，因而得名。制作的时候，哥哥弟弟从村头拉沙子来，母亲来制作。

初二要吃杂酱面，初三烙饼摊鸡蛋。到了正月十五，要自己摇元宵，张莉阿姨至今怀念奶奶制作的元宵。清明那天，天不亮就要去填坟，要清干净坟头的杂草，否则对子孙家庭不利，之后要附上新土，也不允许有一点草。还有摆上祭品，并没有什么特别的要求，有时候有饺子、纸钱等等，有时候还会给添上一碗茶，"怕祖先吃得太渴。"这一切都要在天亮鸡叫前完成，因为天亮了鬼魂就要回去了，就吃不上了。

对于端午、中秋等节日，张莉阿姨得却没有什么记忆。据她回忆17岁那年到通州城里工作才第一次吃到了粽子，中秋节只记得吃小酸梨，但是并不清楚这些酸梨的产地，只是到了中秋时节就会有人上街叫卖。

关于当地的人生仪俗，据张莉阿姨介绍，新生儿的出生礼在当地几乎是没有的，"连奶都没得喝，哪有什么周岁、满月。"婚姻也比较简单，比如她自己的婚礼当天，老公还跑去另一个村劝架去了，中途蹬个自行车回来找她。请了位厨子到家里来制作菜肴。而葬礼却是比较有讲究的。有些人还未去世，也会在家中门道里预备一口棺材，也有冲喜之意。葬礼时还要摔盆，坟墓的位置要请村里懂的人来计算。还要在死后第三天在坟头搭一个纸房子，在旁边挂上纸钱。为此她的爷爷还曾被批评搞封建迷信。

调研日志（二）

访谈时间：2018 年 7 月 18 日
撰写人：王宇晗
访谈对象：杨永兴
访谈地点：东堡村村委会

2018 年 7 月 18 日，我们下午两时许到达东堡村村委会，见到了这位东堡村前村支书，今宣传部主任杨永兴。老人今年 70 多岁了，但身体仍旧十分硬朗。见面后，老人热情地招待了我们，寒暄了几句之后，我们进入正题。一提起东堡村，杨永兴便像打开了话匣子，顿时变得兴奋。老人首先给我们讲述了东堡村的历史，"东堡"一般称"东堡（pù）"，通县人则称"东堡（bù）"。杨永兴说着说着便叹息如今年轻人对历史的忽视，不仅如此，便连最起码的常识知识都不甚了解。他回忆道，自己上高中的外甥女连"渔樵耕读"四字为何意都不知道，他既痛心于历史痕迹渐渐逝去，又担心后人无法继承传统文化，因此在访谈中，杨永兴几次谈及传统与历史的重要性。

大约聊了 20 多分钟，我们便询问到有关东堡高跷的有关历史。在此我们了解到，杨永兴不仅曾在东堡村身处要职，同时也是东堡村高跷文化的继承人之一。一提起高跷，老人便顿时来了兴头，于是便为我们讲到，东堡高跷会起于清代，至今已有 200 余年历史，"文革"期间停办，服装道具被瓜分。1990 年村集体投资 4 万余元复办，角色也由原来的12角变为24角，并在全县的29档高跷中首列起用女同志。服装道具化妆和所有程序也有了很大改进，东堡高跷先后参加了县里举办的三届小食节和乡级游演，也曾参加过北京地坛庙会和电视剧《运河人家》的拍摄。

　　杨永兴说完东堡高跷的历史之后，便向我们介绍高跷中的角色扮演。高跷会的12个角色都是各种"精灵"转世，并多涉及通州的寺庙，各有一段奇异的神话传说。其中的角色可分为"陀佗"与"小二哥"、"头鼓"和"二鼓"、"武扇"、"文扇"、"丑花"与"俊花（打锣的）"、"渔婆儿"、"卖膏药的"等。到了民国初年，通州的庙宇曾经遭受过一次反对迷信，拉毁佛像行动的劫难。之后除少数因火灾（如大寺）或其他原因遭到毁坏外，大多数寺庙被改作校舍，潞城镇胡各庄的五圣庙也被改为学校，这种现象几乎遍及全县城乡。另有少数庙观被乡、村公所或其他单位占用。

　　关于通州的花会主要也有以下几种：高跷会，也称秧歌。当年通州的高跷会比较普遍，城关及东南西北乡几乎都有。小车会是一个带篷彩车道具被妇女拷在身上，几个男女同彩车妇女一同扭跳，并作出不同的姿势。跑旱船与小车会相似，一个船型道具挂在女子身上，船边有一划船老汉，随着乐队伴奏舞蹈。跑驴是少女前拷驴头（道具），后拷一个驴屁股（道具），像是骑在驴背，后面跟一个傻柱子，两人随着音乐不断做出各种动作。双十子会中将一根五六尺长的木杠，两端各套一个扁圆石磙子（类似举重的杠铃），一个人仰卧，双脚高举蹬着带石磙子的木杠，再上去一个人高举带石磙的木杠，另外一个人在第二层木杠上耍倒立等动作，类似杂技，既吃力气又要技术。

　　聊了一个小时左右，杨永兴带领我们观看了东堡村剧场后台的道具服装，他用钥匙打开了一个个装有各种服装道具的柜子，各种服装道具映入眼帘，在此我们可以看到扮演各个角色所需的服装、头饰，还有手拿脚踩的道具，另有表演时涂抹在脸上的各种胭脂，可以看出，高跷表演曾是当地人所十分重视的一项活动。在两边的柜门上，还可以看到杨永兴自己记录的一些文字，上面的内容清晰地表明了老人对高跷的热爱及对后人的教诲，教后人谨记勿忘民俗，发扬传统，而我们也在与杨永兴的对话中，感受到他对高跷，对民俗传统那份浓烈的热爱。

观赏完高跷传统民俗用品之后，杨永兴又带我们来到了东堡村文化展览馆。展览馆东边的屋子里保存着东堡村所有的人文情怀与历史记忆，有东堡40年代村内"二十五业"，还有历届党政负责人的记录，不仅如此，还详细记录了村庄多年来的变迁及东堡文化的传承。这里把东堡村一切的大事小情，荣誉奖项尽数保留着，让人仿佛进入了东堡村历史的长河中。西边的屋子里展现的是东堡村所有的民俗用具及历史遗留物，可以看到，尽管时过境迁，但是传统和历史在东堡村从未被忘记，杨永兴耐心地为我们讲述了这一件件物品背后的故事及用处，在这里民俗传统被全部保留，我们也可以在杨永兴身上看到，还有这样一批人为了民俗传统，为了历史文化，正不顾一切地去努力传承，在此我们对他表示由衷的敬意。

第三章 西 集

第一节 西集概况

一、地理环境概况

西集镇位于通州区东南部的北运河畔，地处北纬40度线与东经116度线之间，东、北两个方向分别与河北省香河县、大厂回族自治县隔潮白河相望，西隔运河与张家湾镇为邻，南濒运河与漷县镇和香河县交界，面积90.65平方千米。西集镇三面环水，主要有北运河、潮白河、潮白新河等河道，属海河水系。现大运河行经西集镇西界和南界，沿沙古堆、儒林村西向南流，经老庄户、耿家楼西南弯环向东，经陈桁、和合站、吕家湾、杨家洼、辛集、桥上等村之南，至牛牧屯村南入香河县，在此形成一个大大的弯环。千百年来，大运河一直滋养着西集这一方土地。

大运河西集段河道还有一个特别的称呼——泗河。今漷县镇以东的一段河道被称作泗河，这是由潮白河、温榆河（明代称富河）、通惠河、浑河（凉水河）四条大河汇流而形成。这四条河流中，潮白河在通州城北与富河汇流合为潞河，通惠河自京城东流至张家湾入潞河，浑河（永定河故道，即凉水河）在张家湾板桥入潞河，四条河流汇合以后流经漷县以东，西集这一段河道就称作泗河。而在运河南行以后，留下来的运河故道就被称作北泗河，现今为西集镇吕家湾村的一段河道。

西集镇地处潮白河冲积平原，除古河道所经之地有局部洼地外，地势平坦，略有起伏。潮白河与北运河是分不开的，在一个相当长的历史时期，潮白河正是北运河的上游水源。北运河前身又叫白河，而潮白河也是由潮河和另一个叫白河的上游河流汇流而成，其中，东一支河流叫潮河，它发源于河北丰宁，沿途有安达木河、清水河、红门川等支流汇入，经古北口流入今密云水库，出库后归故道，在今密云区河槽村与白河汇流；西一支河流叫白河，它发源于河北沽源，河道沿途纳黑河、汤河等，东南向流入今密云水库，出库后亦归故道，在今密云区河槽村与潮河汇流。这两条河流汇合，始称潮白河。

按史料记载，东汉以前，潮白河上游这两条河流各自入海，直到北魏时，它们才在潞县，也就是今天的通州汇合。那时还并没有潮白河这一称谓，因为当时潞县的潞河也被称为白河，是上游那条白河原来入海的故道，即今天北运河的前身河道。而潮河的故道则在白河（今北运河）的东面，即今潮白河通州段附近。当时的通州运河东部地区就是这两河的夹持地带，具有"两河"的地貌特征。不过这"两河"不是在现在的北运河和潮白河，而是当时的白河（潞河）和潮河。北魏时，潮、白二河在潞县（今通州）交汇。隋唐时期，此交汇点逐步向北迁移，至唐后五代十国时期，北迁至今北京顺义区的牛栏山。两河汇流后的河道是白河故道，合流向其下游流去，如此汇流点以下的潮河故道也就失去了其潮河水源，由大河变成小河甚至季节性河流。今通州区东部边界原来的潮河故道,正是在这一时期演变成了一条小河,名为澺澺河。

此后,潮、白两河的交汇点继续北移,到明嘉靖三十四年,为保证北运河水量和利用潮白河通漕,经人工治理,潮、白二河的交汇点移至今密云区西南9公里的河槽村。直至光绪三十年(1904年),潮白河上游暴发洪水,下游河道在顺义李遂店(今李遂镇)决口,河水顺着原来潮河下游故道的澺澺河而下,沉寂了近千年的潮河下游故道再次被唤醒。从这次洪水开始,潮白河在李遂店又多次溃岸决堤,终至潮白河改道,今通州区北运河东部区域,又恢复了1000年前的"两河"地貌,只不过原来的潮河变成了今天的潮白河,原来的白河变成了今天的北运河。而由于历史上潮白河多次决口泛滥,河床堆积,西集地区的地势表现为近河床高,远河床低的北高南低态势,遂形成顺河床延伸的条形土地。

西集地区属暖温带大陆性半湿润季风气候区,春旱多风,夏热多雨,秋高气爽,冬寒干燥,四时变化有序。地表水、地下水资源较为丰富,具有发展种植业、养殖业和工业的优良条件。土壤在季风气候影响下,干、湿交替明显,生物活动比较强烈,土壤有机质易于分解,大部分地区土层深厚,熟化度高,试种性广,具有稳产高产的潜力。历史上西集地区洪涝、旱、虫、地震等灾害多有发生。中华人民共和国成立后,涝、旱、虫灾等自然灾害皆得到不同程度的控制,成为一方宜居土地。①

---

① 西集镇地理环境概况参考以下资料:陈喜波:《大运河与西集》,刊载于北京市通州区政协文史和学习委员会、北京市通州区西集镇人民政府编:《颐和西集》,团结出版社2017年版,第7—12页;西集镇史志办公室编:《西集镇大事记》(征求意见稿),内部文稿,2015年,第129—134页。

二、历史人文概况

西集地区历史悠久，据北京市考古资料表明，早在四五千年前新石器时代晚期，已有人类在这里繁衍生息。五帝时，今西集镇辖域在幽州（也曾称冀州、幽陵）之界。周武王灭商建周，镇域为诸侯国——蓟国所辖；西周中叶，燕国吞蓟，又改属燕。战国燕国时（公元前311—前279年），镇域易为渔阳郡所辖。秦王嬴政二十六年（公元前221年），六国灭，中国统一称秦，此处仍为旧有郡域，且界水（沽水，今北运河）用于漕运，输粮送物，以供给守卫边防长城之将士。

汉高祖十二年（公元前195年），划出渔阳郡南部之区，在所辖秦时蓟襄驰道（蓟城至襄平，即今北京广安门一带至辽宁省辽阳）首段两侧，设置路县，县城在今潞城镇古城村，这是历史上通州区行政区划之先河，依然上属渔阳郡，而镇域则成为当时路县之辖界。始建国元年（公元9年），依王莽之旨，路县改称通路亭，渔阳郡更名通路郡，郡、县治同城，隶属关系未变，镇域为通路亭所领。更始元年（23年），灭新复汉，郡县名称复旧，镇域复为路县所辖。建武元年（25年），以潞水（今北运河）斜贯路县，将路县易为潞县，而所辖地界不变。建武五年（29年），渔阳郡太守彭宠叛乱被平，县城被焚成废墟而东迁至今三河市城子村，渔阳郡迁于今密云区梨园村处，但辖区与所属关系依旧。此时，朝廷开辟温水（今温榆河）漕运，则表明潞水仍行漕船，此处前人所见漕帆影连情景，并非稀罕。建安六年（201年），曹操挥兵北征乌桓，废除渔阳郡，却在幽州蓟域设立广阳郡，不久，征服乌桓，复设渔阳郡，镇城上属关系也随之更改。

三国魏黄初元年（220年），渔阳郡弃设，而在蓟域置立燕国，镇域随路县改属之。晋泰始元年（265年），仍设燕国于蓟，镇域依潞县上隶之。十六国时代，前赵光初二年（319年），石勒建立后赵，废燕国而复设渔阳郡，治所仍在今密云区；前燕慕容儁元年（349年），于蓟城设置燕郡之后，前秦建元六年（370年），后燕燕元二年（385年），均效前燕之制而设燕郡，镇域随潞县先后上隶之。北魏天兴二年（399年），废除燕郡，且将渔阳郡治南迁至雍奴县潞水岸边；东魏天平元年（534年）建国，武定八年（550年）被北齐所代，郡治依旧，镇域随潞县依次改属之。天保八年（557年），自今昌平至天津之长城筑毕，为加强此道长城防守，将渔阳郡治及潞县治并迁于今通州旧城北部区域（今新华街道东大部分）。北周建德六年（577年），郡治、县治及郡、县辖区未变，镇城上属自然不变。

隋开皇元年（581年），郡、县之制仍然。三年（583年），废弃渔阳郡，镇域随潞县直属幽州；大业三年（607年），于蓟城设立涿郡，又随潞县上属之。唐武德元年（618年），涿郡复名幽州；次年，为镇压隋末河北道内两支农民起义军，在潞县城中设置玄州，镇域随潞县依次属之。贞观元年（627年），废除玄州，而此处复属幽州潞县。天宝元年（742年）幽州改称范阳县，宝应元年（762年）又变回原名，此处再随潞县先后属之。唐末，地方割据，四分五裂，五代十国时期开始。后梁开平元年（907年）、后唐同光元年（923年）、后晋天福元年（936年）这三朝均依唐制设幽州，镇域随潞县先后上隶之。

辽（契丹）会同元年（938年）于幽州蓟城设置陪都南京，且立有南京道幽都府。开泰元年（1012年）又改称南京路析津府。镇域随潞县依次改属之。宋宣和四年（1122年），于蓟城设立燕山府，镇域随潞县改隶之。金天会三年（1125年）在燕京（蓟城）设置永安路析津府；天德三年（1151年），于潞县城中设立通州，取漕运通济之义。镇域随潞县先后改属之。贞元元年（1153年）在燕京设有中都路大兴府，此处随潞县一起隶属中都路大兴府。蒙古铁木真十年（1215年），燕京设燕京路大兴府，又于至元元年（1264年）及八年（1271年），先后易称中都路、大都路大兴府，镇域随通州潞县依次上属之。明洪武元年（1368

年）设顺天府，且于通州城中置通州道；再于四年（1371年）、十四年（1381年）将通州道先后易名通密道、通蓟道，镇域依次随通州上属之。清顺治元年（1644年），沿明之制仍设顺天府，且于通州城中设置通州道；再于四年（1647年）、十四年（1657年），将通州道先后易名通密道、通蓟道；还在康熙八年（1669年），将通蓟道改称通永道，镇域依次随通州上属之。

民国元年（1912年），沿用明清之制，仍设顺天府，镇域随通州改隶之。二十七年（1938年），伪河北省冀东道设置，同时，国民党通县政府归并于伪通县政府，镇域随伪通县上属伪河北省冀东道。三十三年（1944年），伪政府于唐山设置伪河北省冀东特别行政区，此处又随通县先后上隶之。三十四年（1945年），国民党河北省政府于通县设立第五专区，镇域随国民党治下之通县改隶之。同时，亦为中国共产党领导之通县民主政府辖区。1945年10月，经中共冀东区委第十四地委批准，撤销三通香联合县并决定通县单独建县及组建通县党、政、军、群组织，同时成立西集二区区委，县、区机关均设在侯各庄。

1949年8月，河北省人民政府在通县成立通县专署，镇域随通县民主政府上属之。次年6月，通县在西集古镇建立第二区人民政府，辖域包括本镇和今潞城镇内原甘棠乡诸村。1955年3月，通县第二区改名西集区，辖域未变。次年7月，撤销西集区，将所辖村庄划分为西集、大灰店、上坡、郎府、伩子店、马坊6乡所领。其中前4乡在今镇域之内。1958年4月，通县从河北省划入北京市，且与通州市合并，改名通州区，镇域随通州区改属北京市。5月，此处设西集、郎府、伩子店三乡，原西集、大灰店、上坡、郎府4乡所辖村落在镇域之内。9月，于此改设西集人民公社，领有西集、后寨府、郎府、杜柳棵、伩子店5管理区，其中伩子店管理区不在今镇域内。

1961年10月，西集公社更名西集工作委员会（二委），原公社所领5管理区各改称人民公社，其中伩子店公社在今镇域之外。1965年5月，撤销工委，镇域内设有西集、郎府 2 公社，均上属通县。1968 年，通县人民政府改名为通县革命委员会，镇域内之 2 公社分别易称为西集、郎府公社革命委员会。1977 年，革委会名称革去，通县人民政府复称，镇域内西集、郎府 2 公社均上属之。1983 年秋，废除"公社"之称，镇域内设有西集、郎府乡，均上隶通县。1990 年 2 月，西集乡改名为西集镇，郎府乡名未更。1997 年 5 月，通县复称通州区，镇域内一镇一乡为其所属。2000 年 7 月，郎府乡改为镇。2001 年 11 月，郎府镇并入西集镇。形成今镇城格局。

西集镇目前辖刘各庄、南小庄、上坡、和合站、安辛庄、吕湾、杨家洼、辛集、肖家林、前寨府、后寨府、东辛庄、大灰店、小灰店、大沙务、小沙务、牛牧屯、桥上、杜店、前东仪、史东仪、侯东仪、黄东仪、尹河、赵庄、侯各庄、于辛庄、车屯、武辛庄、胡庄、协各庄、西集、石上、王上、林屯、岳上、郎东、郎西、老庄户、冯各庄、耿楼、陈桁、王庄、金坨、何各庄、金各庄、张各庄、望君疃、杜柳棵、马坊、太平庄、小屯、任辛庄、小辛庄、供给店、儒林、沙古堆 57 个行政村。镇域现有人口约 4.1 万人，有汉、满、蒙古等民族，其中汉族占人口绝大多数。户均近 2 人，人口密度 440 人/平方千米。

西集镇早在两千年前就有较为发达的农业、畜牧业和制陶业，直到封建社会末期，经济都比较繁荣，因此为现代留下了众多的文物古迹。西集镇内的古代建筑在中华人民共和国成立后曾经遗留许多，20 世纪 50 年代时，所辖村落中的佛、道庙宇、天主教堂、老店铺、三合院民居、石桥等等，都还完整存在，或当作学校教舍，或用为办公室，或分给贫苦农民，或仍为门市，或服务于交通，丰富多彩，内涵深厚。但因经济社会的发展，加上文物保护意识薄弱等各种因素，包括著名的鲁仙观、西集关帝庙、牛牧屯天主教堂以及古镇的七星桥等重要古代建筑，都拆毁了。而今，仅保存一座建于明代的侯各庄圆通庵、一座民国年间建造的沙古堆韩家门楼和一座改建于清末的尹家河石桥等少量古建筑。

古代石刻文物在镇域内旧时也存在不少,如鲁仙观、西集关帝庙、寿安寺的碑记与经幢、李太君、张庆熙等墓碑,牛牧屯村的石狮子等等。由于历史原因影响,域内的石刻文物今存甚少,只有旌表节妇李太君墓碑、清中宪大夫张庆熙墓碑和后寨府村郭氏家族族规八条的石刻较好遗存。西集镇的古墓群有多处,如前寨府汉墓群、何各庄汉墓群、张各庄汉墓群、郎府元墓群、尹家河元墓群等。这些古墓群虽没有史料记载,但却是今人研究古代政治、经济、民俗、文化的代表性实物,有着重要的历史价值。中华人民共和国成立后,西集镇内的许多古代窖藏被保护性发掘,其中金各庄铜币窖藏和张各庄瓷器窖藏被完整记录在案。这些出土的文物,对研究当时社会状态有重要的历史价值与科学、艺术价值。此外,牛牧屯村的古代护村大堤、潮白新河海墁遗迹、小石桥遗址和通县界碑座等文物古迹都具有一定的历史价值。

西集属农业乡镇,历来以生产粮食为主,主要农作物有玉米、小麦、高粱、谷子、大豆、棉花、花生、芝麻等,果树主要有桃、杏、李、梨、枣、柿子、苹果等。西集地区水资源丰富,地势平坦,土质肥沃,盛产粮棉,也有比较丰富的宜林资源。解放以来,林业生产在党的领导下,经广大干部和村民的积极努力,认真贯彻"自采、自育、自造"的林业工作方针,大搞沙荒造林,四旁绿化,营造防护林带,努力发展经济林木,开展群众性的育苗活动等,均取得了很大成绩。曾连续九年被北京市人民政府评为市级绿化、美化红旗单位。西集镇工商业基础较好,主要有锻造、铸造、服装、床具、木器、水磨石、电石、钢窗、家具和工艺品等行业。

西集地区借助优越的地理环境,丰沛的水资源供给,成为一个集政治、经济、商贸为中心的、远近闻名的千年古镇。用整体的、全局的眼界去考察西集镇的历史文化,就会发现它作为今河北、东北和天津相对于北京的西部物流集散地的作用。物流集散地古时就称为"集"(仪),

"西集"名副其实。随着北京城市副中心的建设和实施，西集正面临更为广阔的发展前景。①

第二节 摆渡口与水域民俗

俗话说："逢山开道，遇水架桥。"遇到河流湍急不能架桥或无资金架桥过河时，便有了摆渡口。在西集镇内还活态传承着延续几百年的摆渡民俗，成为了北运河与潮白河流域一道亮丽的风景线。西集的摆渡口连接河流两岸交通，见证着水运交通的变迁。北运河保护不仅要关注运河水质和两岸环境的改善、人文历史的挖掘，还要关注北运河流域活态传承的民俗文化遗产，使运河静态和动态保护相结合，历史和现代相承接。

一、尹家河渡口

西集镇内至今仍在发挥作用的摆渡口有尹家河渡口和赵庄渡口。尹家河渡口位于尹家河村边。

根据地方志和家谱记载，尹家河在明代已经成村，尹姓人家从福建

---

① 西集镇历史人文概况参考以下资料：周庆良：《西集镇历史沿革》和《镇域内文物古迹》，刊载于北京市通州区政协文史和学习委员会、北京市通州区西集镇人民政府编：《颐和西集》，团结出版社2017年版，第2—6页，第48—62页；西集镇史志办公室编：《西集镇大事记》（征求意见稿），内部文稿，2015年，第197—203页。

漳州龙溪迁到此地，在潮白河西岸临河定居，村里多姓尹，尹家河村由此得名。据《颐和西集》记载，200多年前，河东岸北吴村的李姓财主为了方便人们过河，积德行善，修建了一座石桥，百姓来往不愁，但是后来夏季河水暴涨冲毁了石桥，在20世纪30年代时还能看到石头残留在水中。民国时期尹家河村尹宝明曾摆过船，春夏秋季划船过河，到了冬季天寒地冻，在冰上铺设高粱秸秆并覆上厚土过河。后来北吴村村民李万禄、于辛庄村民于大茂两人合买大船摆渡来往行人车辆。中华人民共和国成立后，渡船继续通航，单人0.1元，胶轮大车每辆1元，牲口1元。1950年至1962年，由尹家河王少堂、孙宝山接着摆渡。1962年由本村大队收回，王义、郑桂堂接手，买木船继续摆渡。1978年后，村里放弃经营，由王店子村李树青、尹家河村郑桂堂两人接手，将两只船并排在一起进行摆渡。后又有王店子村李林和其他人合伙摆渡。2013年后摆渡口由香河县王店子村村民接手经营，50多岁的李国新和60多岁的李连叔侄两个上下午轮班摆渡。①

笔者一行于2018年夏来到尹家河渡口调研。调研小组采访了摆渡的船工李国新先生。他今年57岁，是香河县王店子村村民，做船工有30多年了。据他介绍这个渡口已经有上百年的历史，他祖辈四代都做船工，从最早的木质小船到木质大船，再到现在的铁船。曾经大的木船需要四个或六个人一起撑篙，载重可以达到三四吨。2012年北京地区遭遇特大暴雨袭击，原来的船被淹没河底，几个月后换成了铁制船，政府和个人各出一部分费用。现在李国新和他67岁的叔叔两人上下午轮流倒换摆渡，所收费用分别为各自所有。当问及所收费用是否够生活开销时，他说够的。收费标准是大车10元，骑电动车3元，单个人2元。按照传统

---

① 尹家河渡口历史资料参考张述毅、张保林：《潮白河西集段的摆渡口》，刊载于北京市通州区政协文史和学习委员会、北京市通州区西集镇人民政府编：《颐和西集》，团结出版社2017年版，第95—99页。

规矩，渡口两岸的王店子和尹家河村民不收费，另外还有一些人按规矩也不收费，包括：两岸村子的婚丧队伍、亲戚、熟人、残疾人、乞丐、执行公务的人员、媒体人员等。每天每个船工能收几十元到百元左右，上下班的早晚高峰会比较忙碌。

尹家河渡口沟通了北京通州和河北香河县，对于两岸居民出行提供了便利，缩短了绕行的时间。调研中见到西集镇武辛庄的居民王女士，她在香河县小学上班，每天骑电动车通过渡口，可以节省十多里路，省了几十分钟的时间，她觉得有摆渡到香河县很方便，价格也不贵。除了上下班人员，还有赶集的、求学的、走亲访友的、开车旅游的、婚丧嫁娶的等，都有摆渡需求。近年来尹家河渡口并没有衰落，反而日渐繁忙。

尹家河渡口没有修建正式房屋，只搭建了遮风挡雨雪的临时窝棚，摆渡人历经酷暑烈日和三九严寒，比较辛苦。笔者在调研摆渡之前，在脑海里想起韦应物"春潮带雨晚来急，野渡无人舟自横"的诗句，一幅恬静悠然的画面徐徐展开。到了渡口才发现不是木质的撑篙小船，而是用滑轮牵引的大铁船，上面还载着一辆轿车和几辆电动车，一下子由唐朝回到了现代化的今天。古代虽然浪漫，但也颇多艰辛，而现代社会更注重的是省时省力。看起来笨重的大铁船通过滑轮的杠杆原理起到了很好的"四两拨千斤"的效果。至于能够节省多少力，我们没有细算。我们调研小组一行四人登上摆渡船体验了一把，帮助船工拉着钢丝绳前进，发现比想象中的要轻便，一个人可以拉近两吨的重物（如：一辆轿车加上司机和乘客）在水上不甚费力，这也可以看出古代选择水道运输确实能够大大节省成本，堪比现在的铁路运输。不过烈日炙烤下铁船的栓链温度可达到六七十摄氏度，我们看到烈日下的船工经常要把它扔进水里降温。

图 3-1　尹家河渡口
摄影：吴德龙；拍摄时间：2018 年 8 月 3 日；拍摄地点：尹家河渡口

尹家河渡口对于冬季结冰和夏季洪涝灾害都有一定应急机制。据李国新介绍，现在冬天已经不在冰上铺设秸秆厚土过河，避免危险，而是由摆渡人每天一早用破冰船在水面上来回走一圈，薄冰就破碎开来，可以继续通航。夏季如果水量过大，可以上移摆渡位置，在上游河岸较高位置继续通航，那里也设置摆渡的铁绳作为备用。本次调研时潮白河水量并不是很大，就在下游位置通航。两个位置相距一二十米，渡口都有道路通向远方。①

二、赵庄和于辛庄摆渡口

赵庄渡口位于潮白河侯各庄至赵庄拐弯处，地处赵庄村东。摆渡口

---

① 此资料来源于访谈。访谈人：王卫华、霍志刚、徐睿凝、孙佳丰；被访谈人：尹家河渡口船工李国新；访谈时间：2018 年 8 月 3 日；访谈地点：尹家河渡口。

建于1942年，当时村民赵金买了一只小木船，给儿子赵德丰使用。赵庄位于潮白河西岸，和东岸苍头村隔河相望。赵德丰用小木船摆渡行人，一来方便过往群众；二来以此填补家用。坐船的沿岸行人一律不收费，待到秋收后摆渡人到本村或邻村挨家挨户收一些船粮，完全根据自愿原则，给多给少都可以。1943—1944年，渡船被日本军队的飞机发现，轮番轰炸下被炸毁，摆渡一度停止。解放前夕，刘忠打造了一对木质对子船，将两只木船绑在一起进行摆渡，一直到1950年由吴村的陈万明接管。1950年之后，农村逐步实现合作化，赵庄村是一个大队，摆渡口由大队接管，三个小队轮流值班。摆渡人由生产小队记工分，按照小队最高劳动力8分记工分。收费标准为：过往行人一人5分钱，自行车1角钱，大车5角钱，每天结算交给生产队出纳。1982年农村实行家庭联产承包责任制，由本村村民赵振路、赵德庆、赵德金三人管船，村里重新打了一对大的木质船，可以摆渡比较大型的车辆，如农用机动三轮车、货运汽车、拖拉机等，生意也火了起来。1983年之后，摆渡口由个人承包，赵振路负责经营。后将木质对子船改为铁制对子船，由他的两个儿子赵作新、赵作喜作为摆渡继承人，现在两人起早贪黑任劳任怨地给两岸村民摆渡，提供出行便利。

  摆渡人在以往采用撑船篙加摇橹的方法过河，需要耗费不小的体力。现在河两岸砸上木桩，中间拉上铁纤绳，采用溜索的方法进行摆渡，过河一次只需要几分钟时间。

  于辛庄渡口是西集北通往香河县的交通要道，历史悠久，它还在解放战争中发挥过重要作用，被当地老百姓津津乐道。1945年9月抗日战争胜利之后，为了巩固扩大东北解放区，我军10万人昼夜兼程赶赴东北，历经河北省南部、中部，10月上旬抵达西集。在西集稍作休整，征收物资后到了于辛庄，部队联系当地村干部，让其准备过河船只和摆渡人员。村里立即动手准备了几条五丈多长、一丈多宽的大摆渡船，备好大煞绳，船工有于福龙、于大茂等人，分批次渡部队过河，每船能摆渡五六十人，一天24小时昼夜不停。船工开始时用衫篙或竹篙撑船，临近对岸时把大煞绳抛过去，对岸人员接到绳子后用力拉船靠岸。后来，还发动当地老百姓搭建了一座浮桥，送部队过河。运送部队10万人，经过了四十多天时间。中华人民共和国成立后，于辛庄渡口一直在使用，直到1997年在此处修建了橡胶坝后，渡口才废弃不用。①

西集境内的渡口都曾发挥重要的交通枢纽作用，也成为当地独具地方标志性的人文景观。渡口不仅是交通的重要一环，还是民俗展现的窗口，渡口产生的摆渡文化和船歌、民间故事、行规习俗等都值得我们研究。这些渡口的兴衰与社会经济发展密切相关，有些渡口因为修建水坝和桥梁不再使用，而有些渡口则是随着老一代人离去后继无人而遗憾停用。西集境内的尹家河与赵庄渡口也可以算作是北运河流域摆渡文化的活化石，对认识大运河历史文化起到重要的参考作用。当地船工掌握丰厚的历史记忆和摆渡习俗，也承担着民俗文化遗产传承人的角色。我们不仅要看到其实用价值，还要认识其文化价值。随着社会进一步发展，摆渡是否会逐渐被取代不得而知，但是无论结果怎样，这些渡口的价值都不应该被忽视。摆渡的传承不是靠宣传动员，更是现实需求内在驱动的结果，只要有市场持续的需求，摆渡便会一直传承下来。

三、捕鱼生活

潮白河水质清澈，鱼儿肥美。每到夏秋季节，两岸青壮年都喜欢下水捕鱼，五花八门，各显神通。有驾船撒网的、拉网的，有钓鱼的，有

---

① 赵庄和于辛庄渡口历史资料参考张述毅、张保林：《潮白河西集段的摆渡口》，刊载于北京市通州区政协文史和学习委员会、北京市通州区西集镇人民政府编：《颐和西集》，团结出版社2017年版，第95—99页。

直接摸鱼的，有架着鱼鹰的。鱼鹰颈上系着马蔺，鱼鹰下水将鱼叼到船上，大鱼吞不下去，由渔人将大鱼取下丢进鱼篓里，渔人奖励鱼鹰一条小鱼。有水性好的捕鱼人光着身子，腰里系着网兜，下河扎猛子摸鱼，有时竟能够装满半网兜上岸。

在河水未被污染的年代，每年的春秋两季，伴随着嗷吼、嗷吼的吆喝声，有节奏地敲打船帮的啪啪声，鱼鹰船队就在潮白河中捕鱼了。船帮两侧，各插着一根侧弯的胳膊粗的树杈，一左一右对称，往外支出有两米，树杈上缠着细麻绳，是为了鱼鹰落得安稳和保护其爪锋。这一拨拨船队大多来自河北的水乡白洋淀，当地百姓都是以水为生，男人在当地谋生或出外捕鱼，女人在家从事芦苇编席贴补家用。那个年代的河都是清凌凌的，甚至可以一眼见底，没有污染。西集本地人是驾船捕鱼，而白洋淀人是架鱼鹰捕鱼，各有特色，和平共处。每隔一二十天，就有一拨鱼鹰船划过波光粼粼的水面，多时二十几条，少时十来条。鱼鹰喜欢群居，捕鱼时更是群体出动，越发撒欢。领头的船称为头船，船老大经验十分丰富，在幼鹰的驯养、防病、繁殖等方面是把好手。在哪个河段放鹰捕鱼，都由他说了算。船老大选好放鹰地点，便停船靠岸做准备工作。先用泡软的马蔺把鱼鹰长长的脖子靠下部扎住，不能扎得太紧，不能影响呼吸，又不能吞下大鱼，只能吞下小鱼，这也是个技术活。

准备工作完成后，船工将船划到河中心，手持木棍敲打船帮，给鱼鹰下达战斗命令，船家赶鱼鹰下水，热闹的战场拉开了帷幕。鱼鹰已经停食了半天，恨不得一下子吃个饱，飞快扎进水里，不过几分钟便会叼着一条鲫鱼上来，鱼儿还在鱼鹰嘴里活蹦乱跳，身姿健美，却逃不过鱼鹰的铁钩嘴。船家利用抄兜将鱼鹰到舀船上，用手掰开鱼鹰嘴将鱼取下来，扔进鱼篓。然后取出一条小鱼塞在鱼鹰嘴里表示奖励。接着又有一只鱼鹰叼着鱼上来，渔家好不高兴，忙碌地收获着。有些鱼鹰叼了一斤多重的鱼，想一口吞下去，却卡在了被系着的脖子里，船家便左手扶鱼鹰，右手从下往上挤压，很快鱼便被吐出来。鱼鹰将到嘴的战利品上缴了出去，用眼睛瞪着船家好不甘心。船家也不是省油的灯，恶狠狠将这只贪吃的鱼鹰丢进水里以示惩罚。还有的时候会有两只鱼鹰一起蹿出水面，一同叼出一条三四斤重的大鱼，可谓是战友同心，其利断金。

这样恢弘的水面战斗大约持续两个小时，鱼鹰开始在水面打转，一方面是这一河段的鱼已经不多；另一方面是累得够呛。渔家便用抄兜把鱼鹰舀到船上，剪断脖子上系着的马蔺，开始喂食犒劳这些精通水战的"战士"。当船靠岸，船上人家支起锅灶开始做饭，将河里的清水直接拿来用，清澈无杂质，纯天然无污染。此时河面波光粼粼，夕阳西下，水鸟栖息，炊烟袅袅升起，还有随风舞动的杨柳。

除了鱼鹰捕鱼，在西集河段还有颇具特色的扳罾捕鱼技术。扳罾的历史悠久，到20世纪50年代还有很多，现在已经比较少见。扳罾捕鱼先要打桩、摸罾窝子、匝扫，然后才能静立岸边或坐在马扎上扳鱼。匝扫是用八九尺长的木桩，在水流的上游一排四五根砸到河底，水面上露出三四尺高，用柳树枝叶或榆树枝叶，捆扎在木桩中间挡水，河水冲击匝扫，使水流更急，鱼儿顶流上游，正好在此休息，于是被渔人用网扳起。摸罾窝子是在扳网下河后，扳鱼人拿着铁锹扎猛子把网的四边铲平，使网平放在水底。

扳罾长宽一丈见方，四边有绳子，网的四角每角有一根丈余的竹竿或柳木杆，合拢成十字架形，十字架上由一根一丈有余的杉木扒在网架上，叫窝杆；窝杆顶部系拉绳，根部有一尺多长横木，利用杠杆原理将扳罾拉起来，尤其是网绳将要出水时，用力要猛，使网迅速离开水面，防止鱼儿流窜出来。鱼儿进网之后，一人拽着扳罾露出网底的鱼，另一人将鱼抄进网兜，放进岸边的水桶里。[1]

---

[1] 捕鱼生活参考以下资料：郑增顺《扳罾》、王有昌《鱼鹰船》，刊载于北京市通州区政协文史和学习委员会，北京市通州区西集镇人民政府编：《颐和西集》，团结出版社2017年版，第166—168页，第169—171页。

北运河捕鱼为生的时代已经一去不复返了,但这种依河生活的生计方式和水上捕获的乐趣还留存在运河人的记忆里。

四、运河记忆

（一）水质记忆

西集尹家河村的郑增顺在《颐和西集》一书中生动描述了20世纪五六十年代的河水,他写道:"那时,潮白河河水清澈见底,河中鱼虾成群,有金翅金鳞'穿红鞋'的大鲤鱼,有黄背白肚的老窝鲇儿,有黑眼红圈的'红眼钻',有大肚草包(草鱼)和噘嘴鲢,还有成群结队游来游去的黄瓜条(白条鱼),鲫瓜子。也有成群的小虾米,有时啵啵地弹出水面,在阳光照耀下,似女人戴的银耳环一闪一闪。还有岸边挖窝坐窝的大螃蟹,白天躲在窝里不出来,只有夜晚才爬上岸,爬到地里高粱秆或玉米秸上,被比它聪明百倍的渔人看见,借着马灯光将螃蟹捉住。"[1] 这是一派和谐静美的水乡画面。在北运河和潮白河上,还有各种捕鱼的人群和船队,鱼鹰和水鸟飞翔在碧玉摇曳的水面。

我们访谈居住在运河边沙古堆村的李大爷,据他回忆,20世纪五六十年代的北运河河水还可以直接喝,到水里面能摸大把的鱼,回去炖着吃又鲜又美。更为神奇的是在夏季沙古堆村的河边沙地,还能挖到冬天积淀下来的冰块,回去可以直接做冷饮,像是天然的大冰柜。夏天在河里游泳,取水做饭的人也不少。

---

[1] 郑增顺:《扳罾》,刊载于北京市通州区政协文史和学习委员会、北京市通州区西集镇人民政府编:《颐和西集》,团结出版社2017年版,166—167页。

图 3-2　沙古堆村民讲述运河水质变迁
摄影：孙佳丰；拍摄时间：2018 年 8 月 5 日；拍摄地点：沙古堆村西侧运河边

北运河的河水污染大约在七八十年代，和上游建立化工厂有直接关系。化工厂的污水直接排放到河里，水质逐渐恶化，河水由青碧变成了深绿，再到黑青色，发出了刺鼻的气味；北京的生活污水和两岸的化肥农药水也进入到河道中，河水变得浑浊，鱼虾几乎绝迹。[①]

到了 21 世纪，尤其是最近几年，人们开始关注生态环境，政府对污染现象进行严厉整治，化工厂搬迁，生活污水净化，河道治理工作取得了成效。水质又开始变清澈了，河里也出现各种鱼，钓鱼的人也敢来北运河钓鱼了。这两年夏天发大水的时候，经常可以看到有好多鱼跃出水面，可能是从谁家的鱼塘被冲进河里了。多年看不见的黄瓜条（白条鱼）现在钓鱼的时候也被钓了上来，这种鱼对水质的要求特别高，由此看来

---

① 此资料来源于访谈。访谈人：王卫华、霍志刚、徐睿凝、孙佳丰；被访谈人：沙古堆村民李老汉；访谈时间：2018 年 8 月 5 日；访谈地点：沙古堆村西侧运河河岸。

北运河的水越来越好了。

（二）洪涝记忆

历史上，为了发展漕运，对通惠河、北运河曾进行过多次治理，疏通河道，引水建闸。清末民初，航运衰落，北运河与潮白河便很少有人治理，造成河道淤塞，堤防残破，暴雨时节，经常泛滥。西集地处九河下游，水灾更为频繁，十年九涝。

根据县志记载，公元1883年至1897年连续发生了15次洪涝灾害。1939年发生特大洪水，北运河堤防溃决洪水漫溢，通州水文站测定当时最大洪峰流量为1670立方米每秒，造成水淹城乡的悲惨景象，大水过后，北运河大堤上聚集了成千上万无家可归的灾民。据吕家湾村的一位老党员回忆说，在他出生的那一年（1939）北运河发大水，漫过了河堤，吕家湾整个被淹了，村里人都爬上房顶避水，一家人做饭吃饭都在屋顶上，村里还有几家房子被泡塌，死了不少村民。那时候能够活下来就感觉命大。

解放后，洪涝仍时有发生，政府积极组织抗洪抢险。1949年汛期降雨814.9毫米，北运河左堤决口多处，农田被淹，县政府立即领导组织全县人民对北运河进行应急治理，堵上决口，修复毁坏的堤防，对危险段落河堤进行加固。1950年海河流域发生特大洪水，潮白河、北运河超过警戒水位0.5米，造成河堤决口，低洼地区成为一片汪洋，公路淹没不能通车，房屋进水不能住人。县委书记王宪、县长李子凡亲自带领县直机关干部深入潮白河、北运河河道发动群众抗洪抢险。此后1954、1955、1956年都遇到大的洪涝灾害，因为县里领导组织群众抗洪得力，没有发生较大的人身财产损失。

50年代降雨较多，西集、郎府两乡多次组织群众疏通河道，挖掘自然排水沟。1970年以后沟、路、林渠统一规划，旱涝综合治理，改造和扩建原有灌排工程，按照20年一遇标准开挖灌排两用主支沟渠，挖掘了沙尹沟、杜陈沟、儒小沟、侯肖沟、西和路边沟等渠道。1973年还建立了杨家洼闸，闸门高4.7米，闸底高9.53米，蓄水水位14米，蓄水量675万立方米，总投资187万元，西集等镇8万亩农田受益。1997年在潮白河上建设了于辛庄橡胶坝，为斜坡式，坝袋长301.4米，坝高2.4米。坝袋容水4000立方米，坝底高程13.6米，蓄水量350万立方米，总投资1300万。① 在这些防洪设施综合作用下，潮白河和北运河近年来没有发生洪涝灾害。

（三）漕运记忆

北运河自清朝末年连年洪涝，运河河道疏于治理，加之天津至北京铁路通行，运河漕运的交通重要性降低，民国时期通行的船只已经很难像明清兴盛时期那样络绎不绝。但是也有一些中小型的货运船只通行，运送一些粮食、生活用品等。

笔者一行人在吕家湾调研时采访到运河边的一位居民，年龄50多岁。他说自己的父母已近90岁，据他们回忆，在20世纪四五十年代的时候还能看到运河上有帆船经过，有拉船的纤夫光着膀子喊着号子前行，后来因为上游修建水库河道水量减少，加上铁路、公路交通运输业发展等原因，运河上的帆船逐渐消失了，不过摆渡船只还在，以往渡口附近的老百姓过河不用给钱，过年给些粮食就可以。② 常富尧先生在1987年采访张各庄85岁的韩有恩老人时，韩老先生曾听到先辈说当年运河上日夜运送漕粮，所以昼夜号子连天，很多人说这些喊号子的人是"十万八千嚎天鬼"。可见当时漕运之兴盛，运河船队连绵不绝，号子声震动天地。可以想见从杭州到北京一路万舟竞发，千帆争渡，南北通州

---

① 参考西集文史办吴德龙提供《西集镇志》，内部文稿，第200—209页。
② 访谈人：霍志刚、孙佳丰；被访谈人：吕家湾村村民（姓名不详）；访谈时间：2018年7月20日；访谈地点：吕家湾。

通南北，从北运河到温榆河上有着大如山峰的运粮船，成为这座都城和国家的生命线。运河号子丰富多样，有起帆号、起锚号、拉纤号、推船号、摇橹号、揽头冲船号、跑篷号、出舱号、立桅号、绞关号、闲号等十几种。[①]漕运已经远去，号声已经沉寂，而这段运河的辉煌记忆还停留在老人们的回忆中，还有嘹亮苍劲的运河号子传递着运河两岸民众的奋进昂扬精神。

虽然西集民众对于运河漕运的记忆已经越来越淡，但是运河两岸的不少村庄却与之形成密切关系，在这些村庄的名字中烙下了运河深刻的印记，成为了一代代西集人的集体历史记忆。西集和合站的名字很有特色，既有吉祥之意，又包含历史积淀。该村位于通州区东北部，北运河北岸，早在元代时就因为靠近运河，在此设立水路驿站，供使臣、驿夫传递讯息时在此停歇。驿站由元朝设在这里的站户负责管理，站户多家，每家拨给站田4顷，不向国家纳税，用收入供给传达政令讯息船只上人员的食宿。外白河与内白河两条河流在这里汇合，因之称为"合河村"，借和合二仙吉祥之意，加有驿站而称为和合站。驿站地址数次变迁，到了明代中后期，北泗河淤积水浅不能航运，和合驿迁到了张家湾城南门外，此地空余地名"和合站"。运河变迁影响着村镇的兴衰。

辛集，清代及之前称为"新集"。此村之南是大运河，此处浅滩较多，行船河道较窄。明代为了在运河浅滩处保障槽船、皇船、官船、驿船及皇木筏先行通过，规定民间商船要停泊在浅滩下游，等待官船通行，之后再行船。有时商船停泊时间较长，为了赶时间做生意，就在停泊处设摊卖货，吸引买家，逐渐形成了集市。这里同西仪老集相比是新开辟的，故称为新集。此处集市一直延续到清末北运河停漕时，民间商船都

---

① 参见常富尧：《西集民间歌曲》，刊载于北京市通州区政协文史和学习委员会、北京市通州区西集镇人民政府编：《颐和西集》，团结出版社2017年版，第198—206页。

不再受到漕运限制，直接到通州销售商品，没有商船在此地卖货了，只留下地名。辛集村还有老运河的河道遗址，旁边有300年以上的古槐树，有三人合抱粗，据辛集老人相传这棵树是停船歇脚的地方，树上原来还有停船拴绳的大铁环，后来被去掉了。

耿楼原名"耿家楼"，明代朝廷在大运河两侧修筑大堤以防止水患，为保护堤防，在紧要河段设立防洪机构，负责河堤修理和维护，后来渐成村落，因负责堤防的官员可能为耿姓，后来被称为"耿家楼"。西集供给店村位于北运河东侧，明代此地建有一座庙宇，因为这段运河河道浅滩较多，为保佑船只顺利通行，漕船和商船经此焚香上供，信众逐渐增多，有人在此开店，供给船只和商旅所需物品，渐成村落。

西集还有村子以"林"命名，也与运河治理有关。因为北运河西集段土质疏松，容易决口，明代开始在北运河易决口处附近广泛种植树木以便伐树打桩、编笼护堤。树木长大成林，有专门官吏管理，朝廷划拨土地给他，收入归己。而官吏将田地租给农民耕种，此后渐成一村，村名称为"某家林"，如西集的儒林、肖家林。① 肖家林便是因管理林子的官员姓肖而得名。明清时期，肖家林段大运河漕运十分兴盛，过往船只络绎不绝，拉动了地方经济。乾隆三十六年（1697年）兴建了肖家林集场，南方丝绸、茶叶、生活用品投放集市，商贸繁荣，百姓生活富足。后因连年洪涝灾害，停船码头泥沙淤积，交易量下降，集市萧条。乾隆四十八年（1709年）肖家林集市撤销，与西仪镇集市合并。② 此外，杜柳棵村是因为杜姓管理者负责在运河畔种植柳树巩固堤防，后逐渐形成村落而得名。

---

① 村名资料参见周庆良：《镇域内村名由来》，刊载于北京市通州区政协文史和学习委员会、北京市通州区西集镇人民政府编：《颐和西集》，团结出版社2017年版，第29—46页。

② 参考西集文史办吴德龙提供《西集镇志》，内部文稿，第80—81页。

除了上述村落，西集镇境内和运河相关的地名还有不少，如吕家湾、杨家洼、沙家务、沙古堆、金坨等村落都在运河河畔，均受到运河的滋润。这些村落在自然地理与人文历史层面皆被大运河所形塑。如民间有"三望沙古堆"之说，因为沙古堆村被北运河三面环绕，宛如半岛。而在北运河两岸滩涂上，生长着翠绿的芦苇，给运河披上了一层轻纱，时有白鹭停歇，倒映水中，清幽如画。深秋时节，芦花摇曳，苍茫如雪，为运河和两岸的村落增添了几分诗意，颇有"蒹葭苍苍，白露为霜，所谓伊人，在水一方"的意境。

千帆竞渡的漕运景象已经沉没在大运河的记忆深处，而运河依然像母亲一样滋润着两岸的土地，在新的时代成为一条绿色生态走廊，是旅游休闲的黄金水道。大运河依旧生机勃勃，充满厚重的记忆，呈现清新的面貌。大运河的梦在继续，大运河的梦是中华民族善治水而利万物的强国梦！

第三节　西集人的商业理念

通州的集市，明代已成规模，清代更加发达。清代有米市、杂粮市、鱼市、果市、绢市、柴市、牛市、骡马市等。域内乡村集市皆有定期。时有张家湾集、西仪集（现西集）、肖家林（肖林）集、弘（宏）仁桥（马驹桥）集、漷县集、永乐店集、德仁务集等8处集市。其中，从各集市的繁荣情况来看，西集是数一数二的。西集镇在明代已经形成集市，名西仪集，逢农历二、七为集市。乾隆年间，肖家林集场并入，集期改为农历二、五、八。光绪末年，有坐商90余家。集期为农历二、五、八、十，以经营牲畜、粮食、蔬菜、肉类、布匹、杂货为主。商户近130家。在20世纪20年代组织"十大家商会"。商号多集中在丁字街两侧,部分散居镇四周。外围有墙,设6门。30年代快速衰败,大商号倒闭,集市贸易锐减。中华人民共和国成立后,集市贸易得以发展。1989年在镇中心和通(县)香(河)公路西侧建有工副业和农贸两个市场,仍逢农历二、五、八、十为集期,有坐商46家,摊位130个,占地面积3200平方米。1996年交易额205万元。[①]可见,西集镇的商品经济有着历史文化基础。虽然随着城镇化的发展,如今西集的集市规模在缩小,但悠久的经济文化传统留给西集人民的是自力更生、艰苦创业、创新发展的精神财富。

一、礼仪与商业兼具的大灰店

大灰店村素有"锻造之乡"的称号,村民吃苦耐劳,勇于开拓,经济相对发达;村子民风淳朴,讲究礼仪,文化资源较为丰富。其民风民俗在北运河流域颇有代表性。通过在村委会的座谈,我们从大灰店村委会领导和村中老人的讲述中了解到大灰店村的发展史。

孙庆恒担任过大灰店村多年的村长职务,交谈起来对大灰店村的情况如数家珍。据孙老先生所讲,他是1955年生人,七八岁时上小学,高中毕业后回到大灰店村当干部,至今已40多年了。孙老先生向我们介绍了大灰店村的历史。他说大灰店村在解放以前是很穷的,当时人人都说"大灰店南北长,除去有庙没瓦房",且村里除了在民国时候出过一个县长(河北大名县)以外再也没太显赫的人物。但是,大灰店村的民间文化却是丰富多彩的。说着,他拿出了一沓厚厚的手写稿,这是他多年以

---

① 参见通州区地方志编纂委员会编:《通县志》,北京出版社2003年版,第240页。

来抽空写下的文章，多是关于村落的历史、民间文化和自己的经历。他与我们分享了一篇名为《我的"娶""送"亲情缘》的文稿，带我们回忆他小时候姑姑出嫁时，自己背痰桶、挂门帘、拿喜钱等经历与趣事。这是他"送亲"的开始。70年代末，孙老先生的哥哥娶亲，他第一次真正成为"娶亲"队伍的一员。从此，他开始留心观察当地的婚俗，积累了很多经验，找他来娶亲送亲的人也越来越多。孙老先生感叹道："我'娶''送'亲已经有30多年的经历，不知不觉中竟成就了这么多好事啊！虽然现在有了西式的婚俗，我因为年龄关系也不再参与娶送亲活动了，但每当追忆自己参与的婚俗传统，总会感叹中国不愧为礼仪之邦。"

已经78岁高龄的苗啟华，向大家描绘了大灰店曾经的面貌。他说大灰店的地理位置非常好，1939年以前，这里三面环水却无水患。大灰店东北方向曾经有一座供奉佛祖释迦摩尼的永泉庙，曾与黄东仪村的鲁仙观、侯各庄村的圆通庵排列在一个中轴线上，是当地重要的明代古迹，且一直保持着功能性。直到"文化大革命"时永泉庙被毁，如今这座大灰店村的标志性建筑已不复存在了。

大灰店村的工商业是相对发达的。邢友春曾主管村中农业生产，老先生介绍了大灰店村人民的生产生活。西集"锻造之乡"之名源于大灰店村，大灰店村自50年代就开始发展锻造业，工人手工锻造技术在通州甚至京津一带都是领先的。当时村里从事锻造的企业就有19家，村内一年能产2万—3万吨钢铁，618导弹轨道、工业车床都是在大灰店生产的。在改革开放时期，大灰店村的锻造业更是迈出了稳健的一步。"大锤一响，黄金万两"，形象地说明了当时锻造业带动乡村经济发展的状况。2015年，由于政策原因，大灰店村不再有锻造工厂，但几十年锻造业的发展给大灰店村留下了一种精神财富——不屈不挠，自力更生。①

---

① 大灰店村资料来源于访谈。访谈人：王卫华、霍志刚、徐睿凝、孙佳丰；被访谈人：大灰店村民孙庆恒、苗啟华、白明山、邢友春等；访谈时间：2018年8月2日；访谈地点：大灰店村委会。

二、吕家湾的旅游经济

以民俗文化为资源的民俗旅游是新时代背景下,一种产生经济效益和社会效益的产业发展方式。民俗文化是一个地区、一个民族悠久历史文化发展的结晶,蕴含着极其丰富的社会内容。西集镇的吕家湾村,位于北运河北侧,明代已成村,是千年古运河畔历史悠久的港湾。碧水环抱着的自然环境更使之成为一个幽静怡人的天然氧吧。因此,吕家湾村目前不仅发展种植业,还将民俗休闲旅游产业作为其重点发展方向。然而,吕家湾村虽然有着得天独厚的自然资源与文化资源和众多淳朴热心的村民,但是村中的致富带头人、返乡大学生和传统技艺传承人等能够为其民俗旅游发展提供资金、智力及技术方面支持的人却非常少。民俗旅游是一种高层次的文化旅游,对于民俗旅游产业来说,地方特色和民俗特色是旅游资源开发的灵魂。但是,通过前期对吕家湾村目前民俗旅游发展状况进行的了解,发现其对民俗文化资源的挖掘与利用方面是相对欠缺的。因此,在调研中,我们通过走访吕家湾村委会、吕家湾村户、吕家湾绿色港湾农场等,全面考察吕家湾的自然地理环境、历史文化环境,以及吕家湾村现阶段的经济文化发展状况。力求通过对西集镇吕家湾村民俗文化内容的挖掘与整理,以及通过对现阶段民俗旅游资源开发状况的调查,挖掘出蕴含运河文化的民俗文化资源,并提出关于民俗旅游产业发展、民俗旅游资源开发利用的具体建议。

(一)吕家湾村自然地理及社会人文概况

西集镇吕家湾村,位于通州区东南部,北运河北侧,具有悠久的历史与得天独厚的自然地理环境。吕家湾村距离通州城区30公里,距离北京市城区50公里;村庄距离京哈高速3.5公里,距离七环3.5公里,交通条件较好,且村内卫生条件及基础设施较好。吕家湾村村域面积约2000亩,其中农用地1229亩;经营性建设用地126亩;非经营性建设用地310亩。年降水量159840立方米,年降水天数35天,年无霜期240天,年平均温度18摄氏度。[①]村中森林覆盖率高,骑行绿道穿村而过,风景优美,气候宜人。

图3-3 吕家湾的田野
摄影:孙佳丰;拍摄时间:2018年7月20日;拍摄地点:吕家湾

吕家湾村常住人口为675人(365户),其中农业户籍为504人(220户),其中低收入农户为124户,平均年可支配收入为9981元(2015年统计数据),农业生产以林果业生产种植为主。近年来,由于产业调整、老龄人口较多、年轻劳动力流失等原因,村集体经济比较薄弱,长期处于入不敷出的状态,低收入农户比例较高,属于北京市确定的

---

① 吕家湾村党支部、村委会编:《打造村域品牌,发展生态旅游,带动低收入村产业转型升级——通州区西集镇吕家湾村产业发展情况简介》,内部文稿,2018年。

234个低收入村之一。① 吕家湾村主要特点可以概括为"四多两少":"四多",即树多、老年人多、残疾人多、党员多。"两少",即可利用土地少、年轻人少。吕家湾村耕地面积为1229亩,其中782亩支持国家平原造林,剩余440余亩土地由村民自主种植果树、花卉等经济作物。森林覆盖率高,自然环境优美,但村民自主经营的果园、苗圃等面积小、效益差。

吕家湾村民风淳朴,村风和谐,多年以来一直没有发生过重大刑事案件,村民互帮互助、邻里友善,也涌现出王泽江等"最美孝子",马云云、常玉泉等"最美儿媳"和王德新、果玉民等"优秀党员"等一大批道德模范。在西集镇"五单一体式"党建服务模式的统领下,为给村民提供更加完善的服务,营造村内良好氛围,吕家湾村党支部结合本村情况,团结引领全体党员充分发挥党员的先锋模范作用,统筹村内党员代表、治保积极分子、文艺骨干等多种力量,成立了党员红星志愿服务团,并下设"红白理事会""环境维护巡防队""众心文艺演出队"等分支机构,为百姓提供全方位、全覆盖的志愿服务活动,渗透到百姓生活的每一个细节,已经成为百姓用得上、靠得住、离不开的群众性志愿服务组织。吕家湾村是西集镇公认的安全村、稳定村。

(二)吕家湾村旅游业发展现状

吕家湾村目前唯一的旅游景点为位于村南的"绿色港湾农场"。"绿色港湾农场"紧临京杭大运河,占地130亩,集住宿、餐饮、休闲游乐为一体。是一个适合单位团建、朋友聚会、户外亲子、郊游度假的休闲农庄。

"绿色港湾农场"在餐饮方面,以农家饭为主,也有特色烧烤,价

---

① 吕家湾村党支部编:《红星闪耀,善润心田——吕家湾村党员红星志愿服务队工作纪实》,内部文稿,2017年。

格为一餐98元/人，三餐180元/人；在住宿方面，有新西兰风格的小木屋别墅和别具一格的水泥管公寓，给人一种奇妙的住宿体验，其价格根据不同规格（容纳1—10人）在400—880元之间不等。餐饮与住宿价格会根据季节与配套的经营项目而调整，目前农场在网络平台上推出的套餐（餐饮、住宿、娱乐）价格为人均178元。园区主要分布有儿童游乐区、小动物饲养区、真人CS野战区、水上游乐区、蔬菜采摘区、垂钓区、户外拓展区、户外餐饮区、特色住宿区等。目前农场已推出项目有：户外亲子乐园、小小动物园、全地形沙滩车、私家菜园认养、农家特色餐饮、樱桃采摘、小木屋住宿、以及鱼塘垂钓、露营等。"绿色港湾农场"目前全年平均接待游客数量约5000人，且主要为北京市的本地游客。营业时间为春季、夏季、秋季的周一至周日。每到节假日或周末，游客大多会选择自驾的方式来这里度假。不过，绿色港湾这个农场本是想让农民自己摘掉低收入农民的帽子，却受到了资金、人员与规划三个方面的限制。"绿色港湾农场"虽能够在一定程度上增加村中居民的收入，但却很有限，因为旅游业也受到季节的影响。且农场所在的位置，不但地租很低，且面临着被拆除改造的风险。

吕家湾村在产业发展方面，按照西集镇打造典范型生态休闲小镇的整体布局的规划，在广泛征求广大村民意见和建议之后，提出"以发掘村域历史文化传承、打造村域品牌为主线，有序发展生态旅游及周边产业链，从而有效促进村内产业转型升级，提升低收入农户精准增收"的发展思路。但因从事中高端民宿旅游投资较大、要求较高，在本村发展时机还不太成熟，因此从小处着手，结合吕家湾村情况调整思路，从与民宿旅游有关的相关产品做起。吕家湾村党支部及村委会首先设计了村域文化品牌——"三味吕家湾"，并申请了商标知识产权保护，还准备做自己的公众号和网站；在区政府的支持下，吕家湾村生态旅游产业链中的第一批杂粮产品（500盒棒渣和棒子面）已经销售完毕，直接对接股份合作社的多户低收入家庭增加了收入，各种杂粮、土鸡蛋、黄金梨、樱桃等绿色有机的农副产品也将通过线上线下销售方式陆续走上百姓餐桌。为拓宽产品销售渠道，吕家湾村正在办理成立村集体下属商贸公司相关事项，也得到了工商部门的支持。同时，吕家湾村党支部还组织多户老龄低收入农户从事手工制做千层底布鞋和窗花剪纸等民间手工艺产品，以增加村民收入并推出旅游文化产品。

（三）吕家湾村旅游资源条件分析

从自然地理资源方面来看，吕家湾村所在的通州区西集镇是北京参与京津冀、环渤海区域合作的重要枢纽，其地理位置紧邻津、冀。镇域境内有京沈高速公路，自西向北穿过西集中央区，镇西部是103国道，规划中的七环路从镇域的东南部穿过。不论是交通还是地理区位，都颇为吸引京津冀游客，这是吕家湾村发展旅游的硬件基础。在生态环境方面，吕家湾村林木覆盖率高于通州区其他乡镇，且吕家湾村地理位置独特，三面环水，拥有湿地资源。北运河和潮白河的风光优美宜人，为西集打造生态宜居城镇提供了良好的生态保障。北运河畔的吕家湾水源丰富，土壤条件好，樱桃、苹果、桃子、核桃、花卉等都是当地的特色农林产业。丰富的果品种植采摘已初具规模，尤其是樱桃果园质量较高，这一优势也正逐渐被越来越多的游客所熟知。他们在不同的季节来到这里，或欣赏烂漫无垠的花树，或体验独特的运河民俗，或亲手采摘新鲜水果和蔬菜。这些都为旅游业结合农业发展打下了良好基础。

从历史文化资源方面来看，吕家湾村作为拥有八九百年历史的古村落，因大运河在此转弯而得名。因此，运河是吕家湾村的血脉和灵魂，它不仅创造了湿地生态旅游景观，其悠久的民俗生活更是历史留给当地的文化财富。不过，由于时代的变迁与城镇化的发展，吕家湾村中许多独特的传统文化在时光中湮没。现在，从老一辈人的口中，我们能够得知一些曾经在吕家湾村独有的民风民俗。据吕家湾村的老党员、前党支部书记吕喜旺老先生讲述，在20世纪50年代，吕家湾村民的生活很有

"滋味",那时村委组织的文艺活动主要是话剧表演,如话剧《光怨不识字》配合了当时的扫盲运动,号召村民们参加识字班,提高个人素质;话剧《都满意》讲的是当年抗美援朝的故事。解放前,每到农历四月二十八,吕家湾村民还会参加鲁仙观庙会,当时的庙会热闹非凡,不但有秧歌、高跷表演,村民们还会到庙会买食物与用品,不过遗憾的是庙会已经随着鲁仙观的被毁而消失了。但西集每逢阴历二、五、八、十就有大集,集市热闹繁华,这已经有300多年历史了。此外,吕家湾村目前仍保留着一些传统节日习俗,比如春节前会准备炸豆腐、蒸团子等食物。腊月二十五为"填仓节",过节时,人们把粮食拿砖压着,第二天拿起砖头时,看砖头上哪个谷物沾得多,沾得最多的谷物,来年就会大丰收;在大年三十辞岁的时候,人们在院子里撒满芝麻秸,用脚踩碎,寓意着踩"岁",以辟邪求吉。这些都是当地具有特色的民俗事项。

近年来,为了丰富百姓文化娱乐生活,满足村民日益增长的文化娱乐需求,吕家湾党支部以民间小车会演出队为基础,成立众心文艺演出队,并以演出队为核心,统筹村内文化娱乐、服务村民身心健康等项工作。众心文艺演出队吸收村内40余名文艺骨干积极分子,在春节、元宵节等传统节日期间,组织民间小车会集中演出,一方面调动村内文艺骨干参与村内活动的热情;一方面在村内营造弘扬传统文化的整体氛围,让农村更有农村味道,这已经成为西集镇东南部地区节日期间一道亮丽的风景。平时,演出队经常组织队员集中训练,并以集中训练为平台,吸收普通村民参与进来,组织广场舞、健身操等健身活动,达到强身健体的目的。如今的吕家湾干部岗位只有6个,其中党支部3人,村委会3人,其中一人是交叉任职,因此实际上只有5个干部,这5个干部的平均年龄在50岁左右,文化程度并不是很高,但是这些领导班子一直在努力将吕家湾建成集生态旅游与人文旅游一体的模范乡村。李超书记参与设计的吕家湾创意广告图案——"三味吕家湾"颇有新意。据李超书记讲,"三味",指的是年味、家味、乡村味,图案下方的两条鱼有着年年有余、好事成双、流连忘返、如鱼得水、童叟无欺等寓意。这是吕家湾村在旅游品牌打造上迈出的重要一步。

总体来说，吕家湾村虽然整体绿化率高，河堤区域和滨河绿带景观良好，果品种类丰富，但是还依然存在很多问题。首先，吕家湾村虽然第一产业发展良好，但第三产业发展水平低，以至于为休闲旅游提供的日常消费服务，档次较低，辐射面小；仅有的农旅结合为部分果园采摘、鱼塘垂钓，没有形成一三产业结合、主题鲜明、创意独特、品位高端、文化丰富的休闲体验游产品。第三产业对第一产业带动不足，第二、第三产业更是缺乏融合。其次，吕家湾各区域之间因缺乏统一规划与区域合作，因而难以形成一体化、规模化和系列化的旅游项目。目前的旅游项目主要限于观赏游览的基本层次，专业化的民俗旅游开发仍然处于起步阶段。最后，吕家湾村旅游市场营销方面力度不够，产品定位不明确，吕家湾村运河区域独具特色的景点并不缺乏，只是由于缺乏包装而"养在深闺无人识"，这些因素都在一定程度上限制了吕家湾村旅游业的进一步发展。

（四）吕家湾村民俗旅游发展策略

1. 塑造特色村落形象，形成标志性旅游品牌

在对吕家湾村旅游业进行规划时，首先应挖掘其特有的优势，利用其与周边村落不同的特点发展特色项目，来吸引城市游客。

明确特色之后要对吕家湾村的旅游产业做出定位，确定发展方向，并依据定位将生态旅游与民俗旅游相结合，深入挖掘当地旅游产品的文化内涵和特色，以提升其吸引力和竞争力，形成自己独特的个性和主题，开发多元化、体验性的旅游项目，形成特色小城镇旅游品牌。同时旅游产品要差异化发展，使游客在不同地方接触不同的特色旅游，才能保持吸引力。吕家湾村因运河而兴，运河旅游同样必然伴随运河的新生而迅

速发展。运河能够造就村落，村落更应该在基础设施、旅游设施、旅游政策等方面起到促进运河旅游发展的作用。以"水"为魂，以"三昧吕家湾"为主题，开发运河民俗旅游是一种有益的尝试。

就吕家湾村目前的资源优势来看，开发利用各种形式的游船让游客亲身体验运河漕运，利用当地特色民俗饮食进行旅游餐饮开发，以及参与或欣赏当地传统的小车会民俗表演等旅游项目，都不失为好的尝试。

2.开展旅游资源全面考察，形成运河旅游整体规划

目前，吕家湾村旅游产业尚处在初级阶段，没有对旅游资源进行深入全面的挖掘，更没有形成整体的旅游规划。吕家湾村自诞生以来就与运河有着深刻的联系。大运河带动了沿岸无数城镇村落的兴起，从上层社会到市井阶层的衣、食、住、行等生活，无不蕴含着礼仪、节庆、信仰、艺术、文学等民俗文化内容。这不仅为运河沿岸区域文化事业及文化产业的发展提供了雄厚的物质基础，而且也促进了南北文化的大交流，使各种地域文化和外来文化相互接触、融会、整合，形成了独具特色的运河文化。

地方特色和民俗特色是旅游资源开发的灵魂，北运河文化影响下的吕家湾村无疑具备这样的特色。因此，以实地调查的方式对吕家湾村的民俗文化进行全面深入的考察，能够古为今用，将北运河的历史文化资源转化为服务于当下的旅游文化资源。并且，对于吕家湾村旅游产业应进行整体规划，构建完整的产业结构与空间系统。在政府层面，应尽快成立吕家湾村运河旅游管理委员会，出台运河区域旅游整体规划，并负责指导、协调当地的旅游开发工作。同时，在保持吕家湾村本身特色的基础上与周围运河沿岸村落协作发展，采用优势互补的策略，实现资源共享。

3. 创新营销方式，加大旅游宣传

吕家湾村旅游产业应采用创新多元化营销方式，以开拓旅游市场。在旅游产业的发展方面，宣传无疑是重要一环，吕家湾村既要运用传统营销方式提高乡村旅游目的地的市场知名度，如在主要客源地的电视、广播、旅游杂志等传统营销媒体上开展旅游宣传，还要利用创新网络营销、影视营销等新型营销方式，尤其应加强吕家湾村旅游网站建设，让有意来吕家湾村旅游的人能够及时准确地了解该地的信息。除此之外还可利用创新节庆营销，通过深度挖掘传统文化、乡风民俗等文化内涵，策划特色主题节庆营销活动，对吕家湾村的旅游业进行大力宣传。

总而言之，吕家湾村作为大运河畔的传统村落，在拥有得天独厚的自然地理环境的基础上，具有运河文化背景下独特的历史文化资源。虽然目前吕家湾村的旅游业尚处于起步阶段，但以民俗文化为资源的民俗旅游可将产业发展型、生态保护型、文化传承型、休闲旅游型等发展模式融合为一体，促进吕家湾村文化经济的同步发展，并建设成为特色鲜明、表里如一的美丽乡村。

第四节　村落与宗规

北运河沿岸村落众多，有数量庞大的人口沿运河生活，北运河以其温润的胸怀滋养着一方土地，哺育着一代代儿女。这些沿河而建的村落各有自己的风貌和历史，处于运河臂弯的沙古堆村是这些村落的一个代表；而历经一百多年风雨的后寨府郭家祠堂"宗约八条"碑则展示了运河村落秩序的守护规范。

一、"三望沙古堆"

（一）地理位置及村史

1.地理概况

沙古堆村是一个典型的运河岸边村落。当地有句颇为有名的话："三望沙古堆"。这一说法源于村子的特殊位置：西集北部的运河有个大弯环，沙古堆恰好位于这个弯环的中心，因此航船运行此处时要围着沙古堆兜个圈子，要"三望"。北运河多弯形环道，源于天津至北京的地势及航运对水位的要求；现在沙古堆以南的运河河道取直，则是治理水患的结果。① 所以，沙古堆也是北运河历史变迁的见证者。

沙古堆位于西集镇以西10公里处，北运河东岸，东与小辛庄村为邻，南和供给店村、儒林村接壤，西临京杭大运河，隔河达京津塘公路，北是潞城镇的夏店村和崔楼村。2015年村民总户数469户，总人口1287人，其中农业人口929人，城市人口358人。土地面积2650亩，村域面积850亩。村落内有东西、南北走向的主街；沙古堆大桥坐落在村西北运河上。该村地势平坦，海拔约17米。村东土壤为两合土，村西为面沙土。②

2.村名由来

沙古堆村村名的由来有两种说法。一说源于地貌成因，即沙古堆村

---

① 参见陈喜波：《大运河与西集》，刊载于北京市通州区政协文史和学习委员会、北京市通州区西集镇人民政府编：《颐和西集》，团结出版社2017年版，第12—14页。

② 沙古堆村资料参考以下文献：西集镇史志办公室编：《西集镇大事记》（征求意见稿），2015年，第205页；沙古堆村党支部、沙古堆村村委会编：《沙古堆村史志》（资料征求意见稿），内部文稿，2015年。

是河流泛滥卷土堆积土岗而名。河流转弯，洪水湍流就会在河道拐弯处形成巨大漩涡，水流放慢，则其卷带的大量泥沙就堆积在河边，河水越深，堆积的土丘也就越大越高。沙古堆村的沙岗子，就是因为历史上某次或某几次河水泛滥冲积而成。今天的北运河，秦代及以前称"沽河"或"沽水"，沽河泛滥，固然是灾，但也冲积成较为宜居的小平原和小平原之上一个个或低或高的沙丘。沙古堆村的先人就在其中一个高沙丘上建村。沙丘是沽水堆成的，即"沙为沽所堆"，简言之力"沙沽堆"，遂为村名。"沽"读作"古"，有"痛苦"的意思，而秦以前尚无"苦"字，就以"沽"字代替了。但人们不愿意"苦"下去，于是去掉了三点水，成了"古"字。"沙沽堆"也就成了"沙古堆"。

二说则是源于庵名，即"沙古堆"村名源于村内的一座少姑庵。"少姑庵"相传是"沙古堆"田姓的家庙。"少姑庵"的庵主、住持田姓"少姑"，年轻时是清康熙帝的乳母。其晚年选在"少姑堆"建庙自做住持。"少姑堆"，曾在北运河的西岸。北运河从西北经武窑、下店、崔楼、大东各庄、小东各庄、小辛庄、太平庄，围绕"少姑堆"转了三个大弯，经由供给店、儒林，向东南流去。所以，在20世纪五六十年代，"沙古堆"村中还流传着"三望少姑堆"的说法。"少姑"死后，北运河洪水泛滥，经由梁各庄等处，决堤南下。"少姑堆"由西岸撇到了东岸。又赶上闹瘟疫，村中病死多人，女孩居多。所以将"少姑堆"改名"沙古堆"。因"少姑堆"在河边，有三望之说。"少"字旁加上三点水，变为"沙"；姑去"女"，变为"古"。因此"少姑堆"改为"沙古堆"。此外，"沙古堆"又有"沙寡堆"之称（"寡"旧时有"gǔ"的读音），又有"沙姑堆"曾铸于村菩萨像的磬上之说，可惜庙内钟磬等已毁，无从细考。

3. 历史沿革

沙古堆建村具体年代已无可考，但据传最早来村的为曹、刘、田、夏、韩五姓（依居住地势）。其中，对"田"姓的相关考证使学界对沙古堆村的建村上限有两种看法。其一，认为在五姓之中，田姓出现较晚。据《史记·陈杞世家》，田氏脱陈姓于公元前672年，其盛在公元前386年田和被封齐侯之后，其间燕曾伐齐，占领齐72邑，仅余莒和即墨二邑未亡；其后，齐田丹又收复失地；孟轲又曾主齐伐燕，齐燕交战中，民之搬迁成了可能，遂才有田氏等落户于沽水（即今北运河）之畔。由此而推战国时代为沙古堆建村上限。地属燕国。其二，认为最早出现于齐国的田氏，直至秦统一世居齐地。刘邦建立西汉，惧田氏为患而外迁于齐外。汉武帝时北伐匈奴，首创屯田制，开荒守边，东汉时刘秀又用兵于此地。若五姓同为最早，据以上分析，似可得出沙古堆村建村上限为西汉的结论。隶属于路县（东汉时改路县为潞县）。

唐代，为沙古堆建村下限。世传有"唐修庙，宋修塔"的说法。唐代崇信佛教，广修寺庙，在沙古堆村，曾建有"少姑庵"，供奉观世音菩萨，又据"唐朝皇帝信奉道教，自称是道教祖师爷李耳的后裔"。所以，在少姑庵内，北边大坡之上，同时建有三清殿，庙东并有尼姑墓地。因此，沙古堆建村下限不会晚于唐，至今已千余年。宋代，宋太宗认为佛教"有裨政治"，广修庙宇。至宋徽宗时，国势衰微，因而期盼有如关羽之将，既义又忠，能征惯战，保卫国土，所以徽宗首倡建关帝庙，使关羽不再处于陪祀的地位。但沙古堆村的关帝庙，限于场地，只能与佛教主殿前的护法韦陀共处于一墙之隔的南侧。仅有一间庙堂，既有西南的关羽，又有两侧侍立的关平、周仓，不宜再做庙门，于是在殿东另开一小门出入。此时隶属于潞县。

辽、金、元代，因捺钵等需要，由潞县南部和武清县的北部，单设了漷阴县，又潞县旧县志记沙古堆为"沙孤堆"，虽无县属所有村名，但是在"河水改道"时涉及"沙孤堆"，据此，则沙古堆当隶属漷阴县。沙古堆村明代仍隶属潞县。清代八旗兵入关之后，允许他们于京郊"跑马占圈"，沙古堆左近的地多属正白旗圈占，然后用汉人耕种，他们收租，《红楼梦》中有所反映。而运河泛滥，连年冲刷东岸，"老堤"以西之地

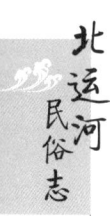

至老堤也被冲塌入河中。在西岸闪出了耕地，却有"霸王条款"，不许东岸原土地所有者去认地，叫作"隔河不许认地"，不少人失地而贫，这一土政策一直延续到民国初年。

（二）重教风俗

沙古堆村历来具有重视教育的传统。沙古堆村自清代就有家塾，可考的有任启霖，边行医边执教。另有田启友，曾设家塾，除收田姓家人之外，也有韩姓、曹姓等家子弟"附读"，请柏秀峰先生为塾师，学习目标指向科举。虽未出过秀才，但也孕育了当教师的田文杰等，开了沙古堆人当教师的先河。

民国时期，沙古堆村始建学堂。所谓"中华民国大改良，拆了大庙建学堂"。当年沙古堆只建了初小，所以只拆"三清殿"前西殿建教室三间。此时贫家子弟也多来上学，但是往往因交不起学费辍学。教材由教师自定，除仍教些四书五经之类，也教尺牍、《论说精华》，以及《药性赋》等内容，并以写字课为必修课。复式教学是其特点。日伪统治时期，日本政府对沙古堆地区实行奴化教育，强设日语课。于是，1942年，曹振龙等人写申请书，韩鹏、任植棠等人在村内筹款，以不用伪政府投资建校舍为条件，并有在县署任职的韩廷对在县署谋划，终于在1943年秋建成沙古堆完小，附近十几个村的孩子都来沙古堆小学上学。

中华人民共和国成立后，沙古堆小学由人民政府接管。党和政府领导办校，意在培养全面发展的建设社会主义有用人才。这时女孩和男孩一样享有受教育的权利。学校常组织学生进行宣传活动，有鼓号队，过节为烈军属拜年，也演出节目。此外，解放初期沙古堆村也曾办民校、扫盲班等，进一步提高村民文化水平。1992年，沙古堆建成郎府乡第一所小学教学楼，县委书记卢松华亲自题校名为"沙古堆村中心小学"。当时是12个班建制，并附有学前班。政府逐渐为学校添置了教具如投影仪等，还建设了电脑室和实验室，硬件设备日臻完备。近年来，政府不但投资加固教学楼，铺建大操场，还落实了"九年义务教育制"、"少年儿童权益保护法"，不再收学费和书本费，贯彻了国家"科教兴国"的大政方针。

沙古堆村也非常重视家庭教育。旧时沙古堆村人家训刻或写在出入可见的街门上，如"瑞日芝兰光甲第，春风棠棣振家声"，"勤俭传家宝，宽和处世方"，"忠厚传家久，诗书继世长"，"善种福田"，"博施济众"，"仁里风清"等，无不教人家庭和睦，邻里相亲，积极向上。沙古堆村曾先后培养了药剂师曹士英、龚德海，牙雕师韩廷士，兽医师田万山，重工业木模型师王廷禄，画师及篆刻师任朝璋，北京市紫禁杯优秀班主任韩廷祥、田新生，国家专利"行程演示器"创造者田云生，以及青年作家刘绍棠等多名行业专家、人民教师和企事业干部等。统计到2015年，沙古堆的初始学历大本及以上毕业生28名。而沙古堆村之所以能够培养诸多英才，与其重视教育的传统、尊重学问的村风息息相关。

2015年，在沙古堆村党支部、村委会的组织与支持下，由田俊杰老先生执笔编写的《沙古堆村史志》一书完稿。《沙古堆村史志》一书从历史沿革、地理环境、政治经济、文化教育、民风民俗、名人名事等方面，梳理记录了沙古堆村从公元前约200年至公元2015年共2000多年的村史，以弘扬历代村民留下的传统美德，增强村民的乡土情结。村党支部书记孔庆江说："我们想把村子的发展历史记载下来，留住属于这个村子的记忆，也鞭策后人更加努力将村子建设得更好。"可见，沙古堆村提倡文明教育、重视文化传承的优良村风在一代又一代的沙古堆村人中得到继承与发扬。

（三）民间故事

沙古堆村还流传着生动有趣的民间故事。"三望沙古堆"的传说与沙古堆村名的由来有关。光绪二十七年（1902年），北运河因发大水而改道，传说是北运河曾在沙古堆村绕过一个大弯，沙古堆村正是在北运河三面环绕之中。"沽入潞而乱流",运河河道过去确实多变,据元史,内白河(运河)从小圣庙经皇木厂、里二泗、崔家楼、谢楼、马坊、小辛庄村北,西南折到沙古堆(沙古堆土地至今仍有"老河底"的名称),再到供给店。因此行驶在沙古堆河段上的船便可多次看到沙古堆。"三"在古时就是"多"的意思,于是便有"三望沙古堆"的传说。

"快马曹"的传说讲述了沙古堆摆渡口——白河津关渡附近开骡马店的曹掌柜的故事。他因为人善良厚道,得到了客商送的一匹快马。后来皇上得知此事后,将这匹快马买走,曹掌柜也因此得了个皇封——快马曹。相传沙古堆的曹姓一支,正是"快马曹"的后代。"刘二青"的传说则讲述了刘二的传奇故事。刘二青本名刘二,他成年后膀大腰圆,给人家当长工,能吃也能干。他的两脚虽穿着十八斤的铁鞋,可依然走路似风。一次,他去西集的南烧锅拉酒,经过津关渡时,有一个连牲口都拉不上货的大高坡。只见刘二卸了牲口,两脚一蹬,铁鞋把地也踩了一个个的窟窿,车就随着他往上撵,等到了坡顶,围观的人个个呐喊称赞,可也就在这时,一个小孩指着拉车的刘二大声喊:"快瞧这大青牛,快瞧这大青牛!"乡里人说小孩子眼净,什么都看得清。刘二就被传说是大青牛变的,人们就在"刘二"的名字后又加了一个"青"字,成了"刘二青"。"刘善人"的故事则讲述了家住大运河边的刘善人,用甲鱼卵给村里人治病。甲鱼卵俗称"王八蛋",在当地是骂人的词。一天一个不善说话的人去了刘家,一进门就问:"您家还有王八蛋吗?"这话虽是无意,却非常无礼。但刘善人大肚能容天下难容之事,他对此一笑而过,并未计较,依然送药给这个人。"金头田小庄"的故事则讲了皇上带着怀孕的宠妃乘龙舟来运河游幸时,妃子提前产下皇子,于是找到田小庄的母亲给皇子做奶娘。皇子长大登基后,田小庄也当了"庄吏"。一天,新登基的皇子也来沙古堆,百姓们都跪在大道两旁迎接圣驾,田小庄没跪,反而跑上前去,高喊"老弟来啦!"因此犯了大忌,当时就被拉去砍头。但因平日里,作为庄吏的田小庄从不欺压百姓,所以百姓们十分爱戴他,就凑钱给田小庄做了个金属头将其安葬,因此便有了"金头田小庄"的名字。而田小庄有个妹妹,叫"少姑",他看到哥哥无辜被杀,心里不平,就在沙古堆的娘娘庙出了家,这所娘娘庙也就改名叫"少姑庵"了。

以上几则沙古堆村流传的民间故事虽然是人们想象的、虚构的,但故事的内容中却反映着沙古堆村的历史文化,如沙古堆村名的由来、北运河的泛滥改道、沙古堆曾建有的少姑庵、如今仍在使用的津关渡、皇帝曾携嫔妃于运河上乘龙舟等。故事的主人公虽不是大人物,却有着善良朴实、勤劳智慧的品性,而故事的主题则也大多是善人行善事、行善得善果。这一个个生动的民间故事,展现了沙古堆村的历史风貌,反映了沙古堆村先民的智慧与想象力,也歌颂了沙古堆百姓的勤劳善良。

二、后寨府的宗规石碑

中国人秉持"国有国法,家有家规"的传统观念。这里的"家规"与"宗规"、"族训"、"家约"、"祖训"等概念内涵相似,是在若干以血缘关系为纽带的家庭或同姓大家族中,自行制定的行为规范和规章制度。它用以调整宗族中的亲缘关系,维系家族团结,规范个人品德修养,并起到教诲惩戒的作用。传统宗法社会中,这种民间法规与国法并存,对民众有很强的约束力。它辅助国家法律法规稳定社会秩序,是对国法管控范围与程度的有效补充。这种民间法规在当代仍可发挥作用。

宗规一般见于族谱或家谱、宗祠中,以纸质或石刻形式保存。西集后寨府村的宗约石碑,记载了清光绪三十三年(1907年)郭氏所立"宗约"。这块保存了100多年的宗约石碑,显示了清末运河流域的民间法规之一端,启发我们思考宗规乡约的内涵及功能。

（一）后寨府"宗约八条"碑概况

后寨府村隶属北京通州区西集镇，是北运河流域的一个普通村落。这里山清水秀，民风淳朴。在全国第三次文物普查中，通州区文物部门发现了后寨府村的石碑，认为有价值，记录拍摄，立下档案。

2018年夏，我们调研小组一行4人来到后寨府村，在后寨府村民郭永新先生帮助下找到该村的两块石碑。其中一块是断碑，卧于村口的草丛中；另一块保存完好，现放于村内街道路旁。"宗约八条"碑本来安置在郭家祠堂中，后祠堂被毁，原址成为村民宅基地，石碑就被搁置在原祠堂旁边的大街侧边。①

后寨府的两块石碑中，其中一碑铭文磨蚀殆尽，只能依稀辨认碑阳额刻双沟楷书"敬思祖德"、碑阴额刻双沟楷书"永延勿替"八字。

图3-4　草丛中的石碑
摄影：孙佳丰；拍摄时间：2018年8月6日；拍摄地点：后寨府村。

---

① 此资料来源于访谈。访谈人：王卫华、霍志刚、徐睿凝、孙佳丰，被访谈人：后寨府村民郭永新，访谈时间：2018年8月6日，访谈地点：后寨府村。

另一碑即为"宗约八条"碑，保存基本完整，纹饰、字迹清晰可辨。额刻双沟楷书"恪守宗规"四个大字，上、中、下三面围饰浅浮雕祥云；身左、右、下缘围饰片子二方联续缠枝莲朵，内纵刻楷书铭文9行，首题为"宗约八条"。

碑文内容如下：

宗约八条

（一）明祀制。从南莹十四祖起祀，以下烈祖烈宗按昭穆从祀，凡出自是祖之子，皆得入祠配飨。

（二）保祠宇。后世只许增修，毋得迁毁。虽谟本支子孙有敢异议者，共击之。

（三）辨族类。凡抱养异姓之子，或非族认为同族者，不得入祠奉祀。

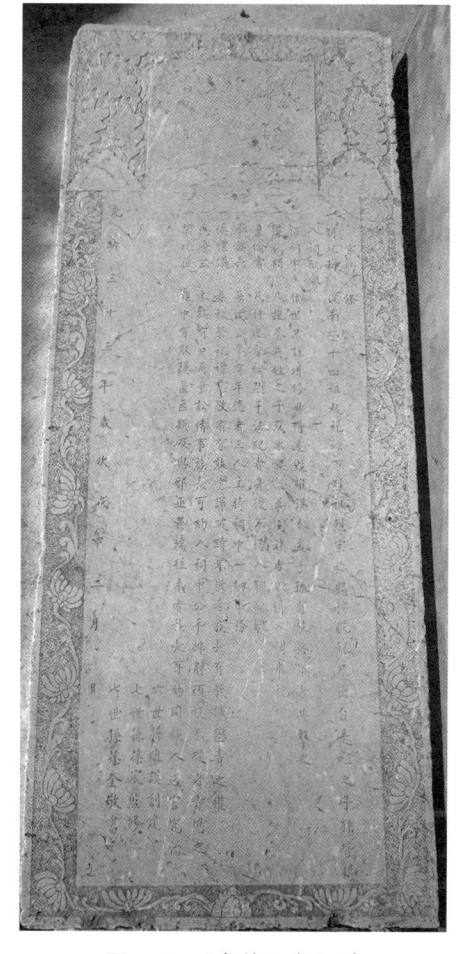

图 3-5 "宗约八条"碑
摄影：孙佳丰；拍摄时间：2018 年 8 月 6 日；拍摄地点：后寨府村。

（四）重伦常。凡忤逆、乱伦、显干法纪者，身后不得入祠配飨。

（五）举族长。每世公举有年德者三人，主持祠中一切事务。

（六）慎礼仪。春秋祭祀宜敬肃，有敢喧哗、跛踦不敬者，族长有教诫惩责之权。

（七）息争讼。本族有口角，争讼情事，族长可约入祠中，公平排解，顽梗不从者，惩之。

（八）禁比匪。族中有敢隐匿类及与邪巫异端往来者，族长可约同族人，送官究治。

下面是创建、监修和书写人的姓名，落款时间为"光绪三十三年二月"。①

（二）"宗约八条"碑文涵义

我们的祖先早就充满智慧地认识到"国"与"家"不可分割的紧密关系，所以"国"与"家"组合起来就成为"国家"。宗规的主要目的是维系家族关系，约束宗族成员的行为规范与道德修养；其中，国家观念也是宗规的重要组成部分。绝大多数宗规家训表现出对国家利益和秩序的敬重与维护。宗规的家国观念是维持传统乡土社会秩序与国家稳定的重要力量。

后寨府的"宗约八条"碑文作为北京郊区村落的宗族规范，比较典型地体现了宗规与国家法律及国家意志的基本关系。

首先，宗约强调秩序。从组织形式上看，氏族是人类最原始的血缘集团，是宗族、家族的原始形态，同时也是国家的原始形态；从法律及社会学意义上来看，社会是衍生法律及其他规范的源泉。家庭是最基本的社会组织形式，是社会的细胞。宗约是以氏族为单位的社会群体中各成员恪守的规矩和准则，具有很强的约束力，适用对象更为具体，也表达着这个群体成员对于秩序、法纪、文化等人类文明的探索，在行为制约上，宗约与国家法律相辅相成。"宗约八条"碑文的第一至四条设立了关于祠堂祭祀的基本秩序与规矩，伦理色彩浓厚，通过"明祀制"、"保

---

① 参考周庆良：《寨府郭家祠堂〈宗约八条〉碑》，刊载于北京市通州区政协文史和学习委员会、北京市通州区西集镇人民政府编：《颐和西集》，团结出版社2017年版，第77—80页。2018年8月田野调查时亦搜集到相关资料。

祠宇""辨族类""重伦常"这四项规定体现宗规族训对道德伦理、宗族秩序的要求,有着道德规范的功能。同时肯定了宗约的训导、监督的效用,确保家族对宗约的遵守。第五条"举族长"则强调公举族长,这保证了选举族长以及宗约本身的公正性与公平性,也是能够顺利规范族人、实现奖惩的重要举措。

其次,宗约确定家族礼制规范。在治理手段上,宗约强调礼制。费孝通在《乡土中国》中提出"礼俗社会"的概念。相对于法理社会,传统社会往往被认为是"人治"。费孝通用"礼治"的概念来代替"人治"的说法,用以消除"人治"即随心所欲进行治理的误解。他指出"礼是社会公认的合式的行为规范,合乎礼的就是说这些行为是做得对的,对是合式的意思……传统是社会所积累的经验。行为规范的目的是在配合人们的行为完成社会的任务,社会的任务是在满足社会中各分子的生活需要"[1]。也就是说,乡土社会中,传统的效力更大,传统是可以维持社会秩序的。宗约族训则是"礼制"的形象表达,源于礼制规范。"宗约八条"第六条中规定:"春秋祭祀宜敬肃,有敢喧哗、跛踦不敬者,族长有教诫惩责之权。"这是在礼仪范畴对族人进行规范和教导。宗约是宗族成员从小耳濡目染的价值观念,担当"启蒙教育"的职责,有着如同法律的效用,也因此辅助了对道德规范的传承和监督。

最后,宗约是国家意志内化为个体行为规范的中介。从社会秩序维持的角度来说,中国古代社会存在着一个处于国家秩序下相对"自治"的秩序。在一个氏族内部中,宗规比起国家法律能更被广泛接受和理解,它根植于民众的日常生活、家庭、社会关系当中,也因此对社会秩序起到更重要的维护作用,有些时候比国家法律更为深入、直接和有效。宗规可以充当国家意志内化为个体行为规范的中介。

后寨府村处于大运河流域,人员流动性较大,外来人员具有不确定

---

[1] 费孝通:《乡土中国》,北京大学出版社2012年版,第51页。

性。"宗约八条"第八条明令"禁比匪",禁止亲近"匪类",且"族中有敢隐匪类及与邪巫异端往来者,族长可约同族人,送官究治"。表明宗约对"匪类"的警戒和戒备,禁止族人与邪恶不正、迷信邪术、不合正统者结交亲近。禁与"匪类"交往是国家意志,是社会秩序正常运行的保证。宗族以宗规的形式严格执行这样的规范,既是维护秩序,也是对家族成员的保护。在这个层面上,宗约兼顾了家族利益与国家意志。

宗约族训是民间法,曾经是传统社会主要的秩序维护力量。它不同于法律的强制性,是道德上的约束,也是行为上的制约,同时也是家族文化以及特定区域族群心理的表达。

第五节 民间工艺

西集镇的民间工艺具有浓郁的地方特色。它在民俗文化中产生,在南北交融的文化氛围中成长。它是植根于运河文化沃土的奇葩,是因生活需要而创作出来的民间艺术。西集镇的通州大风车、团花剪纸和画葫芦是三种饶有特色的民间手工艺。

一、通州大风车

风车是代表中国优秀传统文化的民俗工艺品,其诞生至今已有2000多年的历史。在北京市非物质文化遗产"通州大风车"第三代传承人梁俊的传承与创新中,承载着中国民间智慧的通州大风车,更是作为一种文化符号,向世界展示着中华文化的魅力。

通州大风车以通州区西集镇武辛庄村制作的风车为代表。武辛庄村的风轮最初用竹篾扎制而成。用几种香草长条韧叶做12根轮条,代表12个月,12根轮条上有24个头,代表24个节气,分为四季,形成一个圆圈,上面附有四道驱魔降妖的"符"。随着技术的进步,民间制作以棉绸、帛纸为料取代香草韧条儿,后来又有能工巧匠制作出泥鼓与风车组合,一遇风力便有风轮"刷刷"转、泥鼓"嗒嗒"响的效果,遂改"风轮"为"风车"。于是,社会上便有民谚曰:"风吹风车转,车转幸福来",进而逐渐演变成了现如今的风车。

(一)工艺流程

做风车首先要选土制作泥鼓,再选好鼓面,精挑细选高粱秫秸作风车骨架,劈竹条制作风车车轮,精选纸、颜料制作风车彩条,粘上彩条,再组装等,大约四五十道工序。[①]

制作泥鼓:制作泥鼓的土质要求非常讲究。首先要选土质好、黏性大且不僵不硬的黄土。选好泥鼓土不要立即就使用,要堆放一段时间,让它放放土气,使它的土性稍稍改变,然后过筛把碎石、杂物筛出,将土放入盆中加水搅拌,成为泥浆后再通过过滤、沉淀等工序将杂质剔除。泥浆控水后掺进纸屑,进行搅拌,使泥滋润好用。泥要和得软硬适度,和好后把泥制成内径3厘米,外径3.8厘米,厚为1厘米的圆形鼓帮。制成的泥鼓帮,要放在外面阴干,千万不能放在烈日下暴晒,以免由于水分急速蒸发造成裂口、裂缝、变形。过去用火烘干,吸潮性能好,大约晾晒3—5天,把晒干的鼓帮收起存放起来以备制作用。这项工作一般要在夏季完成。

制作泥鼓面:泥鼓面所需的牛皮纸要薄、结实、有韧性。制作泥鼓

---

① 参见李吏、戴立军主编:《不能隔断的记忆》,大众文艺出版社2010年版,第88—101页。

面，要比泥鼓帮大小尺寸稍大些，大约8厘米，截成方块。过去绷鼓面是用江米面加白矾，黏性小，易开裂。现在改用107胶粘，这种胶黏性大，使用方便，不开胶。粘鼓面一定要绷平，松紧合适。鼓面敲打的地方要贴双层，一是有颤音好听；二是耐打。

制作风车轮子：风车轮又叫作鼓轮，是风车比较麻烦的一道工序。首先要选好竹篾子，用刀轻轻刮平，劈成约2毫米的细条，再把外表皮刮净，以便于粘彩条。还要把竹条用温水泡软，把它截成长45厘米的竹条，用细线将两头扎牢，使之成为直径13厘米的风车轮。

制作风车轮条：风车的轮条以前用的是白毛边纸，现在用一种既薄韧性又好的纤维布或无纺布。把白布裁成长60厘米、宽16厘米，6张为一份，染成三种颜色，另外，要使用品色颜料（一种化学名称）品红、品黄、品绿。把颜料准备好，把白布铺平压好，按绿色5厘米，红色6厘米，黄色1厘米，分别上色。上色时要从下面开始，一张一张地染，最好要让颜色上下湿透，这样染出的彩条两面一样鲜艳，染时要压紧，防止错位。梁俊将风轮染成红黄绿三种颜色，红色代表着阳光普照；黄色代表着中华民族的炎黄子孙；绿色代表着自然生态环境中的地球。彩条晾干后用剪刀剪成宽1厘米、长18厘米长短合适的布条，不要散开，以免穿彩条时不好穿。粘条是非常细致的工序，首先把裁好的12条彩条从花心中的长方孔穿过，穿时先将一头折一角一起穿过花心，然后按顺时针方向每条约距5毫米空隙，用107胶水一条一条粘好，粘彩条时一定要斜粘，将多余部分与竹条粘在一起，一个多彩美丽的风轮基本完成。

制作风车骨架：风车骨架是用高粱秫秸制作，要选粗细均匀、坚硬的秫秸。梁俊先生选用自己田里种植的红高粱，红色自然，闪闪发光，也增加了美感。风车骨架按照设计好的形状结扎。比如：两轮风车主杆长45厘米，做两个小弓，截长19厘米的杆，从两头量4.5厘米处各切一个小口，浸湿折成"U"形，在主杆上方2厘米，用锥子扎眼，用竹钉子蘸乳胶粘牢。两个小弓之间6厘米，用棉线或丝线把小弓与杆缠绕扎牢。小弓做好后在小弓的上方4厘米处扎眼，中间用秫秸截成4厘米段，作为轴套，中间扎一块长2厘米、宽8毫米的铁片备用。用工具在小弓上方2厘米处扎眼，穿一根9厘米长的竹签作为轮轴。

组装：风车各部分制作完毕后进行组装。装泥鼓时，在泥鼓下小弓的下方中央扎一长口，把泥鼓的铁片扎上，多余铁片卷回绕在杆上。装风轮时，把扎好的风轮插在小弓安装的轴上，要蘸些乳胶粘牢，用以小竹签在小弓的面线上绕紧作为鼓帮，松紧适当调试，再添制一些小旗类的装饰品。经过四五十道工序，一架美丽漂亮的风车才能完成。

（二）传承与创新

北京市非物质文化遗产"通州大风车"的当代传承人是梁俊，他是家族大风车的第三代传人。梁俊在西集镇武辛庄村出生长大，今年86岁，依然精神矍铄，从他向祖父、父亲学做风车起已经将近80年了。

据梁老先生讲述，他年轻时曾学木工，后来一直在村办铸造厂干模型，学会了机械制图和看图。厂子散了以后他便重拾童年的记忆，开始做风车。20世纪80年代时，北京第一个商品市场在红桥成立，他便摆了个卖风车的摊子，那时就有人专门去找他买"咱老北京小时候卖的那风车"。梁老先生说，风车好学好做，但做好做新做出创意难。从前村里有四、五家做风车的，但大多没有坚持下来，目前坚持做风车的只有梁老先生一家了。梁老先生对风车进行了全新的改革，赋予了它新的内涵。例如，他将10个轮的风车从原来的1.5米高缩小至45厘米；他制作的风轮小的可放入掌心，大的如自行车轮。除此以外他还在泥鼓的体积、锤鼓的声音上琢磨出不少新点子。使得风车旋转自如，声音清脆。风轮、泥鼓的革新为他百轮风车的制作成功打下了基础。

多轮大风车的制作是梁俊的一个创新。正如梁老先生所说，百轮风车制作时，做风车轮不难，难的是如何搬运几米高的多轮大风车，如何运输。年轻时扎实的木工手艺，为他改进风车组装方式、创新风车结构提供了深厚的基础，加上用心思考，梁老先生钻研出快速组装多轮风车的方法，装在箱子中运输也十分方便。这使得巨大风车的制作和运输成为可能。

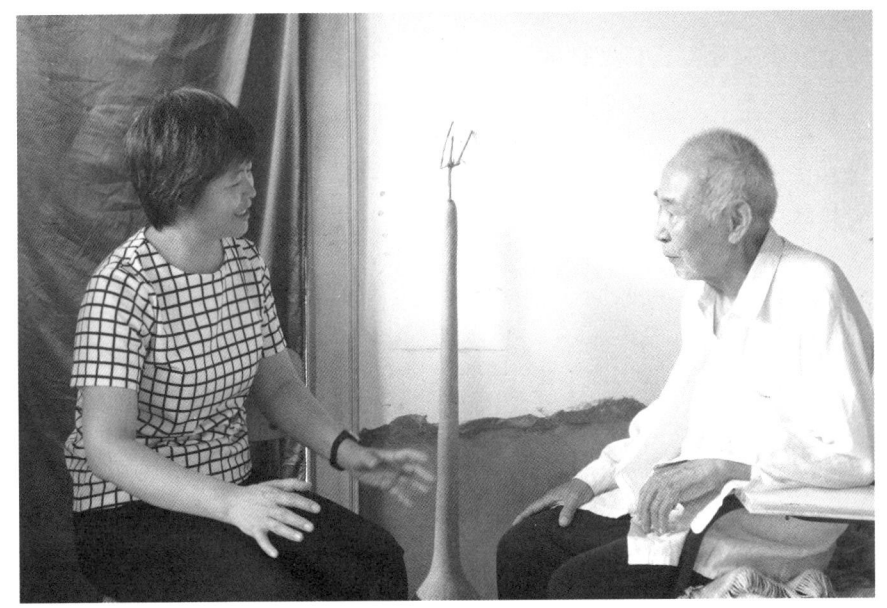

图 3-6　梁俊讲述风车传承史
摄影：孙佳丰；拍摄时间：2018 年 8 月 3 日；拍摄地点：武辛庄村梁俊家

梁老先生的大风车多次出现在新闻报道中，获得许多奖项。这些大风车多次出现在重要场合：香港回归时，梁老做的风筝风车在天安门广场放飞以示庆贺，报纸上有"百米长龙迎空飞，庆香港回归"的报道；国庆 50 周年，他特意设计了 50 轮风车，被北京民俗博物馆收藏；他制作的奥运五环风车，深受国际奥委会好评；建国 60 周年时梁老先生设计了 60 轮风车，他还为这个作品编了句顺口溜："手举风车六十铃，迎接国庆在北京。全国人民齐欢唱，祖国昌盛永长青"。这个作品在北京市文化局举办的民间工艺活动中，荣获二等奖。

梁老先生的大风车也曾代表中国的民间工艺多次走出国门。到过美、德、新加坡等国家参加比赛、展览、进行教学，还到日本参加过世博览会。2000年，梁老先生到新西兰参加亚洲艺术节，艺术节邀请了17个国家的艺术家，中国的大风车做领队。梁先生在那里给中小学生上了12节课，讲解如何做风车，第一课便从中国民俗文化的历史讲起。学生们在课程结束后给梁老先生写了感谢信，被他找人翻译后仔细珍藏起来。①

2007年，梁俊的"通州大风车"被列为北京市级非物质文化遗产名录。他的风车销往全国各地及国外，每到农历新年，都供不应求。"艺好学、精难得、创新难，"是梁老先生反复挂在嘴边上的话。他将传统民间手工艺与现代的生活方式结合起来，顺应社会发展，在传承中创新。大风车是许多人的童年记忆，也是能够在今天仍然发光发热的民间艺术。

二、团花剪纸

剪纸是我国优秀的民间传统技艺。通州地区广泛流传的民间剪纸技艺，大抵自清代开始，距今已有200多年的历史，且境域内分布较广。其中张家湾、永乐店、于家务、西集的剪纸皆有成就。西集镇的团花剪纸是具有民族特色的传统剪纸艺术品种，经过多年的发展，团花剪纸水平不断提高。

西集镇王庄村的王文敏是通州区级非物质文化遗产——"团花剪纸"的传承人。老先生的团花剪纸作品具有古朴独特、写实创新、构图多边、生活气息浓郁的特点。他不仅继承了老一辈的精湛技艺，而且创造出自己独特的风格。

---

① 访谈人：王卫华、霍志刚、徐睿凝、孙佳丰；被访谈人：梁俊；访谈时间：2018年8月3日；访谈地点：武辛庄村梁俊家。

（一）特点及制作

团花剪纸以剪刀为主要工具，以纸为材料，在纸上镂空、剪刻，用纸张制作成人物、花草、鸟兽虫鱼等形象。团花剪纸重在一个"团"字。作为折叠剪纸，它最能体现剪纸多次折叠、重复造型的优势。

团花的制作方法简便易学，关键在于掌握好几种不同的折叠方法。以正方形的中心为圆点，将其折叠成三折、四折……乃至十折以上的相同等份，然后在上面剪制图形，每个圆心自成单元，又相互勾连。展开后便得到一幅均齐的、呈辐射状的团花了。团花给人一种规整中起变化，散射中又有聚点的审美感受。远看团花似锦，近看花中有意，团团相聚，花中有花是团花剪纸的一大特点。团花之美还表现在信手而成的惊喜之中。在经过几番折叠的纸上不经意地剪上几剪刀，平展开来，意想不到的奇迹之花就在手中绽放。①

（二）传承与创新

王文敏是西集王庄村村民，出生于1948年。他的剪纸手艺来自自己的家庭。

在老先生的记忆中，解放初期，家家户户都分配到一些田地，生活相对安稳了。农闲时，女人们就插空做些针线活计：剪鞋样子、做衣服……小孩们的娱乐方式不多，就照着大人们剪下的印迹剪纸玩。母亲、外婆都教给他一些剪纸的方法，王老先生就是那时第一次接触到剪纸，这些童年记忆他一直没有忘记。

王文敏认为，他的剪纸技艺来源于自己早年的经历。他幼时学过国画和书法，这些经历给他潜移默化的影响，对他的团花剪纸技艺有很大的启发。中学毕业后，王老先生于1969年参军，五年后退伍。作为当时

---

① 李吏、戴立军主编：《不能隔断的记忆》，大众文艺出版社2010年版，第266页。

军营中为数不多"读过书"的人,他一直负责军营中的文化宣传工作。军旅生活中为背包绣五角星、伟人像,为宣传工作出板报等也使他发挥了专长。退伍后,他做过几份不同的工作,还承接父亲的职业,做了段做首饰盒的副业,也耕种过土地。闲暇之余,便拾起了记忆中的剪纸手艺。

图 3-7　王文敏演示剪纸艺术

摄影:孙佳丰;拍摄时间:2018 年 8 月 2 日;拍摄地点:王庄王文敏家

王文敏结合现代人的审美观念,对剪纸有自己的思考。在他看来,从前剪的窗花都是小型的,没有特别明显的形象;剪纸所用的大红纸时间久了就会褪色,质地很脆无法长期收藏;过去的团花剪纸大多是约四十公分的糊棚顶花,四角有角花,常常只在过年或者结婚的时候使用。他针对这些问题对团花剪纸进行了改进。首先尺寸上增大到四尺,采用了红宣纸,造型构思接近书画。他还曾用红锦缎、布团花等材质尝试了团花剪纸。

2007 年,王老先生被中国民间文艺家协会评定为"民间文化品牌艺术家"。第四届工艺美术会在北京召开，他也获得了奖项。2008年，他创作了"福娃"系列剪纸作品庆贺北京奥运会，10月，他的团花剪纸作品《古韵北京》等14幅作品被通州区档案馆收藏。王文敏也曾代表北京到德国参加文化节，把通州西集的团花剪纸技艺带向世界。如今，王老老先生每个礼拜都会在郎府中学、小务中学为学生开展剪纸兴趣课，他从事这项教学工作已经有十多年了。

然而，作为非物质文化遗产项目的团花剪纸，也面临着许多传承方面的问题。据王老先生说，现在的年轻人都需要上班上学，没有时间来学习这项技艺。他也曾招过几位四五十岁的学生，两年之后也因为无法维持生计的原因，不再继续学习团花剪纸的技艺了。虽然文化公司曾计划组织培养剪纸老师到学校中任教，也因为超过学校的需求而中止了。加之学习成本、学习方式等方面的问题，收徒这件事无法进行，传承也不能一蹴而就。①

目前，在各级非物质文化遗产项目中，传承都是一个重要的问题，也是艰难的问题。非遗项目的发展是一个动态的过程，当非遗项目赖以生存的生产方式、生活场景发生变化，传统的口传心授的传承方式也无法进行，非遗项目的传承问题还需要各方面力量一起解决。

三、画葫芦

在西集镇武辛庄村，除了梁俊家祖辈相传的通州大风车工艺，还有另一种传统而又"年轻"的民间工艺——画葫芦。

画葫芦就是在葫芦上作画。葫芦画是一种古老的传统工艺美术品。

---

① 访谈人：王卫华、霍志刚、徐睿凝、孙佳丰；被访谈人：王文敏；访谈时间：2018年8月2日；访谈地点：王庄村王文敏家。

它起源于宋代,到清朝康熙年间已很兴盛。在中国民间,葫芦素有"宝葫芦"的美誉,葫芦一直被视为吉祥物,以葫芦为题材的传统民间故事不胜枚举。古代,在吉祥物上赋诗作画,是人们喜闻乐见的形式。在葫芦上刻画和装饰的艺术称为"葫艺"。在武辛庄村,专注于这项传统技艺的是一位年轻的女教师王金华。不同于通州大风车制作技艺的世代传承,王老师的画葫芦技艺既非家传,又非师承,完全是源于自己的兴趣爱好与摸索尝试。

图 3-8　王金华讲解画葫芦艺术
摄影:孙佳丰;拍摄时间:2018 年 8 月 3 日;拍摄地点:武辛庄王金华家

王金华是河北香河人,毕业于师范学校美术专业,从事小学美术课教学工作。她嫁到武辛庄,成为武辛庄居民,每天从尹家河渡口摆渡到对岸的小学教书。她大女儿小的时候邻居送了一个葫芦,葫芦在中国传统文化中代表着吉祥,王老师觉得画上一些吉祥的图案会更有意义,从此便开始了在葫芦上作画。她一直把画葫芦作为兴趣爱好,现在已经十多年了,而大多数的作品都以赠品的形式送给亲朋好友。

据王老师介绍，她作画的葫芦是自己种的，她会视葫芦的形状设计出恰当的图案，有时临摹已有的图案，有时也做原创设计。她画过一个"四季花开"的主题，选取了四季中迎春、牡丹、菊花和梅花的形象进行作画。现在王老师的作画方式有两种，一种是烙画，即用电烙铁在葫芦上作画，画面颜色为葫芦的浅棕色和烙出线条的深棕色，风格古朴，基调淡雅，既可以做摆件，也可以在手中把玩。另一种是用丙烯颜料填充的彩色葫芦画，丙烯颜料鲜艳、干得快。画作制作完成后会在表面刷上一层清油，这样的葫芦可以水洗而不掉色，保存也方便，这种方式是王老师自创的。在学校时，她在空地上种了一些葫芦，美术课上也会教学生画。她说，画葫芦需要静下心来，虽然工作和家庭占用了很多时间，但还是找机会有空就画上两笔。王老师还在西集镇上的小记者培训班上进行了教学。她想多设计一些不同的主题，把自己"画葫芦"的民间工艺继续发展下去。①

大风车、团花剪纸、画葫芦，这些传统的、充满特色的民间手工艺承载着我国优秀的民间文化，饱含着民间手艺人的慧心巧手，也表现着西集人民积极乐观的生活态度和审美情趣。

第六节 民间文学

西集镇是个"文气十足"的地方。在西集这方被运河水滋润的土地上，不仅流传着动人的传说故事，而且诞生了中国著名的乡土文学作家、

---

① 资料来源于访谈。访谈人：王卫华、霍志刚、徐睿凝、孙佳丰；被访谈人：王金华；访谈时间：2018年8月3日；访谈地点：武辛庄村王金华家。

"大运河乡土文学体系"创立者刘绍棠。近年来成立的民间文学组织"两河文学社"更是成为建设"文化西集"的中坚力量。多年来,西集镇政府与地方文化工作者齐心协力,不断挖掘当地的文化资源、发扬文学传统,努力要将西集建设成为一个"文学特色小镇"。

一、刘绍棠与大运河乡土文学

刘绍棠是中国当代著名的小说家,早期曾用笔名枕流、山楂汗。1936年2月29日出生于北京市通县儒林村。这个紧紧依偎在古老的大运河边的小小村落,遍地林莽蓬蒿,十分偏僻。虽然它有一个典雅的村名,但村民大多数不识字。中华人民共和国成立之前,这个村庄从没有过学校。刘绍棠是这个村庄的第一个知识分子。刘绍棠六岁上小学,在他幼年的启蒙教育中,母亲、老师、村中父老和说书艺人所讲述的娓娓动听的民间故事以及戏曲、歌谣,给他以很大的影响,这些优美动人的口头文学和农民所喜闻乐见的艺术品,启迪了他的心思,奉养了他的想象力。[①]

1951年2月,刘绍棠初中还没有毕业就被借调到河北省文联,在《河北文艺》编辑部当见习编辑。1951年9月,被作协保送到通州潞河中学读高中。9月16日,刘绍棠的《完秋》在孙犁主编的《天津日报·文艺周刊》上发表,受孙犁赏识并成为其得意门生。高中期间,他开始构思小说《青枝绿叶》,把在东北得到的创作素材挪到自己的村子里,换上他所熟悉的人物原型。正是从那时起,他开始走上写家乡、写乡亲的乡土文学之路。1954年,进入北京大学中文系学习,其间他研读

---

① 崔西璐、王万森、陆思厚:《刘绍棠研究专辑》,重庆出版社、贵州人民出版社1985年版,第3页。

苏联作家肖洛霍夫的作品，并把肖洛霍夫树为自己的榜样，写出了后来被称为"新中国田园牧歌"式的作品。在北大学习不久，因发现中文系的许多课程设置对他的小说写作帮助不大，一年后从北大退学。之后，他专心写作并于1955年出版了第一部长篇小说《运河的桨声》。因发表论文《我对当前文艺问题的一些浅见》《现实主义在社会主义时代的发展》以及小说《田野落霞》《西苑草》等，刘绍棠于1958年3月被错划为"右派分子"。之后遭到一系列的批判，回到故乡儒林村。其间他在乡亲们的保护下，收集材料完成了以家乡人民为原型的《地火》《春草》《狼烟》三篇长篇乡土小说的初稿。

1979年，刘绍棠得到彻底平反，重返文坛，回到北京。共青团中央恢复了刘绍棠之前的名誉及写作的各项权利，并对其作品表示肯定。重返文坛后，刘绍棠主要致力于乡土文学的创作，短短几年就写出了众多作品。1980年6月发表的《蒲柳人家》引起广泛反响，成为刘绍棠创作期的一个转折点，也是其创作成熟的标志。之后，他先后创作的《渔火》《京门脸子》《瓜棚柳巷》等20余部作品，接连获奖，受到读者的欢迎，这些被誉为乡土文学的作品格调清新优美，形成了自己的艺术风格。1985年，又受丁玲邀请担任文学杂志《中国文学》（1985年12月更名《中国》）副主编。

刘绍棠在家乡生活三十余年，深受北运河文化的濡染。因此，他的小说创作也呈现出浓郁的北运河文化特色。在题材上，他的小说几乎都以北运河为书写对象，或书写家乡的革命斗争历史，或讴歌家乡父老乡亲的美德，或描绘家乡的风土人情，或反映家乡的现实生活；在表现形式上，作者着力于描绘北运河的风景画和风俗画，大量采用京东北运河的口语作为小说的叙述和个性语言，刻画了一批带有北运河文化性格的人物形象；在创作风格上，刘绍棠的小说不仅富有清新明丽的田园牧歌情调，还融入了燕赵文化的阳刚劲健之美。总之，浓郁的地域特色给刘绍棠提供了创作源泉和丰富的养分，使他的作品深深地打上了北运河文化的烙印。[①] 刘绍棠被誉为"大运河之子",他奉行的艺术原则是:中国气派、民族风格、地方特色、乡土题材。在几十年的创作生涯中,留下长、中、短篇、短论等六百多万字的作品。作品艺术地再现了家乡不同历史时期的风土人情和社会风貌,建立了独具风采的大运河乡土文学体系。刘绍棠的作品是中国文学史上璀璨的一页,而在他的文学生涯中,历经坎坷却矢志不渝的精神,更值得每一位文学爱好者学习。

1992年5月,北京市通州区建立刘绍棠文库,立了"人民作家、光耀乡土"纪念碑,表彰他为祖国文学事业做出的特殊贡献。刘绍棠成为西集文化的象征性人物,也带给西集文化独特的文学色彩。

二、两河文学社

成立于2016年的西集"两河文学社"是一个民间文学组织。其目的是"为喜爱文学的广大群众搭建一个交流平台,弘扬传统文化,宣传文学思想";发展方向是"走文学道路,扬文学精神"。"两河"的含义,既指西集的"两河"地貌特征,又指西集的"两河文化"。

西集镇在大运河东畔,处于两条大河中间。这一地区西临大运河,东面又以另一条大河潮白河为界。因此,西集的文学组织冠以"两河"之称,既突出了西集作为通州北运河东部地区的地理特征,又将大运河与潮白河联系在一起,恰如其分。而由此被提出的通州区运河东畔的"两河文化"也得到很多人的认同与支持。按史料记载:白河,古称潞灌水,又称沽水等,河多白沙,故名白河;河性悍,迁徙无常,也称自在河。而潮河,古称大榆河、濡河,又称鲍丘(邱)水,因其"时作响

---

① 王瑞迪:《论刘绍棠新时期小说中的地域文化书写》,安徽大学硕士学位论文,2018年。

如潮"而称潮河。西集地处在被这两条水急浪湍的河流夹持的低洼地带，加之当时运河（古白河）水流迅猛，这一地域犹如"洪荒"。但西集地区的考古发现，证实这一地区秦汉时期甚至更早，就已经出现了人类活动遗迹，大量汉墓的发现，更表明汉代时西集已经出现了不少村落。敢于生活在这一地区的人，定有勇敢、坚毅、彪悍的性格和品质。虽然那个时代并没有很多历史记载，但一种地域文化的基调已开始奠定，它一代代沉积下来，形成西集的"两河"文化精神。元初开通京杭大运河，启用白河（潞河）今通州段大部（明代扩建到全部）作为北运河河道，今西集镇的"两河文化"及其京东白河东畔的文化模式，更随着白河（潞河）一起纳入了京杭大运河的文化范畴。①

"两河文学社"代表着今日西集的文学水平。社团组织由张葆森、张春昱任名誉社长、于大明担任社长、郑增顺任常务副社长、杨殿武任副社长、吴德龙任秘书长、吕作华任常务副秘书长、王健任副秘书长。根据组织章程规定，凡是对文学有浓厚兴趣的人均可加入成为社员，性别、年龄不限，但要遵守"有足够的热情和自信，善良、文明，有责任感，努力上进，遵守中华人民共和国法律、法规和规章"的基本准则。"两河文学社"的活动内容丰富，包括不定期举办文学创作、作品研讨和文学讲座培训班，聘请知名作家授课；组织地区采风活动，在《西集月报》开辟文学园地，并向会员征集文学作品，择优推荐优秀作品在各大报刊杂志发表；创办《花信风》文学刊物等，为西集乡土文学的发展做出重要贡献。

多年来，"两河文学社"与西集镇的众多文人作家将西集镇的风土人情记录在自己的作品当中。西集镇西集村的张葆森（1937— ）是中学

---

① 参考刘福田《西集镇"两河"文化成因初探》，刊载于北京市通州区政协文史和学习委员会、北京市通州区西集镇人民政府编：《颐和西集》，团结出版社2017年版，第20—28页。

高级语文教师、校长,著有小说集《校园里,田野上》和散文集《求学路上》;西集镇于辛庄村农民吕作霖(1942—)著有诗集《潮白渔家》;西集镇郎东村人董文海(1943—),著有小说集《清明雨》;西集镇小沙务村的孟宪良(1945—2006)是通州区文化委员会业务科长、北京作家协会会员,著有诗集《诗旅人生》、长篇报告文学《村官牛文祥》以及专著《通州民间艺术》;西集镇肖家林村农民杨殿武(1948—)著有小说集《柴门轶事》;西集镇肖家林村的郑建山(1953—)是通州区文化馆副研究馆员、北京作家协会会员,著有散文、报告文学集《旧语新说》《大盘点》《大地的回声》(合作)、专著《大运河的传说》《通州民俗文化》《通州文化志》、文集《郑建山作品选》、专题片《献给大运河的歌》《一道亮丽的风景线》和剧本《深夜两点钟》《除夕夜》(获北京市首届法制小品大赛优秀奖);西集镇侯各庄村出生的乡镇干部吴德龙(1964—)著有小说集《乡镇小政府》。① 这些创作者是当代西集的文人代表,他们的作品既表现了西集的文化风貌,又是西集人文学血脉的延续。

因为西集镇拥有这些有着文人情怀的地方文化人,其"两河"文化和文学传统才得以传承与发扬。

三、运河民间故事的传承

一方水土孕育一方文化,北京通州大运河丰富的历史文化孕育出当地富有特色的民间文化。而民间故事作为流传在广大人民群众中,世世代代口传心授的活态民间文化,是民间历史记忆的重要组成部分,记录并反映一个群体的历史心理和社会习惯,是研究地方传统文化的重要窗

---

① 参考刘祥《西集作家、艺术家及出版物》,刊载于北京市通州区政协文史和学习委员会、北京市通州区西集镇人民政府编:《颐和西集》,团结出版社2017年版,第285页。

口。北运河沿线因运河而生的传统村镇中，至今仍流传着众多带有运河文化印记的民间故事，而包括"两河文学社"成员在内的众多西集文化学者，则在这些民间故事的搜集整理工作和保存及传承过程中发挥了重要的作用。

（一）民间故事概况

1.搜集整理的相关成果

运河沿岸的民间故事资源存在于城市、乡镇、村落各处，其承载的民间文化更是渗透在民众生活的方方面面，其内容丰富，形式多样。但从总体上来看，运河沿岸民间故事搜集与整理的相关成果并不多，目前已出版的故事集有《运河民间故事》和《大运河的传说》。

《运河民间故事》是由通县文化馆编写和出版的通州运河民间故事选编，于1986年出版。这本故事集是为全国"民间文学三套集成"北京卷所编写的预选本。据编者记述，通州对当地民间故事的挖掘整理工作起步较晚，比起其他区县的相关工作有很大差距。1984年"民间文学三套集成"编纂工作正式开始以来，民间故事挖掘整理工作得到了全县各级党委的重视，各乡的文化站工作人员、广大的业余作者、许多退休的老干部、老教师都参与了"民间文学三套集成"中的民间故事搜集整理的"抢救"性工作。在此基础上，通州文化馆组织编者对已有的成果进行筛选，并与讲述者共同研究加工，决定采选其中58篇故事装订成集。

《大运河的传说》则是由郑建山选编，由北京文化艺术出版社于2004年正式出版的另一本通州运河民间故事集。郑建山生于1953年，是通州西集镇肖林村人，1981年从中央戏剧学院毕业后，分配在通县文化局工作，后调县文化馆任副馆长、文学室主任。他曾于1984年负责通县"十大集成"的搜集整理工作，并多年致力于群众文学创作辅导、群众文化理论研究工作。由其主编的《大运河的传说》是《通州运河文化丛书》(全 10 册分别为：通州民俗、通州古建、通州漕运、通州文物、通州诗抄、曹雪芹与通州、通州名人、通州新景、通州民间艺术、大运河的传说)其中之一册。据郑先生在该书的序言中所说，该书的出版源于 2003 年初宣传部组织通州文联进行运河文化梳理工作，当时他便以通州文化馆曾经的相关资料本为线索，进行广泛征集汇编，采访搜集并加工整理为 64 篇故事，最终完成书稿。

除此之外，运河沿岸民间故事的整理文本还散见于通州当地县治、镇志、村志等史志类型的书籍之中。通州区地方志编纂委员会于 2003 年出版的《通县志》中选录有"鲁班爷与通州塔""龙旺庄的传说"两篇；《北京城市副中心通州历史文化丛书》(全三册：浩瀚长河、璀璨星空、荟萃民间)中编有"铜帮铁底大运河""吴仲与鲁班""通州燃灯塔的传说""八里桥的故事""敬鼠神"等九篇民间传说故事。此外，《千年古镇——漷县》(2012)中采录"狗塔""半截塔"等传说故事九篇；《漕运古镇张家湾》(2014)中收录"陆辛庄的武林传奇""土桥镇水兽传说""九缸十八窖传说"和"马坟的传说"民间传说四则；《颐和西集》(2018)中收录"沙古堆村的传说""侯各庄村名的传说"等四篇传说故事。而尚未公开出版的《孝和于家》《沙古堆村史志》等地方史志资料中也记录有当地的民间故事传说。

2.内容与特点

就目前已经掌握的民间故事内容来看，运河沿岸的民间故事主要有村名地名故事、地方风物传说、人物传奇故事和生活故事四个主要类型。

村名地名故事是以神奇幻想或史实改编来讲述通州运河沿线村落的形成或名称由来的故事，如"摇不动""里二泗""沙古堆""吴寺""富豪村""龙旺庄"等村名的由来，以及"马坟""金鸡阁""赖侯坟"等地名的由来。

地方风物传说则是对通州运河沿线特定的自然物或人工物的来历、

特征、命名原因等，给以说明解释。这类故事通常是介绍、故事、说明解释三种成分的结合，此类故事在运河沿岸颇多，如与河流山川相关的"铜帮铁底古运河""穿心河的传说"和与孤山、留山、望儿山相关的传说。还有的传说是讲述通州运河岸边的寺庙、塔、桥等古迹遗址的，这些传说中所讲述的寺庙有干鱼庙、悬空庙、小圣庙、城隍庙、三教寺、铁锚寺等；塔有狗塔、燃灯塔、北关塔、孤山塔、顺义塔、通州塔等；桥有八里桥、卧虎桥、马驹桥、半边桥、土桥、通运桥等。

人物传奇故事是讲述通州名人，或与运河的发展相关的历史人物和帝王将相的故事，这些故事中的人物颇具传奇色彩，如郭守敬、吴仲、纪晓岚、冯玉祥、李贽、曹雪芹，以及朱棣、乾隆、玄烨等。

生活故事则是讲述发生在通州运河沿线的故事。这类故事反映当地的风土人情，歌颂通州人民的质朴善良，表现对美好幸福生活的追求，如"贤孝牌""城隍出巡""王三教妻""钟鼓楼与雷癞子成仙""牛娃"等。

从已经搜集整理到的故事来看，北运河沿线的民间故事有着鲜明的地方特色。首先，这些民间故事虽然主题不同，风格各异，但整体上弥漫着"水"气。运河沿线水系发达，漕运历史所留下古迹遗址众多，所以当地直接或间接写运河的故事非常多。"铜帮铁底古运河""乾隆游通州的奇闻异事"直接诉说大运河昵称和"铜帮铁底"的来历，而有河必有桥，于是就有了讲述八里桥、马驹桥、土桥、通运桥的来历以及桥底镇水兽的传说故事。作为运河岸边标志性建筑的通州燃灯塔、寄托运河沿岸人民镇服水害的铁牛寺等也都有其经典的传说故事。这些沾着运河灵光水气的民间故事，构成了大运河北京段沿岸美丽的风情画。

其次，运河沿岸的许多人物传奇故事，都是史实与想象交织。"铜帮铁底古运河"的故事讲述了朝廷重臣郭灵奉命挖运河的传奇。故事中的郭灵机智勇敢，更是为了国家的安危和百姓的幸福铤而走险，变化为龙与兴风作浪的恶龙抗衡，最终自己的鳞甲与身体化为运河的铜帮铁底。

这个故事中的郭灵的人物原型大概就是元代修治通州运河的郭守敬。他主持修建通惠河，造福通州百姓，自然是受到当地百姓的崇敬与爱戴，于是便产生了如此动人的传奇故事。

此外，"曹雪芹家世传说""李卓唔的故事""吴仲与鲁班"的故事等，都是历史事实与夸张幻想的结合。

最后，运河沿岸的民间故事在流传与变异的过程中，保留了多种异文，即同一题材、不同版本、不同主题的故事并存。如关于燃灯塔的传说，一说是两位天神所建，一说是通州城百姓齐力修建；关于八里桥的传说也有鲁班助建和他人助建两种版本，这些故事都体现出通州人民非凡的想象力与创造力。

（二）民间故事的传承

1.传承形式

运河沿岸民间故事的传承形式主要有两种，一种是口头传承；一种是文献传承。口头传承是民间故事传统的传承方式，它是以口耳相传的方式将故事讲述给他人；文献传承则是将口头故事转换为书面文本，他人通过阅读文字得知故事的内容。

在调研中，我们发现运河沿岸民间故事的口头文本与文献文本在内容与风格方面都是存在很大区别的。文献文本较口头文本相比，其内容更为完整，逻辑与语言更为通顺，但失去了现场讲述的环境，文本整体略显僵硬。口头传承的文本贵在真实生动，尤其是讲述人的语气与动作，都会使故事文本更为鲜活。但是在口头传承的过程中，讲述人的口头文本会受到讲述环境、自身讲述水平等因素的影响。民间故事文献文本的特点在于它是经过加工整理的。从目前关于通州运河沿线民间故事的搜集整理的成果来看，这项工作大多是由受过高层次教育的专家学者来完成的。他们在进行故事整理，尤其是作为面向大众的读物进行编辑出版时，势必会根据个人的理解和客观需要进行取舍、修改与润色，这样的文本虽然更加"规范",却很难保持故事的"原味"。郑建山在其选编的《大运河的传说》后记中写道:"对传说故事中不健康或有损通州形象的东西,无论多有艺术性和趣味性,都要坚决拿掉。"这是他编此书的原则。不过所谓的"不健康"的和"有损通州形象"的故事就没有其传承价值了吗?这种观点在学界也大多是不被认可的。但是作为面向大众的公开出版物,郑建山的做法有其道理并且是必要的。

除了口头传承与文献传承的方式外,北运河沿线的民间故事也会通过地方博物馆展览与解说、古迹遗址解说牌,以及通州各村镇网站平台来传承传播。博物馆是征集、典藏、陈列和研究代表自然和人类文化遗产的实物的重要场所,参观地方博物馆是人们了解当地文化的重要途径。在调研期间参观的几处村镇史馆中,我们看到、听到了一些当地的民间故事,如西集镇陈桁村乡情村史陈列室中有关于陈桁村由来的传说;在张家湾博物馆中,我们听讲解员讲述了关于曹雪芹墓碑的传说和关公与镇水兽的故事;在通州博物馆,我们听到了海东青的传说。同时,我们发现运河古迹遗址解说牌中也有关于民间故事的记述。如通济桥头的镇水兽传说、里二泗佑民观中的金花圣母传说和关公传说。除此之外,个别村镇的网站上也会有介绍当地传说故事的专栏,如漷县镇政府官网"漷县之窗"上关于延芳淀、大石桥的民间故事等。

2. 传承人

民间故事传承的主体和重点是传承人,这里的"传承人"有两类,一类是"积极传承人";另一类则是"非积极传承人"。"积极传承人"一方面指的是在现今非物质文化遗产保护语境下的民间故事传承人。这类传承人是直接参与已被认定为非物质文化遗产的民间故事的传承活动,以使其能够沿袭的个人或群体(团体)。他们的身份需要经过政府文化行政部门的认定,并给予相应的支持与保护。另一方面,"积极传承人"也包括当地积极从事民间故事挖掘、整理、研究的文化工作者,他们并非是民间故事的直接讲述者,但却在民间故事的传承与保护方面做出巨大贡献。"非积极传承人"是指在生活中无意识地习得民间故事,又在无意当中传(讲)给别人的讲述者。这两类传承人都在运河沿岸民间故事的传承中扮演重要的角色。

运河沿岸民间故事的传承是具有特殊性的。因为运河沿岸的传统村镇因河而生、沿河而建,大体呈线性分布,这一地区的民间故事资源虽然丰富,却散布于一定区域、没有特定的故事村。而当地的民间故事也未被列入各级非物质文化遗产保护项目,因而缺少非物质文化遗产保护语境下的传承人,也就缺乏对这一文化事项的关注与保护。这就对当地民间故事的传承造成一定消极影响。但政策对于民间故事传承的影响毕竟不是唯一的。运河沿岸的民间故事之所以能流传至今,大多源于通州运河沿线人民的共同需求,尤其是与当地文化学者对民间故事传承与保护做出的努力密不可分。通过调研我们了解到,大运河(北京段)沿线的许多村镇在进行村镇文化建设时都有对当地民间故事的关注。除了前文所提到的原通县文化馆副馆长郑建山,我们采访到的"西集两河文学社"的于大明、吴德龙等都对当地的民间故事有一定的关注与研究。且"西集两河文学社"近年来一直从事西集民间传说和故事的搜集工作,目前正在编写并准备出版《西集镇民间传说》。

从调查采访中我们了解到,这些西集镇的文化学者对于民间故事及传承有着独到的见解。郑建山先生认为民间故事"搜集的时候要严谨,除了严谨还有文风要把。文风要活泼,要写出散文式的,要有真实的基础,所以要加很多佐料来炒这个菜,这样文章写出来才有分量"。"西集两河文学社"社长于大明老先生说:"民间故事搜集的资料,老先生都记录了,但没有可读性,只有参考性。他们走村串巷搜集的,花了很大功夫,有可信性,但没有可读性,与读者阅读期待差距很大。他当时没有记录讲述人。像我们这些人,都在七十岁以上,本身就可以当讲述人。我怎么不能当作者呢?"可见,专注于当地民间故事研究的地方文化学者注重民间故事文本的加工与再创造，以求使这些面向读者的民间故事更有文学性、可读性。

运河沿岸民间故事的"非积极传承人"则区别于主动搜集、整理、研究当地民间故事的文化学者，而是被动地听到、看到这些民间故事，并在无意间将这些信息传达给他人。这类传承人主要为运河沿岸城镇、村落的普通居民。在调研过程中，我们随机采访了在通州运河段沿线生活的200位居民，包括20位少年人、57位青年人、61位中年人以及62位老年人。在这些人之中，有71人表示对当地的民间传说并不了解；有103人由于理解偏差给我们讲述了"非当地民间故事"（包括历史故事、童话故事、北京城的故事等）；有23人能说上几句自己听到或看到过的传说；能够讲述比较完整的当地民间故事的仅有3位60岁以上的老年人，且所讲有效篇数不超过3篇。① 由此看来，运河沿岸民间故事在民众中的传承度是很低的。且经过访谈我们了解到，能够讲述当地民间故事片断的居民并非是听家中长辈所讲，而是在博物馆中听到或在与朋友同游当地名胜景区时听到或看到的，能够讲述比较完整的当地民间故事的老年人则说是"老一辈"传下来的故事。

在采访的过程中我们还发现了一个问题，就是被采访者对讲述传说故事有一定的拒绝心理。在运河文化广场的一次访谈中，62岁的潘大爷在跟我们讲述半截塔的故事时，总会说"我不信那个""都是瞎编的"等口头语。以此摆脱他作为讲述人与故事文本本身的关系。也有的中年人表示自己知道一些，但是不想说。② 由此可见，带有奇幻情节、神怪色彩的民间故事被民众误解的现象还是比较普遍的。

---

① 此资料来源于访谈。访谈人：孙佳丰等；被访谈人：运河沿岸居民；访谈时间：2018年7月15日至29日。

② 此资料来源于访谈。访谈人：孙佳丰等；被访谈人：运河岸边居民潘老汉等；访谈时间：2018年7月15日；访谈地点：通州运河文化广场。

3. 传承问题

虽然众多的地方文化学者在运河沿岸民间故事的传承发展中起到十分积极的作用，但仍不能避免现代社会发展对运河沿岸民间故事传承所造成的巨大影响。这种影响主要表现在两个方面，一是城镇化发展对于民间故事传统传承空间的破坏；二是现代化发展对于民众传承心理的冲击。这种状况在我国许多地区都有相似之处。

一方面，生活环境的改变，造成传承主体的缺乏。通州地区作为水陆要会，其运河段沿线的村镇因大运河而诞生与繁华，但在传统的农耕社会中，当地人民的生活环境还是相对闭塞的。人们娱乐的方式也较为简单，闲来无事时，老人们会在屋檐或大树下讲故事，将当地的传说故事世世代代，口耳相传。而如今城镇化造成的农村空心化使民间叙事代际传承深受影响。在对运河沿岸村镇的调研中，发现这些村镇中的年轻人非常少。经过询问。了解到这些地方年轻人基本都在城区或市区里工作或读书，平时很少回到村里居住。据村里的老人们讲："我们和家里的孩子平时连聊天的机会都少，更别说给他们说家乡的事儿了，他们也不爱听呀。"的确，繁华的都市生活环境使年轻人更习惯于城市的休闲娱乐方式，从而逐渐失去了对家乡民间故事的兴趣。不仅是年轻人的心态在改变，现代社会的科学思想也对老一辈人，甚至当地的文化学者产生影响。在我们对村民进行访谈时，当我们问其是否知道一些当地的传说时，他们常常会说："我不相信这个（民间故事），这绝对是不现实的。（我是）唯物主义者，是不是？"或是"那些都是假的，瞎说的，别信那个"。由此可见，现在通州当地居民虽然也掌握一些民间故事的信息，可是却没有讲述的欲望。所以，尽管通州当地政府与文化馆，以及运河段沿线村镇的文化学者对当地民间故事的搜集整理工作投入了高度的热情，但是民间故事的传承主体仍旧是极度匮乏的。

另一方面，民间故事不但搜集整理工作进行困难，而且普及度不高。郑建山在1986年负责通州民间故事整理时就面临着很大的困难："由于多年来人们对民间艺术的鄙视和践踏，使之受到严重的摧残，再加上民间文艺是口头文学，不少老艺人已经作古，在世的也已年近古稀，民间文艺——'十大集成'工作面临着抢救的局面。"① 郑建山于 1986 年进行民间故事采录时，讲述人的年龄大多就已在 60 岁以上，30 年后的今天，这些讲述人在世的也在 90 岁高龄了，他们纵使掌握着民间故事，却也几乎不能进行有效的讲述了。而在代际传承环境遭到破坏的情况下，他们的下一代掌握的民间故事就更少了。因此，传承就变得更加困难。近年来，通州运河沿岸各村镇的学者依然进行着艰难的民间故事挖掘工作。据"西集两河文学社"秘书长吴德龙先生说，文学社成员大多专注于搜集当地的民间故事，目前他们已经搜集到的西集镇民间故事有五十余个，搜集范围遍布西集镇各个村落，搜集时间长达三年。通州当地政府及文化学者挖掘、整理出版当地民间故事的初衷是希望民间故事得到保存并流传下去，然而，从当前运河民间故事的传承状况来看，结果并不理想。这些现存的民间故事文本在民众中的普及度并不高。这些书籍在市面上的流通很少，也很少有当地人会购买已出版的故事集来阅读。更有许多没有公开出版的内部稿件资料是百姓甚至是研究者都很难接触到的，所以，如今运河沿岸民间故事的资源大多以文本的形式，掌握在少数当地文化工作者的手里。这显然是不利于民间故事的传承的。

（三）民间故事的传承价值

北运河沿岸民间故事是活着的、流动的文化，是通州人民的精神财富，但学界对其关注和研究却比较少。对于运河沿线区域的杂姓村落来说，文化认同的形成，传统民俗观念的传承，以及完整的民族性格的保留，都需要借助于民间传说、故事等传统民俗文化的有效展示，而传说本身也是村落文化中重要的非物质文化表现形式。如今北京通州区的大

---

① 郑建山：《大运河的传说》，文化艺术出版社 2004 年版，第 197 页。

运河虽仍在流动，但是作为通州八景之一的"万舟骈集"却已不在。城市化的发展也在无形中破坏了民间故事的传承环境，这种情况下，凝结着民众情感与精神的民间故事的传承就更具有价值。

1. 保存历史记忆，记录民风民俗

讲故事是支持记忆、保存过去，激活以往体验乃至构建集体认同的根本要素。作为民间历史记忆重要组成部分的民间故事贴近大众趣味，能够记录并反映一个群体的历史和风俗。

运河沿岸的民间故事中保存有大量通州运河历史及民俗文化。"通州清真寺"的传说讲述了清帝玄烨来通州私访的故事。相传玄烨住进通州的一家客店里，穿着便服混入清真寺，他装作礼拜，窥听动静，所听到的都是"颂扬真主""劝人行善"之类的宗教内容，使他的怀疑得以缓解。为什么玄烨来通州私访呢？因为明王朝历代优奖过伊斯兰教，所以清代初年发生过陕、甘回民"拥明反清"的战乱，清王朝对回民怀有戒心。另外一个原因是，北运河两岸回民聚居较多，通州有一位将军向朝廷告发了通州清真寺，玄烨没有轻举妄动，而是悄悄来到通州微服私访。[1]这一故事侧面反映了明清时期通州运河沿线的民族关系与民族间的摩擦与交融。此外，"马坟"所记载的明朝八旗在通州圈地的历史、"陆辛庄武林传奇"所反映的通州人民抗日历史等，这些都是大运河沿岸人民珍贵的历史记忆。

北运河沿线的民间故事还记录着当地独特的风土人情。"陈秀才的故事"讲述了陈秀才在通州乘船时闹的一系列笑话。其中一则是说：自北京城来的秀才自幼坐惯了车马，不懂水上的船家规矩，登船时，船家问他贵姓，他顺口而出："在下姓陈"，结果被船家轰下船。他上第二家客船时意识到自己说错话，想起老泰山家姓寇，于是顺口改说姓寇，却

---

[1] 郑建山：《大运河的传说》，文化艺术出版社2004年版，第66页。

又被轰下船。他又上了另一家客船，这次他也学聪明了，说自己姓欧阳，终于顺利坐上船。在船上他吟诗道："船帆点点鹤亮翅，渔歌阵阵水回音"，结果又被船家怒斥。在船上，陈秀才的鞋被打湿，他就倒扣着晾在船板上，船家暴怒道："越说你越来劲，刚才你说船帆（翻），这会儿你还来个底朝天！"陈秀才的故事虽然是个让人啼笑皆非的笑话，却真实地反映了运河人家的风俗，即"沉""扣""翻"都是他们的讳语。关于北关塔、孤山塔、马驹桥、半边桥、八里桥、通州塔由来的故事则充分体现了人们对鲁班的信仰；"头炉香""陆辛庄武林传奇""曹雪芹家世传说""土桥镇水兽"中对关公的描述和对关帝庙的描写则保存了人们对于关公的信仰；此外"敬鼠神""城隍出巡""七月七，燃灯塔下放河灯"等故事也都反映了当地人民的民俗信仰与节日习俗。

2.歌颂民众智慧，促进社会和谐

运河沿岸的民间故事的主题大多是惩恶扬善，歌颂当地人民智慧、善良、与恶势力斗争反抗，追求美好幸福生活的坚韧不拔精神。"小画家智斗大财主""牛娃英勇战恶龙""崔大能人豆人纸马攻打紫禁城"，都体现了对通州人民英勇无畏的歌颂。"马大头""张三益寿""大杨树"等故事又是从反面讽刺奸诈贪婪、吹牛拍马等不道德行为。

在传统社会中，民间故事是具有教育作用的，民间故事中的内容大多是将人向优秀的品质引导。"通州城为什么缺个角"的故事讲述了通州城之所以缺一个角，是因为通州有一个不孝子做出大逆不道之事，被皇帝知道后将通州拆去一角以示惩戒；"贤孝牌"的故事则告诉人们"在家敬父母，不必远烧香"的道理；"钟鼓楼与雷瘸子成仙""二辈陈爷"等故事则告诉人们乐善好施、惩恶扬善会得到好报；"曹頫奏报家产折"的故事则对现在倡导的反腐具有教育意义……民间故事的教育作用也依然存在并延续。这些大都诞生于元、明、清三代的民间故事中所述说的内容虽然久远，但却依然能在今天发挥重要的作用。"两河文学社"社长于大明说:"其实古代社会教育贫乏,怎么教育人?就用民间故事来教育人,透过现象看本质。比如河边有不能吃王八的传说,说是报复人。这个实际上是敬畏生命、敬畏自然。"① 于老先生的分析是有道理的。

3. 弘扬运河文化,服务当下建设

大运河曾经是沟通我国北方政治中心与南方经济中心的通道,是当代复兴中华优秀传统文化的重要切入点。尽管今天运河的实用功能有所下降,但是其沿线长期积累的文化资源仍具有巨大的现代传承与发展意义。

2017年9月,《北京城市总体规划(2016—2035年)》发布,正式提出"推进大运河文化带、长城文化带、西山永定河文化带的保护利用",强调对北京市连片、成线的历史遗存进行保护,并将其作为北京构建历史文化名城保护体系的重要组成部分。大运河文化带建设的重中之重在通州。通州自古即是京城东大门,北京市将以元明清时期的大运河保护作为重点,以通惠河、北运河的保护为主线,重点抓好通惠河沿岸、通州古城核心区、八里桥等重要文物保护和修缮,加快运河沿岸景观提升及生态修复,以北京城市副中心建设为契机,推动大运河遗产保护与利用,全面展示大运河文化魅力。作为运河沿岸民间文化的载体,民间故事的传承在弘扬运河文化,服务当下建设方面具有重要意义。

运河沿岸的民间故事沾染着运河的"灵光水气",具有鲜明的运河文化特色,这正符合对通州运河文化特色建设的规划。目前通州区委、区政府正大力推进新城核心区的城市综合体建设、大力推进水系景观建设,未来将建成一批独具特色的北京城市副中心标志性建筑群,形成以水为魂,以绿为韵的"北方水城"景观。而大运河(北京段)沿线的民间故

---

① 资料来源于"西集民俗普查与民俗志编纂座谈会"发言。时间:2018年8月2日,地点:西集镇政府会议室。记录人:孙佳丰。

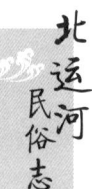

事大多都有关于通州运河段标志性建筑的风物传说，如关于八里桥、燃灯塔、里二泗、土桥、三教寺的故事。这些充满了幻想色彩的故事，内容虽然并不真实，却能让人对这些风物的特色印象深刻。运粮河的"铜帮铁底"是郭灵化身而来、通州城缺的角是皇帝对不孝之风的惩戒、八里桥下"扒拉"不掉的石头是鲁班爷凿的、燃灯塔的存在是为了镇住塔下的鳌鱼……这些生动的民间故事都向人们展示了一个充满运河文化色彩的通州城，在大运河北京段沿线旅游开发、地方村落文化建设和社区民族文化认同建构等方面发挥了重要的作用，更为通州当下的建设增添了文化内涵与传统魅力。

（四）运河沿岸民间故事保护措施探讨

虽然讲述运河沿岸民间故事的讲述人和听众越来越少，讲故事的空间环境也日趋有限，但现代社会的发展在给运河沿岸民间故事的传承和保护带来困难和挑战的同时，也带来新的机遇。时代的冲击终究无法隔断通州运河沿线人民对本地区民间故事的感情，民众世代相传的、承载着百姓的历史和集体记忆、传达出广大民众的真实心声与生活智慧的民间故事，是通州人民和中华民族的宝贵财富。因此，应加大对运河沿岸民间故事的传承保护力度，使其在弘扬运河文化、繁荣民间文艺生活中发挥更大的作用。

1.保护民间文化，留住活的故事

北运河沿岸的民间故事都与通州地区的运河文明有着密切的联系，这些故事或是发生在运河沿线的村镇，或是讲述大运河的起源、行船规矩及两岸的风土民俗，或是解释当地风物的来历、特征、命名原因等，这些故事大多是依托于大运河沿线的古迹遗址、民俗文化而存在的。

从调查中发现，关于八里桥、燃灯塔、马驹桥、三教寺的故事在北运河沿线的流传度较高，讲述的机会也更多。而关于土桥、鲁仙观等故事则很少听人提到。因为古迹遗址是地方传说的重要依托。民间故事是事实与想象的结合,人们在讲述故事时,往往会在现实中找到对应物。在访谈当地居民过程中了解到,人们讲述这些故事的时候往往是来到了某一地方,或看到了某处遗址后,才勾起了自己曾听他人对自己讲述的这些故事,也是在这个时候,他才会把这些故事讲给身边的人听。目前大运河(北京段)沿线的古迹遗址大多遭到不同程度的破坏,造成这种破坏的原因主要有三:一是"文化大革命"对于佛寺、道观等古迹的破坏;二是1976年受唐山大地震影响,通州区多处村庄被毁;三是现代城市建设中对传统建筑的拆除改建。在对通州运河沿线村落的走访中发现,除了通州古城个别标志性建筑如燃灯塔、八里桥等保存得较为完整外,大部分村镇的文物古迹都没得到很好的修护。萧太后河岸的张家湾古城墙曾是张家湾古城南门东侧的城墙,非常古朴壮观。而如今只剩通州区政府于1998年照原样修复的仅有百余米长的城墙,原城墙遗址仅剩又短又矮的一节,落寞地立在河岸边诉说着昔日的辉煌和悠悠往事。不过,张家湾城墙能够得到这样的修复重建已经是很好的现象,许多曾经漕运地位不及张家湾的村落,其古迹文物被毁坏或漠视的情况则更多,如大灰店村的永泉庙、前东仪的鲁仙观、沙古堆的八宗碑等。

大运河沿岸独特的运河文化和民众的村落文化环境是当地民间故事得以传承的基础,要促使民间故事顺利传承,就应该对当地民众所遵循的人生礼仪、节日风俗、民间信仰等民俗事象进行整体保护和关注。如张家湾里二泗的小车会、西集镇的高跷会、潮县张庄村的运河龙灯会……都给民间故事提供了讲述环境与讲述机会。运河沿岸的民间文化保护工作刻不容缓。

2. 改变传统观念,进行适度创造

运河沿岸民间故事的传承受到保守的传统观念的限制。这种保守的传统观念一方面指民众(包括故事讲述人和听众)对于民间故事是"封建迷信"的错误看法；另一方面指对民间故事进行挖掘、整理工作的学者，力求民间故事的文本"必须真实"的保守观点。

关于这些问题，多年来从事民间故事搜集整理的于大明老先生有自己独到的想法，他说道："我要讲一个问题，作为传统民间传说首先有一个讲述人，然后有搜集人、整理人。我认为这是其中形式之一，我们从小生活在西集，接触听过老人们讲民间故事，但讲述人几乎不在了。我在北京晚报看到一个消息，说有九个著名作家对中国远古神话传说进行改编，除了原有文化传统之外，还加入现代因素。所以我有一个观点，作为民间传说和民间故事的写作应该别具一格，而不应该一成不变。因为这个东西通过一两句话的民间传说，完整编出一个民间故事未尝不可……这个（《西集镇民间传说》）已经搜集将近20万字了，还没有详细统计，只能说大概，最长的有两万多字，一万多字有十来篇了，短的有一两千字。因为西集是一个富于民间传说的地方……每个人所处位置不同，领导观点也不同。我提出一个观点，不能给民间传说和民间故事扣上封建迷信的帽子，我不是有所指。这是观念性的东西。如果弄不好，好多传说都不能（刊）登了。"[1]

于大明的观点是具有开放性与创新意味的，对于他的观点，笔者基本是赞同的。在老一辈故事讲述人逐渐减少的情况下，对民间故事单纯的搜集整理工作是远远不够的。目前，北运河沿线民间故事传承的中坚力量就是这些热衷于地方文化搜集整理的专业或业余的文化工作者。他们的观念和行动直接影响到下一代的故事听众、读者的接受内容。现在从民众中搜集来的民间故事基本是不完整的，这与中国神话零星化、碎片化的保存情况极为相似。所以，具有一定文学能力的文化工作者对这些故事进行逻辑梳理与整合，对故事的传承是有益的。

---

[1] 资料来源于"西集民俗普查与民俗志编纂座谈会"发言。时间：2018年8月2日，地点：西集镇政府会议室。记录人：孙佳丰。

但是，在对运河沿岸民间故事的创新中，必须要遵循适度的原则，也要保持民间故事的特性。运河沿岸民间故事题材不同、情节曲折、风格各异，但从整体上看，他们大多都结构简单，情节以单线发展，且主题高度集中，语言凝练。民间故事之所以有这种特点，是为了让听众听得清楚、明白，方便记忆与讲述，从而也就利于故事的流传和扩布。在笔者看来，《西集镇民间传说》中的民间故事"一万多字有十来篇，短的有一两千字"，虽然发挥了编写者的创造能力，却有可能使民间故事失去了最重要的流传优势；增加了故事的逻辑性、文学性，却降低了故事的可读性、流传性。因此，在这一问题上，是需要格外注意的。

3.培养传承人，传习传播并重

传承人是民间故事传承的主体，运河沿岸丰富的民间故事仅仅掌握在地方文化学者手中、存放在史馆中都是不合理的。在民间故事的传承面临断层的局面下，必须加强对故事传承人的培养。

对于民间故事的"积极传承人"，当地政府应当给予他们资金与文化方面的支持。在通州运河沿线民间故事的挖掘整理极度困难的状况下，通州区及各村镇政府应当组织起专门的调研团队对民间故事进行搜集采录，并提供资金与技术支持。在后期的故事的整理出版工作中，也应当对编写团队进行专业的培训，以提高故事文本的质量。这里也提出一个大胆的意见，即能否在已掌握大量故事文本资料的文化学者中培养"讲述者"群体，也为运河沿岸民间故事的申遗提供可能。对于民间故事"非积极传承人"的培养则要从民间故事的普及做起。目前通州区文化馆珍藏有很多关于通州、大运河和当地民间故事的资料，建有致力于收集有关通州区地方史志、民俗风情、历史典故、名人传记、文学作品等特色馆藏文献的"运河文库"。但是，这些馆藏的故事文本普及度不高。大多只有对此非常感兴趣的读者或研究人员才会在这里借阅。所以，更好的方式是将民间故事作为地方文化教材发放到乡镇、街道办事处，尤

其是发到中小学校，使当地民众对运河沿岸的家乡故事有更多的了解与兴趣。

在现代化背景下，运河沿岸的民间故事传承应传习与传播并重。一方面要进行文化群体内部的传承；另一方面也要加强文化的对外传播。现代先进的传播技术，可以促进运河沿线民间故事的传承和保护，扩大其传播的范围，从而使当地富有运河特色的民间文化扩大影响力。现代化都市中的民间文学不再限于口耳相传的传统传播途径，可以以多样化的传播方式发挥作用。民俗博物馆就是值得有效利用的民间故事承载空间，它可以保存并宣传民间故事，并通过定期的演出、讲座、图片展示等方式，加强民众对当地民间故事的认识与认同。民间故事也可以其他异于传统的现代表述方式呈现出来，如以讲述的方式录制成音像制品，或者以文本形式记载于各种纸质媒体，亦可以动漫或影视剧的形式制作为电影电视作品等。除了上述现代传媒手段外，运河沿岸的民间故事还可在旅游开发、新农村村落文化建设中扩大影响。随着"大运河文化带"与"北京城市副中心"建设的进行，通州运河沿线的旅游业也逐渐发展起来。来自全国各地的游客来到通州运河沿岸品味当地文化的过程，亦是当地文化输出的良好机会。因此，在旅游文化产品、旅游项目中融入民间故事元素，亦是运河沿岸民间故事传承的重要途径。

调研日志（一）

船桨声中忆古渡
——西集尹家河摆渡调研日志

田野考察又可以称为采风，只不过在北京的三伏天里，我们并没有采到什么风，更像是采火，在火炉里烧烤，同时也采集到了民间文化的火种。

2018年8月3日，王老师带着我、睿凝和佳丰师妹，在西集镇文史办负责人吴德龙先生协助下开展调研。上午采访了制作风车旋转到海内外的梁俊老先生和在葫芦上绘出精美图画的王金华老师。虽已是中午时分，但为了顺路赶时间，我们便向着充满想象的潮白河古渡口出发。在王金华老师家就听到她说自己在潮白河对岸的香河县小学上班，每天都要骑电动车通过渡口摆渡过河，可以节省十多里路程。在我脑海里常常会想起韦应物"春潮带雨晚来急，野渡无人舟自横"的诗句，一幅恬静悠然的画面徐徐展开。

到了尹家河古渡口，迎面驶来的铁甲渡船打破了我诗意的想象，竟然不是木质的撑篙小船，而是用滑轮牵引的大铁船，上面还载着一辆轿车和几个电动车，一下子由唐朝回到了现代化的今天。看起来笨重的大铁船通过滑轮的杠杆原理起到了很好的"四两拨千斤"的效果。至于能够节省多少力，因为没有细致看是由几个滑轮构成，加之相关物理知识差不多还给了中学老师，就没有烧脑考虑了。

我和王老师、师妹们登上摆渡船体验了一把，帮助船工拉着钢丝绳前进，发现比想象中的要轻便，一个人可以拉两吨的重物在水上不甚费力，这也可以看出古代选择水道运输能够大大节省成本，堪比现在的铁路运输。不过烈日炙烤下铁船的栓链温度可达到六七十摄氏度，我们看到船工不小心被烫着之后就立即放手，把链子扔进水里降温。

来回坐了一趟摆渡，我们便采访起摆渡的船工李国新先生。他今年57岁，是香河县王店子村村民，做船工有三十多年。据他介绍，这个渡口已经有上百年的历史，他祖辈四代都做了船工，从最早的木质小船到木质大船，再到现在的铁船。曾经大的木船需要四个或六个人一起撑篙，载重可以达到三四吨。2012年北京地区遭遇特大暴雨袭击，原来的船被淹没河底，几个月后换成了铁制船，政府和个人各出一部分费用。现在李国新和他67岁的叔叔李连两人上下午轮流倒换摆渡，以中午时分为界，所收费用各自拿着。当问及所收费用是否够生活开销时，他说够的。收费标准是大车10元，骑电动车3元，单个人2元。而渡口两岸的王店子和尹家河村民不收费，他还给我数哪些人不收费，包括两岸村子的婚丧队伍、亲戚、熟人、残疾人、乞丐、政府人员、媒体等一长串，有十几种，除去这些，每天每个船工能收百元左右，也有上下班的早晚高峰。

在《颐和西集》一书中有专文记录了潮白河西集段的摆渡口，记录了尹家河渡口的历史。这里明代已经成村，逐渐形成了渡口，200多年前河东岸大户在此修建了八孔石桥方便过往行人，后来被大水冲毁，只能恢复摆渡。冬季天寒地冻，冰达到一定厚度，可以在上面铺设高粱秆，覆盖厚土，便于人马车辆通行，到了气温回升，冰变薄时又以渡船行于水面。据李国新说，现在冬天已经不用在冰上铺路了，只需要一早用破冰铁船来回走一趟冰就裂开了，可以继续通航。渡口现在船工只剩下了两人，他们不管风吹日晒都保障两岸的通行便利，只不过是他们之后还没有愿意继承的人，子女已经找了其他工作。他们还能再坚持多久，以后是别的人接替他们,还是改换成另外的出行方式,都不可知。

　　采访了古渡船工,看到了两岸绿树如画屏倒影水中,在船荡开的清波中摇曳。时间不觉已经下午两点,我们与老船工挥手告别,看着他又载着行人渐渐滑向对岸。耳畔仿佛响起了久远的运河号子,船桨声里撑起了两岸的互通有无,撑起了渡口村落的婚丧礼仪,撑起了古渡往昔的烟雨和今朝的云霞。

撰写人:霍志刚

调研日志(二)

技艺好学　创新难得
——"通州大风车"

风车在中国已有2000多年的历史。关于风车的出现,有着情节曲折的神话故事,民间素有"风吹风车转,车转幸福来"之说。其寓意家庭幸福,人丁兴旺,四季平安。大风车从前是老北京人的玩具,逢年过节孩子们举起风车玩耍,也传承着吉祥好运的美好愿景。而现在,风车是代表中国优秀传统文化的民俗工艺品。

2018年8月3日上午10点,在西集镇文史办负责人吴德龙老师的带领下,我们来到武辛庄村,走访了西集的大风车传承人梁俊。走进梁爷爷家中,碰巧一位50岁左右的中年人正在做风车,原来他就是梁爷爷的儿子。交谈中得知,梁爷爷一家都会做风车,现在做风车的主力是老人的儿子,孙子工作之余,将爷爷的风车挂在淘宝店中售卖。

梁爷爷今年86岁了,精神矍铄,从他向爷爷、父亲学做风车开始已经将近80年了。他热情地接待了我们的来访,细致地为我们讲述他做大风车的故事,还拿出了很多资料向我们介绍。

梁爷爷原来学木工,后来一直在村办铸造厂干模型,学会了机械制图和看图。厂子散了以后他便重拾童年的记忆,开始做风车。20世纪80年代时,北京第一个商品市场在红桥成立,他便摆了个卖风车的摊子,那时就有人专门去找他买"咱老北京小时候的风车"。

梁爷爷说,风车技艺好学创新难,从前村里有好几家都做风车,但都没有他的创新精神,目前坚持做风车的只有梁爷爷一家了。他做大风车的创新之处在于做出了更多轮数的大风车,以往的技术最多能做到十个轮。做风车轮不难,难的是,如何搬运几米高的多轮大风车,如何运输。年轻时的木工基础,为他改进风车组装方式,创新结构提供了深厚的基础。加上用心思考,梁爷爷钻研出快速组装多轮风车的方法,装在箱子中运输也十分方便。

香港回归前夕,梁老受委托做一个"大风车",这需要好好设计一番。梁老从整体结构考虑,由面积算出17乘以17这个风车轮数量的最佳编排结果,将大风车的轮数定为289这个吉祥的数字,这也是梁爷爷的作品中轮数最多的风车。整个大风车长三米,宽两米四。他说,2代表"你我",8是"发",9则是单数中最大的数字,289即"你发我发咱俩一直发"之意。

梁爷爷的大风车多次出现在新闻报道中,获得许多奖项;香港回归时,梁老也做过风筝风车在天安门广场放飞以示庆贺,报纸上有"百米长龙迎空飞,庆香港回归"的报道;国庆50周年,他特意设计了50轮风车,被北京民俗博物馆收藏;他制作的奥运五环风车,也深受国际奥委会好评;建国60周年时梁爷爷设计了60轮风车,他还为这个作品编了句顺口溜,"手举风车六十铃,迎接国庆在北京。全国人民齐欢唱,祖国昌盛永长青。"这个作品在北京市文化局在鸟巢举办的民间工艺活动中,荣获二等奖。

梁爷爷的风车曾代表中国的民间工艺很多次走出国门,到过美、德、新加坡等国家参加比赛、展览、进行教学,还到日本参加过世界博览会;2000年,梁爷爷到新西兰参加亚洲艺术节,艺术节邀请了17个国家的艺术家,中国的大风车做领队。梁爷爷在那里给中小学生上了12节课讲解如何做风车,第一课便从中国民俗文化的历史讲起。学生们在课程结束后给梁爷爷写了感谢信，都被他找人翻译后仔细珍藏起来。

2007年，梁俊爷爷的"通州大风车"被列入北京市级非物质文化遗产项目名录。"艺好学、精难得、创新难。"是梁爷爷反复挂在嘴边上的话，他将传统民间手工艺与现代的生活方式结合起来，顺应社会发展，在传承中创新。大风车是历史生活中的共同记忆，也是能够在新生代事物中仍然发光发热的民间技艺。

对西集镇民间手工艺的调研使我们收获颇多。这些精美的民间手工艺品饱含着民间手艺人的慧心巧手，讲述着动人的故事，也表达了人们积极的生活态度和审美情趣。这些乡土生活的生动见证，将帮助我们深入体察这一方水土这一方人。

撰写人：徐睿凝

调研日志（三）

巧手剪出一方天地
——访通州区"团花剪纸"传承人王文敏

西集镇王庄村住着通州区区级非物质文化遗产"团花剪纸"传承人王文敏老先生，八月盛暑的上午，我们来到王老先生的家。当我们一行人到达的时候，老人家已在家中做好准备迎接我们。王老师比我想象中要年轻，精神矍铄，待人亲切。

大家在客厅落座，经过简单的介绍后，王文敏老师便向我们讲述了他学习剪纸、对其进行创新的过程。王老师是1948年生人，在他小时候的记忆里，女性长辈总是在做针线活计：剪鞋样子、做衣服……小孩们的娱乐方式不多，就照着大人们剪下的印迹剪纸玩。王老师的母亲出身于大户人家，读过书，外祖母的手特别巧，经常剪裁花样、缝制绣品。外祖母教给他一些剪纸的方法，王老师就是那时第一次接触到剪纸。读过私塾的母亲，有时会在白布上画样子，再进行刺绣。比如枕头花、肚兜花、绣花鞋上的刺绣都是自己来做。这些童年的记忆一直深印于他的脑海，成为他成年后进行剪纸创作的源泉。

中学毕业后，王老师于1969年去参军当兵，军伍生活五年。作为当时军营中为数不多的"读过书"的人，他一直负责军营中的文化宣传工作，军旅生活中经常给背包绣五角星、伟人像，为宣传工作出板报等，

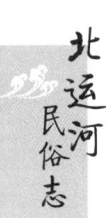

这些工作让他发挥了专长，更锻炼了他的艺术创造力和表现力。退伍后，他做过几份不同的工作，还承接父亲的职业，做了段做首饰盒的副业。闲暇之余，便起了把从前记忆中的剪纸手艺发展起来的想法。

王文敏老师结合现代人的审美观念，对剪纸有了自己的思考：从前剪的窗花都是小型的，没有特别明显的形象；剪纸所用的大红纸时间久了就会褪色，质地很脆无法长期收藏；过去的团花剪纸大多是约四十公分的糊棚顶花，四角有角花，常常过年或者结婚的时候使用。王老师针对这些思考对团花剪纸进行了改进，首先尺寸上增大到四尺，采用了红宣纸，造型构思接近书画。他还曾用红锦缎、布团花等材质上尝试了团花剪纸。王老师的剪纸艺术逐渐成熟起来。

2007年，王文敏老师被中国民间文艺家协会评定为"民间文化品牌艺术家"，第四届工艺美术会在北京召开，他也获得了奖项。2008年，他创作了"福娃"系列剪纸作品庆贺北京奥运会，10月，他的团花剪纸作品《古韵北京》等14幅作品被通州区档案馆收藏。王文敏先生还曾代表北京到德国参加文化节，传播中国传统民间艺术。

交谈中，我们表示对王老师的剪纸过程很感兴趣，王老师便带我们来到他的工作室。在这里，我们看到王老师的剪纸题材多与书画相关，伟人像也是王老师剪纸的主要题材之一，这些都是需要深厚的美术功底的，他每天都会练习书法或国画，没有停止学习和钻研的脚步。王老师为我们展示了他的许多剪纸和国画作品，题材丰富，随后还教给大家如何剪出一个吉祥结的纹样。他拿出一张方形红色宣纸，折了几折，随后仅仅剪了两下，就剪出了一个吉祥结。在他的指导下，王晴同学竟然很快学会并剪出了这个图案。

现在，王老师在郎府中学、小务中学为学生的兴趣班上课，他已经坚持了十多年了。谈到团花剪纸的传承问题，王老师表示现状不容乐观。年轻人需要上班上学，没有时间学习。他曾招过几位四五十岁的学生，两年之后也因为无法维持生计等的原因，放弃学习。虽然曾有文化公司计划组织剪纸老师进行系统教学，也因为各种原因不了了之。加之学习成本、学习方式等方面的问题，收徒这件事存在很大困难。

非物质文化遗产的传承是一个重要的问题，也是一个艰难的问题。非遗项目的发展是一个动态的过程。当非遗项目赖以生存的生产方式、生活场域发生变化，传统的传承方式也无法继续发挥作用，非遗项目面临传承的困境。

撰写人：徐睿凝

第四章
张家湾

张家湾是通州区的古镇之一，位于通州区中部偏北，镇政府驻地张家湾村，北距通州城区 8 公里。历史上因为是京杭大运河北端码头而声名远扬，其东隔北运河与西集相望，西邻台湖，南面与漷县、于家务接壤，北与梨园、永顺为邻。镇域面积 105.4 平方公里，辖 57 个行政村，人口约 5.4 万。[①]

张家湾镇域地势平坦、水系丰富、交通便利。大运河、凉水河、萧太后河、玉带河四河贯穿全境，另有京沈公路、京津公路、北京六环、京津二通道、张采路、宋梁路 6 条主要公路穿境而过；同时也是八通轻轨东端起点；成为通往华北、东北和天津等地的交通枢纽。从张家湾驱车至市中心或首都机场需 30 分钟，到天津新港需 90 分钟；有与京秦铁路相连的铁路货运站，年吞吐能力 60 万吨以上，为张家湾镇的发展提供了得天独厚的综合优势。

---

① 孙连庆编著：《北京地方志·古镇图志丛书·张家湾》，北京出版社 2010 年版，第 1 页。

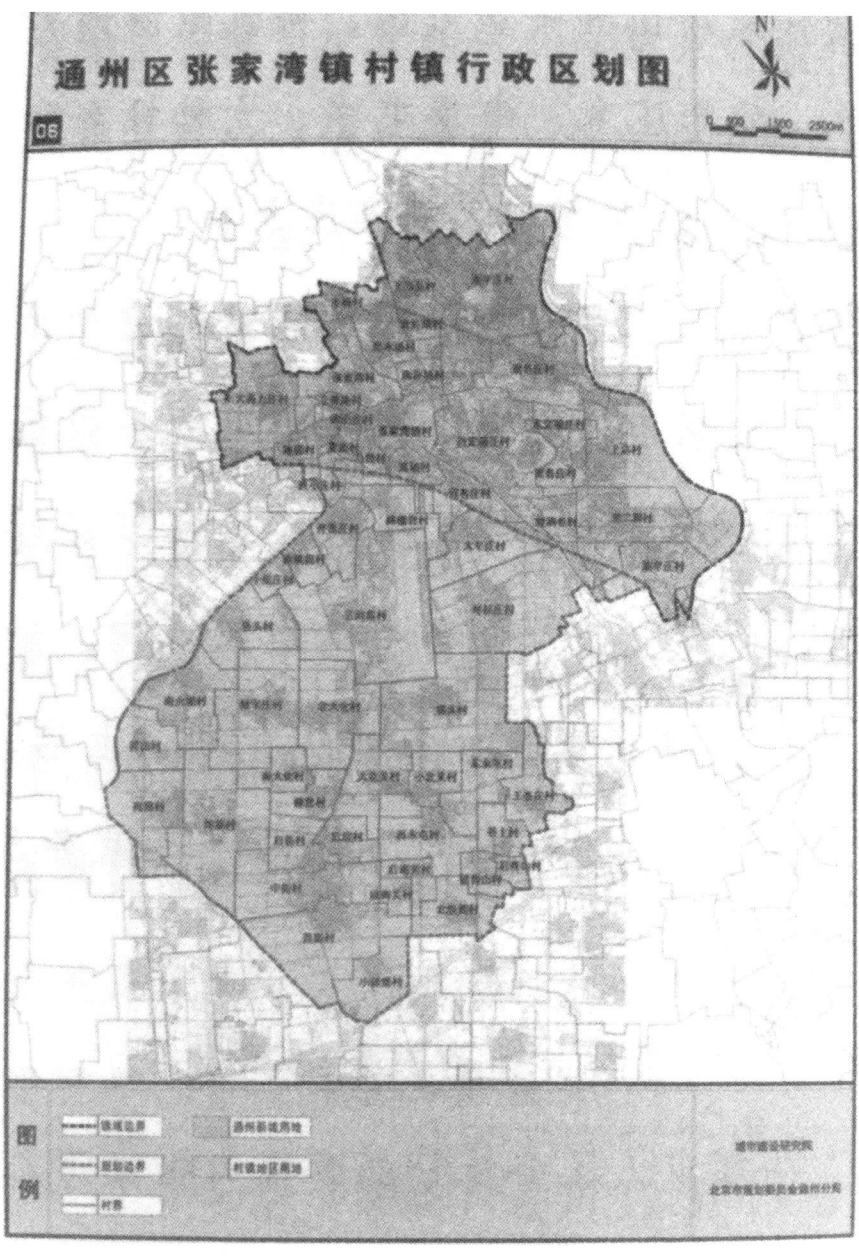

图 4-1 张家湾行政区划图①

拍摄者：王晴；拍摄时间：2018 年 7 月 24 日；拍摄地点：通州区图书馆

① 北京市通州区文史和学习委员会编著：《漕运古镇·张家湾》，团结出版社 2014 年版，第 14 页。

据清代《钦定日下旧闻考》载:"张湾水出北山头,十里洪身九里洲。惟有老渔知进退,深滩撒网浅滩撑。"①这是明朝的太常卿陆深陪同嘉靖皇帝南巡在张家湾乘船时的赋诗《张家湾棹歌》;而汤显祖因上书被贬去广东,由张家湾乘船离京时亦写下了"如何帝乡云,悠然映江表"②。明末清初的历史地理学家顾祖禹在他的《读史方舆纪要》中说,张家湾"官民舟航,皆集于此"。明代嘉靖内阁首辅徐阶在《张家湾城记》中称:"……张家湾,凡四方之贡赋与士大夫之造朝者,舟至于此,则市马僦车以达都下,故其地水陆之会而百物之所聚也。"③这座承载着深厚历史积淀的古镇,在特定的历史时期发挥了重要的漕运功能。同时,它的文化亦为运河所孕育,从城镇的历史沿革到文化的存续、展演皆以此为基点延伸。此前,已有学者编著有关张家湾民俗文化的数部论著④,而本著希冀围绕这一区域的典型民俗事象与文化事件——庙会、花会、文化之乡描述当下张家湾民众的民俗生活。

---

① 〔清〕于敏中等编纂:《日下旧闻考》,北京古籍出版社1985年版,第1826页。

② 同上书,第1827页。

③ 程国政编注、路秉杰主审:《中国古代建筑文献集要(明代)》(上),同济大学出版社2013年版,第271页。

④ 刘铁梁:《中国民俗文化志·北京通州区卷》,中央编译出版社2006年版;孙连庆编著:《北京地方志·古镇图志丛书·张家湾》,北京出版社2010年版;北京市通州区政协文史资料委员会编:《古韵通州》,文物出版社2006年版。此外还有硕士论文:范瑞婷:《北京通州区春节志》,北京师范大学硕士学位论文,2012年;谢林轩:《运河文化遗产在乡村建设中作用探究——以通州张家湾地区为例》,中央美术学院硕士学位论文等等。

第一节　张家湾地区概况

一、张家湾的村落概述

村落社会是构成中国社会的基层组织，亦是民俗学研究的基础。[①]2002年牛堡屯镇并入张家湾，张家湾于原有32个自然村基础上，又增加了30个自然村，成为全区辖村较多的镇域。其所辖60余个村落大多因运河的商贸、移民而起，尤其它们的村名，遗存并保留了丰富的历史信息与文化记忆，是其民俗文化的组成部分。

根据其缘起，可分为：

第一，以姓氏命名的村庄，如陆辛庄、张辛庄、姚辛庄、大辛庄、贾各庄、何各庄、梁各庄、小王各庄、高家营、柳家营、马家营、齐善庄、白家庄、唐小庄、沈家庄、周家庄、南许家场、北许家场、姚家园、施家园、张家湾21座，占域内村落总数的33.9%。且村名中的"各""家"蕴含了村落所形成时期的记忆，"场""园""营"则呈现了村落所处地域与功能的不同。

村名中间字是"各"的村庄，大都为元代及其以前所创建的，如镇域内的贾各庄、梁各庄、何各庄、小王各庄等村。对于移民来说，这些村内的村民，是原住民。他们开始建村时曾叫"某家庄"，"某"姓是村中的首户望族。明代初期，从外地迁移来的农民，新来乍到，需要很快

[①] 参见刘铁梁：《村庄记忆——民俗学参与文化发展的一种学术路径》，《温州大学学报》2013年第5期；刘铁梁：《村落——民俗传承的生活空间》，《北京师范大学学报》1996年第6期。

站住脚,不受本地人欺负,就千方百计和当地村中首户搞好关系,敬称"某家庄"为"某家哥庄",习俗上逐渐简称之为"某哥庄"。明末清初,"哥"字被说成轻声,而又以谐音,将"哥"字写成"各"字了。至今说村名时,"各"字说成轻声。还有以姓氏与河流组成的村名。镇域内此类村名只有"张家湾"。"张"是指元代漕运万户侯张瑄;"湾"指流水弯曲的地方。张瑄后人曾到张家湾续谱寻祖。甘肃省陇南市文县城关镇徐家坝、凡昌村张姓八甲后裔,与北京通州区张家湾镇张湾村的张姓后裔同根同源,据张耀文考证①,凡昌村一户张姓人家的家谱中这样写道:"明洪武二十七年由崖城迁阴平,祖居北京通州张家湾,高祖张瑄",在凡昌、徐家坝村诸多谱牒上面都有祖上迁移的文字证据,最为直接的记录材料是碑刻及家谱。另据老人们讲清朝光绪年间,凡昌的武举张锦平在进京赶考期间曾专门到张家湾村吃清明会,杀猪宰羊,场面极为壮观。②

村名中间字为"辛"的村庄,大多是明代初期建立而定名。这一时期,被明军赶走的蒙古统治者,势力仍较强盛,对明朝北部边域安全有很大威胁。明朝为有力防御蒙古军队的侵犯,在长城一线驻有大批官兵。守边将士的粮饷,需要从江淮一带调运,而海运有沉船之险,漕河又失修难运,不能及时满足边防部队需求。为解决这些问题,朝廷于洪武年间,实行移民政策,先后五次从今山西、河北等地少人多之处迁徙大批农民,来到顺天府地区屯田,开垦因连年战争而荒废的土地,并从今浙江、江苏、山东等省迁调富裕农家,对穷苦移民进行管理。于是,在北京地区建立了许多新的村庄,这些新建村庄就以富裕农家的姓氏命名为"某家新庄",今镇域的陆辛庄、姚辛庄、张辛庄等村落,就是因此产生并定名。在古代,"新""辛"二字在"新"的意思上通用,又因通州人喜好简约,也就渐渐形成今天此类村庄的称呼。

---

① 引自张瑄后代张耀文《寻根访祖京沪苏》,由孙连庆提供,特此致谢!
② 同上。

村名中尾字是"营"的村庄，与上述姓氏村名中带"辛"字村庄的产生类同，它们大多因南方调来的富人或地方政府派遣的吏役管理营田事宜而形成村落，即名"某家营"，如本镇内的高家营、柳家营、马家营等。这些村落具有边屯的意义，承担军事功能。村民用三分力量种田，七分力量军训。年长日久，口头上习称作"某营"，但在纸面上仍然写作"某家营"。1958年以后，此类村名大多定名为"某营"了。

村名中间字是"家"的村庄大多为清代初期朝廷实行"圈地"政策时建立，如沈家庄、周家庄、白家庄（今已并入大高丽庄）、唐小庄、齐善庄、姚家园、施家园、南许家场、北许家场等村。清朝顺治年间定都北京后，从东北地区带来的八旗官兵，思乡严重，不安心处于新占领的汉族区域，影响清政府政权的巩固。为稳住八旗官兵和牢固占领灭掉南明的后方基地，便推行"圈地"政策，至康熙八年（1669年），共推行了3次大规模的"跑马占圈"活动，八旗官兵肆意抢占京畿地区的无主荒地或有主农田，各归圈占者所有，成为旗地，他们各在圈占的土地上劳作吃住，建有场房、园房，渐成村落。圈占的官兵就成为这一村落的庄头，并派管家来管理。于是，就用各自庄头的姓氏命名各自的村落为"某家庄""某家场"，分别以种庄稼、蔬菜或栽植果树为主业。1958年以后，沿袭古代村名的口头称呼，书面文字大多也都简化为"某庄""某园""某场"了。

镇内此类村名中的"唐小庄"，始称"唐家小庄"，与今台湖镇内的"唐家大庄园"东西相对，民国期间分别简称为"唐小庄""唐大庄"了。

第二，以地上物命名的村庄。如土桥、三间房、立禅庵、牌楼营、烧酒巷、上店等。土桥原名广利桥，是木桥，横跨于元代郭守敬所开凿的通惠河上，南北向，是京杭大运河北端码头张家湾前往通州和北京的必过桥梁。其西不远处有通惠河上倒数第二座水闸，称广利上闸，挨近水闸建的木桥就称作广利桥了。此桥桥面是"三合土"，由纯净黄黏土、石灰和沙子夯筑而成，很厚，也很结实。但是，多结实的夯土也禁不住

夜以继日的铁瓦车碾轧和骡马铁蹄践跑,桥面渐而生出车痕而起土,车马过桥尘土飞扬,时修时毁,当地人和外地人都戏称其为"土桥"。明初,为便于通行,将土桥改建为石桥,但因车辆穿行过多,桥外路面的土尘被带到石桥上,桥面、桥栏、桥洞撞石与雁翅等外露部位,蒙土很厚,看不到石桥的模样,仍然戏称之为"土桥"。此桥是张家湾地区大运河的码头,建设北京的城砖即于此处码头上卸船,存在岸边的砖厂(工部所设的收储城砖的料场)上备用。因而,在此处码头附近,居民渐多、形成村落,便以码头附近的广利桥俗名而称作"土桥"了。

三间房原是辽代延芳淀范围的一部分,金、元时期凉水河与潮白河洪水泛滥,带来大量泥沙将此处水泊淤塞成低洼荒地。明初三户穷苦人家从山西迁移到此处种地居住时,想就地祭祀祖先但没钱独自建造祠堂,便三家搭帮共建一座祠堂,共三间,一家一间,同走一门,多年中三家从未有过纠纷,十分友好,为发扬这一优良传统,就以"三间房"为村名,流传后代。

而立禅庵附近曾有一片原始森林,林子南面有一片大水泊,在辽统和年间开凿萧太后运粮河时用作码头,也是元代以来大运河北端客船码头的泊船之处。唐代大历年间有僧人在水泊西岸建造一座净业院,后来毁坏废置。明代宣德三年(1428年),又有僧人于废址再建一座净业寺,后又坍塌,于万历五年(1577年)又复建,叫作"净业禅寺"。到清代,此寺变为比丘尼住持,改称为"立禅庵",南向二进院落。因处于运河码头处,香火甚旺,渐成一村,俗以庵名为村名。清末,北运河停止漕运,此庵香火日冷。中华人民共和国成立前,庵废渐拆尽,但村名沿称至今。

牌楼营形成于明初,与前面"高家营"类村子一样,同是移民营田而建的村落。但不是以姓氏命名,而是以显著标志物"一座牌楼"为名。历史上,曾是两村,曾称前牌楼营、后牌楼营,中间夹着凉水河,河南在前,河北在后,故而分称之。牌楼何时所建,据《辽史》载,统和年间,萧太后和其子辽圣宗,以破北宋在北边界处开挖水塘、开稻田的防御骑兵之策,而此处正在延芳淀北部边缘,北距萧太后养马圈很近,于是择此进行水陆攻击演习,则是必然的举措。而今,在牌楼营村东有一块地势较高的耕地叫"将台地",历代相传是萧太后的点将台,这与《辽史》的相关记载吻合。可见,当年在演练水陆攻战时建有行宫,行宫前建有牌楼。后行宫败落,而明初时那座行宫牌楼尚在,这是一个具有历史文化内涵又非常明显的标志性建筑物,迁到这里的移民觉得在此居住营田很荣耀,就给新村起名叫"牌楼营",后分成了前后。①

烧酒巷在大运河南岸。明清两代,漕弊丛生,或官员克扣,或吏役勒索,使得押运漕粮的官兵或旗丁受到严重侵害,不得不贿赂打点,而固定的运费肯定不足,便逼使押漕兵丁不得不偷盗漕粮卖给沿岸商家,使漕粮亏损。为弥补缺空,就买一种药物,喷洒在舱粮之内,使米粒涨大,又一时半会儿不会使漕粮霉变。在漕船快到通州之前,商家便买下被盗卖的漕粮,就近建造制酒作坊,设烧锅造酒,又便于将酒卖给来往船只上的商贾行旅,很是兴旺。由此,沿运河南岸形成制造烧酒的巷子,遂名此一聚落为"烧酒巷"。

上店以拥有多家车马店而名。村在大运河北侧,与里二泗村隔河相对。元代至元二十六年(1289年)京杭大运河形成后,里二泗村西北角高坨处建有天妃宫,奉祀海神妈祖,供来往船上人员祈求保佑平安。在庙前设有码头供祭祀人员上下船。此外,为适应来往行旅住宿需求,在河北村内,农民开有多家车马店,两处车马店东西并列,夏家开有车马店的村子称"下店",也称"夏家店"(后简称夏店),而居于上游车马店的村子依俗而叫"上店"。

第三,以族群命名的村庄。比如唐代贞观年间创建的村庄,原名"高丽庄"。唐贞观十九年(645年)四月,唐太宗李世民御驾亲征辽东,

---

① 参考北京市通州区文史和学习委员会编著:《漕运古镇·张家湾》,团结出版社2014年版,第271页。

以巩固统一，防止分裂，统率百万大军自幽州（今北京西城区南部区域一带）出发，横穿潞县（今通州区），征伐高句丽。于征战中，俘虏高丽人一万四千余人，先在十月带回幽州城中暂居，然后分散在州域各地居住，他们迅速融入各地，耕织生产，最后才凯旋回师，在幽州追悼东征阵亡官兵。当时，即有一些俘虏被指令来到今高丽庄一带屯聚业农，遂以族群名称而将居住地称为"高丽庄"，直至元二十九年（1292年）修通惠河时仍在沿用。

1993年春，今梨园镇小高力庄村南出土了明代成化年间处士戴芳的墓铭，其序中已将"高丽庄"写成"高力庄"了。出现这种情况可能有两种原因：一是撰写铭文的人没有深入调查村名，误将"丽"写成"力"了；二是高丽人在这里生活了800多年，生活习俗已经完全汉化了，其后代人已经变成了汉人，再叫"高丽庄"已经不合时宜了，故将"丽"字写成了同音字的"力"。

清初期"圈地"运动时，高力庄中有地主带地入"圈地"，在高力庄村北另建一村，仍称其原名，但比原村为小，这才有大、小高力庄之称，则原高力庄改称为"大高力庄"。①

第四，以生产功能命名的村庄——皇木厂村。漕运对于今天的张家湾已经成为历史，码头也已旧迹难寻，不过古时漕运在张家湾北侧的皇木厂村留下了鲜明印记。走进皇木厂村，村头赫然摆放着巨大的石块，石块色呈橙黄，色彩斑斓，图案丰富。这些石块被称为花斑石，是石材中的珍品，多产于南方，历史上一直为皇家所用，禁止民间私自开采。皇木厂村中心屹立着一株古槐树，树干直径达1.6米，树龄达600多岁，树旁碑刻记载："永乐四年（1406年）至嘉靖七年（1528年），北京皇家建筑所用的珍贵木材沿大运河运到此存储，管理官吏在木厂周围植槐，

---

① 参考北京市通州区文史和学习委员会编著：《漕运古镇·张家湾》，团结出版社2014年版，第282页。

今仅余此株……"除花斑石、古槐外,"皇木厂"村名也与漕运有着极其密切的关系。据说南方运来建设皇城的木头,运至张家湾时皆存于此,久而久之此处得名"皇木厂"。

永乐四年(1406年),朱棣下诏以南京皇宫(南京故宫)为蓝本,兴建北京皇宫和城垣。兴建宫殿、坛庙、陵墓和城垣需要大量的砖石、木材,这些营建材料皆需从南方搜集,并经大运河运抵北京。由于连年战乱,元朝开凿的通惠河在明朝时已经淤塞,所以经由大运河运来的砖石、木材只能运至张家湾卸载暂存,再陆运至北京城,同时运输的还有南方的粮食、食盐等物资。这些物资需在张家湾运河两岸存储后等待转运,因此形成了几个专用的皇家码头。为了方便管理储存,朝廷在此设立了大大小小的仓场,如皇木厂、砖厂、花斑石厂、盐厂、铁锚厂、江米店、国梁仓……相应的管理机构也随之遍地而生:大通关、巡检司、提举司等。货物的集散带来了市场的繁荣,张家湾沿河一带白天"弦歌船号相闻,入夜灯笼桅火争明"。四方贡使、进京学子、南来北往的商旅等,皆在此换乘。乘舟南下,多以此为起点;转陆进京,多乘船至此;而送客人出京,需送至此地,才算尽地主之谊。①

第五,以水命名的村庄,如里二泗。里二泗位于张家湾镇域东部,村落紧靠潞河、萧太后河、凉水河、通惠河四条河流。村中有一座古寺,坐落在村西土台上,称李二寺。年代久远,村依寺名,称李二寺村。因为临近潞河等四条河流,在明清的一些史籍中,李二寺村又有"泗河涯"的称谓。元明两代,漕船经李二寺村,过张家湾入通惠河。这里曾流传"船到张家湾,舵在李二寺"的民谣。明嘉靖十四年(1535年)重修道观,建道教玉皇阁,塑河神像,赐名佑民观。清顺治八年(1651年)爱新觉罗·福临曾到佑民观礼佛,重修佑民观。②

---

① 周坤朋、王崇臣:《皇家码头张家湾》,《北京日报》2018年5月31日。
② 孙连庆编著:《北京地方志·古镇图志丛书·张家湾》,北京出版社2010年版,第46页。

二、张家湾境域内的北运河沿革

张家湾自汉高祖十二年（公元前195年）以来一直为路县（潞县、通州）辖地。该镇所辖土桥村、大高力庄、牌楼营等均有面积不等的汉墓群，里二泗村南有36万平方米的大型汉墓群。1981年在该镇所辖烧酒巷村发掘汉代五铢钱1000公斤。唐代大历、太和年间，相继于该地建净业院（后改称立禅庵）、林皋寺（后改称兴国寺）。由此推测，自秦汉时期，张家湾地区水运和经济贸易活动就比较活跃。

元明清时期张家湾曾是大运河北端起点，重要的水陆交会和物流集散中心，有"大运河第一码头"之称，"张家湾曾经是白河（今北运河）、通惠河、浑河（古永定河分支——凉水河）、萧太后河四水汇流之地"①，四条河流在张家湾古城的东南角汇集流入京杭大运河的起点。历代皇帝达官、名人骚客、富商巨贾都在此留有足迹。②

辽金时期，燕京成为政治中心，张家湾地区随之人口会聚，经济兴盛。辽统和年间，萧太后主持开凿了萧太后河。萧太后河自辽南京（今北京）起向东在张家湾处汇入北运河，使得辽国从辽东征集的粮食物资经白河运至张家湾后，可以直接运抵南京城。不过运至张家湾的漕粮一般都会卸留一部分，因为契丹人在张家湾北部建有养马圈，每年都圈养数千匹战马，需要大批粮草，同时辽国贵族每年春季都前往张家湾南部的延芳淀游幸打猎，并在今牌楼营建有行宫，村南建点将台，这些都需要充裕的物资供应。金天德三年（1151年）升潞县为通州。随着金朝修建中都城池，经东南河运兵输粮，"在潞水之滨"造船伐宋，张家湾和通

---

① 孙连庆编著：《北京地方志·古镇图志丛书·张家湾》，北京出版社2010年版，第2页。

② 引自《张家湾镇恢复"古城""红学""漕运码头"项目可行性分析报告》（内部资料，曹志义供），特此致谢！

州一样，地位愈显重要。

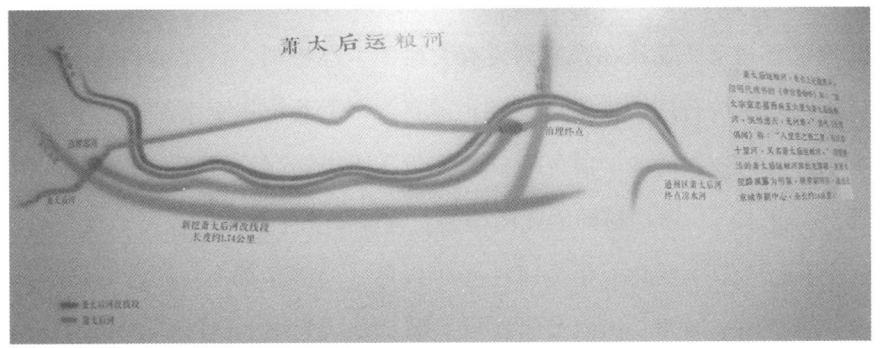

图 4-2　首都博物馆"运河文化展"
拍摄者：王晴；拍摄时间：2018年6月22日；拍摄地点：首都博物馆

张家湾的得名，始于元代。至元十六年（1279年）大都（今北京）蝗灾泛滥，张瑄等自东南"造平底船六十只，运米四万六千石，从海道至京师"。当时张瑄等率船队从天津经内河一直行驶至张家湾，因张家湾上游河道水势浅涩，漕船无法向上行驶，遂在此卸货转运。南方运来的货物也均暂存于此，再经陆路运至大都。张家湾迅速成为漕运码头和货物集散地，其名称"张家湾"也因张瑄督运漕粮至此而得名。至元三十年（1293年），郭守敬在金代闸河的基础上修凿通惠河，通惠河以大都城为起点，在通州张家湾汇入北运河，通惠河的开凿让经大运河和海路而来的船只可以由张家湾直抵京师，张家湾也成为京杭运河北端的重要码头。到明朝，此处已形成一处颇具规模的市镇，店铺鳞次栉比，云集各地客商。①

明初建都南京，通州地区水运冷寂一时。永乐三年（1405年）明成祖朱棣改北平（今北京）为"行在"。永乐六年（1408年）开始大规模

---

① 引自《张家湾镇恢复"古城""红学""漕运码头"项目可行性分析报告》（内部资料，曹志义供），特此致谢！

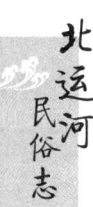

营建北京，物资和粮食运输骤然繁忙。此时的通惠河水势浅涩，张家湾便成了运河水运的终点。水运至张家湾的粮食和大批物资，暂存于此，再转运至北京。朝廷在张家湾设有大通关、巡检司、宣课司、提举司和料砖厂、花板石厂、铁锚厂。南北客商、百货珍奇集于张家湾，车水马龙、日日为集，商业、服务业日渐繁荣。周边储存物资之地逐渐形成聚落，今皇木厂、砖厂村即因此而得名。为保障安全，官衙委派守备一员、营兵五百守卫。成化七年（1471年）以后，漕粮全部由官军运输，南方各省漕船均至通州，运河漕船数量大增。嘉靖七年（1528年）御使吴仲修浚通惠河，将普济闸以下河道改由通州城北入潞河。运河北端码头北移至通州土、石二坝，张家湾成为商运、客运码头，繁华依旧。清代设通判、都司管理。但明中期以后，蒙古人势力尤盛，时常入关抢劫，张家湾是重要的水路要会，建有京师粮仓，但地处平原，无险可守。嘉靖四十三年（1564年）朝廷为保卫漕运命脉，在张家湾建造城池。张家湾城经三个月建成，据《钦定日下旧闻考·卷一百十》"京畿通州三"记载，其城垣："周九百五丈有奇，厚一丈一尺，高视厚加一丈，内外皆甃以砖。东南滨潞河，阻水为险，西北环以据。为门四，各冠以楼，又为便门一，水关三，而城之制悉备。中建屋若干楹，遇警则以贮运舟之粟。且以为避兵者之所舍。设守备一员，督军五百守之。而湾之人，南北之缙绅，中国四夷朝贡之使，岁漕之将士，下逮商贾贩佣，胥恃以无恐。至于京师，亦隐然有犄角之助矣。"①城池东面、南面临水，城东有两桥通向城东码头，城南有一桥名为运通桥，通向京师。城内建有房屋若干，作为粮仓和军营使用。

康熙三十四年（1695年）原设于通州的潞河水马驿归并张家湾和合驿，沿运河往来的达官显贵、商贾行旅皆经张家湾。城内有会商30余家，当铺3家，其中即有曹雪芹家所开设的当铺。后文详述，此处不再

---

① 〔清〕于敏中等编纂：《日下旧闻考》，北京古籍出版社1985年版，第1825页。

赘述。嘉庆十三年（1808年）洪水分流康家沟，张家湾河道淤浅数十里，河底高于康家沟丈余，从此漕船不再经过张家湾。明代嘉靖时期，张家湾开始筑起城垣，周长九百余丈，依照运河的弯度而修筑，习惯称为"刀把形"城垣，开有几个城门，为的是就地势而充分利用码头。尽管张家湾是大运河的北码头，但沿运河南来北往的官绅、士子，也多在此下船起旱，赶往京师，可省去好多路程。在张家湾，从明代开始就设有皇木厂和盐厂，与通州的漕粮码头遥遥相望。守城的兵丁和百姓住在城垣里边，总人口即便最多时也不过三四千人，因此与其说张家湾是一个"城垣"，倒不如说是一个"运河岸边的专门为皇家堆放南来木料的仓储式城堡"更为贴切。①

图4-3 张家湾城池图，清代运河图局部
拍摄者：王晴；拍摄时间：2018年6月22日；拍摄地点：通州区博物馆

---

① 孟伟：《北京通州张家湾山西会馆考略》，《山西大学学报》2017年第2期。

  自至元十六年（1279年）张瑄试行海运起，到1900年漕运停止的近800年期间，张家湾以商贾云集、漕运发达和战略地位闻名天下。建造北京城所用的大批建筑材料以及南方出产的商品货物，都是由水路经张家湾运往都城。这一时期张家湾在中外、南北的政治、经济、文化交流上发挥了重大作用。①

  清朝后，张家湾城池继续发展，康熙年间形成若干街区，有会商三十余家、当铺三家。多年来，张家湾城屡遭战火破坏，最严重的一次是光绪二十六年（1900年），八国联军入侵，在张家湾烧杀抢掠，城墙、城楼被毁。1912年，袁世凯大肆搜杀革命党人，设在张家湾村花枝巷口回民王治增家的北方革命司令部被抄，通州革命党人蔡德辰、王治增等七人被捕，英勇就义。②"抗日战争时期，日本侵略者将已有370年历史的张家湾城垣拆除修建碉堡。在通州历史上占有重要地位的张家湾城，只剩下断垣残壁。"③1948年，通县解放。通县城设通州市，通县政府机关一度设于张家湾。1949年，张家湾分为两部分，肖（萧）太后河以南称张家湾镇，以北是张家湾村。1949年后，残存的城墙砖块成为村民盖房子的石料，在村民的"东拆西借"中，城墙进一步损毁。"现古城仅存南面城楼（近年复建而成）和一段残破半截城墙，其余三面城墙和城楼已无迹可寻。"④1992年通县人民政府修复原南门东侧100米城墙，1995

---

① 孙连庆编著：《北京地方志·古镇图志丛书·张家湾》，北京出版社2010年版，第17—18页。

② 引自《张家湾镇恢复"古城""红学""漕运码头"项目可行性分析报告》（内部资料，曹志义供），特此致谢！

③ 孙连庆：《张家湾城》，载北京市通州区政协文史资料委员会编：《古韵通州》，文物出版社2006年版，第41页。

④ 王永斌：《历史上的京畿码头——张家湾》，《北京规划建设》2000年第3期。

年被列为北京市文物保护单位。①此外,由于大运河的开凿,北上丝绸之路兴起,大量回民移居到张家湾古城,这里的回民始于辽兴于元盛于明清。直至现在,回族与汉族共同建造自己的家园。

三、张家湾的民俗概貌

(一)基于"运河水域"形成的物质民俗文化

"北京花丝镶嵌工艺"源远流长,承袭明清宫廷技艺传统,具有浓郁的宫廷艺术特点和价值蕴涵,在全国工艺美术中独树一帜。历史上,从明清起,花丝镶嵌工艺制作和产品销售就在通州地区流行;仅通州城内就有天聚号、瑞源号、宝兴号等多家著名的首饰楼。这些首饰楼一般都是前店后厂,制作销售各种金银首饰和铜料石饰品,自行熔化金属细丝或制作镶嵌沟槽,常用嘴或脚踏汽筒吹火制作工艺。他们生产制作的花丝镶嵌首饰和工艺品,销售遍及京畿。张家湾、马驹桥等乡镇也有多家首饰店铺,一般婚庆嫁娶,人们多去定制和购买,作为新人的聘礼和新娘的装饰。平时,也有许多人喜欢佩戴首饰。②通州区张家湾镇住着一位毛猴技艺的非物质文化遗产传人——张凤霞。春节期间,张凤霞会带着"毛猴"亮相厂甸庙会,"赛龙舟""老数钱"……一件件题材各异的作品,将老北京的绝活儿彰显得淋漓尽致。

"通州运河周边饮食制作技艺,与大运河的物产或原料的物资运输关系密切。'通州三宝'就很有代表性。大顺斋糖火烧原称'南果铺',创

---

① 孙连庆:《张家湾城》,载北京市通州区政协文史资料委员会编:《古韵通州》,文物出版社2006年版,第41页。

② 李吏、戴立军主编:《不能隔断的记忆》,大众文艺出版社2010年版,第17页。

始人刘刚（乳名大顺）举家自南京沿运河北迁到通州定居，并售卖南果，其历史也体现了人员与物资的南北交流。小楼烧鲶鱼制作技艺所用的原料就是北运河活水中的特产，即多肉少刺、味道鲜美的鲶鱼，这体现了运河物产对沿线饮食的影响。万通酱豆腐制作技艺，其仙源腐乳的豆坯料历史上全部购自浙江绍兴，坯料在绍兴装船以后，运至杭州码头装船启运，沿运河水溯流北上时一路发酵，到达通州漕运码头需时月余，故而细腻爽口，别有风味。"①

（二）民间花会的存续与传承

中华人民共和国成立前，通州民间花会活动主要集中于春节、元宵节时比较有影响的二十余村镇庙会。其中，里二泗、永乐店、马驹桥庙会期间民间花会活动最为繁盛，各路花会争先奔赴进香，拜庙娱神，颇具盛况。

1949年以后，民间花会的演出或出现于街头广场、乡村集镇；或参加花会调演比赛，营造节日氛围，配合政治宣传。在"庆祝解放""抗美援朝""宣传婚姻法""统购统销"等重大宣传活动中均有出色表演。1954年春节，通州地区在里二泗村集中城乡五十七档花会，举行民间花会汇演，演出历时三天；演员近三千人，观众逾五万人次。其中，胡各庄高跷、海户屯狮子、陆辛庄少林、里二泗童子跷等享有佳誉。民间花会汇演活跃了群众文化生活，也使这些民间舞蹈艺术得以继承、发展，它一直延续到20世纪60年代初期。

"文化大革命"期间，民间花会因被视为"四旧"而渐趋冷寂。1979年春，村落花会活动复苏。自此，每年春节都有八种二十余档花会走乡串村为民众表演，尤以胡各庄乡（今潞城镇）境内最为热烈。1984年始，每年春节期间均在通州镇新华大街举行花会调演，历届参赛花会十五档

---

① 王铭：《运河非遗的历史文脉特征》，《北京日报》2018年6月25日。

至二十档不等，有高跷会、小车会、龙灯会等近十种；演员近千，观众数万，为节日一大景观。调演结束后，各路花会再返乡镇为当地群众表演，城乡上下一片欢腾景象。及至20世纪90年代，由于文化主管部门倡导农村乡镇建立民间花会组织，更视其为文化艺术节中必选项目，或进行调演或举行比赛。

> 通州民间花会历史上有一百二十一档二十三种表演形式，主要有高跷、跑跷、龙灯、小车、旱船、竹马、狮子舞、十不闲、五虎棍、少林、中幡、杠箱、太平鼓、武术双石、花钹大鼓、大头和尚逗柳翠等。1949年以后，又增加了霸王鞭、腰鼓舞、秧歌等与民间花会穿插出演。进入二十世纪九十年代民间秧歌舞盛行。民间花会传统表演形式主要有高跷、小车、龙灯等。[1]

"人们在特定条件下所结成的社会关系的惯制，它所关涉的是从个人到家庭、家族、乡里、民族、国家乃至国际社会在结合、交往过程中使用并传承的集体行为方式。它主要包括社会组织民俗（如血缘组织、地缘组织、业缘组织等）、社会制度民俗（如习惯法、人生仪礼等）、岁时节日民俗以及民间娱乐习俗，等等。"[2] 在张家湾，各类制度民俗维系着村庄正常运转，使个人、小家庭作为"细胞组织"得以在村落"有机体"里发挥出自己的力量。张家湾较为突出的制度民俗文化包括花会、人生仪礼以及各种村规民约。当地有一句流传很广的民谣："京畿花会何可观，十人九说张家湾"[3]，由此可见历史上张家湾地区花会活动的繁盛。21世纪以后，城市化进程进一步加速，传统的村落逐渐被新型社区替

---

[1] 孟宪良：《通州民间艺术》，文化艺术出版社2004年版，第157页。

[2] 钟敬文主编：《民俗学概论》，上海文艺出版社1998年版，第5页。

[3] 李吏、戴立军主编：《不能隔断的记忆》，大众文艺出版社2010年版，第177页。

代,花会表演场域不再是村落里巷,花会表演者普遍老龄化,代际传承亦出现断裂,许多花会销声匿迹。但是随着国家非物质文化遗产保护的倡导,花会在北京大部分地区复苏。张家湾花会也重新兴起,目前在民众生活中发挥作用最大的当属里二泗小车会。

张家湾的人生仪礼与北京城内基本一致,最为重视的就是婚丧嫁娶,过去"通州西南地区请和尚老道比较多(葬礼诵经),和尚披着袈裟,老道穿着道袍"①。从2017年11月开始红白喜事"不让吹吹打打",2018年7月我们在张家湾皇木厂、里二泗、烧酒巷、碱厂村等地的访谈中听当地村民提道:很多地方都规定了,如果不请吹鼓手不焚烧纸钱,去饭店宴请,"不吹不打"者一户补贴5000元。②不过很多村落依然在红白喜事中邀请小车会表演,这与花会(里二泗小车会为通州区非物质文化遗产项目)列为非遗有一定关系,因为"身份"的改变,它们不被视为"吹打"行列。

(三)运河沿岸丰富多样的民间故事

通州一带存留了一系列码头、桥闸、仓储、屯厂等与运河漕运相关的地名文化遗产,其地名记忆历经数百年,在运河两岸人们口耳之间留下了漕运时代的独特地域印记。张家湾、土坝、石坝等处,是关键的漕粮转运码头,其传统的漕运功能不复存在,而与地名、村名相关的运河传说依然活跃,如皇木厂、砖厂、竹木厂、瓜厂、中仓、后南仓等……张家湾就占了一大部分,《陆辛庄武林传奇》是民众对民间武术地域流动、交流的历史表述,《乾隆爷口封"小五义"》中讲述陆辛庄武艺最出色的五个结盟兄弟被乾隆皇帝封为"小五义"的故事,蕴含了民众为当

---

① 访谈人:王晴、徐睿凝;被访谈人:台湖镇碱厂村白事艺术团团长;访谈时间:2018年12月6日。

② 访谈人:毛巧晖、王晴等;被访谈人:皇木厂村民赵凤生;访谈时间:2018年8月6日;访谈地点:皇家厂村村民委员会。

地武术"正名"或期望它纳入国家秩序之列的愿景;《里二泗佑民观》说"村民李二攒钱修庙,钱被人偷走,李二悲愤,夜里梦天兵天将帮其修庙。李二笑醒,发现竟然是梦,绝望而死。第二天,河南岸真的耸起一座庙。人们称此庙为李二寺,该村也以此庙为名。后因该村面临泗河(白河、榆河、浑河、通惠河在张家湾交汇),李二寺改称里二泗。"①

大运河传说是民众宝贵的精神文化财富,具有极高的历史价值、艺术价值、实用价值、社会价值。"历史价值在于它艺术地记录了运河两岸的历史现象,尽管有些内容与史实并不相符,但在本质上反映了当时民众的愿望和心理,是历史的回声和反响。"②

第二节 里二泗庙会

一、里二泗庙与村落形成

里二泗村在大运河 103 国道西侧,京哈高速北侧,清水河东侧。里二泗村曾为北运河与通惠河的交界点,通惠河是直抵皇城脚下的河流,而北运河为京杭大运河的通州至天津段。可见过去里二泗村连通北京城和北运河,是北方政治中心与南方经济中心相连的关键节点。

---

① 李吏、戴立军主编:《不能隔断的记忆》,大众文艺出版社2010年版,第147—148页。

② 同上,第153页。

里二泗村名的来历众说纷纭。据《元史·河渠志》记载："今岁新开闸河，分引浑、榆二河上源之水，故自李二寺至通州三十余里，河道浅涩。"①

从河流水系的变迁来看，在元代白河（今北运河）分内外两条，由今通州永顺镇大棚村处分流，又于今西集镇吕家湾村（元时没有此村，当时此地为今和合站村辖域）合流。外白河为主流，上游先后汇入高粱河（今通惠河）、温榆河与小中河，故这条白河又称"泗河"，也可以叫"外泗河"；内白河于今张家湾处，先后汇入通惠河（元郭守敬开凿的通惠河）、萧太后运粮河与部河（今凉水河），故这条白河也称作"泗河"，也可以叫"内泗河"。外泗河在上游，为第一条泗河，而内泗河在下游，是第二条泗河。第二条泗河在"内"，就是"里"，是里二泗泗河，简称作"里二泗"，在此条河边的村庄也就称作"里二泗"了。②

有村民说"李二寺"是"里二泗"的讹传，同时也有这样的民间传说：

早年村中有一位叫李二的人，无家无业，靠给有钱人打工担水为生，夜间住在小土地庙里。他听人家说，修庙拜佛可使穷人过上好日子，便决心省吃俭用，攒钱修庙。不料一文一文攒起来的钱却屡次被盗。李二并不气馁，还继续攒下去。闲时还找来砖头瓦块，摆出庙的围墙地界。一天夜里，他梦见天上下来许多天兵天将，在河岸上锯树凿木、砌石垒砖，不多时就

---

① 周魁一等注：《二十五史河渠志注释》，中国书店1990年版，第248页。
② 北京市通州区文史和学习委员会编著：《漕运古镇·张家湾》，团结出版社2014年版，第276页。

盖起一座富丽堂皇的大庙。他十分高兴，哈哈大笑，醒来才知道原来是做梦。一阵郁闷之后，溘然死去。

次日清晨，村民们见到河南岸真的出现一座新建成的庙，邻居们纷纷前来告诉李二，可是他已经断气了。大家都说李二的精神感动了上天，天神派天兵天将建了这庙。众人一合计，给这座庙起名叫李二寺，后来村名也随了庙名。①

这是典型的溯源传说，且为较晚近流传起来的，因为其中"灵验""善恶报应"等观念受到佛教的影响。至于里二泗庙究竟为何人所建，暂且未知。据民间流传资料记载，《析津志》中曾有"李二寺，村寺同名"之说，不过此书在明末已经亡佚，而《析津志辑佚》中不见此句。②如果里二泗村寺同名，且该村落以里二泗庙为中心，在历史上可能先建有此庙，而后形成生活聚落。

如今，行走在通州的田野乡间，我们依然能听到乡民对里二泗村名来历的讲述："里二泗原来不叫'里二泗'，其实叫'李二寺'，里二泗庙也是一位叫李二的人盖的。"③里二泗村名及庙名的传说之所以还能在当地口耳相传，除了历史传统、文献记载之外，最重要的是该传说依托于当地的人文景观——里二泗庙。里二泗庙经历了明清两代的鼎盛时期，"文革"时几经拆毁，进入21世纪后又应地方文化景观建设的需要，恢复重建。重建后的庙宇景观触发了乡民的历史记忆，为乡民的信仰表达提供了场域，同时依托于景观而存在的民间传说也有了核心驱动力。文化景观的存续提供了一种记忆的确证，地方历史的记载与民间故事的流

---

① 张雪光：《里二泗庙与里二泗庙会》，载北京市通州区政协文史资料委员会编：《古韵通州》，文物出版社2006年版，第146—150页。

② 冯鹤：《通州佑民观小考》，《中国道教》2012年第3期。

③ 访谈人：王晴等；被访谈人：原张家湾张辛庄的村民；访谈时间：2018年7月31日；访谈地点：玉桥小区。

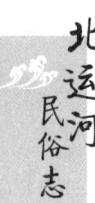

传加深了人们对于"事件"的记忆。

里二泗庙唤醒了民众对于过去的记忆，强化了族群与地域身份的认同，在此基础上逐步熔铸了共同的文化传统。"传说和景观共同构成了民众的记忆影像，他们共同确定、强化文化身份的同时，也逐步形成文化共同体的记忆。"① 当"视觉表象化篡位为社会本体基础"时②，景观成为社会秩序与文化认同的基础。里二泗庙位于里二泗村西北部，现为一座正宗的道教寺观——名为"佑民观"，当地人依旧沿用俗称"里二泗庙""娘娘庙"。

该庙宇曾与漕运有着密切的关系，在北运河河道东移之前，里二泗濒临运河，为码头重镇，当年南方各省漕船经过此地，漕运官丁都要弃舟登岸，到佑民观进香膜拜，祈求保佑。除此之外，帝王臣工、商贾游客、文人雅士途经佑民观，亦多登岸虔诚礼拜。如今该庙成为京东的道教圣地，山门外矗立的大牌楼，正面悬挂"敕赐佑民观"和"古迹里二泗"，背面悬挂"保障漕河"等匾额。据记载，"敕赐佑民观"的匾额是在明嘉靖十四年（1535年）道长周从善扩建"天妃宫"时，请明世宗朱厚熜"敕赐"庙名。明万历十年（1582年）漕运总督汤世隆为祈求保佑漕运重修过庙宇；明万历皇帝的生母李太后因信奉金花圣母出资捐修此庙；清顺治八年（1651年），爱新觉罗·福临慕名到佑民观上香求子，赐帑银五百两。《清实录》中记载："上自南苑驻跸里二泗。"③ 也有康熙皇帝在康熙二十年（1681年）南巡时路经佑民观并停留接见通州官员之说，但《清史》《清史稿》及《清实录》中无文字记载。根据佑民观丁道长提供的历史资料，清圣祖康熙强调"运粮为国家要务"，漕运与皇廷及

---

① 毛巧晖：《民间传说与文化景观的叙事互构——以嫘祖传说为中心》，《贵州民族大学学报》2018年第3期。

② [法]居伊·德波：《景观社会》，张新木译，南京大学出版社2017年版，第12页。

③ 《清实录》第4册，中华书局1985年版，第1226页。

官民兵丁的物质生活十分密切，关系到北京的安定，于是率皇子、大臣巡视运河，督察臣工，确保运务。康熙二十年（1681年）八月二十九日清圣祖一班人马从南苑猎场来到张家湾里二泗佑民观，驻跸四天，察看河道，研究修浚方案，处理朝政。康熙三十九年（1700年）四月圣祖又率众子驻跸佑民观，让其子孙了解漕河治理的重要性，亲笔书写"保障漕河"四字。保障漕河，就是保障经济的大动脉，都城的生命线。[①] 此匾后来不知所踪，现在的字为后人模仿。

  清高宗乾隆皇帝乘船巡视江南，也曾慕名驻跸佑民观。乾隆五十一年（1786年）户部侍郎石文贵斥资重修。光绪八年（1882年）也曾重修。民国三十年（1941年），乡绅刘瑞堂募捐巨资予以重修。清末民初，此观有道士十余人，耕地十多顷，大车五辆，雇佣长工二十多人，再加外出设坛诵经，收入甚多。

图4-4　佑民观外大牌楼正面

拍摄者：王晴；拍摄时间：2018年7月6日；拍摄地点：里二泗村佑民观

---

① 该段有多处参考丁道长提供的佑民观历史资料，特此致谢。

图 4-5 佑民观外大牌楼背面
拍摄者：王晴；拍摄时间：2018年7月6日；拍摄地点：里二泗村佑民观

据《里二泗村志》载，早期里二泗村不仅有此庙，还有如意坛、小龙王庙、土地庙等，但这些庙宇早已难觅踪迹，鲜为人知。里二泗庙作为一种文化景观，其中存续着各个历史时期社会群体的集体记忆，承载了物质与精神层面的双重意蕴。里二泗庙对于解读里二泗村的经济、文化、权力话语提供了丰富的景观文本。漕运的发展使里二泗庙成为一种彰显权力关系的符号化表征，通过"环境的物理形貌来表现社会文化结构"[1]，成为显示皇权与信仰的认同符号，同时，也成为一种划分世俗与神圣场域的边界符号。

---

[1] 葛荣玲:《景观人类学的概念、范畴与意义》,《国外社会科学》2014年第4期。

二、里二泗庙会中的信仰生活

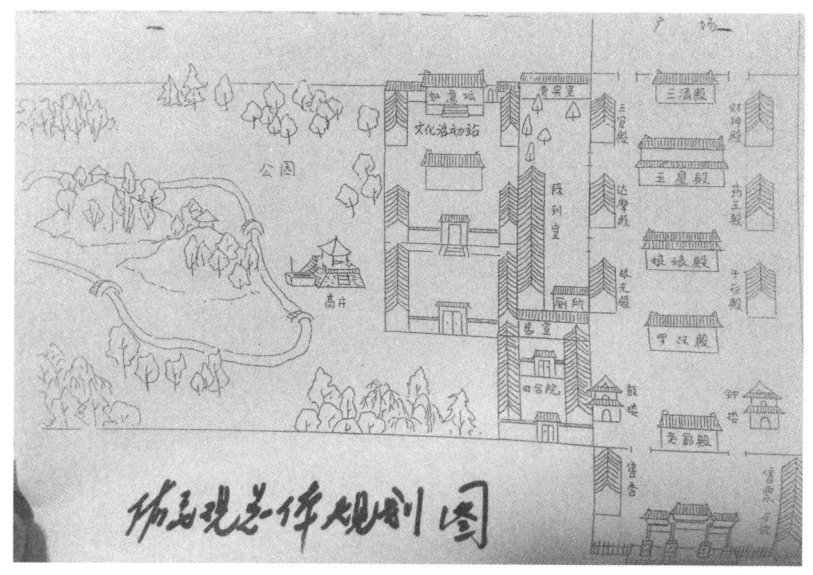

图 4-6　2007 年佑民观总体规划图，由丁道长提供

拍摄者：王晴；拍摄时间：2018 年 7 月 26 日；拍摄地点：里二泗村佑民观

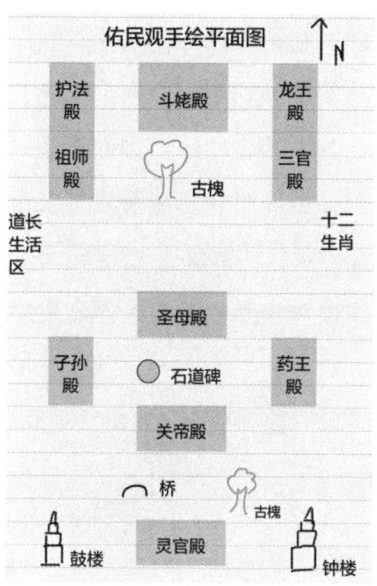

图 4-7　佑民观布局实地手绘图

拍摄者：王晴；拍摄时间：2018 年 7 月 26 日；拍摄地点：里二泗村佑民观

里二泗庙——佑民观，2003年在原址重建，2006年竣工，佑民观的朝向也由原来的滨河而建、坐南朝北改为了坐北朝南。据2003年出版的《通县志》记载，"最大一座道教庙是元代所建而明嘉靖皇帝赐名的里二泗佑民观，北滨大运河，前有大牌楼，后有玉皇阁，四进院落带东跨院。"①

佑民观现在仍为四进院落，第一进院落为灵官殿，供奉王灵官、河神、火神、山神、土地神。第二进院落是关帝殿，供奉关公、文财神、文昌帝君。关帝殿前西侧有一通高1.2米的石碑，碑文如下："京都顺天府东路通县城南南大化村信士弟子……因本身身得重病，请名人小辛庄王务斋、郭金叩求济老祖师大发慈悲，救苦救难。病好痊愈，祖师驾前发下心愿，在里二泗罗汉殿前立下石碑一统。中华民国八年……立。"②

此碑立于1919年，应该是一位大化村村民因重病前来求拜，并于大病痊愈后还愿立碑。另可知当时此殿叫作罗汉殿，结合民间口头流传资料，可知佑民观曾经佛道信仰交融。③里二泗庙元朝以前称"李二寺"，从寺名来看，可能为佛教寺院，并且据丁道长提供的2007年撰写的佑民观历史资料，过去庙内设有达摩殿和罗汉殿。达摩殿内正位奉祀天竺佛教禅宗十八祖、东土禅宗初祖菩提达摩；罗汉殿内供有文殊菩萨、普贤菩萨、观音菩萨，十八罗汉分列东西两侧。文殊菩萨、普贤菩萨、观世音菩萨是中国佛教徒心中的"三大士"，观世音菩萨更是百姓心中无所不在的神，与百姓最亲近，需要时它总能及时出现，被称为"救苦救难大慈大悲广大灵感观世音菩萨"。"罗汉"，据佛经传，为释迦牟尼佛亲传弟子。由此可见里二泗佑民观由李二寺、天妃庙发展而来的脉络，并且多种信仰兼容并包。

据《钦定日下旧闻考》卷一百十《京畿　通州三》记载：

---

① 通州区地方志编纂委员会编：《通县志》，北京出版社2003年版，第599页。
② 此碑目前已无法看到，但当地村民、佑民观道长等均知。文中碑文转引自冯鹤：《通州佑民观小考》，《中国道教》2012年第3期。
③ 冯鹤：《通州佑民观小考》，《中国道教》2012年第3期。

里二泗近张家湾，有佑民观，中建玉皇阁醮坛，塑河神像。嘉靖十四年道士周从善乞宫观名，赐今额，名其阁曰锡禧。万历十年，灵璧侯汤世龙复新之①。

当地村民及一些学者普遍认为，该庙的主神其实就是妈祖，其可溯源到元代。元世祖忽必烈建都北京，京城的衣食住用多靠江南供应，漕运兴起，至元十五年（1278年）元世祖封莆田林默娘为"护国明著天妃"，天妃信仰也从江浙沿海一带向北方及内河地区延伸扩展，至元二十二年（1285年），漕运总督张瑄指挥海船，装粮数十万石，从上海出发，历经艰险沿海行驶到直沽（今天津海岸），再经白河（今潞河）逆水行舟，顺利到达张家湾处，再往北由于航道水浅沙淤，不能行驶，便停靠张家湾码头，进行水旱两路运抵大都。此后每年海运都较为顺利，漕运官兵都认为是天妃在保佑，就选在漕船必经的"李二寺"供奉天妃像。

明代，漕运发展更为壮观，南北货物运输增多，人员流动频繁，该庙香火愈发旺盛，过往商人、游人、进京赶考的学子都要到庙中一拜。老百姓"逢庙就烧香，见佛就磕头"，祈求神灵实现心中的愿望，也从来都是"信万神之能，而不信万能之神"，他们相信各路神灵可以各司其职、各显神通。里二泗庙里供奉的神祇就不仅有天妃妈祖，还有华佗、斑疹娘娘、观音菩萨、文昌帝君等，为人治病、送子、掌管财运等各种功能的神祇皆供奉于庙中。原来的殿宇已不能满足朝拜香客的需求。明嘉靖十四年（1535年）道长周从善将宫观扩建，恭请信仰道教的明世宗皇帝朱厚熜驾临庙中，赐名"佑民观"，赐玉皇阁匾额"锡禧"，该庙从此名声远播，成为中国道教"正一道"的重要传承圣地之一。今天，到里二泗询问乡民有关拜庙的事，乡民会告诉你，"里二泗庙求子、求姻

---

① 〔清〕于敏中等编纂:《日下旧闻考》，北京古籍出版社1985年版，第1827页。

缘、求财、求什么的都有，你想求什么就有什么。"①

佑民观内供奉的主神为金花圣母娘娘，是天妃圣母和金花夫人合二为一的神灵。天妃圣母，即江浙福建等沿海一带信仰的妈祖——林默娘，传说林默娘自出生至满月不啼不哭，父亲为她取名"默"，她从小习水性，通天文气象，自愿担当海上救援任务，曾将家里的房屋点燃，为渔船指路，在一次救助中，她不幸遇难，年仅28岁。人们相信她是海神，羽化升天后，会继续庇佑海上的人们。妈祖多次受到禅封，元世祖封"护国明著天妃"，清圣祖康熙封"护国庇民妙灵昭应仁慈天后"，妈祖成为朝廷敕封的神祇，享国家祭典。妈祖信仰自福建传播到浙江、广东、台湾、琉球、日本、东南亚（如泰国、马来西亚、新加坡、越南）等地，天津、上海、南京以及山东、辽宁沿海均有天后宫或妈祖庙分布。2009年10月，妈祖信仰入选联合国教科文组织人类非物质文化遗产代表作名录。

金花夫人的信仰来自广东。传说广东曾有一位巡查按察使夫人，分娩几日婴儿都未降生，生命垂危，全家焦急万分，恍惚间夫人梦见一位神祇告诉她呼唤金花女来就能解除痛苦，于是巡抚派人四处寻找，找来了金花女，夫人顺利产子，全家欢喜，对金花女感激不尽。可金花女尚是闺中少女，经过这件事无人敢娶她，于是她跳湖自尽了。当地的人说金花女是妇女的保护神，塑像祭祀，称其为金花夫人。

民间信仰根植于民众生活，具有原始宗教特征的宗教信仰及宗教行为表现，它是自发产生的，具有原生性宗教的基本特点，不同于佛教、基督教等创生性宗教。②佑民观体现了民众信仰的多元性，其中既有原始宗教的自然神和佛教、道教的神灵，也有在民间传说中产生的具有神力的凡人。

---

① 此资料来源于访谈。访谈人：毛巧晖，王晴等；被访谈人：里二泗村民；访谈时间：2018年7月26日；访谈地点：里二泗中路。

② 李猛：《民间信仰与贵州民族民间文化》，《贵州民族大学学报》（哲学社会科学版）2008年第6期。

金花夫人与天妃圣母均为诞生于南方的神祇，这两位女性神的信仰随着人口流动，沿运河北上，出现在运河码头里二泗村，并影响至今，这也说明了大运河在促进南北不同民族、地域文化交流与融合中所发挥的重要作用。

佑民观专司送子之责的神灵是供奉在子孙殿的周文王夫妇，号曰"九天监生明素真君"和"九天卫房圣母元君"。民间俗称："子孙爷爷""子孙奶奶"。周文王有"百子之父"之称，是多子多福的象征。旧时，由于医学不发达，再加上传统的"不孝有三，无后为大"思想的影响，结婚后最怕不生孩子，特别是怕不生男孩。于是，新婚夫妇或婚后不孕的青年媳妇，以及为了儿媳的婆婆，为了女儿的母亲，为了外甥女的姨妈，为了侄女的姑姑等，纷纷到子孙殿前，祈求神明赐予子嗣。久而久之，佑民观求子风俗逐渐形成。

一般，送子娘娘的神座或身上放有很多泥塑的小娃娃。求子的年轻媳妇，在婆婆或姑姨等长辈的陪同下，来到送子娘娘像前，磕头烧香布施后，偷偷从神座上拿一个小泥娃娃，揣在怀里，口中默默念叨着："好孩子，快跟妈回家"。然后，头也不回地直接回家，到家后将泥娃娃藏在卧室里，名曰"拴娃娃"。《北平俗曲》载"百子堂分外热闹，娘娘殿贡比山高，抽空儿还把娃娃套"。[①] 可见当时子孙殿前的热闹场面。

除求子外，还愿的场面也是十分宏大隆重，求子的人如果怀了孕，先要到送子娘娘那里去烧香还愿，再到其他几位娘娘前祈求保佑，希冀孩子平安。如果生的是男孩，还愿时除在神像前烧香磕头，布施大量财物外，还得买几个泥娃娃，偷偷放回送子娘娘的神座上，一是祈求娘娘保佑孩子健康平安地长大，二是供后来者拴去富裕之家。

正是这种祭祀行为形成的特定心理暗示与求子还愿仪式的内容、程

---

① 李家瑞撰:《北平俗曲略》，国立中央研究院历史语言研究所1933年印行，第12页。

序、结构形成相互呼应与契合，才使得广大信众通过求子仪式，强化内心秉持的信仰观念，并通过仪式的有效性，最终在不断的重复中构成传承信仰体系的有效途径。

三、里二泗庙会的记忆与传承

香火、集市、文化活动是决定旧庙会规模的三大要素。并且这三者是相辅相成，互为因果的。庙会的形式也是有区别的，如城隍庙有出巡、有审堂；里二泗佑民观有海淀黄会给娘娘换袍；静安寺举办盂兰盆会，烧法船；娘娘宫只是海淀黄会赴丫髻山朝顶，途经通州在此庙打尖；还有眼光娘娘还眼、子孙娘娘拴娃娃等等，都具有与一般庙会不同的独特形式。①

表一　通州庙会列表②

庙会名称	农历日期	地址	主要活动内容
佑民观	正月十五至三十　五月初一	张家湾镇里二泗村	香场庙会，京、津、冀、蒙、鲁诸地官民纷至，百货云集，彩台弦唱。大型走会，有南八会、北八会，即高跷、小车、少林、狮子、大鼓、竹马、中幡、龙灯、开路、童子老、铙子，十不闲等民间花会二十余档
大南顶（碧霞元君庙）	四月十五至十八	马驹桥北门外	十八日为元君生日，四月一日即有北京士女来此进香，甚至有三步一拜者，十五至十八日最盛。附近百余村庄以此为节。搭台唱戏，俱由大商号组织摊派，四方商贾涌会

---

① 王文续：《通州的寺庙与庙会》，北京市通州区文化委员会编：《运河文化论坛》，内部文稿，2006年，第96页。

② 同上书，第101页。拍摄者：王晴；拍摄时间：2018年7月24日；拍摄地点：通州区图书馆。

续表

庙会名称	农历日期	地址	主要活动内容
鲁仙观	四月十一至二十四	西集镇前东仪村	冀东地区较大香场庙会。设有较大戏楼，每年油饰一新，唱戏四天，剧种以河北梆子为主，剧目为《打金枝》《大登殿》等，有时也唱评戏。商市杂陈，以农具销量最大
至德真君庙	九月十三	永乐店镇	通州南部较大香场庙会，辐射面积方圆数十公里。每年于庙前搭席棚戏台，由商号到北京或天津请戏班，京、评、梆子戏均唱，以河北梆子戏为主，但禁演《二进宫》戏。举行花会表演。京津商户纷至，百姓縻集
碧霞宫	四月十七至十九	宋庄镇草寺村	通州北部较大香场庙会。庙东有土岗一座，前以木、席搭台，戏班来自京津，以唱河北梆子戏为主。农具俱全，化妆品多样，茶棚酒馆备置
城隍庙	正月初一六月十五十月初一	通州城内神路街（今改称新建街）	城隍爷出巡，抬其像至城北关赦孤台行宫庙，再至厉坛焚烧纸人、纸柜后归。全城及城关附近善男信女烧香还愿。是日成为大集市，南北货物丰盛。十月初一城隍爷诞辰，举行香场庙会
广福寺	四月初一至十五	张家湾城内	通州中部大型香场庙会，位于大运河北端码头处，南北方商旅、官民萃集，百货杂陈，会期最长，演唱、杂耍俱有，亦举行走会活动
王恕园	五月十三	通州新城南门外迤东	是日为关帝诞辰，举行盛大香场庙会。城中各档花会表演竞技，开设集市，农具、小吃、玩具等俱备

据清《帝京岁时纪胜·里二泗》记载：

里二泗近张湾，有祐民观，中建玉皇阁醮坛，塑河神像。明世宗十四年，道士周从善乞宫观名，赐额曰锡禧。前临运河，五月朔至端阳日，于河内斗龙舟，夺锦标，香会纷纭，游人络绎。[1]

这是里二泗庙会数百年前的盛景。从文献中可知，里二泗庙会由来

---

[1] 〔清〕潘荣陛、富察敦崇：《帝京岁时纪胜》，北京古籍出版社1981年版，第22页。

已久,逢年过节佑民观前灯火通明、游人络绎、演戏酬神的香会、游艺,比比皆是,热闹非凡。佑民观在明清两代极为有名,当地素有"西有白云观,东有佑民观"的说法,当时的庙会热闹程度与今日的白云观不相上下。

此庙香火极盛,每年的庙会不仅次数多,而且日期长,以正月十五至三十、五月初一最为盛大,内容也丰富多彩,佑民观可说是通州一带影响最大的寺观之一。届时,四周村民扶老携幼前来观赏游玩,人山人海。张家湾地区南八会、北八会所属的高跷、小车、秧歌、少林、狮子、大鼓、龙灯、十不闲、竹马、中幡等数十档花会,彩台弦唱、集中表演。庙会还有商贸活动,包括农具、服饰的售卖,各种小吃更是应有尽有。道观内外人头攒动,盛况空前,里二泗村格外热闹。

北八会是张家湾一带的花会组织,南八会是指里二泗村以南的漷县、靛庄、草场、东西鲁村、黄垡、丁庄南仪阁等十多个村联合组成的香会,正名为完善老会。香会有统一的组织、会规和标志。每年的正月十五,为了和其他香会比试高低,争取到佑民观烧第一炷香,各村花会从天亮前的三四点钟就开始集合。各村花会到齐,按规定的次序一起向里二泗进发。花会行进的次序大致是旗、锣、伞、扇率先,紧接其后的是狮子会、童子会、吵子(音乐)会,然后是飞叉、少林、高跷、小车、龙灯、中幡、挎鼓等。走在最后的是每村一面黑色或白色三角形特大号旗,旗上印着或绣有北斗七星图形。行进中各种器乐及爆竹、火铳等都响起来。首尾几百米长的队伍走出靛庄村北口后,乐声停止。队伍经过吴营凉水河桥,按规定的路(称香道)前行。约在七点钟左右到达里二泗村西南口。经过一番准备之后,乐器响起,整队进村,来到佑民观牌楼前面的空地上。此时空地的东西两侧早已用杉篙搭好两个三脚架子,架子上各悬着一挂大鞭炮。整好队伍,一切就绪后,一位手举黄色旗的会首高喊一声"进香"!场上众人除高跷躬身合十外,都一一下跪。高悬的鞭炮与锣鼓唢呐先后响起。一队队年龄不过十一二岁,穿长衫戴礼帽,斜挎黄色香袋，手举杏黄色三角旗的童子，在大人们的带领下走进山门，直去娘娘殿。轮流进入大殿后的孩子面对金花圣母像横排下跪，唱佛曲。

当庙内进香时，庙外牌楼前后，各档花会大显身手，尽情表演各自的技艺，观众围得里外三层，热闹非凡。表演结束后，观众进庙，或拜佛烧香，或参观购物，直到傍晚，庙会活动才渐渐停止。①

民国初年，通州的庙宇曾经遭受一次反对迷信，摧毁佛像的劫难。"之后除少数因火灾（如大寺）或其他原因遭到毁坏外，大多数寺庙被改作校舍，里二泗佑民观也变成了学校，通州城关的法华寺、药王庙、白衣庵、灵官庙等至少十九座庙宇被改作男师、简师、小学；农村如永乐店的关帝庙、胡各庄的五圣庙、马驹桥的崇觉寺、牛堡屯前街的真武庙等可查的最少有一百三十二座寺庙被改作学校，这种现象几乎遍及通州县城乡，有少数庙观被乡、村公所或其他单位占用。"②这与全国的情形相似。

1948年冬，北平解放前夕，佑民观部分建筑毁于战火。解放北平期间，佑民观为第四野战军战备油库重地。1957年此庙被划为国有资产，同年改建为里二泗中学。1959年夏季，北京市文物工作室来此调查，对观内尚存部分建筑提出保护意见，通州县人民委员会公布其为"文物保护单位"。然而"文革"时期，全国大大小小的庙宇，被冠以"迷信"的标签，作为民间宗教圣地的京西妙峰山金顶，变成了一片荒土，京东佑民观同样难逃命运的窠臼，被迫拉倒牌楼，锯倒千年银杏，所有建筑拆

---

① 张雪光：《里二泗庙与里二泗庙会》，载北京市通州区政协文史资料委员会编：《古韵通州》，文物出版社2006年版，第146—150页。

② 王文续：《通州的寺庙与庙会》，北京市通州区文化委员会编：《运河文化论坛》，内部文稿，2006年，第95页。

毁，仅余残碑数块，500年古槐一株，空余遗址一处。

运河文化凝结着人们的乡土记忆和共同的社会情感，随着社会变迁，漕运的消失，这些城镇逐渐衰落。但是，这些城镇和周边地区是北运河文化遗产的聚集区域，为运河文化的传承与发展奠定了良好的基础。坐落在大运河畔的里二泗佑民观，是历史的见证。千百年来，作为人文古迹，熔铸着中华民族的宝贵财富。2003年，在吴廷和、杜长安、林殿惠和关心佑民观的各界人士的多方倡导和呼吁下，里二泗村民委员会响应北京市政府倡导的人文奥运精神，结合通州区运河文化生态发展具体规划，顺应民意，多方协调，筹集资金，重建佑民观。此举得到了区有关部门领导的极大关注。2006年6月，佑民观重建竣工，重建后的佑民观，规模宏大，气势雄伟。在重建过程中，得到广大群众的大力支持，纷纷捐款助善，北京中博房地产开发有限公司总裁李福祥捐巨资助佑民观重建，并亲临现场指导重建工程。重建后的佑民观，主体建筑更加巍峨，观内彩塑神像由青年雕塑家纪峰、谢佳、汪素英等人创作。观内环境优雅、香烟缭绕，钟磬悠扬，佑民观重现往日辉煌。观内道长希冀，"不久的将来，佑民观这座有着千百年辉煌历史的古刹，必将成为京东地区，道教信徒祭祀的重要场所和广大民众祈福纳祥的香火圣地而重放异彩。"[1]

> 因教育的名、革命的义、经济的力，庙宇整体性地在二十世纪经历了向学堂、学校的转型后，又发生了向传统、遗产的转型，进而成为发展地方经济以及建设精神文明的文化资本，及至不少没有了师生的村小学校舍向庙宇回归，供上了神灵。当下庙宇发生了从祭神到娱人，尤其是"兴老"的新转型，成为老人活动的俱乐部，庙宇逐渐向其传统价值回归。[2]

---

[1] 该段有多处参考自丁道长提供资料，特此致谢！

[2] 岳永逸：《教育、文化与福利：从庙产兴学到兴老》，《民俗研究》2015年第4期。

庙会作为民俗信仰的一个集体实践模式，神灵符号的塑造和参与群体的流动，进一步构建了民众的身份认同与相关信仰记忆。其神圣性是特定场域——佑民观所特有的仪式空间所赋予的，"平日的世俗空间一旦具备（或布置）了各种仪式要素，在某个特定的时刻或特定的事件中就可以转换成神圣的空间。"① 每年正月十五，小车会、秧歌队、中幡等花会聚集到里二泗佑民观进香的行为，作为一种媒介将天、地、神、人联系起来，"为信仰者塑造神圣秩序并生成神圣意涵"②。

通过这一途径使人们强烈感受到信仰的存在，在每年的里二泗庙会中，人们感受到由记忆、幻想和影像符码建构的"真实"。"庙会作为社会发展演进的棱镜，也关涉个体生命观、世界观和地方认同，不仅仅是乡土宗教和日常生活的集中呈现。或者，我们可以进一步将之定义为：个体与个体、群体与群体、人与神明、城与乡、传统与现代、虚与实、主体与客体等相互之间叠合的艺术性的交流与实践。"③ 人们将对于美好生活的希冀建立在对神圣空间——佑民观的感知之上，而这种信仰的力量又赋予里二泗佑民观以独特的神圣感，"由此在神圣的空间与神圣的情感之间形成一种相互回应、相互印证的共鸣"④。

庙会在民间乡土社会中发挥着明确的社会功能，但是在现代化的语境之中，原有的社会运行机制和社会结构已经被改变，原本的信仰和世界观受到了极大的冲击。庙会越来越倾向于景观化展演，庙会的参与主体也具有了明显的不确定性与流动性。里二泗庙会是运河文化的有机组成部分，如何在可能的情况下实现非物质文化遗产的资源转化，在不改

---

① 金泽:《如何理解宗教的"神圣性"》,《世界宗教文化》2015年第6期。
② 王子涵:《"神圣空间"的理论建构与文化表征》,《文化遗产》2018年第6期。
③ 岳永逸:《"庙会"研究专栏导语》,《文化遗产》2018年第6期。
④ 王子涵:《"神圣空间"的理论建构与文化表征》,《文化遗产》2018年第6期。

变传承与保护的初衷为前提下，尽可能挖掘其资源潜力，是目前我们需要思考的问题。

《北京市国民经济和社会发展第十三个五年规划纲要》中提出：挖掘区域文化遗产整体价值，制定实施北部长城文化带、东部运河文化带、西部西山文化带保护利用规划，推进区域文化遗产连片、成线保护利用。

截至目前为止，北京市已完成大运河文化带区域内安装全国重点文物保护单位标志、安装大运河河道遗产说明牌等工作，在对运河文化带沿线遗产进行调查和价值评估的基础上制定了大运河北京段遗产保护规划，逐步对运河沿线的文物古迹、历史遗存进行保护和修复，万宁桥、东不压桥遗址、通运桥、永通桥、燃灯塔等都得到了不同程度的保护和加固，运河文化带沿线的遗产保护状况得到明显改善。对文物的保护已大有成果，但保护和利用是缺一不可的两大环节，恢复文物的物质形态与发扬文物的文化传承作用必须紧密地结合在一起。如长城北京段的文化资源本身是多元的，但如今攀爬长城几乎就是长城游玩的全部内容，长城所蕴含的文化、军事、科学知识与价值由于没有得到充分挖掘而不能在景区中被系统展示。对文物的保护已经到位，而彰显地方民俗文化的民间花会却面临着逐渐消失的危险，近年来取而代之的现代歌舞会又让人们有种"年味淡了"的心境。如何解决当下张家湾花会传承的困境，以及如何合理发展节庆活动是张家湾文化工作的重点问题，解决这些问题有助于佑民观恢复其物质属性及文化属性，充分发挥古迹的历史价值、人文价值、现实价值。

第三节　花会的复兴与传承

我国民间花会历史悠久，源于"散乐""百戏""杂戏"，今天中国各地称谓不一，其他省市有叫"闹社火""闹红火""闹秧歌""迎神赛会"等，北京则叫"民间花会"居多。北京的"民间花会"也称作"香会"，过去是一种庙会中敬神谢神的表演组织，属庙会文化的一部分，其鼎盛发展时期是在明清两代至"文革"前。20世纪80年代民间花会重建后，注重其娱乐性之张扬。

民间花会有文武之分，文会没有表演性、竞赛性的技艺，专门给茶棚和寺庙捐献用品，为香客服务，是慈善性和服务性的组织。武会侧重于竞技性的表演，分为"会规以里"的会档和"会规以外"的会档，前者指"幡鼓齐动十三档"，即开路、五虎棍、秧歌（高跷）、中幡、狮子会、双石头、石锁、杠子、花坛会、杠箱、天平会（十不闲）、吵子会、挎鼓会；后者有七十多个品种，如小车会、旱船会、太平鼓类。此外，北京各档"花会"中又有"皇会（曾接受皇帝的观赏或受皇封）""老会（其历史已经超出了百年）""圣会（其历史不足百年）"的区别，有所谓"井字里（城市）"与"井字外（乡村）"的区别，自然就产生了等级关系。花会在表演时遵守见面的特殊礼节与次序，实为乡土中国礼俗文化的展演。

时过境迁，文会已难觅踪迹，极富表演性的武会以另一种方式存续流传。在实地访谈过程中了解到，漕运古镇张家湾的许多村落都有其特色花会，这些花会曾经在每年元宵节和端午节，赶往里二泗庙参与庙会活动，酬神献艺，花会的种类不下一百多种：里二泗的小车会，皇木厂的竹马会，大高力庄的高跷会……

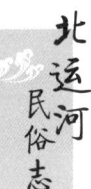

张家湾的形成，源于便利而关键的水运枢纽位置，军事、经济、政治上的战略意义也因之而起。不仅如此，水运给张家湾镇带来的妈祖信仰，在国家话语认定和民间结社推动下，最终促成了里二泗小车会的产生。里二泗小车会的形成缘起于民间信仰需求，得益于国家话语与地方利益集团的认同，成长于民间结社，在多阶层共同建构下得以发展。它与历史场域变化紧密关联，积淀了若干文化因素，是整体呈现当地社会事实的"标志性统领式"的文化事象。

一、小车会的表演形式

过去张家湾镇各村都有特色花会，"京畿花会何可观，十人九说张家湾"①，由此可见历史上张家湾地区花会活动的繁盛。曾经这些花会每年都要赶到里二泗庙进香：皇木厂的竹马会，大高力庄的高跷会，西定福庄的小车会……半个世纪以来，社会变迁加剧，张家湾发生了极大的变化，最近几年更是处于集中拆迁之中，人员流动、民众生活全然改变。然而各村现存的小车会、秧歌队、中幡等花会，还有近些年新成立的歌舞队，其队伍人数不等。他们平日在社区排练，每年正月十五依然赶往里二泗佑民观进香。

佑民观重建后，每年正月十五只有里二泗小车会坚持到佑民观山门前表演。里二泗小车会的缘起可追溯到一位艺人——郭二爷，他1879年出生。现小车会会首为韩德成。

里二泗小车会会首韩德成在接受访谈时回忆起庙会的热闹场景，"过去庙里五月初一也有庙会，十里八乡都要来朝拜的，非常热闹，周边卖

---

① 李吏、戴立军主编：《不能隔断的记忆》，大众文艺出版社2010年版，第177页。

东西的也非常多，跟赶大集似的，现在就是有小车会热闹一下。"①

"小车会"，有的也叫"云车会"，是北京庙会上广为流传的一种民间舞蹈。据调查，北京一带约有小车会一百六十余档，尤以郊区县流传更为广泛。据《中国民族民间舞蹈集成·北京卷》记载，"北京的小车会大多成立于清代。如密云县八家庄和西邵渠的小车会都建立于清初，八里庄的小车会曾于乾隆时和本村其他民间歌舞会档一起受过半副銮驾的'皇封'，顺义县白辛庄的小车会曾受过慈禧赏赐的两个宫灯和一面车围子。清代《北京走会图》中也载有小车会活动的场面，可见当时北京小车会活动是很盛行的"。②

> 小车会表演内容及人物各有不同，海淀小车会表现的是宋代汴梁城刘老汉夫妇用车送西夏"周郡娘娘"回家乡的故事；怀柔小车会表现的是《昭君出塞》或"接闺女回娘家"的情节；还有小车会表演的是《瞎子逛灯》《抢亲》《老妈上京》《逛庙会》等内容。而里二泗小车会表演情节则相当丰富，有"傻柱子赶驴娶媳妇""梁祝之恋""猪八戒背媳妇""孙悟空开路""跑旱船""扑蝴蝶""五福捧寿"等诸多戏码。根据不同戏码，其表演有：上坡、下坡、走泥路、崎岖小路、涉水过桥等不同场面，还表现有人物愉快、害羞、欢乐、恩爱、紧张、急躁等不同的心情。每当"娘娘出宫"（套路）时，列队走成圆形，甩头冠子带队，公子串队走，鼓点密集，节奏加快；"逗桥"是最精彩的环节，每个人不间断地走桥，膏药从中逗趣，搞破坏，过桥的角色相继痛打膏药，最后成功过桥；"卧车"是

---

① 此资料来源于访谈。访谈人：毛巧晖、王晴等；被访谈人：里二泗村村民韩德成；访谈时间：2018年7月30日；访谈地点：里二泗村民委员会文化活动室。

② 《中国民族民间舞蹈集成》编辑部编：《中国民族民间舞蹈集成·北京卷》，中国ISBN中心1992年版，第763页。

表现小车掉到泥里面，车带瘪气了的套路，膏药这时候非常着急，请求其他角色一起来把车拖走，成功解救后公子四人更加欢喜，步调雄健有力，诙谐幽默，逗人取乐。①

小车会角色丰富，有膏药、甩头冠子、公子、大眼袋、媒婆、傻柱子、傻丫头、打锣人、拉车人、坐车娘娘、推车老人等十七个角色。有时根据故事情节，增加猪八戒、小媳妇、老汉背妻、小毛驴、赶驴人、算账先生、挑担人、"帮车的"等角色，可安排二十六人同时表演，外加鼓乐队五人（或童男童女）。

甩头冠子：头戴甩头帽、身穿花色衣裤、手把羽扇摇，冠子头上转，打旋风脚，绕场跑几圈。

公子：头戴公子帽、身穿大袍（红、绿、粉、紫）——白色内衣、白色裤、中腰加带、下穿红色高马靴、手拿各种配色扇。紧靠甩头冠子，舞动扇子，鹞子翻身，扫堂腿。

老太太：排在公子后边，左手拿手绢、右手持烟袋，脚穿花布鞋，耍大烟袋，卧鱼叼花。

媒婆：打扮成中年妇女，排在大烟袋的右侧，头戴老太太花帽、身穿老太太上衣、花裤子，手拿大烟袋、脚穿花绒鞋。

傻柱子：排在大烟袋后边，头戴立天锥小帽，手拿一根小辫儿，身披褡裢，脚穿破鞋。

傻丫头：排在傻柱子右侧，头上梳两个高低大小不均的小辫儿，上穿花衣，下穿色彩不一致、长短不齐的花裤，脚穿花鞋，串行逗趣。

打锣人（两人或四人）排在拉车人的前边，头戴花冠、身穿彩衣、腰间围肚兜，手拿小铜锣一个、脚穿花鞋。

童男童女：穿娃娃服装，在拉车人前面走，有时在小车两侧，有时

---

① 李吏、戴立军主编：《不能隔断的记忆》，大众文艺出版社2010年版，第180—182页。

可车上坐，中腰系大绸带，两手抖起。拉车人身穿彩服，头戴花冠、脚穿花鞋。

坐车娘娘：头戴娘娘头饰打扮，身穿彩服、后披肩，右手拿彩扇，左手拿手绢，下穿花裤和花鞋。

推车老人：老头打扮，头戴草帽、脸上胡须、中腰系腰带、下穿老头鞋。

膏药：头戴花顶帽、左手拿摇铃、右手拿幌子，身穿有黑圈土黄上衣，脚穿黑色鞋。翻身，倒立打走，鱼行，倒立叼花，前后空单腿悬空跳越，蝎子钩。

里二泗小车会表演伴有唱词唱腔。歌词曰：

  锣鼓咚咚敲起来，娘娘坐车有安排。
  先看风景再上庙，敬完神灵回家宅。
  什么好吃口难开，什么草儿无风动起来？
  什么草儿低头笑，什么花儿对着太阳开？
  樱桃好吃口难开，跳舞草无风动起来。
  含羞草低头笑起来，向日葵对着太阳开。
  什么鸟儿穿青又穿白，什么鸟儿穿青又挂彩？
  什么鸟儿来人喳喳叫，什么鸟儿来人尾巴展开？
  喜鹊穿青又穿白，乌鸦穿青又挂彩。
  鹦鹉来人喳喳叫，孔雀见人尾巴展开。
  什么鸟穿十样锦，什么鸟穿蓑衣来？
  什么鸟会讲话，什么鸟唱起来？
  金鸡穿着十样锦，麻雀穿着蓑衣来。
  鹦鹉学舌会说话，画眉开口唱起来。
  鼓对鼓、锣靠锣，新媳妇孝敬公和婆。
  月亮围着地球转，牛郎织女靠天河。

朝顶进香娘娘庙，莫忘回家孝敬公婆。①

现在会首韩德成有时根据流行歌曲的曲调，改编歌词，融进一些小故事，创作新的表演唱词：

爷爷那年才十八呀！奶奶的花桥就抬进了家。娶亲那天我没赶上呀，爹爹他也不知在干啥？只听那锣鼓敲得那个响呦，红蜡烛映红了红窗户。爷爷喝醉啦，奶奶哭哑啦，后来就有了爹，爹就娶了妈。再后来就有了我们这群娃呀，艰苦奋斗创造了这个家！②

小车会表演程式性极程。其程为："第一段，表现平路推车的情景；第二段则是突出人物性格的表演。丑婆子扭扭捏捏极力显示自己的精明与泼辣；丫鬟则喜笑颜开、天真活泼，表现聪慧纯真的性格；推车人时而步履沉重，时而健步如飞，表现豪爽憨厚的人物特点。第三段，丫鬟与推车人互相挑逗，丑婆子百般阻拦，三人动作夸张，节奏紧凑，场外伴奏加强力度，把整个舞蹈推向高潮。"③

里二泗小车会的传承人为徐克千（1926年生）、齐瑞华（1935年生），两位老人都已去世。现在，里二泗小车会有人员二十余人，年纪最大的有八十多岁，最小的四十多岁，会头（小车会的组织者）有韩德成、张子珍、王淑琴。里二泗小车会曾到过二十多个村镇演出、参加了奥运圣火传递、奥运会开幕式和闭幕式、通州小吃节、三义庙、顺义花会比赛等活动。现在的小车会每年正月十五元宵节时，在佑民观前演戏酬神，

---

① 北京市通州区文史和学习委员会编著：《漕运古镇·张家湾》，团结出版社2014年版，第300—301页。

② 引自2018年7月30日采访时韩德成时现场表演录音整理资料。

③ 孙连庆编著：《北京地方志·古镇图志丛书·张家湾》，北京出版社2010年版，第116页。

正月初一至初五，在通州东关大桥的运河文化庙会表演，小车会表演短则三十分钟，长则一个半小时，表演套路可以随机变换，非常自由。里二泗小车会在2009年已被认定为"通州区非物质文化遗产代表性项目"。

二、小车会的组织形式

"推车的、坐车的、拉车的、打锣的、媒婆什么的我都上，缺哪个角儿我上哪个，什么都得会。"①会首韩德成是小车会表演的组织者，也是责任人，表演时角色全了他就不上场，把机会让给队员们，如果人不够，缺哪个角他就补哪个角。小车会的排练、组织管理、收徒、演出等大事小事都是他在负责。"我管大队的文化生活，兼管小车会的传承，文化演出由我负责这事儿。"②除了小车会，他还讲相声、说快板、主持婚庆、弹钢琴等，多才多艺，带着家人一起参加各类艺术演出。"我双胞胎兄弟是朝阳区吉祥里文化团的团长，老头老太太年轻小伙都有，百十来号人，上外边演出去。我上香港，2017年，华人演出，我和兄弟说相声去。""我拉动我们全家都干这个。我们家一共四口人。姥姥100岁死的，丈母娘96岁，母亲喜欢唱《解放卢沟桥》，我媳妇也会敲锣。"③韩德成讲述了小车会成员之间的关系与小车会的组织形式。小车会队员们见面，还有特别的招呼方式：

"我出去见到我四大爷，不喊'四大爷'，喊'四丫头'，为什么呢？因为他在小车会里面扮演'傻丫头'这个角色，见面时联想到小车会扮演的角色，也习惯了，干脆直接把我四大爷喊'四丫头'或'傻丫头'

---

① 此资料来源于访谈。访谈人：毛巧晖、王晴等；被访谈人：里二泗村村民韩德成；访谈时间：2018年7月30日；访谈地点：里二泗村民委员会文化活动室。

② 同上。

③ 同上。

了。还有碰到喊'傻柱子''傻丫头''臭膏药'的,他们的孩子孙子也都在,但是这些孩子不会知道他长辈以前扮演过什么角色。""我根据以前老人见面的招呼方式,以及从小耳濡目染的观看经历,通过相互介绍,在八几年的时候,我开始把小车会拾起来了,行头、拉车的、扭的都弄过来了。"①里二泗小车会之所以独特,"是因为与地方民众刻意地创造和传承其民俗事象的特殊动机有关,而且与他们对于自身生活状态的理解和他们表达的习惯有关"②。庙会以及构成庙会的民间花会"对于表达当地人的历史经验、生活经验是一种重要的解释工具,是他们所共认的一种话语,所以他们才共同参与这种文化的传承"③。

韩德成自幼生活在里二泗村,他有着多重身份:不仅是民间花会的会首,同时也是念过书的文化人、村委会宣传部成员、党建活动组织者、老党员,可以说是里二泗村的"乡贤"④。

三、小车会的现代传承

村落是民众共同居住、生产、生活的"实体空间",但张家湾地区由于社会变迁,这一带大量外来人口涌入,本地原住民移居北京城内或通州城区居住,生活空间的传统格局被打破,随着地缘的割裂,邻里、家

---

① 此资料来源于访谈。访谈人:毛巧晖、王晴等;被访谈人:里二泗村村民韩德成;访谈时间:2018年7月30日;访谈地点:里二泗村民委员会文化活动室。

② 刘铁梁:《地方社会的建构与地方民俗文化的创造——北京三个区民俗调查的视角》,《民间文化论坛》2007年第1期。

③ 同上。

④ "乡贤"是地方文化的权威,拥有良好的社会关系,是乡村文化建设的先行者。近年来学界关注乡贤对于乡村文化治理、建设的意义。如,赵秋丽、丁永宏:《重构"乡贤文化"改善乡村治理——山东邹城市唐村镇深耕传统文化助力乡村建设调查》,《光明日报》2018年1月4日。

族等传统村落的人际关系亦发生变化，小车会亦"日益失去其原有的狂欢文化精神"。

花会组织的维系、人员构成、文化传承；周期性的社区汇演、营利性的红白喜事和商业演出、公益性文化表演；政策法规的约束、现代文明的冲击、城乡一体化的影响等。日常生活的世俗空间与节日仪式的神圣空间形成了一种不可避免的断裂感，此外花会组织还面对着繁杂的日常事务，会首的压力可想而知。

小车会表演面临着传承的困境。以里二泗小车会为例，师傅们平均年龄为62岁，表演时身体的酸痛不断提醒着他们衰老的现实，师傅们希望能将小车技艺传承给年轻一代。"坐车娘娘"的扮演者是位50岁的女性，她的孩子从小随她参与小车会，参与过2008年奥运会的小车会表演，也去顺义参加过花会比赛，但现在孩子上了大学，没有太多时间回来参与小车会的活动了。小车会的传承，首先是面临着传给谁，谁愿意学的问题。村里的年轻人都出去上学、打工，老一辈人留在村子里平时就帮着年轻人带孩子，空闲时间才能参与村里的活动。其次是资金问题，小车会的排练和演出，很少有报酬，都是自愿来排练，自愿演，自己购买服装和道具，以前各村相互比赛、竞争，大家都有很高的积极性，但现在比赛、演出都少了，一年就活动一两次。

会首韩德成希望小车会的活动再多一些，邻乡相互比拼，看谁的表演更精彩。现在只有每年正月初一到初五、十五这几天的庙会上才有小车会的表演，文献资料中的"四月四""五月初"等"仪式时间"早已失效，"如果有小车会竞赛，气氛就会活跃起来，张家湾各村约十个的小车会可以在相互比拼的过程中，发散创新思维，共同进步，打造个性化的小车会表演。"[1]

---

[1] 此资料来源于访谈。访谈人：毛巧晖、王晴等；被访谈人：里二泗村村民韩德成；访谈时间：2018年7月30日；访谈地点：里二泗村民委员会文化活动室。

现在里二泗办庙会，向其他村的花会发出邀请，若同意前来，表演后要给予一定报酬。这与过去花会自愿拜娘娘，演戏酬神不同。花会的报酬从茶棚的供粥到小米又演化为现金。外村花会到达，韩德成会带领小车会去村东头国道旁迎接，表示客气，用韩德成的话说就是"姑奶奶回娘家还不客气点"①。失去了民间信仰内核的花会逐渐成为了仪式庆典活动上的表演团队，权力政治对民间技艺或明显或潜在的影响，以及庙会的功利化趋向，使花会自身所具有的狂欢精神消失了，剩下的只是权力政治的地方性表述，还有就是民间纯粹金钱欲望的仪式化追求。乡土社会中的草根意识的非理性情感因素都正在日益理性化，或者纳入主流意识形态的规范话语之中，满足于人们日益迫切的资本欲望。小车会狂欢精神的消失，不能仅仅局限于其展演过程，在中国当下的文化情境中，表演时内在的狂欢精神不见了，我们可以看到现代的各种交流方式"传递着人们的资本想象"，那些"由权力政治、资本、大众传播媒介等不同资源共同支配下建构起来的宏伟场景、热闹非凡的景像"，撕裂了人们对于神圣空间的幻想，如今的小车会被"权力政治、资本以及地方性文化等资源之间的共谋抽空了内在的精神实质。"②

社会的转型，必然有导致文化转型的变异因素产生，破坏已有的民俗惯制，但"传统并没有真正的消失，而是经过新的冲突、新的刺激、新的融合来进行延续与再生"③。因此，我们对小车会在当代建构中继续传承、在社会发展中继续前行充满信心。小车会中蕴含的地域文化性格并没有根

---

① 此资料来源于访谈。访谈人：毛巧晖、王晴等；被访谈人：里二泗村村民韩德成；访谈时间：2018年7月30日；访谈地点：里二泗村民委员会文化活动室。

② 刘晓春：《仪式与象征的秩序——一个客家村落的历史、权力与记忆》，商务印书馆2003年版，第220页。

③ 钟宗宪：《民俗节日氛围营造与文化空间存续》，中国民俗学会、北京民俗博物馆辑：《传统节日与文化空间——东岳论坛国际学术研讨会专辑》，学苑出版社2007年版，第55页。

本转变，其中存续的集体记忆、地方文化仪式与象征意义在当今社会依旧能够在当下的历史情境之中为我们提供一个稳定不变的意义框架。

里二泗小车会在我国非物质文化遗产保护工作大力推进的情况下，抓住机遇，2009年申请了"通州区非物质文化遗产"，《不能隔断的记忆——北京市通州区非物质文化遗产保护名录》①对里二泗小车会做了详细全面的描述。里二泗小车会会首韩德成，也成为了区级非物质文化遗产代表性传承人，每年都要向文化馆汇报一年的非遗工作。现在每年正月初一至初五，里二泗小车会在运河文化庙会上进行表演，届时通州有一批摄影爱好者们会聚集到庙会上，捕捉小车会动人的舞姿。有的摄影者拍了小车会的照片，还获了大奖，将照片赠予小车会留存。

花会未来发展与村落紧密相连，它基于村落、社区的生产与生活空间，即"比较完整的生产和生活领地""市场化条件下获得集体致富的发展机遇"，②以及政府和资金的支持。更进一步说，花会需要集中精力提高技艺水平，深挖传统文化底蕴，以便在当今的社会经济结构中实现良性循环。

第四节　张家湾与红学文化

张家湾因运河而闻名，"为潞河（即北运河）下流，南北水陆要会也。自潞河南至长店四十里，水势环曲，官船客舫，漕运舟航，骈集于

---

① 李吏、戴立军主编：《不能隔断的记忆》，大众文艺出版社2010年版。

② 刘铁梁：《村庄记忆——民俗学参与文化发展的一种学术路径》，《温州大学学报》（社会科学版）2013年第5期。

此。弦唱相闻,最称繁盛"[①]。永乐年间设"通济仓",为储粮官仓。其四面环绕凉水河、玉带河、萧太后河,交通便利,亦是京师物资供给的重要水运码头。地处便利,自然形成繁盛的贸易场所,云集各地客商,城内有山西会馆、高丽庙以及祭祀妈祖的庙宇等。之后随着城市发展,张家湾旧城废圮,20世纪90年代仅余南门城垛。[②] 它在社会公共领域与《红楼梦》勾连在一起,更多缘起于"曹雪芹墓石"的发现。

一、"曹雪芹墓石发现"争论

1992年7月31日《北京日报(郊区版)》刊发张文宽、焦保强《张家湾镇发现曹霑墓碑,墓碑证明:曹雪芹葬于通县》的报道。之前红学家冯其庸已经到通州勘查。据冯其庸《雪芹墓石目见记》所述:

> 1992年7月23日,邓庆佑同志告诉我:端木老的夫人钟耀群同志打电话找我,说在北京通县发现了曹雪芹的坟墓和墓碑,希望我能去看看,看是否可靠。
>
> 我闻讯之后,当然十分重视,立即与钟耀群同志通了电话,果是如上所述。关键问题是要去实地调查,目验实物,经过多次与通县联系,确定25日去通县张家湾。
>
> 25日清晨,我与庆佑一起先进城接了钟耀群同志。革命博物馆周永珍同志是我们的联系人,她又是张家湾人,对情况熟悉,由她领着我们一行四人于九时半出发。
>
> 对于张家湾我是比较熟悉的。70年代后期,我因编著《曹

---

① 〔明〕蒋一葵:《长安客话》卷六,北京古籍出版社1982年版,第130页。
② 贺海:《水泊古镇张家湾》,《北京晚报》1992年8月21日。

雪芹家世·红楼梦文物图录》，曾多次到张家湾调查，拍摄资料。可当时并没有听到一丝一毫关于曹雪芹的坟墓的消息，现在突然冒出来这么一个大消息，当时我确有点震惊。但很快从我脑子里冒出来另一种思考，觉得张家湾确实与曹家有关，不像是无根之谈。①

8月26日史树青、傅大卣确认"碑是真的，没问题"。但在"曹雪芹墓碑发现鉴定会"上意见分歧，当然其核心就是"真"与"假"。后围绕这一论题的讨论结集为《曹雪芹墓石论争集》，涵括了"论文"22篇、"墓石发现经过"7篇、"报导·综述"16篇、"文献资料"23篇、"追补"2篇等。从参与者而言，如冯其庸、史树青以及身居海外的唐德刚等学者专家讨论自不多言，但还有发现者李景柱，发掘过程的撰写者（以"张家湾镇政府"名义撰写）等。

因为《红楼梦》的影响，此消息迅速在全国乃至世界传播，8月1日张家湾镇政府召开"曹雪芹墓碑发现鉴定会"，对于发现的"曹公讳霑墓"墓石进行鉴定讨论，8月16日冯其庸在《文汇报》撰文《曹雪芹墓石目见记》，《北京晚报》8月27日和28日刊发《"曹公讳霑墓"刻石为墓志》《红学家冯其庸在上海〈文汇报〉撰文改变曹雪芹卒年"癸未"说》，《人民日报》《光明日报》亦刊发《曹雪芹究竟生在哪里？葬在何方？》《曹公墓碑真假难辨　红学研究再掀波澜》等报道。②"一石激起千层浪"，《红楼梦》又因一块石头引起了全国乃至世界的关注。

---

① 冯其庸主编：《曹雪芹墓石论争集》，文化艺术出版社1994年版，第8页。
② 《曹雪芹究竟生在哪里？葬在何方？》，《人民日报》1992年8月7日；《曹公墓碑真假难辨　红学研究再掀波澜》，《光明日报》1992年9月19日。

二、张家湾与《红楼梦》文化空间的契合

目前的张家湾古城已经改造为新型居民社区,但是在文献记载与民众口传中,与"红学"契合的文化空间主要有:

(一)曹家当铺与六百亩典地

《红楼梦》与运河文化的探索一直受到红学研究的关注,但大多着眼于扬州、金陵(南京)等,如赵维平所撰写的《明清小说与运河文化》①,阐述了《红楼梦》文本中通过贾家接圣驾,王熙凤回顾自己接驾的辉煌,描绘了金陵的繁华,对于林如海的政务、家史的书写则写出了苏州、扬州的辉煌。而这些都处于运河沿岸,《红楼梦》中描绘的城市与繁荣的贸易、发达的都市文明紧密相关,因此曹家应该在繁华的都市、码头,张家湾恰是如此。明代《士商类要》一书中"水驿捷要歌"唱道:"试问南京至北京,水程经过几州城。皇华四十有六处,途远三千三百零……河西和合归潞河,只隔京师四十路。逐一编歌记驿名,行人识此无差误。"②"和合与潞河"指的是通州的和合驿与潞河驿。据明《寰宇志》卷一载:从河西水驿"一百里至和合水驿,一百里至通津水驿,四十里至北京会同馆"。③清《嘉庆重修一统志》卷九也说,"在通州东南三十五里,旧名合和驿,以白榆浑三河合流而名,明永乐中置,万历间移置张家湾,改今名,今有驿丞。"④和合驿当时设在西集和合站村,据

---

① 赵维平:《明清小说与运河文化》,上海三联书店2007年版。

② 〔明〕程春宇辑、杨正泰点校:《士商类要》,引自杨正泰撰:《明代驿站考增订本》附录3,上海古籍出版社2006年版,第322页。

③ 〔明〕官撰、杨正泰点校:《寰宇通衢》,引自杨正泰撰:《明代驿站考 增订本》附录1,上海古籍出版社2006年版,第161页。

④ 中华书局编辑部编:《嘉庆重修一统志·中国古代地理总志丛刊》,中华书局1986年版,第396页。

史书所记，那时的和合站村在漷县东南三十里，距通州城七十里（按运河水路计算）。当时和合驿位置重要，人员也多。明嘉靖《通州志略》记载：有粮盆站船十只，甲夫一百名。铺陈、什物各十副。后改拨站船六只，甲夫五十一名。铺陈、什物各六副。丁盆馆夫二名，总计人数一百五十三名。①"当时战血有余腥，白土经年草不青。留得遗民几家在，夕阳村里掘芜菁"②描述了当时的悲壮情景。明代万历四年（1576年），和合驿由今西集镇和合站移置张家湾栅栏处，设一名驿丞管理驿夫、驿马、上隶通州衙署。主要负责传递军国大事，清康熙三十四年（1695年），通州城东潞河驿迁此合署办公，利玛窦三过张家湾均住此处。曹家当铺亦在此处。曹𬱃家产，"所有遗存产业惟京中住房两所，外城鲜鱼口空房一所，通州典地六百亩，张家湾当铺一所，本银七千两。"③曹家当铺位于张家湾城南门内花家胡同东口，据清宫档案所述：入南门、走百步，有曹家当铺。④"这里有进京古道，临街店铺，座商600家，摊商无数，旗幌相接，灯火无夜，堪称闹市。"⑤

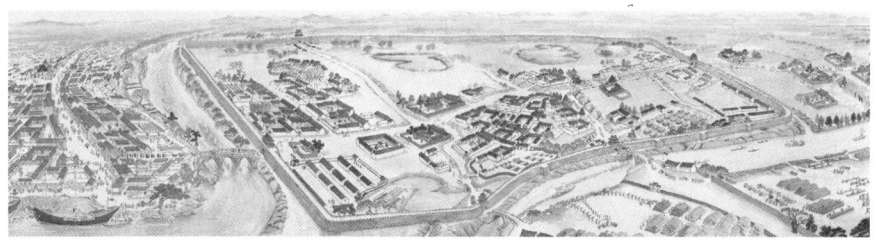

图4-8 漕运古城张家湾全图，曹志义提供

---

① 〔明〕杨行宗纂辑、刘宗永校点：《北京旧志汇刊：（嘉靖）通州志略》第2册，中国书店2007年版，第56页。

② 张琦：《合和驿南望弥望皆白土》，引自宁波市鄞州区政协文史资料委员会整理：《甬上耆旧诗》，宁波出版社2010年版，第172—173页。

③ 李煦奏折，收藏于北京市通州区张家湾镇博物馆。

④ 引自曹志义所提供资料《张家湾镇恢复"古城""红学""漕运码头"项目可行性分析报告》，特此致谢！

⑤ 冯其庸主编：《曹雪芹墓石争论集》，文化艺术出版社1994年版，第105页。

曹雪芹祖父曹寅、父曹頫，官任通政使，掌管江宁织造数十年，家境富裕，其在张家湾开当铺当属情理之中，与前文冯其庸所述，张家湾与《红楼梦》有着联系。曹家当铺的出现与当时处于第一码头的张家湾经济、文化地位有关，随着19世纪中期清帝国的衰落，特别是作为发达文化的欧洲文明的入侵，以张家湾为代表的"河运"被陆路（铁路）运输替代，通州的京城东大门位置渐趋消逝，张家湾更是迅速凋敝。20世纪60年代，随着经济的改造，曹家当铺成为张家湾第六生产队队址及饲养室，后来八九十年代临街铺面拆建，它成为张家湾派出所和人民银行张家湾营业所等。"曹家当铺"的文化变迁，成为这一地域"历史叙事"的重要参照。据曹志义所撰写的曹家当铺资料提道：张家湾当铺资本甚厚，临街铺面三间，后有库房，宿舍数间，是一小四合院，树荫笼罩，门前有几步石阶，很是讲究。曹雪芹若走水路南去北归，可能在此小住一时。曹頫获罪被抄，当铺关闭易主。至清末，京汉、津浦铁路修通，漕运中止，张家湾不如前盛，当铺处也渐被民房所占。

张家湾有一块不知墓主的冢地，曹雪芹的墓碑就出土在这块冢地里。据仍在世的看坟人张家湾村民徐瑞和已故的高力庄看坟人之孙王法明讲，流经张家湾的萧太后河两岸过去是旗人墓地。徐家看的是自家祖上坟地，王家看的是京城里的周家坟，唯岸北两家所看坟地中间的六百亩坟地不知其主。此地因近邻楼子庄、高楼金村，花庄，素有"坐楼观花，风水宝地"之说。据高楼金村69岁的王刚和88岁的王金讲，此处是曹家坟。①

（二）《红楼梦》中的街巷、寺庙在张家湾的实景投射

据通州文物管理所所长周良进一步考证《红楼梦》中的花枝巷、葫芦庙、铁槛寺、馒头庵、栊翠庵以及地藏庵、玉皇庙、达摩庵在古城张

---

① 北京市通县张家湾镇人民政府：《关于曹雪芹墓碑的发现经过》，《运河》1992年第3期。

家湾的文化空间中都有投射。

《红楼梦》第六十四回描述了贾珍、贾蓉、贾琏商议将尤二姐安顿在"小花枝巷"内一所房子,"不过几日,早将诸事办妥。已于宁荣街后二里远近小花枝巷内买定一所房子,共二十余间"①。而"花枝巷"就在张家湾南门内西侧的第一条胡同,曹家当铺也在这条巷子。这条巷子里曾经还有染房、盐店等。

图4-9 拆迁前的花枝胡同

拍摄者:曹志义;拍摄时间:2009年9月30日;拍摄地点:花枝胡同②

"葫芦僧乱判葫芦案"中贾雨村寄住过的葫芦庙,《红楼梦》中曾多次提到,如第一回"这士隐正痴想,忽见隔壁葫芦庙内寄居的一个穷儒——姓贾名化、表字时飞,别号雨村者走了出来"③。第四回:"那门子笑道:'老爷真是贵人多忘事,把出身之地竟忘了,不记当年葫芦庙里之事了?'"④张家湾城内曾经有葫芦庙。此外,"王熙凤弄权铁槛寺,秦鲸卿得趣馒头庵","是日,丧仪炫耀,宾客如云,自铁槛寺至宁府,夹路

---

① 〔清〕曹雪芹:《红楼梦》,人民文学出版社1982年版,第924页。

② 图片由曹志文提供,特此致谢!

③ 〔清〕曹雪芹:《红楼梦》,人民文学出版社1982年版,第11页。

④ 同上书,第58页。

看的何止数万人"①中的铁槛寺、馒头庵,妙玉和惜春修行的栊翠庵等张家湾亦有这些寺观庵名。在笔者的访谈中,曹志义能大致说出它们的位置与方向,有些是他儿时或青年时本人亲自的经历,有些则是他从当地老人讲述中所了解。

三、地域景观与"文化展示"②

《红楼梦》是一部百科全书式的作品,"一千个读者就有一千个哈姆雷特",阅读红楼者亦如此,解读更是言人人殊、莫衷一是。"民俗实践的核心是认同(identity)的构建和维系,民俗研究的核心是对认同的研究;因为群体认同的核心是共享的民俗,并且对此共享的民俗的认同也构成不同群体互动和新传统形成的驱动力。"③张家湾古城已荡然无存,仅存的萧太后河上的古桥和南门城垛已经成为文物,作为"遗产"成为古城"物"的叙事。在这一古老的"物"的场域,其原初"城"的功能已经消解,但成为当地老人"讲古"的叙事空间。在地域叙事中,"花枝巷""曹家当铺"成为张家湾古城地理空间的折射。"花枝巷""曹家当铺"的文化变迁,成为这一地域"历史叙事"的重要参照。从全球文化的交流,地域空间改为了时间序列分布,即费边所说,"空间分布转化为时间排列"④,即西方成为先进"文明"的代表,中国及其他古老文明被纳入"半开化"文化体系。20世纪60年代和80年代社会主义经济的转

---

① 〔清〕曹雪芹:《红楼梦》,人民文学出版社1982年版,第907页。
② 〔英〕贝拉·迪克斯:《被展示的文化:当代"可参见性"的生产》,冯悦译,北京大学出版社2012年版。
③ 张举文:《民俗认同:民俗关键词之一》,《民间文化论坛》2018年第1期。
④ 〔德〕约翰尼斯·费边:《时间与他者:人类学如何制作其对象》,马健雄、林珠云译,北京师范大学出版社2018年版,第2页。

型，它也成为当时历史的"典型文化"表征，21世纪之后张家湾的古城不复存在，"曹家当铺"作为地域叙事的文化符号留存。曹家坟亦如此，从清代以来传承的当地看坟人，口传讲述无主坟地，李景柱等村民在"1968年冬，平整土地大会战。张家湾村负责萧太后河以北，花庄以南一线"施工到曹家坟一带，发现了"曹公讳霑墓——壬午"的一块青色基石，但当时并不为人知，只是到了"张家湾人民公园"建设时期，它要承担地域文化叙事，随即进入公众视野。在当地民众的叙事与表达中，并非出于历史、考古，而在于表述《红楼梦》中的文化空间与张家湾的重合，同时也在叙述他们的"文化事实"——运河明珠张家湾。从《红楼梦》文化空间表达码头张家湾的水路"繁华"以及"先有张家湾后有北京城"的文化辉煌。这是他们所追诉的"意义"，同时也在凝铸地域的"文化传统"。

2015年是曹雪芹诞辰三百周年，红学界举办学术研讨会从而纪念曹雪芹。学术研讨与民众日常生活无关，但是为了纪念曹雪芹，学术表达上他又与张家湾有着紧密的关系，当地在萧太后河两岸打造了"红楼文化"景观。曹雪芹像、归梦亭、展示红学文化的"绿色走廊"等，以曹雪芹像尤为醒目，这一塑像并非学术意义上的"事物"，而转化为当地民众的"文化标志"，他们对于曹氏更多口传叙事中人物传说的表达，对于围绕他而形成的"当铺""井""死亡场域——坟园"等，他成为当地文化叙事的"核心"。笔者2018年多次到张家湾调查，在新建的张家湾居民区，民众的公共场域小区广场两侧陈列着红楼故事、红楼文化的普及展板，对于这些我们并未探索它的文化源起，而是关注它们在民众文化逐渐凝铸的"传统底色"。对于文化建构的质疑，霍布斯鲍姆（Eric Hobsbawm）早已回应，传统不是古代流传下来的不变的陈迹，"表面看来或者声称是古老的'传统'，其起源的时间往往是相当晚近的，而且有时是被发明出来的"，"'被发明的传统'意味着一整套通常由已被公开或私下接受的规则所控制的实践活动"①,艾哈迈德·斯昆惕(Ahamed Skounti)则论述了"当前,我们正处在人类历史上的一个转折性时期,充满不确定因素。自古以来,人类从未像今天这样动员起来并充满热情地保护过去的遗产,特别是在不同社会间大范围接触和对资源进行以消费为导向的过度开发的背景下。这种遗产保护意识的产生有一个先决条件,即'地方性的生产'(production de la localité,Appadurai 1996)及其模式与机制的转变;同时还造成了一个代价,即在周围一切或几乎一切遗产都消失的时候,感到惊恐的人们才去寻找坐标(repères)和里程碑(bornes),以维系他们陷入剧变中的命运。正是在这种情况下才出现了遗产的生产,不论是遗址、文物、实践或理念;这种遗产的生产能够恰如其分地被视为一种'传统的发明'。"②民俗恰是民众日常的实践活动,它与从前人们关注的"种族""民族"认同不一样,其核心指向是文化建构的"群体",也就是邓迪斯所论述的新的"民"的概念,"个人的经历永远只是一种受限的共同的生活"③。张家湾的红楼文化叙事与景观,不关注《红楼梦》的考证、争论,而重在本地域"我者"叙事的建构与形成。因此对于张家湾而言,在红楼文化的地域叙事与文化景观建构过程中,它也在形成当地新的认同。

2007年修改的《国际博物馆协会章程》将博物馆工作对象外延到非物质文化遗产,"明确指出博物馆要成为保护、研究、传播、展示非物质

---

① [英]E.霍布斯鲍姆、T.兰格:《传统的发明》,顾杭、庞冠群译,译林出版社2004年版,第1—2页。

② [摩洛哥]艾哈迈德·斯昆惕:《非物质文化遗产及其遗产化反思》,马千里译,巴莫曲布嫫校,《民族文学研究》2017年第4期。

③ [法]茨维坦·托多罗夫:《共同的生活》,林泉喜译,华东师范大学出版社2017年版,第2页。

文化遗产的积极力量"[①]。张家湾博物馆是中国第一个镇级博物馆,其建筑规模与陈列技术都处于前列,其布展、策划者主要为曹志义。曹志义出生于张家湾镇张湾村,他在笔者的访谈[②]中讲述了博物馆的建造过程,从2014年筹备建设,其原型为"张湾村村史馆",后认为"运河文化""古镇文化""红学文化"为这一地域的主体,运河文化重在图片和文献展示,博物馆的造型也与船帆结合,当然还有一些实物展示,古镇文化重在张家湾的古地图及周良考证的古镇文化,尤其是张家湾城布局、文化标志成为《红楼梦》地域叙事的再现,特别是一些典型景观,如"曹家当铺""花枝巷""小花枝巷",以及独特景观"三桥夹一庙""三庙夹一桥"等。在博物馆中与红学有关的大量实物、视频、音频资料共同叙述着当地民俗精英眼中的"红学文化"。张家湾小区陈列的文化展板、曹雪芹像等文化景观、博物馆的"红学文化"之集中展示,共同塑造了"红学文化之乡"的文化底色,亦浇筑了新型社区的共同"文化记忆"。

第五节 皇木厂的"漕运"记忆

明永乐四年(1406年)为营建北京皇都,朝廷派遣大批官员去云贵、巴蜀、湘赣、闽浙、秦晋、鲁豫等地区采伐珍贵木料、嘉石等建材,且于五年(1407年)将所采征建材沿大运河

---

① 朱莉莉:《非遗公众活动:强化博物馆非遗传播效应的思考——以南京博物院非物质文化遗产馆为个案分析》,《民族艺术研究》2018年第5期。

② 2018年7月至8月笔者与中央民族大学硕士生王晴、中国艺术研究院艺术学专业硕士生李梦婷、洪运涅、贾茜多次前往张家湾调研,对曹志义先生进行访谈,很多内容表述来源于访谈,特此致谢。

运至此处存放保护，工部同时设置有皇木厂、花板石厂，户部于此设置有上、下盐厂。明武宗还曾于此设有皇店（江米店）。建材于此加工再陆路转运入北京各皇家建筑工地，而食盐要销往三北地区甚至远达乌兰巴托或莫斯科，必用骆驼运送，因而于此设有骆驼店。于是，皇木码头与厂、花板石码头与厂、盐码头与厂以及皇店、骆驼店等管理和服务设施，逐渐形成了几片独立区域。此况一直延续到清嘉庆十三年（1808年）北运河改道。①

图4-10　大运河——花板石厂及上、下盐厂遗址
拍摄者：王京；拍摄时间：2019年1月7日；拍摄地点：皇木厂村

大运河石碑（如图4-10）上记载："明永乐年间，明成祖诏建北京城，从山东、河南一带山区开采花板石，沿运河运至通州张家湾码头附近设厂，存储并加工，用于北京宫殿建设。1998年在村南施工建设时，发现当时40余块大小不等方形石毛料遗存，个别毛料一侧还存有开采时所留凿痕，也佐证了明建北京城所设花板石厂即在此处。盐厂遗址有两处，一处在张家湾皇木厂村东北古运河道西侧称上盐厂；另一处在皇木厂之

---

① 北京市通州区文史和学习委员会编著：《漕运古镇 张家湾》，团结出版社2014年版，第252—253页。

南元通惠河左岸称下盐厂。1998年在下盐厂施工建设中,发现旧时所用盐船跳板与排桩和3件巨大石权,均是运河文化遗存和重要载体。"①

最早的皇木厂设置在今皇木厂村西北部,明永乐年间为营建北京城池宫室而设置。主要职责是接收、转运从南方经潞河运来的城砖、金砖等,由工部直管。竹木抽分局也在今皇木厂村辖域内,明永乐年间设置,主要职责是按照数量、长短、宽窄、薄厚,征收南方商运的竹、木、板、片税金,上隶大通关。

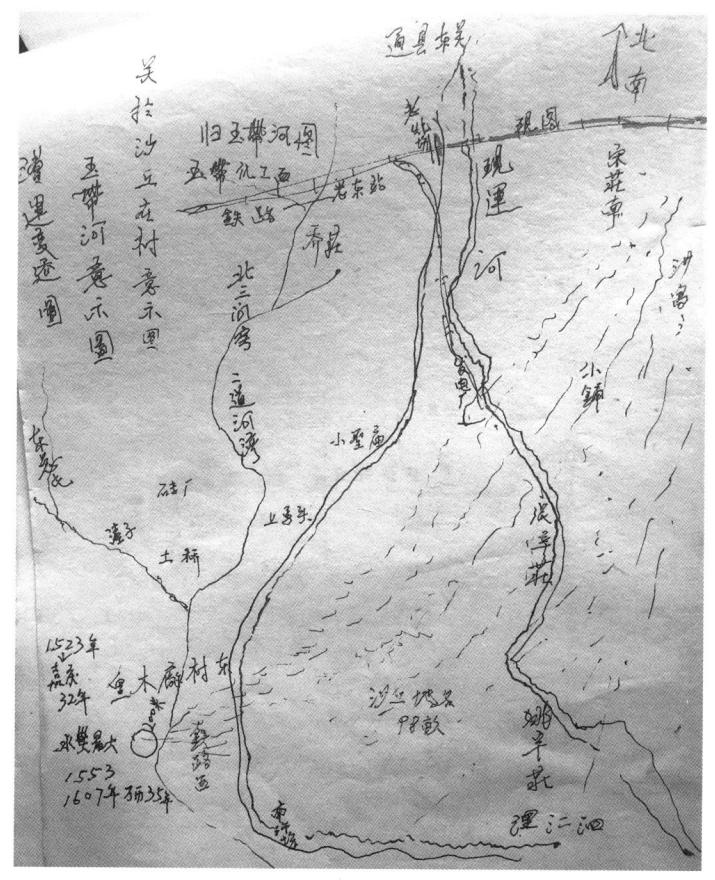

图4-11 1997年前皇木厂村平面示意图(李树德绘制并提供)
拍摄者:王京;拍摄时间:2019年1月7日;拍摄地点:皇木厂村

① 此资料根据石碑内容整理。

一、皇家木厂的漕运印记

漕运早已成为张家湾的历史，运河码头旧迹难觅，张家湾百姓的生活也发生了极大改变，不过古时漕运在张家湾北侧的皇木厂村留下了鲜明烙印，形成了独特的生活民俗。

皇木厂建成后至嘉靖七年（1528年），历时一百二十余年，京城官民乃至三北地区（东北、华北、西北）所用漕粮、海盐、茶叶、建材等物资，抑或北方牲畜、皮毛、山货等大宗商品，皆用舟船或驼队运抵皇木厂一带集散。其时，此地港湾码头舳舻蔽水，帆樯如林，驼队车队不绝于途，水陆交通、客货运输极一时之盛。

> 皇木厂一带河流纵横，沿岸河滩多为沼泽湿地，先民祖辈择吉，首选高坡台地营建宅屋，渐成聚落。村址有纵贯南北的条形土岗，长达600余米，及北齐长城遗址。成村之初，即建于北齐古长城旧址之隆起坡地上。迄明、清漕运繁盛之际，村域曾有多处码头与厂店，位置在张家湾镇皇木厂旧村址西北部、南部、元通惠河与古运河夹角处，这些地方是元代与明前中期皇家所设皇木厂、花板石厂、下盐厂等官营机构遗址。①

嘉靖七年（1528年）重修通惠河时将其河口改至通州，皇木厂一带航运作用退居其次。"漕运年代，通州和张家湾同为京杭大运河北端一个码头的两个部分，却在不同年代有着不同的分工，通州除了实现皇家码头的功能外，它还是地区性的政治、经济、军事、文化中心，被称为

---

① 北京市通州区文史和学习委员会编著：《漕运古镇·张家湾》，团结出版社2014年版，第252—253页。

'小燕京',而这些是张家湾所不具备的,在通州成为漕运码头以前,张家湾一直发挥着作用持续近250年。"① 至清嘉庆十三年(1808年)北运河改道,村域码头、厂库、店铺废弃,由盛转衰,形成几个居住点,依附张家湾。1935年,皇木厂、江米嘴、骆驼巷、小张家湾等7个自然村从张家湾析离,组成皇木厂行政村。

> 皇木厂现在已看不出当年作为壮阔的皇家木材存储地的原貌了,运河改道、居民密集,但原皇木厂遗址所遗存的巨大黄木,却是最好的历史见证,其不糟不朽,坚硬如铁,平放地上,对面二人相对竟不见面。②

皇木厂村中心屹立着一株古槐树,"树干直径达1.6米,树龄达600多岁,树旁碑刻记载:'永乐四年(1406年)至嘉靖七年(1528年),北京皇家建筑所用的珍贵木材沿大运河运到此存储,管理官吏在木厂周围植槐,今仅余此株……'"③ 村民李树华表示:"大槐树就是神树,村里人都相信。大槐树前有供桌,看你求什么了,你是求财啊,还是给小孩认干妈啊,求子,红绳不是随便系的"④。

---

① 孙连庆编著:《北京地方志·古镇图志丛书·张家湾》,北京出版社2010年版,第3页。

② 北京市通州区文史和学习委员会编著:《漕运古镇·张家湾》,团结出版社2014年版,第254页。

③ 周坤朋、王崇臣:《皇家码头张家湾》,《北京日报》"文化周刊·古都"2018年5月31日。

④ 此资料来源于访谈。访谈人:毛巧晖、王晴、王京、张歆;被访谈人:皇木厂村村民李树华;访谈时间:2019年1月7日;访谈地点:皇木厂村村民委员会老年活动中心。

图 4-12 步行街古槐树
拍摄者：王京；拍摄时间：2019 年 1 月 7 日；拍摄地点：皇木厂村

"据村民回忆，解放前皇木厂村数度驻扎军阀部队，曾多次欲砍槐为柴，皆因槐旁村民臧士印誓死拒伐，古槐始得存留。"[1] 来皇木厂参观的游客，一般都会去皇木厂的步行街参观大槐树（如图 4-12）。1985 年，古槐被北京市通县人民政府列为文物保护单位。2007 年被北京市园林绿化局定为一级古树，加以重点保护。每年文物管理部门和林业部门都为古槐施药、护养。

---

[1] 北京市通州区文史和学习委员会编著：《漕运古镇·张家湾》，团结出版社 2014 年版，第 256 页。

二、"漕运"消失与"生活"革命

明永乐年间,通惠河浅涩,不能行船。为修建北京城,经运河从南方运来的各种建筑材料在张家湾附近暂存,再转运北京。于是,这里逐渐形成了皇木厂、木瓜厂、盐厂、铜厂、砖厂、花板石厂等专用堆场,其中,皇木厂、木瓜厂和砖厂形成了居民聚落。①

原来皇木厂不是什么繁华的地方,由7个自然村组成,就是运河码头的仓储基地,三十多亩地,一小座一小座全是从南边采来的高级木材。因存放建造皇宫的木材,后来叫皇木厂。②

"明嘉靖七年(1528年)通惠河改道和潞河疏浚以后,南来的大米可以直达通州城下,于是,在通州城北又建起一座皇木厂,而张家湾的皇木厂基本停用,成为村落。"③现在的皇木厂村成为拥有几千人口的旅游度假村,灯火通明,繁华似锦,其功能也从"仓储"之地变成了"休闲"之所。如今,村内仍存留大量的历史古迹,现保存着建设北京城的巨大花斑石四十六块、运河古道遗址一百五十米,建皇宫、皇陵用的红丝印叶纹嘉石,官盐码头称盐用的石铨,"惜字局"石碑等。

解放前,村内有金刚庙、关帝庙、骆驼店、土地庙等古建。其中金刚庙、关帝庙最为庄严高大。村中有一尹家坑,东西走

---

① 孙连庆编著:《北京地方志·古镇图志丛书·张家湾》,北京出版社2010年版,第48页。

② 此资料来源于访谈。访谈人:毛巧晖、王晴等;被访谈人:皇木厂村民李树德;访谈时间:2018年8月6日;访谈地点:皇家厂村村民委员会。

③ 孙连庆编著:《北京地方志·古镇图志丛书·张家湾》,北京出版社2010年版,第49页。

向，长100余米，深约3米，将皇木厂南北中分。相传土桥村清代修建三宫庙，风水先生看中此地土净土沃，遂取用成坑。此坑东宽西窄，东宽20余米，西仅五六米。村域因之有坑南、坑北之称。此际村内曾流传一首顺口溜，描述村民聚落形状，曰："皇木厂两头尖，尹家风水土地看。村子不大七个名，四大三小七佛龛。"关帝庙、北土地庙、姜家、土地庙、古槐、李家古槐、北臧家、陈家胡同、马家胡同、赵家圈儿、南陈记、汪家园在坑北；金刚庙、刘家古槐、魏家古槐、南赵记、龙王庙、虹桥在尹家坑南。土地改革时，庙宇划为公产，后因建设办公设施、工厂、学校等需用砖石檩材，被陆续拆除他用。①

20世纪90年代，皇木厂进行改造，居民的居住环境、居住空间等发生变化；随着城市化进程，大量外来人口流入，"本村人口970人，外地人口560余人"。皇木厂村从其兴起之时就是外来人口聚合之处，当地马家、李家等都是因当年山东发大水，"老人带着闯关东，回到天津又拐弯奔北京南"②。

1997年皇木厂村经历了旧村改造工程，"村委会制定的拆迁政策是'拆除旧房一平米，免费享受新房一平米'，新房超出旧房部分，每平方米按照600元的标准由村民负担。这样，一般住户只需支付三四万元，就可以住上130平方米的新房。"全村道路全部硬化，"生活垃圾集中处理，实现雨、污管网分流，道路两旁安装了太阳能路灯。全村统一供水、

---

① 北京市通州区文史和学习委员会编著：《漕运古镇 张家湾》，团结出版社2014年版，第255页。实地访谈中李树德亦多次提到相关地域名称与历史沿承。

② 此资料来源于访谈。访谈人：毛巧晖、王晴等；被访谈人：皇木厂村村民赵凤生；访谈时间：2018年8月6日；访谈地点：皇家厂村民委员会。

供电、供暖,有线电视、电话、宽带全部到户。"①"生活革命"改变着皇木厂村民日常生活的基本形貌,皇木厂的"日常"记忆也在不断地刷新与重塑。"'生活革命'堪称是当代中国最为突出和基本的社会事实,它的发生、实现和持续进展,是以改革开放近40年来的经济高速增长、都市化进程和社会结构巨变为大背景的。换言之,生活革命其实就是持续的经济高速增长、都市化和社会变迁所自然引发的结果。"②皇木厂村民"衣、食、住、用、行等为核心的日常生活方式持续地处于变迁和重构状态"③。在皇木厂村内花岗岩相伴的道路两旁,是江南水乡风格的亭台楼阁,中心街道上由汉白玉构筑的小桥流水、竹楼垂柳,一派江南水乡风光。这是皇木厂作为沟通南北的仓储码头所形成的独特建筑风格,既有北方的豪迈粗犷,又有南方的细腻柔软。

图4-13 皇木厂村现代别墅建筑
拍摄者:王京;拍摄时间:2019年1月7日;拍摄地点:皇木厂村

---

① 孙连庆编著:《北京地方志·古镇图志丛书·张家湾》,北京出版社2010年版,第143页。
② 周星:《"生活革命"与中国民俗学的方向》,《民俗研究》2017年第1期。
③ 同上。

图 4-14　皇家新村石碑
拍摄者：王京；拍摄时间：2019年1月7日；拍摄地点：皇木厂村

"建筑是界定城市空间的主要因素，建筑形体和建筑相互之间的关联组合，决定城市空间的大小、形式和用途。"① 皇木厂村口古香古色的城门楼为皇木厂村增添了历史遗韵，近几年皇木厂的中秋节大型文艺汇演都在城门楼前展开，城门楼、戏台、古槐、宝塔、花斑石等地域性符号装饰了艺术展演的文化空间，同时作为具有公共空间性质的纪念物，成为皇木厂运河码头景观的重要组成部分。建筑与景观的重塑亦是一个地域文化变迁的重要体现。

皇木厂村"每到端午节、重阳节、中秋节等传统节日都会组织老人会餐，大型文艺演出主要是为村里的老人准备的，让老人边赏月，边吃

---

① 田银生、刘韶军编：《建筑设计与城市空间》，天津大学出版社2001年版，第27页。

月饼,边看节目"①。目前皇木厂村正在设计未来的旅游景观,如古色古香的富含运河文化的景观灯等。皇木厂在2008年北京奥运会,被定为北京奥运会境外媒体接待站,接待了来自美国、俄罗斯等五十多个国家和地区的游客。

村民的生计方式也发生重大转变,曾经作为北运河的仓储码头,这里以商业、运输业、手工业为主,农民较少,随着北运河漕运功能的衰退,这里又涌现大量餐饮业,曾是北京城饭庄厨师的输出地,北京城著名饭庄"同兴堂"即为皇木厂马氏家族所开。中华人民共和国成立后,皇木厂村的支柱产业成为印刷业,"印刷厂由村委会自主投资经营与管理,光设备投资近1.8个亿,印刷设备百分之五十为进口的。近年来印刷厂与中信出版社、邮电出版社、妇女出版社等长期合作,年业务量很多"②。

"30年前的皇木厂村有348户1218人,分为4个生产小队。1977年全村固定资产总值不足10万元,最值钱的'家当'是4台手扶拖拉机、6辆马车和6台4轮拖拉机。村里只有两项副业生产:一是手工纺麻绳;一是手工编筐,一年加工收入不足2万斤。"③而如今的皇木厂,拥有"以皇家印刷厂、装订厂为龙头的村办企业8家,不仅解决了全村500多名劳动力的就业问题,每年还为集体创造了可观的经济收入"④。

当地村民如此描述皇木厂村从传统生活向现代生活的转变:

30年前,我们住的都是又破又旧的房,一半以上住的是土房,

---

① 此资料来源于访谈。访谈人:毛巧晖、王晴等;被访谈人:皇木厂村村民赵凤生;访谈时间:2018年8月6日;访谈地点:皇木厂村村民委员会。

② 李树德撰写的《皇木厂村史》,此书尚未印刷出版。

③ 孙连庆编著:《北京地方志·古镇图志丛书·张家湾》,北京出版社2010年版,第140页。

④ 同上书,第142页。

睡的是土炕，烧的是柴火。家里的家具很简单，就是橱柜、三屉桌、木头椅子。家里没有电视，只有大队部有一台14寸的黑白电视，一到晚上，上百口子人挤着看电视节目。那时候，想也不敢想能有今天这样的好日子呀！①

"生活革命导致在中国正日渐形成着新的现代'都市型日常生活方式'。"②皇木厂村旧貌换新颜，"别墅错落有致清静幽雅，小桥流水映农家宛若置身江南水乡"③。村民李树德在撰写村史时赋诗一首，展现皇木厂村的文化风貌："沽潞沿隋北运佳，水榭留影漕繁华，竹纹重叠古槐茂，今朝提笔赞皇家"④。为了缓解当下皇木厂面临着传统村落功能转型与空间重构的双重压力，皇木厂村利用其深厚的文化底蕴，拓展民俗旅游度假村的建设，村内开凿了人工河，河边建了古朴的亭台水榭，并且投资百万元种植树木百种，在保持了皇木厂村古色古韵的基础上，推进传统工商业向旅游休闲的转变，以及传统空间功能向多功能的转变。

三、艺术记忆与文化交流

大运河作为流动着的文化艺术载体，"运河及其流经的线性区域所孕育的文化既是中国传统文化的一部分，也是形塑中国文化的基因之一"⑤。运河文化"涉及商贸文化、建筑文化、曲艺文化、饮食文化、信

---

① 孙连庆编著：《北京地方志·古镇图志丛书·张家湾》，北京出版社2010年版，第144页。在笔者调查中，被访谈人赵凤生、李树德亦提到此内容。

② 周星：《"生活革命"与中国民俗学的方向》，《民俗研究》2017年第1期。

③ 孙连庆：《北京地方志·古镇图志丛书 张家湾》，北京出版社2010年版，第138页。

④ 此资料由皇木厂村村民李树德提供，特此致谢！

⑤ 吴欣：《大运河文化的内涵与价值》，《光明日报》2018年2月5日。

仰文化和民俗风情等多种门类",同时也是"运河区域民众所创造的文化本身与文化形成过程的结合"①。

在张家湾地区有一句流传很广的民谣:"马营的秧歌张家湾的会,皇木厂的竹马排成队。"②皇木厂的竹马会始于元代,"当时全国只有两个竹马会,一个是南方台湾的竹马会,一个是北方的皇木厂竹马会。大运河沿途很多省市都有竹马会,但是他们的竹马会和皇木厂的竹马会又不一样,他们的竹马会只有马,没有骆驼。竹马会表演者把竹篾子绑在身体上,给马搭上黄袍(据说当时黄木厂的竹马会是受了皇封的),北竹马会每年进皇宫给皇上表演。"③

"解放后竹马会中的'文会'曾经活动过一次,但没几年就散了。"④曾经竹马会的道具放在关帝庙。关帝庙大梁上搭着木板,表演的道具,服装、旗子、竹马等都放置在那里。李树德讲述了关于车马会的历史传说:"在明朝后期,李自成将要攻进北京的那几天,消息由宫外传到宫里。当时,崇祯六神无主,大臣面如土色,目瞪口呆,朝廷上鸦雀无声,文太监提醒皇上到外面求签问卦,测字,去问凶吉。皇上听了直点头,于是文太监就去了。文太监出宫南门向东,见到测字的摊儿,看到上面写着:'若问命中有,请问张铁口'。文太监拿笔就写了一个字,写了什么字呢?写了一个'有没有'的'有',这个张铁口看了一下,说:'哎呀,不好'。太监问:'怎么不好呢'?张铁口说:'大明江山丢了一半'。太监随后说:'不测这个字'。就又写了一个字,后又写了一个'朋友'

---

① 吴欣:《大运河文化的内涵与价值》,《光明日报》2018年2月5日。

② 孙连庆编著:《北京地方志·古镇图志丛书·张家湾》,北京出版社2010年版,第111页。

③ 此资料来源于访谈。访谈人:毛巧晖、王晴、王京、张歆;被访谈人:皇木厂村村民李树德、赵凤生;访谈时间:2019年1月7日;访谈地点:皇木厂村村民委员会老年活动中心。

④ 同上。

的'友'。张铁口一看,'嗨,反叛的都出了头了'。文太监一想,'我写两个字这都不行'。这时,张铁口又说:'请问,您贵姓?''姓文。'张铁口说:'您赶紧往回去,崇祯哪,不好,您不是瞎耽误工夫嘛,他已经闻风丧胆了,赶紧去……'就没往下说,文太监哪,就往回跑,到那一问,说万岁呢,说已经出了神武门了,最后崇祯吊死煤山,说的是这一段。这是竹马会的起因。文太监问张铁口是谁逼迫大明江山,除了李自成还有谁。张铁口说,'这个人当皇上可不简单,嘴上坐锅,胳膊上跑马。'这个人怎么那么神呢?原来东北人嘴上坐的烟袋锅,胳膊上跑马呢,这是东北人的马蹄袖。所以最后,到了吴三桂引清兵入关的时候,说八旗人进的北京,进北京的时候带的衣食住行是骆驼驮的。说那时候的皇上骑的是一头黑驴,所以现在皇木厂的竹马会是八马两骆驼一黑驴。最后这黑驴,只要谁一骑,扮演这个角色,过不了一年就死,后来黑驴就不用了。"①

竹马会是张家湾花会的会头。每年正月十五佑民观举行庙会,张家湾所有的花会在张湾大石桥集合,张湾村、马营、大辛庄、枣林庄……这些民间花会不管来得多早,都得等皇木厂竹马会(会头)来开头,才能启程,奔里二泗庙去。竹马会开头是两个人抬着大筛子,在前面开道。还有开道炮,铜质的花炮,一放可以冲出几十米。北京、天津过年过节好多地方都会请皇木厂竹马会。现在失传了,最后一个跑竹马的老人是2014年去世的。② 现在我都记着那个大旗子有我这么高,锯齿形的,上面是斜的,还有108把小旗子,这些旗子上都写着"公议圣会"四个

---

① 此资料来源于李树德撰写《皇木厂村志》,尚未出版。在访谈中,他对照内容讲述一遍。访谈人:毛巧晖、王晴、王京、张歆;被访谈人:皇木厂村村民李树德;访谈时间:2019年1月7日;访谈地点:皇木厂村村民委员会老年活动中心。

② 此资料来源于访谈。访谈人:毛巧晖、王晴、王京、张歆;被访谈人:皇木厂村村民李树德;访谈时间:2019年1月7日;访谈地点:皇木厂村村民委员会老年活动中心。

大字。①

关于竹马会的传承与保护工作，赵凤生提道："现在要恢复竹马会，还不难，燕郊、大兴、廊坊还有竹马会，他们是后来学的，和传统的竹马会不一样，叫钹子队，所谓'钹子'，就是伴奏的队伍，60多个小孩，唱特殊的谱子，为跑竹马伴奏。……不过皇木厂现在的文化生活也丰富多彩，有很多业余文化生活队伍，如合唱团110多人，广场舞队80多人，秧歌队60多人，太极扇队20多人，太极剑队10多人……这些表演队伍需要的道具、灯光音响，全都是村里人给提供的。"②

皇木厂竹马会作为一种非物质文化遗产是乡土情结和情感的结晶，是乡土文明得以延续的宝贵资源。习近平总书记指出："文明特别是思想文化是一个国家、一个民族的灵魂。无论哪一个国家、哪一个民族，如果不珍惜自己的思想文化，丢掉了思想文化这个灵魂，这个国家、这个民族是立不起来的。"③ 在文化遗产的保护与传承中，文化产业的建构与文化主体的参与就显得尤为重要。"伴随着乡村传统文化与生活方式的瓦解"④，对于皇木厂竹马会的传承与保护，有助于"断裂的"乡土文明重新获得其内在凝聚力，从而构建和谐的乡土关系。

在举办节日、庙会、庆典等大型的民俗文化活动时，村民们自愿参与，合理承担经费和工作，大家有钱出钱，有力出力，由理事会组织，负责经费的募集和活动的开展，这种活动形式一方面满足了村民的文化

---

① 此资料来源于访谈。访谈人：毛巧晖、王晴、王京、张歆；被访谈人：皇木厂村村民李树德；访谈时间：2019年1月7日；访谈地点：皇木厂村村民委员会老年活动中心。

② 此资料来源于访谈。访谈人：毛巧晖、王晴、王京、张歆；被访谈人：赵凤生；访谈时间：2019年1月7日。

③ 习近平：《在纪念孔子诞辰2565周年国际学术研讨会暨国际儒学联合会第五届会员大会开幕会上的讲话》，《人民日报》2014年9月25日。

④ 沈一兵：《乡村振兴中的文化危机及其文化自信的重构——基于文化社会学的视角》，《学术界》2018年第10期。

需求；另一方面也增强了村民之间的文化认同。"所谓文化认同是指个人之间或个人与群体之间对于本土文化的思想观念、价值理念所持有倾向性的共识与接受。乡村文化认同是农民对乡土文化的确认与接受，是对乡村生活方式、文化行为、思维模式的认可与遵守。"①

因此，对于皇木厂竹马会的传承与保护，"通过与跨血缘关系的村民集体的敬神仪式相结合，可以达到凝聚全体村民的作用"②，从而"树立乡村文化的独立性，增强乡土文化的凝聚力，增进村民之间的文化共识"③。习近平总书记曾强调，"要大力繁荣发展文化事业，以基层特别是农村为重点，深入实施重点文化惠民工程，促进基本公共文化服务标准化、均等化"④。皇木厂竹马会的保护和传承有助于营造经济发展与乡村文化创新的良性互动，体现新时代乡村文化的聚合力、感染力以及乡土魅力和时代张力。

---

① 崔新建：《文化认同及其根源》，《北京师范大学学报》（社会科学版）2004年第4期。

② 刘铁梁：《村落集体仪式性文艺表演活动与村民的社会组织观念》，《北京师范大学学报》（社会科学版）1995年第6期。

③ 沈一兵：《乡村振兴中的文化危机及其文化自信的重构——基于文化社会学的视角》，《学术界》2018年第10期。

④ 习近平：《决胜全面建成小康社会　夺取新时代中国特色社会主义伟大胜利》，人民出版社2017年版，第44页。

调研日志

地域文化传播中的"民俗精英"
——张家湾民俗调查琐记

2018年7月20日,按照约定时间,我们一起前往遥远的"张家湾"。调查前两天在通州区图书馆杨兰英馆长的帮助下,我们找到了镇文委范丽丽主任,她介绍了精通张家湾民俗的曹志义老师。我们在联系之前借助微信对曹老师进行了初步的了解,知道了当时"运河一家人"的主要访谈对象就是他。

于是我们按图索骥,在网上搜集了一些关于他的资料,发现他的名字经常与博物馆联系在一起。同时一起调查的王晴提到,张家湾近年除了红红火火的民俗发展外,就是当地的博物馆比较有名。张家湾博物馆在很多网站有相关介绍,看到媒体的报道,我略有惊喜与期待,但心底也隐隐有些担心,根据以往的经历,不要说镇博物馆,就是县博物馆往往也只是悬挂着几张孤零零的照片以及从不知何处征集来的民俗实物,不知张家湾博物馆又是什么样子。

距离似乎比想象的近,1号线尽管"挤得难以呼吸",但确实缩短了北京东西城之间的时间距离。在八通线尽头土桥下车,与王晴、孙佳丰、洪运涅见面,时间比预计晚了十分钟,但在9点还是赶到了太玉园西区。我们根据曹老师的指引,走到了他的临时办公场所。他十分热情,张罗着给大家倒水、让座，瞬间彼此间的陌生感与生疏感消失了，多了一分熟络与安心。在北京调研，与其他区域最大的区别就是被访谈人对待访谈的态度。曹老师的热情打消了我们内心的忐忑。曹老师打开电脑，熟练地点开找到桌面上的文件夹，开始给我们介绍起来。他表示，要重点给我们介绍一下张家湾的三大文化。当时我感到有点诧异，为什么在访谈对象口中能听到这么精练的概括，于是忍不住反问了一句，"哪三大文化"，他说："你别急，待会给你介绍。"① 他有条不紊地从博物馆筹划讲起，讲述了最初他们只是想建立张湾村史馆，后因为博物馆策划资料的丰富以及三大文化也彰显了张家湾镇的特色，就开始筹划了张家湾博物馆。他从博物馆的策划说起，谈到Logo的确立以及他个人对Logo的理解。通过他的介绍，我们虽然没进到馆内，但基本上了解了馆内的布局以及一些"黑科技"的设计。下午，当我们进入张家湾博物馆后，上午的担心一扫而空，我们被馆内数量繁多充满文化底蕴的陈列展品震惊了。

曹老师在对于博物馆筹建过程的讲述中已经呈现了他所说的"三大文化"：红楼文化、运河文化、古城文化。他详尽地介绍了冯其庸对张家湾与红楼梦关系的考察，提到张家湾发现了与《红楼梦》吻合的地名、寺庙尤其是曹家店铺、盐店、曹家墓碑等，而儿时自己在张家湾所见也与《红楼梦》中的描述很吻合，并表示自己曾与文化公司策划相关"实景剧"。此外，他还展示了2008年前对张家湾古镇恢复的策划与设计方案。他在对运河文化的介绍中，展示了大量自己从周良老先生处所得的资料，从文献到具体的注释都很完备，有一篇文献甚至有七八十个注释，注释都是周老一一考证、阐述。为了让曹老师以及当地人了解文献，周老还对生僻字进行了注音，我们从中感受到了老一辈学术工作者治学的严谨。

---

① 此资料来源于访谈。访谈人：毛巧晖、王晴、孙佳丰、洪运涅；被访谈人：张湾村村民曹志义；访谈时间：2018年7月20日；访谈地点：张湾村太玉园小区。

根据周老对张湾村形成与运河的关系以及张湾村、张湾镇各地民俗文物的阐释，曹老师考证了其中很多民俗实物与文化场所，如"三桥夹一庙"的馒头庙，"三庙夹一桥"的土桥，庙里有井、井里有庙等的地点考证与查找。看着他已经罗列的二十几项考证结果，认真严谨地展示着PPT、文献资料、考证过程、策划方案等，在那一瞬间，我有了一种倒错感。曹老师一再叮嘱我不要在笔记本上记了，待会就把相关资料拷贝给我。这套已经成熟的资料体系，节省了我们大量查阅资料的时间，可能任何到张家湾的研究者都会感受到便捷与清晰，但也有些许失落。曹老师这样的民俗精英，为本地文化传播做出了积极贡献，同样他们的讲述也成为当地文化传播的"主流"。在他们对于地域文化的讲述中，我感受到一种"选择性"。这些地方的民俗文化精英，是"在一定区域内的民俗活动中，有名声、有影响力的参与者，以及可以与地方权力机构进行有效沟通的民俗活动采纳者"[①]。他们在自己地域独特的文化语境中，成为文化保护中的特殊角色，对地域文化的传承与保护产生了重要的影响。

（毛巧晖撰写，张歆修订）

[①] 汤晓青：《非物质文化遗产保护与传承中地方民俗精英的地位与作用》，《文化遗产研究》2014年第1期。

哀悼、悲痛与狂欢
——通州台湖镇碱厂"白事"中的小车会表演考察

在传统灵魂观念的影响下，人们认为死是另一种形式的生，而在祭祀仪式中的种种表演行为无疑具有某种强烈的仪式意蕴，代表着期盼、悲伤、迷狂的朴素愿望，是一种对于彼岸的关怀。丧葬仪式也就成为一种灵魂引渡仪式，它们被看作从现世的活人到灵魂或鬼魂世界成员这一身份转换的仪式，广泛存在于人们的日常生活之中。

2018年12月6日，我与徐睿凝来到通州区台湖镇碱厂村，一进村口，我们循着镲声①，找到了主家的位置。小车会表演的道具早已在事主家门前准备好：红色小桥，锣鼓铁镲，娘娘坐轿……这些物体"沉淀着历史，促使人们回忆起过去"②。红色小桥以实木制成，桥下有多条三维铁柱支撑，放置在胡同的正中央；锣鼓铁镲是汉族传统的打击乐器，由几位师傅操纵起来，为小车会表演伴奏；娘娘坐轿是"坐车娘娘"（小车会角色）的坐骑，以实木制成，有一米多高的顶棚，轿子的侧面由黄布包裹，画有车轮，两头伸出半米长的红色木把手，是给"推车老汉"（小车会角色）掌控轿子用的。这些物体作为一种符号体系衍生出一种意义的阐释维度，它们在一个不断变化的现实情境中成为一种被展演的文化记忆。

---

① 北方葬礼中常用的一种乐器。
② ［美］迈克尔·赫茨菲尔德：《人类学：文化和社会领域中的理论实践》，刘珩等译，华夏出版社2009年版，第69页。

在主家门口立着大型充气牌，横幅为"沉痛奠悼念"，左边写着"泪洒江河流满海"，右边写着"唛叹嚎嗨哽咽喉"，两边都画有太上老君、玉皇大帝等众神，最顶端有大大的"奠"字，字两旁装饰着金黄色的鹅。任何人进出大门，都会从这个充气牌下穿过。"充气牌"为通往神谕世界提供了一座桥梁，连接神圣与世俗的世界，这时，俗世与神界停留在静止的一点，经由这种仪式性的"跨越"——强化了人和神之间的归附关系。通过这种仪式，在二者间建立了微妙的联系，完成了人性到神性的部分转化。

当我们正沉浸在葬礼的悲痛氛围中时，小车会的会首韩德成一转身看见了我们，他热情地迎了上来，询问我们路途是否顺畅，并请我们到暖棚里坐一会，暖和暖和。原本在寒风中冻僵的我们，从他的话语中感受到人与人之间朴素真挚的感情。

暖棚内，我们冻僵的身体慢慢恢复。环顾四周，我们发现了两个队伍，一个是歌舞表演艺术团，主要负责葬礼中的吹奏和现代歌舞表演；另一个就是通州区级非物质文化遗产——里二泗小车会。吹鼓手们正围着圆桌坐着休息，圆桌上放着几支造型古朴的唢呐。我突然联想到电影《百鸟朝凤》中的唢呐师傅在葬礼上吹奏的场景，我对这种在葬礼上频繁出现的乐器，充满了好奇。唢呐吹奏的乐曲本身就包含着对于死亡的不同感受和阐释，经由音乐所建构的悲凉氛围将葬礼的参与者带入了一个依赖于符号、声音、形象群所构建起来的阐释系统，葬礼的参与者经由这种沉浸式的体验，获得了某种意义。死亡——这种虚无缥缈的东西在唢呐声中以一种独特的方式被我们感知。

几位吹鼓手也都是年龄偏大的老师傅了，面庞中如刀刻般的皱纹带有某种"真实"，我们向其中一位老师傅搭话，老师傅上下打量了我们一眼，问我们是干什么的，我们微笑着表明来意，老师傅推荐我们去问桌子那头的一位师傅，他可能是吹鼓队的队长。我们表明来意后，队长很配合，只是老人的耳朵听不太清了，需要我们大声讲话，他才能听见。

在聊天中得知，师傅们从台湖尖垡村过来，刚刚已经吹奏了一场，这次葬礼仪式表演队伍的顺序为"吹奏—小车会舞蹈—现代歌舞"如此循环，按照地方风俗，吃完午饭有个捡罐的仪式（行礼），然后开始绕村子（象征着把老人灵魂送出村）。老师傅还强调："这都是老北京留下来的民间风俗习惯，农村，中国人的民间风俗……民间风俗习惯，有吹有打嘛，为了纪念老人。"通过循环的方式借助过去使仪式获得某种确证，那些被展演的仪式所唤起的过去以及众人对它的独特解读便会成为一种"真实"。亡者的灵魂在种种仪式中得以复活，恢复到它的初始状态，达成一种生命的圆满。

当询问到乐队师傅时，他们认为葬礼的吹奏习俗就是北京传统丧葬仪式应该有的样子。而通州的白事习俗有它的特殊性，有的地方除了请吹鼓手和秧歌队、小车会等表演歌舞之外，还会请和尚或老道念经，多是富贵人家请，吹鼓队的队长岳老师（音）说："通州西南部请和尚老道比较多（葬礼），和尚披着袈裟，老道穿着道袍。"作为一种带有文化记忆的仪式展演，我们看到这种将不同宗教形式相混杂的现象为我们展现了一种流动的文化景观。葬礼并非我们原本想象之中的结构严谨的整体，而是作为一种承载着独特信仰与记忆的文化载体，由于人口的迁徙和文化的流动跨越种种人为构建的边界。

小车会表演即将开始之时，在上场前，队员们纷纷跨进主家大院，到灵棚内行礼，礼毕返回主家大门前，韩老师拿起话筒，介绍道："今天为了纪念老先生，特请通州区区级非物质文化遗产里二泗小车会为大家献上表演。"小车会自报"非遗"身份，代表了一种民间艺术进入社会公共空间的身份自豪感。对于身怀绝技的小车会艺人而言，他们所掌握的技艺能够进入"非遗"名录，实际上是一种社会价值的体现，也是他们社会公共价值的彰显。里二泗小车会作为生活共同体的文化认同资源及民俗情感，在葬礼上的表演体现了其内在的社区价值。

锣鼓响起，小车会开始了今天的第一场演出，公子丫鬟绕桥走，彩色扇子舞起来，真实生活场域中的表演与我们2018年9月1日在里二泗活动中心所看到的排练有明显的不同。葬礼上的表演多了一个角色：全身黑衣的算命先生。算命先生与其他角色一起绕桥行走，他步履蹒跚，拄着拐棍，戴着墨镜和礼帽，灰白的胡子长过下巴。事后我询问韩头的双胞胎兄弟，他毫不犹豫地马上回答道，"因为今天人不够啊"，我正想接着问原因，韩头的兄弟开始说其他的话题了，便没有再问。我本以为，算命先生是小车会为此次表演特意设计的角色，以此表达对亡人的缅怀。人终有一死，命数已尽，切莫过悲。我们期待也许韩头会有不一样的回答，可惜今天他忙着张罗很多事，我们没有合适的时间询问他。小车会上午第二场表演开始前，韩头带着所有队员先唱了一段"圣歌"，韩头唱前一句，其他队员唱后一句，类似"我们从哪来？爹妈生的我们……"这种结构完整的歌谣，这个情节让我想起前些日子看到的"通州高跷会的传说"：据说高跷会的十二个角色都是各种精灵转世，高跷会的渔翁是青石精，樵夫是白石怪，膏药是猴子精……有好几个角色都与小车会的角色名称一样，它们之间有什么样的联系呢？

葬礼中歌谣的演唱，给小车会表演带来一种神奇的"灵韵"，"灵韵"存在于观看者的凝视之中，我们观看"大烟袋""公子""傻丫头""膏药""坐车娘娘"等蕴含着文化记忆的人物时，围绕着他们的联想也构成了我们对于自我存续的感知。当客体不再具有原本的"灵韵"之时，我们对它投以凝视，让它重回意义之维。小车会的表演，披麻戴孝亲人们的凝视，高高的充气灵牌，种种事物构成了让人敬畏的、神圣的时空，参加葬礼的人们在经历痛失亲友的悲痛之后获得心灵的宁静。

"老共产党员、老干部、八十七了"。小车会的"大烟袋"（角色名称）告诉我们，但"大烟袋"师傅并没有主动说明她与亡者有亲戚关系。后来我们再次询问小车会会首韩头亡者的基本信息时，才得知去世的师傅是"大烟袋"的姐夫。

中午，我们随表演队伍一起在暖棚内吃午饭，烤鸭，大虾，炸鸡，炖羊肉，烧牛肉……各种硬菜不下二十种，亡者的家属热情地招待每一桌朋友，斟酒，夹菜，人们以美酒佳肴和歌舞愉悦魂灵，一方面表示对死者的哀悼与怀念，同时安慰死者亲属的悲痛情绪；另一方面祈求亡灵顺利到达冥界，不搅扰现世的人们，庇佑子孙后代。祭祀筵席作为组成葬礼仪式的一部分经由饮食行为把人们从对神的虔诚和死亡的恐惧的桎梏中解放出来，而更深层次的则是作为家庭成员的个体对其家庭的归附关系的强化。

（王晴撰写，张歆修订）

访张家湾毛猴传承人张凤霞

2018年8月5日上午，张家湾课题组计划去拜访张家湾毛猴传承人——张凤霞。大约11点钟，课题组从土桥地铁站打车到达了齐善庄村村委会，拿起手机刚要联系张老师，扭头见一鹤发童颜的老者，身穿一袭长裙，在拐角等待。我们急忙快步走上前，与张老师打招呼，随后她热情地领我们去了她的工作室。

工作室外大门旁挂着两个横幅，一幅为"欢迎漕运古镇非遗文化之旅"；另一幅为"张家湾毛猴坊欢迎您"，可知张老师作为"知识型"传承人，有意无意地参与了有关传统文化的集体记忆的创造过程。她在创作中保留了毛猴特有的文化特征，以期起到对文化重建的作用。

走进大门，我们看到几幅打印出来经过装裱的毛猴作品，这预示着我们即将进入一个神秘的毛猴王国。转弯进入小门，首先映入眼帘的是"张家湾毛猴坊"的牌子，然后就是张老师的工作照，照片上的她容光焕发，温柔慈爱，厅内放着少儿图书、水彩笔、陶瓷工艺品、泥人等等。再往里走，里面满满一个房间的毛猴作品，全出自张老师之手，有大运河的漕运码头、小吃篇、情怀篇等，有冬奥会系列的滑雪毛猴，有老北京天桥的杂耍景象……我们看得目不转睛，津津有味，仿佛在回忆一部老北京人的生活史。"毛猴"是北京特有的传统手工艺品，是用中草药里的蝉蜕（知了壳）和辛夷（玉兰花的花骨朵）制成的。蝉蜕的头呈茶棕色，半透明，有光泽，两只复眼突出，酷似猴头儿；辛夷形如毛笔头，表面长满黄绿色柔软的长毛，做毛猴儿的身体；蝉蜕的爪和四肢做毛猴的腿和胳膊。以物拟猴，以猴拟人，模拟人的动作和生活场景，惟妙惟肖。张老师告诉我们,"现在木通和白芨用得比较少了,更多使用方便的手工胶、橡皮泥等。毛猴的制作听起来简单,实则非常讲究,有的毛猴需要伸长的腿,有的需要弯着的腿,一点儿都不能将就,不然形态就表现不出来,这就得花大量的时间去找合适的蝉蜕,一般都要到中药店去专门预订。每到暑伏,还要到萧太后河边去亲自找蝉蜕,当作一种夏日休闲的乐趣"。①

张家湾毛猴既与抢救地域文化、重建运河文化的强烈意识有关,也与传承人的个人、家庭记忆有很密切的关系。张老师年轻时做商业管理一行,到45岁退休以后,也是偶然的一次机会,见到了一位做毛猴的老先生,唤起了小时候对于毛猴的记忆。小牛试刀后,她发现自己对于毛猴的制作有着极大的天赋和潜力,从那时开始,她便沉醉于毛猴的艺术世界,一发不可收拾,有时候一做毛猴就是一整天,甚至忘了吃饭,这也或多或少引发了家人的不满,但是在看到张老师废寝忘食制作出一件满意的毛猴作品之后那种发自内心的笑容,家人选择理解她,并且一直默默地支持她的艺术创作。张老师之所以对于毛猴有着这么强烈的兴趣,和她出生于书画世家的个人经历有着很大关系。她的父母都有着极高的艺术造诣,张老师很早就在父母的言传身教之中学习了雕刻技术。她依稀记得小时候在琉璃厂生活过,每天都能在朦胧的晨光中看到母亲在做玉雕,雕刻花纹繁复的玉雕给她的童年带来了一抹亮色,这些家族记忆潜移默化地影响了她的成长及以后的艺术创作。

张凤霞老师的毛猴有一大特点,那就是与通州的地域文化相融合,创造出能够体现运河文化精髓的艺术作品。在文委培训学习十九大精神的时候,张老师受到了启发,萌生了做大运河主题毛猴的念头。于是才

---

① 此资料来源于访谈。访谈人:毛巧晖、王晴、刘梦箸、洪运涅、贾茜;被访谈人:北京毛猴非物质文化遗产第四代传承人张凤霞;访谈时间:2018年8月5日;访谈地点:张家湾镇张湾村张凤霞毛猴工作室。

有了现在的《漕运码头》这一堪称传奇的毛猴作品。而今，张凤霞老师的毛猴作品，不仅被亲朋好友收藏，更是被带到海外，广受喜爱和好评。欣赏着这些栩栩如生、形态各异的毛猴，时间过得飞快，不知不觉到了中午，我们邀请张老师一起在齐善庄就餐。席间，我们和她相谈甚欢，言谈之中，我们能够感受到张老师对于毛猴艺术的热爱。离开前，张老师将她亲手制作的冬奥会主题毛猴作品作为礼物赠送给我们。捧着这份珍贵的礼物，我们感受到老师对于传承运河文化的希冀。随后大家一起在工作室的门口合影留念。那天的阳光明媚，每一个人的脸上都带着笑意，张凤霞老师和她的毛猴们使我们感受到运河文化的一种实体化展现，此时此刻，我们才意识到，运河文化的传承是如何影响着人们的个人记忆，形塑着怎样的民俗事象。离别之际，在张凤霞老师殷切的目光中，我们离开了齐善庄村，但是她创造的毛猴们始终存续于我们每个人的记忆之中，无法忘怀。

（王晴撰写，张歆修订）

探运河码头娘娘庙之渊源
——访佑民观丁道长

我们通过前期到通州图书馆查阅资料得知,"里二泗村西北角处高坨处建有天妃宫,奉祀海神妈祖,供来往船上人员祈求保佑平安,在庙前设有码头供祭祀人员上下船"[①]。里二泗庙元代建成时以祭拜妈祖为主,后渐渐发展成多神信仰,不仅供有妈祖,还供有斑疹娘娘、华佗、玉皇大帝等神祇,现里二泗庙为宗教局正式登记的道教寺观,以"佑民观"命名。该庙是否为妈祖庙?有没有庙会?庙会是什么样的?带着这些疑问,我们再一次来到了运河码头里二泗。

2018年7月26日,我和洪运涅乘坐通5路再一次来到里二泗村。该公交车纵向穿过里二泗村,从"地铁土桥站"上车到"里二泗西口"下车,沿途树林茂密,景色宜人。"里二泗西口"车站正对里二泗中路,是里二泗村的中心路段。循着去往佑民观的路,我们沿途遇到几位村民,据村民讲,该庙正月十五有庙会,十分热闹,神灵众多,可求子、求财、求健康等。看来最初此庙虽是妈祖庙,也早已变成供奉多神的寺庙了。

上午9点50分左右,我们来到了佑民观,这是一座四进院落建筑,西边布有跨院。其观建有灵官殿、关帝殿、圣母殿、斗姥殿,并带有东西配殿,钟鼓楼各驻两旁。

院内植有翠柏苍松,其中一棵虬枝古槐已经在那守护了470多年,

---

① 北京市通州区文史和学习委员会编著:《漕运古镇 张家湾》,团结出版社2014年版,第281页。

古槐树下，有十余块雕琢玉石围着，显得格外古朴、庄重。我们应邀进入佑民观内写着"谢绝参观"的区域，拜访丁道长。佑民观是坤道院，只有女道长，男道长来了只能住在佑民观外面。道长见到我们非常热情，带我们到会客厅去喝茶，并告诉我们，前一天毛巧晖老师已经和她通过电话，我们有什么问题可以问她，还给了我们一本佑民观内部整理的资料。在访谈中，我们得知，丁道长非本村人，而是东北人，之前在山西大同随刘崇尧道长修行。2007年佑民观竣工后，里二泗村邀请丁道长与刘崇尧道长一行人过来管理这个道观。因为2008年奥运会的原因，道观2009年才拿到宗教场所证，开始开展宗教活动，香客也陆续知道了这地方，纷纷慕名而来，整座道观的建房装修费都来自香客的善款。丁道长所了解的佑民观历史，多半是从村民口中及村史资料里得知的。

"这个道观主要供的是妈祖，因为挨着运河嘛，早前庙门是朝北，朝向运河的，来往的人都下船来拜一拜妈祖。"[1]丁道长所言印证了我们前日图书馆所查阅的资料，里二泗庙应该为一个妈祖庙，该庙的形成与漕运有密切的关系，妈祖信仰应该是沿运河北上，流传到里二泗村的。庙门朝北，也就是面对运河，在漕运废止多年后，庙门由朝北改成了现在的朝南。丁道长十分肯定地告诉我们，此庙是北京唯一一座妈祖庙，但据我们了解，通州城就有一座天后宫，也有资料记载北京东直门外也有妈祖庙，具体情况有待考证。

观中石碑记载："佑民观建自先代庙宇巍峨正殿则"。丁道长提到，里二泗宋元以前就有古庙，明朝漕运极盛，南北运输货物量增多，南船北舫，人员流动频繁，里二泗庙香火旺盛，原有的殿宇已经不能满足朝拜香客的需求。明嘉靖十四年，道长周从善将宫观扩建并竣工。庙宇曾改为里二泗小学、中学等教育基地，"文革"时惨遭摧毁。现在眼前恢宏

---

[1] 此资料来源于访谈。访谈人：洪运涅、王晴；被访谈人：里二泗村佑民观丁高隽道长；访谈时间：2018年7月26日；访谈地点：里二泗村佑民观内。

雄伟的大殿及金光闪闪的神像都是他们2007年来了以后修建重塑的。

里二泗庙会过去非常热闹，本村人组织的小车会、高跷会等花会，正月十五和五月初一都会在庙前表演，如今庙会每年只有正月十五这一天，仅剩里二泗小车会还活跃在庙会上。"过去庙里五月初一也有庙会，十里八乡都要来朝拜的，非常热闹，周边买东西的也非常多，跟赶大集似的，现在就是有小车会热闹一下。"[1]丁道长言语中透露着对庙会衰落的惋惜，现在我们只能通过留存的文字资料来窥探里二泗当年的庙会盛景。

时间在谈笑中飞逝，不知不觉就到了中午。道长招呼我们到饭堂吃午饭，浑厚的敲磬声中，观里所有的人都汇聚到饭堂，大家都面带微笑，神色安详。刘道长（众人的师傅）坐的位置最靠前，其他人的位置依次往后。大家井然有序地排着队拿碗，盛饭，饭后，大家将碗清洗干净，放回原位。饭堂作为一个相对独立的空间，相较于道观的神圣，带有稍许烟火气息。道观的午饭是土豆豆角凉粉，虽谈不上丰盛，但自有其口味独特之处。席间，大家虔诚地吃着自己碗中的饭菜，静谧而又祥和。当众人一起享受食物时，我们感受一种现今失落许久的对于食物乃至万物的尊重。

饭后，丁道长将我们送出了佑民观，并说以后有什么问题都可以问她，约我们下次再到佑民观。我们看着沐浴在阳光中的巍峨庄严的佑民观，真实地感受到佑民观作为里二泗村的文化景观，它所承载着历史积淀和文化底蕴化作一缕缕青烟飘散于这个坐落在运河沿岸的普通村落之中。

（王晴撰写，张歆修订）

---

[1] 此资料来源于访谈。访谈人：洪运涅、王晴；被访谈人：里二泗村佑民观丁高隽道长；访谈时间：2018年7月26日；访谈地点：里二泗村佑民观内。

第五章
漷 县

北运河自通州北关流出后，经张家湾镇向东南蜿蜒流入漷县境内，依次流经榆林庄、长陵营、马堤、马头等村落；与此同时，漷县镇域内的港沟河自西北流向东南，斜穿吴营村、靛庄、许各庄、漷县村、西黄垡、柏庄等村落，最终在香河境内汇入北运河，流经漷县辖域的凉水河、凤港减河也分别在榆林庄村和外域同北运河相汇。历史上，因维系北运河漕运而开展的栽植、堤防、商贸等活动带动了漷县诸多村落的形成与发展，漷县两千多年的发展历程与北运河的文化滋养息息相关。

清代志书《日下旧闻考》曾精要概述了漷县历史，其始见于汉代泉州霍村，辽代初设漷阴镇，后升为漷阴县，元代升至漷州，明代复为漷县，清顺治十六年（1659年）并入通州。至今，漷县境内发掘的汉代古墓群和珍贵文物都印证了其历史足迹；围绕当地享负盛名的"延芳淀湿地"和"漷县八景"而形成的多元叙事诉说着漷县在辽金元和明清时期各自代表的皇家文化和古城文化；"四台八庙七十二眼井"集中概括了当地民众对传统生活空间的历史记忆和民俗情感。丰富多元的人文景观，既是漷县历史的物质见证，更是当地民俗认同的精神象征。

近代以来，漷县镇域物质文化受损较为严重，与之相较，以民间艺

术为核心的精神民俗却充满韧性,保持着旺盛的生命力。传统村落的运河龙灯、靛庄花丝技艺等先后入选非遗名录,引领其他多元民间艺术形式共同激活社区活力;在地方政府引导下,民众顺应时势发展引入和培育出新的社区活动,从多个层面极大地丰富了区域文化形态,提升了公共文化品质,重构了健康文明的社区文化。

潮县民俗文化的基本特征,具有历史绵延的连续性、运河流动的开放性、多层文化交汇的多元性,以及与时俱进的时代性。

第一节　潮县的地理、历史与村落概况

一、潮县地理环境

潮县,作为一个镇级行政区划基层单位,位于北京市通州区东南部,距通州区政府约21公里,距北京城区左安门约33公里,距亦庄新城中心地区约21公里。潮县镇北接张家湾镇、西集镇,西临于家务乡,南面与永乐店镇交界,东南面靠近河北省香河县、天津市武清县,可以说是地处"京津冀"交界融合的地区。目前,潮县镇的整体镇域面积达到113.7平方公里,管辖61个行政村,3个社区居委会,总户籍数达6.5万户,常住人口数约8.5万人。

潮县境内除了有北运河从北面穿流而过,还有凉水河、凤港河、港沟河三条主干河流,其间还有若干小河道,可以称得上"河网密布"。潮县整体地势较为平坦,因河流密集而多洼地,加之处于暖温带大陆性半湿润季风气候区,春旱多风,夏热多雨,秋高气爽,冬寒干燥,无论是

历史上辽金元时期以延芳淀为代表的自然生态环境，还是元明清时期因大运河而人为干预的生态环境，漷县总体的自然生态环境比较优越，植被覆盖率高。

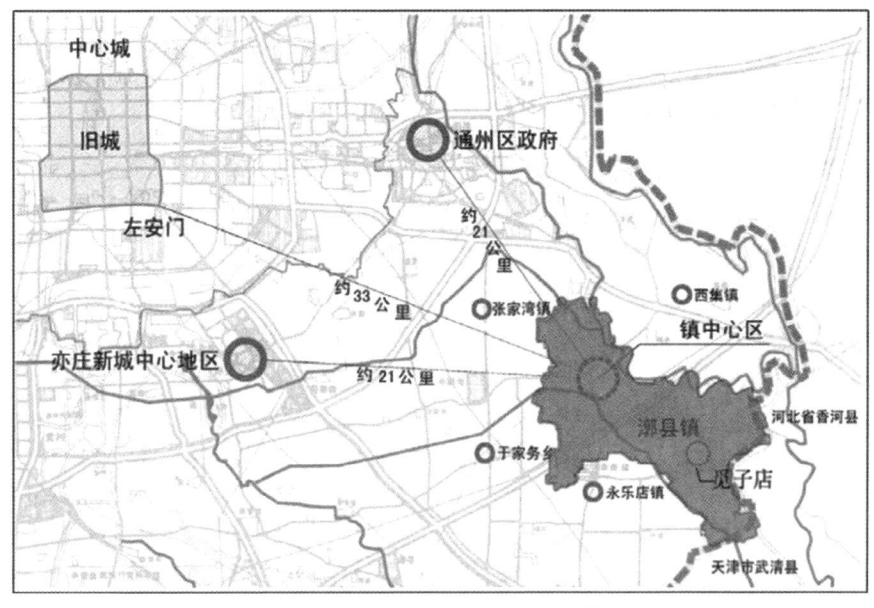

图5-1　漷县镇地理区位图[①]

漷县地区土层深厚、适种性广，除西北部为两合土、黏土外，大部分为面砂土壤，耕性好，养分偏低，具有增产潜力[②]。在这样的自然地理条件下，旧时漷县农作物主要以小麦、大麦、谷子、高粱、大豆、玉米、红薯等为主，并由此形成了当地系统化且负有特色的农业生产习俗，例如，农业积肥中就有养猪"趟肥""搭炕"、盛夏绿肥、"挖勾泥"等多种，尤其是发挥漷县地区河流沟壑多的特点，将冬天的淤泥挖出再运送

---

① 王玉圳：《北京通州漷县镇绿地系统规划研究》，《农业科技与信息》2013年第7期，第91页。

② 通县地名志编辑委员会编：《北京市通县地名志》，北京出版社1992年版，第134页。

到地里使用[①]；与华北平原其他缺水的旱作区不同，潞县小麦种植以水浇为特点，在不同时点发展出封冻水、返青水、起身水、拔节水、杨花水、灌浆水等多种浇灌方法。除农作物以外，蔬菜和瓜果在潞县也大量种植，品种多样。

进入21世纪以来，潞县继续充分利用其自然环境优势，同时引进农业新技术，在"以工业化带动城镇化"，走"工业兴镇，以工富民"的发展道路指导下，除了引进了全聚德、三元、金星食品有限公司等一大批知名企业相继落户潞县，同时在原有种植业基础上积极发展以蔬菜、林果、花卉、小麦籽种等为主导产业的特色农业。例如，"潞县镇草厂村以猴头菇、茶树菇、双孢菇为主栽品种，成为以农户为单位进行食用菌种植的示范村，形成了产供销一条龙的经营模式；位于潞县镇北堤寺村的吉鼎立达花卉基地主要从事观光采摘、花卉进出口贸易、种苗繁育及种植示范推广等经营活动，2005年被评为北京市级观光园、标准化基地；位于潞县镇曹庄村的布拉格农场是目前北京市种植面积最大、品种最多的香草种植基地，由此从根本上实现了促发展、民增收的根本目标"[②]。如今，潞县进一步发挥其地理环境优势，打造了"生态观光旅游新四景"，具体包括曹庄村以薰衣草为主题的布拉格农场，北堤寺村观光采摘园，翟各庄村园艺场和长陵营葡萄、油桃种植基地等。

二、潞县历史沿革

潞县历史悠久，现存史料最早可上溯至汉代，《后汉书·郡国志》明

[①] 通州区政协文史和学习委员会、通州区潞县镇人民政府编：《千年古镇潞县》，团结出版社2013年版，第300页。

[②] 参见潞县镇人民政府网，http://zfxxgk.beijing.gov.cn/tzq11L504/tzbm_index.shtml。

确记载了泉州的地名,《辽史·地理志》记载漷阴县即是汉代泉州地区的霍村镇。可见,漷县在汉代时始称霍村。结合漷县境内的考古资料,在今天的漷县村北、翟各庄村东、马务村东、黄厂铺村西南、觅子店村西、梁家务村西、东鲁村西、靛庄村南等多处地方都曾发现汉墓群,可以反映出汉代时漷县地区的人类活动之频繁和昌盛。除此之外,从于家务乡东马各庄出土的石斧和石磨来看,早在四千多年前的新石器晚期漷县一带就已经有了人类活动,马头村南、马堤村西南地区发现的战国墓群更进一步印证了漷县的古老历史。

东汉时,漷县镇域归属曹魏燕国泉州县管辖。到十六国时期,又改属渔阳郡泉州县,之后又经历非常复杂的变动,先后归属渔阳郡雍奴县、涿郡雍奴县、范阳郡武清县、幽州武清县等。入唐以后,漷县镇域先后归属后梁幽州武清县、后唐幽州武清县、后晋幽州武清县、契丹南京道幽都府武清县、南京路析津府等。

"漷阴"称谓从辽代初年才开始,漷阴北侧有漷河,西侧为延芳淀。辽代帝王将延芳淀作为春捺钵的重要场所之一,一定程度上带动了漷阴村及其周围地区的兴盛,最终于辽太平时期(约1026年),以漷阴村为中心设置漷阴县①,隶属于南京路析津府管辖,由此基本奠定了今天以漷县村为中心的镇域格局。宋金灭辽后,随着燕山府的设立,漷阴县又改隶宋燕山府。金中都建立后,漷阴县归属大兴府管辖。元代在沿用大兴府的管制期间,将漷阴县升置为漷州,同时管辖香河、武清二县,这时期漷州的辖域范围达到最大。从辽代到元代,漷县因西侧临近延芳淀,一直深受帝王游猎影响,这种状况到明清时期得以改变。

明初由于都城南迁,帝王不再在此处游猎,洪武十二年(1381年),漷州降为县,隶属于北平府通州管辖。永乐年间,漷县依旧归顺天府通

---

① 《漷县方志考略》,收入王灿炽:《王灿炽史志论文集》,北京燕山出版社1991年版,第185页。

州管辖。清顺治十六年（1659年），潞县保留管河州判一职，仍归通州管辖①，一直延续至民国时期。潞县历史沿革详见下表。

表一　千年古镇潞县历史沿革一览表②

序号	历史时期	上隶区划	序号	历史时期	上隶区划
1	传说中五帝	幽州（幽陵、幽都）	10	十六国·前燕（349年）	燕郡泉州县
2	夏、商	蓟国	11	十六国·前秦（370年）	燕郡泉州县
3	西周中期	燕国	12	十六国·后燕（349年）	燕郡泉州县
4	战国燕昭王（前311年）	渔阳郡	13	北魏（399年）	渔阳郡雍奴县
5	秦（前211年）	渔阳郡	14	东魏（534年）	渔阳郡雍奴县
6	西汉霍村（前195年）	渔阳郡泉州县	15	北齐（550年）	渔阳郡雍奴县
7	三国·魏（220年）	燕国泉州县	16	北周（577年）	渔阳郡雍奴县
8	西晋（265年）	燕国泉州县	17	隋开皇元年（581年）	渔阳郡雍奴县
9	十六国·前赵（319年）	渔阳郡泉州县	18	开皇三年（583年）	幽州雍奴县

---

①《潞县方志考略》，收入王灿炽：《王灿炽史志论文集》，北京燕山出版社1991年版，第186页。

② 本表由原通州区文物管理所所长周庆良编制，对潞县漫长历史的区域隶属及相关历史名称作了较为系统的梳理和总结，尽管因历史资料有限在上隶区划与潞县历史名称上存在一些不一致，但仍具有很大参考价值。故在此引用，以飨读者。原表见于通州区政协文史和学习委员会、通州区潞县镇人民政府编：《千年古镇潞县》，团结出版社2013年版，第9页。

续表

序号	历史时期	上隶区划	序号	历史时期	上隶区划
19	大业三年（607年）	涿郡雍奴县	33	至元十三年（1276年）	大兴府漷州
20	唐武德元年（618年）	幽州雍奴县	34	明洪武元年（1368年）	北平府漷州
21	元宝元年（742年）	范阳郡武清县	35	洪武十四年（1381年）	北平府通州漷县
22	宝应元年（762年）	幽州武清县	36	永乐元年（1403年）	顺天府通州漷县
23	后梁（907年）	幽州武清县	37	清顺治十六年（1659年）	顺天府通州
24	后唐（923年）	幽州武清县	38	民国三年（1914年）	京兆特别区通县
25	后晋（936年）	幽州武清县	39	民国十七年（1928年）	河北省北平市通县
26	辽会同元年（938年）	幽都府武清县	40	民国二十四年（1935年）	伪冀东政府通县
27	开泰元年（1012年）	析津府武清县	41	民国三十四年（1945年）	河北省第五专区通县
28	太平年间（1021—1031年）	析津府漷阴县	42	1948年12月	冀东十四军分区通县
29	宋宣和四年（1122年）	燕山府漷阴县	43	1949年8月	河北省通县专区
30	金天会三年（1125年）	析津府漷阴县	44	1958年4月	北京市通州区
31	贞元元年（1153年）	大兴府漷阴县	45	1960年2月	通县
32	元太祖十年（1215年）	大兴府漷阴县	46	1997年9月	北京市通州区

与辽金元时期相比，明清时期潞县志书类文献才开始集中出现，据学者研究统计，明代所修潞县志书达到6种，分别有董方、张祥、徐玠、魏之千、艾友芝等编修的《潞县志》，不过这些志书只在《文渊阁书目》《内阁藏书目》《光绪顺天府志》等官方文献中有所提及，至今尚未找到，可能早已亡佚了。清代道光十一年（1831年），管庭芬编修《潞阴志略》，分沿革、川源、堤防、村集、城池、衙署、铺递、寺观、桥梁、坊表、古迹、学校、冢墓、人物、风俗、物产、文咏、灾祥、逸事19类对潞县历史概况进行较为全面的记述，为后人了解清代潞县提供了重要的历史参考资料。

作为从一座延续至今的千年古镇，潞县在中华人民共和国成立后也进行多次行政区划调整。1953年，潞县成为乡政府驻地；1961年，北京市人民公社行政区划调整，将其由行政管理区改为人民公社建置；1965年，潞县人民公社并入马头人民公社；1981年，又改称为潞县人民公社；1984年，潞县人民公社重新更改为潞县乡建置；1990年，更为潞县镇建置；2000年，草厂乡并入潞县镇；2002年，觅子店镇并入潞县镇，基本形成如今相对稳定的辖域面积。

三、潞县村落概况

潞县镇所辖61个村落，从其历史发展的角度大概可以分为七类[①]：

一是与元代屯田有关而形成的村落。这类村庄多以"务""府"为名，"务"是元代时设立的专门负责管理和收集粮税的机构，"府"是专

---

① 本部分主要参考周庆良《潞县域内的村名由来》，通州区政协文史和学习委员会、通州区潞县镇人民政府编:《千年古镇潞县》，团结出版社2013年版，第14—29页。

门掌管粮税及其储存的地方。如梁家务村，村民常俗称为"梁务"或"梁府"，非常典型。

二是由明初迁民屯田而改称的村落。该类村庄多以"各"为名，明初移入民通常为了与原住民搞好关系，将原来的"某（家）庄"称之为"某（家）哥庄"，时间长了就被"各"替代，如翟各庄、纪各庄。但也不尽如此，漷县有明确家谱记载的元代成村的曹家庄就一直未改名，只是简称为曹庄。

三是由明代移民屯田而成村的村落。与第二类相对应，明代移入民形成的村落有民屯和军屯两种，如军屯村、军庄村。

四是由清初圈地政策而形成的村落。清初"跑马占地"后形成了很多官兵庄田，此类村落还多以姓氏为名，如罗庄、柏庄、马庄、凌庄、毛庄、高庄等。

五是由北运河漕运而形成的村落。这类村落通常靠近北运河，并且较为确定。如榆林庄是因明代以来为保护河道而大面积栽种榆树而成村，马家堤、杨家堤是因修建堤坝而成村。

六是与京津古道有关的村落。这类村名常有"店""尖""槽"等标志，如两家店村是因过去有两家开店而得名，石槽村是因为来往旅人提供汲水石槽而得名，前后尖平村则与"打尖"住店有关。

七是因朝廷设厂而形成的村落。这类村落在整个通州地区尤为普遍和有特点，漷县境内有黄厂铺、草厂村等，都与朝廷设立的马厂有关，前者因养马而得名；后者因为马场提供草食而得名。

当然，上述只是周庆良基于对通州地名的长期考察和研究做出的归纳和总结，并不能涵盖所有村落，且不同村落历经数百年变迁也有诸多变化，但通过村名还是可以基本了解漷县村落的多样化历史。

近年来，漷县镇正是通过上述村落的共同努力才取得了诸多荣誉，1994年经北京市政府批准成为北京市首批小城镇建设试点乡镇；2000年5月，经国务院体改委批准列入国家级小城镇综合改革试点；2003

年，经北京市政府批准列为北京市两家规划建设试点；2004年又被国家六部委列为全国1887个重点小城镇；2008年，被列为北京市42个重点镇，等等。这些荣誉的获得及其所预示的变革，也最终将受惠于每一个村落。

第二节 人文景观与多元叙事

基于漷县历史绵长、底蕴深厚等诸多特点，对其人文景观的关注显得十分必要。经过史料搜集和田野考察，我们发现漷县人文景观具有一个特点，物质文化景观遗存相对不多，如漷县古城、寺庙等在不同时期都受到破坏，而恰恰这些已经消亡的人文景观又在当地民众心中占有极其重要的地位。于此，我们尽量将人文景观与多元叙事联系起来，希望借此来反映民众记忆及文化心理中对地方标志性人文景观的认同。大体分为三部分：一是介绍漷县最负盛名的辽金元延芳淀湿地，由此体现漷县在辽金元时期的主要景观面貌；二是重点介绍明清以来形成的"漷县八景"，希冀从总体上概述明清时期漷县标志性的文化名片；三是围绕漷县古城，从民众信仰和生活空间的视角梳理民众心中最有影响的物质文化景观，即"四台八庙七十二眼井"。除此之外，我们引入了文人诗词、民间叙事、曲调等多元叙事内容，从不同角度来展示历史上的漷县人文景观之活态化和生命力。

一、辽春捺钵延芳淀

延芳淀位于漷县古城西北处,辽金元时期曾因自然风光秀丽,湖泊生态景观良好而被列入皇家苑囿,成为辽代以来帝王巡行狩猎的主要场所之一。考古出土的萧太后石像和景宗石像都证明这里曾经与皇家大型景观建造及祭祀活动密切相关。

关于延芳淀地区的生态水环境,已有研究曾从内涝湖历史变迁视角对延芳淀进行考察,基本认为,该区域在辽代之前"处于㶟水和潞水河流下游漫流区,是一个典型的河网沼泽平原。辽代,出现积水现象,形成湖泊。辽之后,渐渐地由成片湖泊,解体为几个较小的湖泊,最后被开垦为农田。确定辽代(10—12世纪内)是延芳淀大面积积水形成时期。在整个历史时期延芳淀的变迁过程中,辽代水环境具有特殊性"[①]。可见,正是由于辽代时期漷县古城西侧延芳淀地区极好的生态环境,才为辽代帝王捺钵活动的开展奠定了基础。

再看辽代以来的帝王捺钵。"捺钵"是契丹语,实际意思是皇帝出巡时所居住的帐幕,如同明清以来的行宫。与汉民族不同,契丹族有着民族传承的游猎传统,并因此在帝王生活中形成"四时捺钵"的惯制。"四时捺钵",即分为春、夏、秋、冬四季,在不同时节选择不同地点进行狩猎。傅乐焕等前辈学者基于《辽史·营卫志》《辽史·本纪》已经对该制度做了梳理和总结,还进一步对不同时节的交通路线等做了考察。辽帝最初在春捺钵的地点选择上,主要集中在现在的松花江西段的嫩江下游,即查干湖、茂兴泡、日月泡一带,这里湖泊众多,是鹅、雁、野鸭等群居之地,是非常理想的渔猎场所,一直到辽圣宗时代,因同北宋战

[①] 邵双龙:《中世纪暖期渤海沿岸内涝现象的出现及其成因的个案研究》,陕西师范大学硕士学位论文,2015年。

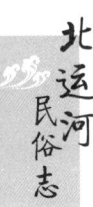

事较多，同时女真族势力兴起，于是将狩猎之地改到了延芳淀等地区①。可见，延芳淀之所以成为辽帝春捺钵的场域，其实也经历了一个历史过程，与当时的政治形势紧密相连。

即便如此，就捺钵频次而言，依据学者的研究统计结果，延芳淀在所有春捺钵的地点选择中并不属于高频次或首选②。研究表明，辽圣宗前后有8次选择在延芳淀进行春捺钵，分别是，"统和四年（986）辛亥，命皇族庐帐驻东京延芳淀"，"统和屯年（989）击鞠是春驻跸延芳淀"，"统和十一年（993）幸延芳淀"，"统和十二年（994）春正月乙卯，幸延芳淀"，"统和十三年（995）春正月壬子，幸延芳淀"，"统和十五年（997）春正月庚午，幸延芳淀"，"统和十八年（1000）春二月，幸延芳淀"，"统和二十年（1002）春正月，庚子，如延芳淀"③。

具体到延芳淀春捺钵的具体场景，在《辽史·地理志》中有相关记载，"延芳淀方数百里，春时鹅鹜所聚，夏秋多菱芡。国主春猎，卫士皆衣墨绿，各持连锤、鹰食、刺鹅锥，列水次，相去五七步。上风击鼓，惊鹅稍离水面。国主亲放海东青鹘擒之。鹅坠，恐鹘力不胜，在列者以佩锥刺鹅，急取其脑饲鹘。得头鹅者，例赏银绢。"④这里提到了当时辽帝带领身着墨绿衣衫的卫士在延芳淀架鹰、放鹰，以及"国主亲放海东青鹘擒之"的壮观场面。这与辽帝在长春等地的春捺钵场景基本类似，在《辽史·营卫志》中同样记载了辽帝在长春州捺钵的场面，"春捺

---

① 王绵厚、朴文英：《中国东北与东北亚古代交通史》，辽宁人民出版社2016年版，第300页。

② 《辽四季捺钵地统计图》，收入诸葛净：《辽金元时期北京城市研究》，东南大学出版社2016年版，第21页。

③ 转引自邵双龙：《中世纪暖期渤海沿岸内涝现象的出现及其成因的个案研究》，陕西师范大学硕士学位论文，2015年。

④ 转引自张修桂、赖青寿编著：《辽史地理志汇释》，安徽教育出版社2001年版，第168页。

钵：曰鸭子河泺。皇帝正月上旬起牙帐，约六十日方至。天鹅未至，卓帐冰上，凿冰取鱼。冰泮，乃纵鹰鹘捕鹅雁。晨出暮归，从事弋猎。鸭子河泺东西二十里，南北三十里，在长春州东北三十五里，四面皆沙堝，多榆柳杏林。皇帝每至，侍御皆服墨绿色衣，各备连锤一柄，鹰食一器，刺鹅锥一枚，于泺周围相去各五七步排立。皇帝冠巾，衣时服，系玉束带，于上风望之。有鹅之处举旗，探骑驰报，远泊鸣鼓。鹅惊腾起，左右围骑皆举帜麾之。五坊擎进海东青鹘，拜授皇帝放之。鹘擒鹅坠，势力不加，排立近者，举锥刺鹅，取脑以饲鹘。救鹘人例赏银绢。皇帝得头鹅，荐庙，群臣各献酒果，举乐。更相酬酢，致贺语，皆插鹅毛于首以为乐。赐从人酒，遍散其毛。弋猎网钩，春尽乃还"①。简要对比不难发现，辽帝在延芳淀及长春州不同地点所进行的春捺钵活动并没有太大差别。

如前文所述，辽代之后的延芳淀逐渐由大湖泊缩小为若干小湖泊，原有的大规模春捺钵活动也变为了"飞放"。《元史·兵志四》记载，"冬春之交，天子或亲幸近郊，纵鹰牟搏击，以为游豫之度，谓之飞放。"②马可波罗记述了忽必烈延芳淀春季围猎的情况："大可汗在大都城中度过十二月、正月和二月后，到三月里他离开这里。往南走两天，留在距洋海（Qcean Sea）。除去许多隼和撒克鹰外，他至少带有一万捕鹰匠和五百只大鹰。"③这之后，漷县古城周围出现了多处用于"飞放"的小湖泊，清代《日下旧闻考》记载，"马家庄飞放泊在漷县城北八里，南辛庄

---

① 张修桂、赖青寿编著：《辽史地理志汇释》，安徽教育出版社2001年版，第168—169页。

② 〔明〕宋濂编撰：《元史》卷101，中华书局1976年版，第2599页。转引自邵双龙：《中世纪暖期渤海沿岸内涝现象的出现及其成因的个案研究》，陕西师范大学硕士学位论文，2015年。

③ 张星琅译：《马可字罗游记》，商务印书馆1934年版，第182页。

飞放泊在县南二十五里"。① 研究表明，这些小湖泊正是在延芳淀水位下渗后所分化出来的，以放鹰为主要中心活动的游猎尽管有所延续，但规模已经不大如前了。明清以后，随着大运河带来的人口和商贸进入，潞县出现了大量移民、屯田和设立草场等活动，此时的延芳淀及其相关捺钵活动基本废止了②。

所以，现在的潞县百姓对延芳淀是不可能有历史记忆的，延芳淀对于他们而言，早已经成为一个风景秀丽、翔鹰振天、雁泊鹅游的理想盛景和美丽传说了。尽管景致不再，一些口头叙事与演唱却通过多元形式保留和传承下来。

例如，历史上的延芳淀可能曾发生过一起骇人听闻的刺帝不成、杀人灭口的惨案，于是便有了如下传说。

> 元顺帝时，丞相巴延有一女，才华出众，姿色倾城，巴延请顺帝纳为妃，自己好攀龙附凤，独把朝纲。可顺帝拒绝了这事，巴延就此怀恨在心，暗自发誓，有朝一日将皇位取而代之。这年秋天，巴延随顺帝到延芳淀游猎，驻跸行宫。巴延见此是个机会，便秘密召集了自己亲信20人，馈赠重金，让他们在行宫刺死顺帝，说事成之后，人人封官晋爵。不料，这事被巴延的侄子托克托发觉，托克托当即密见顺帝，说日观天象，夜里可能起飓风，怕行宫不安全，让顺帝速回京城。顺帝听从其言，乘快骑，着便服很快离开延芳淀行宫。
>
> 这天夜里，20名杀手密进行宫，却不见了顺帝，急忙回禀巴延，巴延见事已败露，便摆下酒席，让杀手们酒足饭饱后，远走

---

① 转引自邵双龙:《中世纪暖期渤海沿岸内涝现象的出现及其成因的个案研究》，陕西师范大学硕士学位论文，2015年。

② 邵双龙:《中世纪暖期渤海沿岸内涝现象的出现及其成因的个案研究》，陕西师范大学硕士学位论文，2015年。

高飞。然而，这20人哪里知道，巴延酒中下毒，众人全部惨死。

巴延的侄子托克托见叔父如此残忍，劝叔父不要再做蠢事。巴延此时分析顺帝的突然离去，可能与托克托有关，便厉声盘问。托克托道出了真情，并说没有出卖叔父，但叔父岂能饶他，速拔剑杀之。

第二天，巴延与众扬言，说其侄托克托欺辱了他的爱妾，被他杀死。可谎言已被顺帝识破。当天下午，巴延便接到了圣旨，将他罢官革职，押监审问，巴延在严刑之下只好招供。顺帝念其侄托克托救主有功，只杀巴延一人，没有株连九族，也算是个开明的帝王。①

除此之外，一些地方风物传说也时常将延芳淀融入其中，体现该地特有的自然生态景观。如漷县小吃《纪各庄豆腐的传说》中，就提道，"明初，徐达北伐，军中多江淮人，喜欢吃豆腐。遂于此地设兵站，用淮南传统技艺，制作豆腐，供应军需。时称豆腐营。雍正十三年，纪晓岚随父纪容舒进京。游览了漷阴古城，泛舟延芳淀，登临晾鹰台，品尝了土产豆腐，父子交口称赞。②"事实上，清代时延芳淀早已荒废了，"泛舟延芳淀"的景致已经不太可能出现在清代。但延芳淀在民间叙事中的出现，只能再次说明它在当地文化景观和民众精神世界中的重要地位。

与延芳淀和春捺钵最为相关的文化要素有"放海东青"，因此有了《海青歌》等曲调。《海青歌》在《中国民族民间器乐曲集成·黑龙江卷》中大量收录，反映了该乐曲在东北地区传播范围较广，或许也能侧面反映其与辽代捺钵的关联。据通州区文化馆研究人员郑建山、常富尧介绍，

---

① 通州区政协文史和学习委员会、通州区漷县镇人民政府编：《千年古镇漷县》，团结出版社2013年版，第158页。

② 《纪各庄豆腐的传说》，漷县镇宣传科主管微信公众号"漷县书院"，2017年6月9日。

直到20世纪80年代，通州漷县仍旧传承着《海青歌》和《拿天鹅》等乐曲，他们还专门采访了民间艺人漷县西黄垡村的程宝华（时年72岁）、郭成喜（时年62岁）等，并记录了乐谱，他们同时总结了不同地区、不同艺人所演绎的《海青歌》版本，虽然各不相同，但他们认为其创作源泉和素材"都源于通州的漷县"[①]。我们能够理解他们对地方文化的情感认同，但也有相关研究表明，元代琵琶曲《海青拿天鹅》在明清时期已经非常普遍，并在清末民初成为琵琶无锡派和浦东派等代表性曲目。限于资料的局限性，我们目前还暂且无法断定这些曲目之间的关联和差异，仅从称谓及地方文化认同上来看，或许可以说，《海青歌》已经成为漷县民众对延芳淀景观的又一种口头追忆，同样可以作为延芳淀整体景观的文化要素之一。

如今，随着北京城市副中心建设和城镇化进程推进，通州漷县再次将打造"延芳淀湿地公园"作为未来城市建设的重要工作之一。该工程力争"建设以北运河河道水质净化为主要核心功能目标，兼顾河道生态，集水质净化、湿地景观、科普教育、娱乐休闲于一体的湿地景观工程。整体湿地景区分为四个区域，分别是湿地保育区、湿地科普展示区、湿地游览区和管理服务区"[②]。未来经过重建后的延芳淀湿地公园或将跨越历史百年，重新回到漷县当地民众的公共生活。

二、明清古城赏八景

以漷县古城为主要区域和中心，自明清以来形成了当地特有的"漷

[①]《漷县与海青歌》，通州区政协文史和学习委员会、通州区漷县镇人民政府编：《千年古镇漷县》，团结出版社2013年版，第239页。

[②]《延芳淀湿地工程施工第3标段招标公告》，招标网，http://www.bidchance.com/info.do?channel=calgg&id=23763785。

县八景"，并流传至今。关于"漷县八景"的由来，确切的记载不可考，但至少在明清时期就已经形成，明代漷县学人董方①、清代学人王维珍②、李庆良③，都曾先后为"漷县八景"题写七律或五律组诗。

谈及"漷县八景"必然绕不开漷县古城。现在漷县村的区域基本上相当于历史上的漷县古城，只是比旧城规模更大了。古城在西汉时属于泉州县霍村，村东有潞水、笥沟，即是一个传统的古村落。辽代时，因水流湍急称为漷河，渐渐有了漷县的称呼。清顺治十六年（1659年），漷县并入通州，但漷县旧城仍保留并沿用其衙署。在从村到镇，再到县的发展中，漷县所指代的区域范围越来越大，与此同时，漷县古城作为区域核心的位置也得到加强。

漷县古城的修建始于明朝，在当地民众的口述中，漷县古城是与北京外城修建同步的，据该镇参与漷县地方志编撰的于富老师考证，"漷县兴建县城时，也是循由内到外的规制进行的。明代时，漷县作为都城北京的外围，在战略地位上十分重要。元大德二年（1298年），漷州治所南迁到武清县河西务，在那里修建了文庙和白河书院。明至正初年（1341年），漷州治所地又由河西务北迁至漷阴县。明洪武四年（1371年），漷州同知杨思贤将州儒学迁到漷州新治所（今漷县村）西北重建。漷县学宫的兴建，标志着漷县县城工程的启动"④。无论是出于历史考证还是民众记忆，他们都自觉地将漷县古城与明朝修建北京城紧密结合，这既是一种历史认同，又是一种对新政治和文化中心的认同。

漷县古城旧有城墙，大约初建于明代正德初年（1506—1521年），

---

① 董方（1416—1483），字中矩，明代通州漷县觅子店人，1445年中进士，官至刑部尚书，著有《献狱录》，主持编修《漷县志》及家谱。

② 王维珍，号莲西，天津人，清代咸丰年间进士，官至通政司副使。

③ 李庆良，号友鹤，通州人，清代同治年间举人，画家，善花鸟，代表作《海棠集画记》。

④ 于富：《北京外城与漷县古镇学宫的修建》，内部文稿。

最初修建时为黄土夯筑，周长2里，后于嘉靖三十五年（1556年）重修，万历四年（1576年）重修是改土筑为砖石，万历三十七年（1609年）、崇祯八年（1635年）、顺治十六年（1659年）和同治七年（1868年），古城历经坍塌、洪涝等破坏，数次修葺后，古城周长扩大至4里。城开四门，城外环绕护城河。关于明清时期漷县城墙的具体修葺情况，见于清代编修《通州志》，具体内容如下。

> 明正德初，知县郭梅筑土城周二里许。嘉靖二十二年，巡按阎委通州州同陈昶推增修，上加女墙，四门作楼，高一丈二尺，上阔一丈，下稍倍之，周三里。三十五年，知县吕哲重修，题其四门：北曰拱阙，南曰迎熏，东曰临津，西曰通都，岁久倾圮。万历四年，霸州兵备道钱藻详准奏修，工未竣，霸州兵备道曹当勉、知县李子擢、宋祉相继修葺，甃以砖石，建南北门二，南曰迎熏，北曰巩京，东西开小门二，凡门各设小楼，周围六百二十三丈，高一丈八尺，顶阔一丈一尺，底阔二丈二尺，女墙高五尺，濠深一丈，阔二丈五尺。万历三十七年，因久雨圮，知县艾友芝修。崇祯八年，知县涂应召劝民捐修，增高五尺，阔五尺。国朝顺治十一年，水冲城之西、南、北三面，皆圮。十六年，县裁入通，守备徐达略加修葺，嗣后西、北两门坍塌，周围城垣亦多倾圮，惟东、南两门虽城门朽坏，规制犹存。同治七年，捐筑土城，周四里。①

直到现在，漷县村的基本村落秩序大体沿袭和反映了明清以来的漷县古城结构，当然历经不同历史阶段的拆改、扩建和更新，漷县村的实际面貌已经发生很大改变，但深入访谈当地百姓，他们仍会告知你，他

---

① 〔清〕《通州志》卷二（建置·城池），清光绪五年（1879年）刻本，第5—6页。

们心中的潞县古城结构和布局，在他们记忆深处，古城风貌似乎依然那么清晰。

1. 泮宫古槐

潞县八景之一为"泮宫古槐"，即当地民众俗称的"学宫"，位于原潞县古城的西北角，学宫内栽植大槐树，"槐花黄，举子忙"，成为古城内最有文化底蕴，最负墨彩诗意的景观。这也进一步回应了学宫、古城与北京城的紧密关系。"因学宫大殿之内供奉着孔夫子牌位，故又称文庙。古代科举制度在隋唐时期形成后，每三年进行一次科考，举子在春天到京城去考进士，生员在秋季到省城去考举人。二试错开年份进行。"①

明代学人董方作七律诗《泮宫古槐》，通过回顾学宫兴建与古槐栽培的往昔，抒发自己的远大情怀，"黉宫乔木几经年，远送风声入耳边。雨涧新枝还密密，月明疏影自跹跹。浮云栖老南柯郡，余泽沾濡泮水泉。忆昔栽培深有意，花黄催客上青天。"②"远送风声入耳边"一句不但描绘了学宫古槐的昌盛，清风徐来，似乎还送来了学宫内学子的朗朗书声；"花黄催客上青天"，几经苦读的潞县学子，也终将在黄花满地之时，抑或金榜题名，抑或载誉而归。

清代学人王维珍和李庆良曾分别为"泮宫古槐"留下同名诗文。前者作五言古诗："高槐矗九霄，上有风雨护。泮水流清泠，此是音声树。"后者作五律诗："红荫杏坛香，高槐古色苍。楷模端木仰，声教梓潼襄。瑞应三公兆，征联九棘行。花开忙未了，桃李满门墙。"在他们笔下，清代时期的"泮宫古槐"之景，古槐葱郁、古朴幽静，学宫功能依然存续，槐花"忙未了"之时，学子奔波，"桃李满门墙"。

---

① 通州区政协文史和学习委员会、通州区潞县镇人民政府编:《千年古镇潞县》，团结出版社2013年版，第73页。

② 《中国地方志集成·北京府县志辑》第六册，上海书店2000年版，第642页。

因此，至少在明代时期就已经存在的漷县学宫和"泮宫古槐"，作为明清时期漷县古城的儒学传承之地、儒子求学之所，无疑是当地人杰地灵、文化荟萃的历史见证。

2. 禅林宝塔

漷县八景之二为"禅林宝塔"，位于漷县古城外西北部佑国寺处。据当地学者考证，佑国寺大约兴建于元代至元八年（1271），当时正值元世祖忽必烈迁定大都，考虑到忽必烈经常到延芳淀一带游猎，一批佛教僧众便选择在此处建造了"佑国寺"，取"保佑国家"之意，以示帝王欢心。据传，元世祖忽必烈还曾亲自到访此寺。①

董方为之所作同名七律诗《禅林宝塔》，"崚嶒塔顶出云端，舍利光摇贝殿寒。宝炬夜燃星灿灿，金铃风动玉珊珊。神鳗护后烟空锁，灵鹫归余月已残。恰忆慈恩当日事，芳名题处自如兰。"描绘了佑国寺与禅林宝塔的壮丽景象，宝塔高耸笔直，微风吹过，金铃摇曳，发出阵阵声响。

王维珍的五言诗《禅林宝塔》，"塔高明夕阳，砖书年月造。不信平原碑，佛生爱多宝。"除了描绘宝塔之高外，还记述了佑国寺内曾有的碑石铭刻。

而在李庆良的同名诗中，"曲折入松阴，昙花散满林。何年迎佛骨，到此净禅心。华表孤峰矗，珠幢法苑森。鲁公多宝帖，更许抵千金。"补充描述了当时佑国寺周边的松林，寺内有经幢和诸多经文典籍，还有唐代大书法家颜真卿的碑帖。

"禅林宝塔"展示了漷县古城西门外，穿越松林小径后，古寺肃穆，经幢碑铭，钟铃余响的景象。由于佑国寺早已不存，民众记忆缺失，但我们也能大约想见当年古城信众穿行而来，烧香祈福的场景。

---

① 通州区政协文史和学习委员会、通州区漷县镇人民政府编：《千年古镇漷县》，团结出版社2013年版，第78页。

而在民间叙事中，关于佑国寺与禅林宝塔的由来有另外一种说法。

相传，潞县护城河中，有一形似野牛、双角犀利、身披鳞片、重达千斤的水兽。护城河有几处相当深的水涡，就是它翻身打滚造成的，在护城河内，它称王称霸，河中各类生物，任它所欺，真是无所不为，相当厉害。

每到秋季，它便上岸到西北方向，找长势良好已经成熟的庄稼，连吃带糟蹋，将老百姓辛辛苦苦种出的粮食吃光；玉米、高粱、大豆，什么都吃，庄稼地里干活儿的骡马、耕牛也被它伤害，百姓恨之入骨，用铁叉、棍棒群起攻之。但是，此兽力大无比，用角顶人，很多人被它顶伤或顶死，官府也曾派兵用弓箭射它，但箭头在水兽身上如同碰上钢盾，毫无作用。

一日，有一个云游的禅师，来到潞县，听说此事，心中一盘算，说此兽必须用一镇物，才能镇住。便提议在西门外的护城河旁，建一座七层塔，官府和百姓都很欢迎。禅师亲自参与设计修建，一年时间，塔建成了。

当水兽再次上岸祸害成熟的庄稼时，见到此塔，惊恐异常，便用双角顶之，但双角被磨秃，塔却巍然不动。水兽又用全身力量撞击，塔依旧纹丝不动。水兽见此，想回河中再想办法，但站在城头观望水兽的禅师已有准备，对塔忽地发一神功，将塔腾空一丈，然后迅猛下落，狠狠地将塔压在了水兽身上，从此，水兽再也动弹不得。潞县百姓感谢禅师，在塔旁修建了一片园林寺院，将禅师挽留下来。[①]

该故事其实较常见，它是将禅林宝塔的功能叙述为河边常有的镇河

[①] 通州区政协文史和学习委员会、通州区潞县镇人民政府编：《千年古镇潞县》，团结出版社2013年版，第156—157页。

塔,这大抵与漷县古城西门外旧有护城河有关。在水兽出没影响了百姓的农业生产与基本生活时,禅师出手相助并最终通过镇河塔佑庇当地百姓安居乐业。民间传说中将宝塔更加直接地与民众生活紧密联系一起,与其历史上可能更为真实的原因,即宝塔与佑国、帝王巡幸有关的说法相比较,充分说明了民间叙事的主动性和自我诠释力。

3. 驻跸甘泉

漷县八景之三为"驻跸甘泉",位于佑国寺前的一口古井处,与"禅林宝塔"相生相伴。"驻跸"的意思指的是皇帝后妃在出巡过程中,中途暂停或休息。该场景展现了帝王巡幸至古井甘泉旁的生动场面。据当地学者考证,辽元时各有一位帝后和帝王曾在此处停留。

董方在《驻跸甘泉》中写道:"万斛甘泉吐玉虹,金瓯才汲雪花丛。琼瑶分处家家月,龙凤煎时阵阵风。千载余波承辇毂,九秋寒露滴梧桐。清冷定有神蛟宅,应作甘霖雨域中。"诗中描述,到了明代时期,古井还为漷县古城百姓所饮用,"清冷定有神蛟宅,应作甘霖雨域中",作者进一步猜想是否在古井下还隐藏着蛟龙,庇佑着古城一方百姓的饮水与福祉,说明这是一口"井深水甘、天旱不竭的甜水井"[1]。

王维珍诗云:"昔年迎翠华,醴井汲甘芳。三单作军后,流泉空夕阳。"进一步印证了古代帝王曾驻跸此处的历史传说;李庆良诗云:"漷邑临南苑,时巡位育焉。凤麟在郊薮,沼囿乐天渊。扈从荣茶宴,奎章赋醴泉。省耕来驻跸,讵是为游畋。"进一步补充说明了辽元时期延芳淀与漷县之间的关系,因为漷县离延芳淀很近,所以每年在春耕时,帝王都会来此处游猎,但通常会假借着"躬耕"的名义,实际是来巡幸玩乐。"省耕来驻跸,讵是为游畋"即是李庆良对古代帝王的讽刺。

---

[1] 通州区政协文史和学习委员会、通州区漷县镇人民政府编:《千年古镇漷县》,团结出版社2013年版,第82页。

当地民众对该水井有深刻印象，直到解放后大家仍旧饮用此井水。一直到20世纪70年代，机井自来水彻底代替了井水后，古井才因失去功能而被填塞。人们在生活水平提高的同时，也失去了一个历史悠久的生活景观、失去了一个旧有的公共空间。尽管如此，当地民众还是通过口头叙事将之保存在集体记忆深处。

动物故事及成仙传说在民间是非常普遍的，而在广大华北地区又常流传着黄鼠狼等"四大门"传说及信仰。围绕古井就曾有这样一则传说。

> 早年间，有位㵽城老人，通常只睡小半夜觉，习惯早起，四季不变，冬春拾柴，夏秋拾粪。一个晚秋的早晨，天还没亮，城内城外迷迷蒙蒙，不走到近前看不清是一泡牛粪，天刚这个钟点儿，老人已经拾了两筐柴回家，最后一趟老人想拾筐粪回去。肩上背着空筐，手里攥着粪勺，不急不缓地走到驻跸井边儿。老人眼神儿好，快到井边儿时隐隐地看见有个红色的东西放在井沿儿旁边，老人以为是谁家的东西昨天落在这儿忘了拿走。
>
> 正奇怪谁这么丢三落四，那红色的东西突然活动一下，比原来高了。老人一细看，当时就吓一跳：一只黄鼠狼身穿一件死孩子的小红袄，坐在井边，两只前爪正在给老人作揖，边作揖边问："你看我像人像神？"看那样儿还要给老人磕头。老人勃然大怒！挥起粪勺就打了过去，边挥边骂："我看你像你妈的×"！黄鼠狼被打进井里，边往下落边嘟囔："白修行，白修行……"①

在这个传说中，还隐含着当地一种俗信，"据说，有了道行的动物，要借人的话音才能成就正果，如果老人说它像人，它就会变成人，如果

---

① 《驻跸井的历史与传说》，㵽县镇人民政府宣传科主办微信公众号"㵽县书院"，2017年4月7日。

老人说它像神，它就得道成仙了"①。由此，我们才能读懂该则传说的内涵。可见，地方传说从根本上离不开地方民俗文化的整体知识系统。该传说虽没有直接与古井发生必然联系，但以古井为中心形成的传说及隐藏的"表演"场景，说明古井与当地民众生活关系之密切，古井早已成为潞县古城重要的公共空间之一。

4.远浦飞鸿

潞县八景之四为"远浦飞鸿"，大概区域位于潞县古城西门外靠近延芳淀的水泽地区。此景描绘了在宽广的湖面上，大雁、天鹅时而腾空飞起，时而飞入湖面的美丽景象。

董方的七律《远浦飞鸿》中有云："红蓼滩头夕照边，西风又送雁南还。霜来紫塞声光苦，云净清湘影更连。作柱暂时随锦瑟，传书几处忆瑶笺。并州亦是思乡远，数看横飞入鲁天。"这首诗可能是董方当时在山西大同为官，因公前往太原时所作，1474年，年近60岁的董方被朝廷派往大同府做巡抚，即便在写这首诗时身处太原，但同样是"并州亦是思乡远"，在此情境下他回忆起了家乡西城外湖泊里"远浦飞鸿"的场面，诗中充溢着惆怅的思乡之情。

王维珍在同名诗中写道："天末渺飞鸿，远浦隔秋水。凝睇歇冰弦，梅花落十指。"李庆良诗云："匹马西风急，昂头极碧天。韝鹰驰浦外，逐雁落霞边。波玉黄芦雪，沙铺白草烟。嗷嗷声在耳，归去鼓琴弦。"与董方诗的意境明显不同，这两首诗都能让我们感受到，当时潞县古城外的自然景观之壮美，既有快马飞驰，又有猎鹰驰骋，既有大雁飞入落霞，又有群鸟嗷嗷追戏。

据当地学者考证，这处水泊曾经是属于柳林海子的一部分，"原是汉、唐时期雍奴薮的东北部水面，辽时雍奴薮的北部水泊改称延芳淀。

---

① 通州区政协文史和学习委员会、通州区潞县镇人民政府编：《千年古镇潞县》，团结出版社2013年版，第144页。

辽、金时，萧太后、辽圣宗、道宗、金世宗等帝后们经常在春季来到这里狩猎游幸。元代，延芳淀因洪水而淤成孤立的几处水泊，此处所指的'远浦'是其中之一。元代帝王自元世祖至末帝元顺帝，几代帝王都曾来这里游猎，并在柳林行宫办理朝政。明代，柳林海子再次缩小，但蒲草和芦苇仍然风卷绿波，水草丰盛，住有天鹅和大雁，时而飞起，在蓝空中盘旋，时而落到水面划波，景致引人入胜。到清代此处水泊变成了低洼易涝的荒地，后又被辟为耕地"①。非常遗憾的是，这番美丽的自然风光在清代之后已经不复重现了，现在的当地民众对该景观只能停留于传说，我们也只能从上述诗文中感受其壮美了。

5. 长堤回雁

漷县八景之五为"长堤回雁"，位于漷县古城北面港沟河的长堤处。当地学者考证，这里"指北齐天保八年修筑的土长城遗址。北齐王朝的北疆外有契丹、柔然等较为强悍的少数民族部落，随时对北齐产生威胁。为了加强防御而确保北方军事重地幽州蓟城的安全与稳定，在万里长城之内，又沿着温水（今温榆河）和潞水（今港沟河及其所注入的凤河、北运河）的右岸，修筑了一道长城，凭借河流为头道防线，河、城联防。隋朝统一中国后，接着是强大的唐朝，这道长城失去防御作用，就被后来的历代王朝当作堤防，变成了'长堤'。明时，此处的长城遗址——长堤尚然高阔，上面滋生许多杂树，夏季像一道绿色长城"②。

董方在《长堤回雁》中写道："社来燕子已先知，画栋初辞绕绿陂。细雨引雏音上下，清风匝地羽差池。主人应自怜王谢，往事同谁忆戴妫。莫叹飘零游瀚海，明年春又是来期。"此诗同样是董方在外为官、游历西北瀚海时所作，他描写和怀念的是春社时南燕归来，在古城长堤上下翻

---

① 通州区政协文史和学习委员会、通州区漷县镇人民政府编：《千年古镇漷县》，团结出版社 2013 年版，第 86 页。

② 同上书，第 91 页。

飞的美妙场景,并借用候鸟北归抒发自己的思乡之情,客观上为我们展现了一幅春日长堤、归燕翻飞的场景。

王维珍在同名诗中写道:"秋燕已如客,主人难为留。明年堤上春,待汝空帘钩。"则一改董方对春燕回潮的回忆,描绘了秋日里燕子南飞、长堤孤寂的景象。李庆良诗云:"深院梨花雨,长堤柳絮风。才穿白云去,又入绿烟中。来往寻芳惯,回旋侧翅工。主人心爱尔,相待下帘栊。"他展现的又是一幅完全不同于董方、王维珍所描绘的景象,在他的诗中,春日里,长堤两侧的柳树抽出了柳絮,庭院里的梨花随风飘落,燕子在白云与绿树间穿梭来往,时而又在房檐下搭建自己的爱巢。

绿树掩映中,潞县古城北门外的长堤处,燕子上下翻飞的场景,一定美不胜收。据榆林庄闫宝林介绍,他曾为此尽管专门同周良先生在长堤遗址考察,认为这是一种专门在古长城上做窠的土燕①。

6.晾鹰旧台

潞县八景之六为"晾鹰旧台",据当地学者考证,"此景在今永乐店镇德仁务村中"②,为西北至东南走向,长500余米,宽80余米,高10余米,立土坚固,为自然形成,台内曾有考古发现的战国至汉代墓葬,台顶表面散见有灰、红陶片,足以见其历史悠久。辽代时,帝后至此放鹰擒鸿,故称为晾鹰台。另外,在方圆数十里的水泊和平原内,一座高大的土台突兀其中,实在是一种奇特景象。"文革"后,此台遭到严重破坏,只留下来西北端的一小部分,但仍不失去古韵,现在为通州区文物保护单位。

董方《晾鹰旧台》写道:"苍鹰已去不重回,金殿荒芜尽绿苔。箫鼓

---

① 访谈人:王文超;被访谈人:郝洪博、闫宝林;访谈时间:2019年1月12日;访谈地点:潞县榆林庄村榆林别院。

② 通州区政协文史和学习委员会、通州区潞县镇人民政府编:《千年古镇潞县》,团结出版社2013年版,第94页。

声填惟鸟噪，羽林军散只云徊。晴川应识霓旌影，寒菊曾迎凤辇开。当日谁能歌五子，至今殷鉴使人哀。"董方通过描写明代晾鹰台的荒芜和没落，借古讽今，"当日谁能歌五子，至今殷鉴使人哀"一句对明朝的官政给予讽刺，是整组诗中难得的讽刺诗。

王维珍诗云："当年游猎雄，紫台凉朔漠。汗血湿羽毛。苍鹰疼一掠。"作者在晾鹰台上讽刺了辽元时期帝王对普通百姓的剥掠。李庆良的诗，"毡帐穹窿野，高台尚有基。筑时曾屹屹，登处此熙熙。偶亦马来戏，谁吟风去诗。鹰扬才几日，耀德万年斯。"与前两首有异曲同工之妙，都是面对荒芜的晾鹰台而引发对前朝政治腐败的感慨。

可以看出，晾鹰台在明清时期已经非常荒芜了，这自然与当时延芳淀一带不再游猎的整体没落有关。晾鹰旧台在失去功能后变得更加荒芜，只能成为一段历史的见证，应该是八景之中一处最具有历史讽刺意味的人文景观。

而在民间叙事中，晾鹰台高地也曾是古墓群，因此还流传着一些民间传说。其中，由晾鹰台的一个洞为传说核而形成的传说，还进一步说明了晾鹰台名称的由来。

> 相传，此墓乃是一汉将的小妾水仙之墓。那汉将在征战之余，好吃乌龟，每次令人从河中捕来活龟，便让水仙烧沸汤汁活煮，说这样进味。水仙心肠很软，见那惨状，总是泪流满面。后来，她再也忍心不下，便放走了一只新捕来的乌龟，自己认为无法与那汉将生活下去，便吞金自尽。
>
> 那汉将不知内情，以为心爱的小妾是暴病而死，异常悲痛，便为小妾水仙建了一座壮观的大墓，将她安葬了。
>
> 那被水仙放走的乌龟，就是潞河里龟精的一个儿子，他听说水仙为它自尽身亡，很是感动。为了报答水仙的救命之恩，它流着泪进入水仙的墓内，将自己身体内特有的"化金液"口

对口送进水仙的尸体内。三天之后，水仙尸体内的金子化成水排出，乌龟又去渤海龙王那里要来一粒再生丹，放入水仙口中，水仙起死回生，貌美如初。乌龟怕水仙寂寞，变成一年轻小伙，与水仙谈笑玩耍，并为水仙寻觅食物，二人就此在墓中生活下来。

　　后来，辽道宗皇帝游猎到这里，见此墓雄伟壮观，赐名晾鹰台，又令人在墓首建起一座关帝庙，在墓尾建起一座镇国寺。从此，墓周围数十里的百姓，求香拜佛者络绎不绝，香火常年不断。水仙二人也不时从墓中秘密走出，行在人群里，享受着人间欢乐。①

该传说揭示了晾鹰台由古墓葬而得名的由来，其间通过一个凄美又圆满的爱情故事将原本肃穆荒凉的古墓与之后的晾鹰台、关帝庙和镇国寺等活动空间联系起来，使这种功能转变似乎变得更让人易于接受。与前面的诗文相比，文人雅士明显更加关注上层正史，而民间社会更加关注晾鹰台附近的用于满足普通百姓信仰生活的寺庙。因此，传说的功能在于建构了这种空间转化的合理性。

7. 春郊烟树

漷县八景之七为"春郊烟树"，主要指的是漷县古城东城门外沿河的树林和运河西岸榆林庄附近一片广袤的树林。

董方有诗云："望入天涯绿正匀，几番风雨压眉颦。争穷榆荚遥难辨，遮断杏花半未真。飞絮雪沾南浦草，晴烟莺啭上林春。故乡今亦应如此，满目云山迷渡津。"同样是一首借物咏怀的诗篇，作者为官他乡，却在春日里思念故乡城外"春郊烟树"的景象，只见满眼望去，一片绿

---

① 通州区政协文史和学习委员会、通州区漷县镇人民政府编：《千年古镇漷县》，团结出版社2013年版，第159页。

色尽收眼帘，春风徐来，榆钱与杏花争相涌现，柳絮纷飞如雪，好一派春光正盛的美妙景象。

王维珍写道："树色界远郊，春光散晴晓。深处有人家，炊烟处林梢。"描写的是春日里的漷县古城外的一片郊外田园风光，尤其是深处远远飘荡其的炊烟更为传神。李庆亮在同名诗中写道："丛树发新绿，村居始觉春。人家聚鸡犬，庐舍护杉椿。桑梓同侪偶，枌榆立社亲。倏然城市远，中有太初民。"同样展示的春日里郊野农乡的悠然生活。

当地学者还进一步做出解释，之所以有这么一大片榆林，是因为明代为了堵口护岸，而古城东面的榆林庄附近栽种了大片榆树，并派遣吏役专门保护管理[①]。这种由政府所主导的治理措施为当地百姓营造了静谧美妙的田园风光。

8.白河渔舟

作为漷县八景中的最后一景，描绘的是漷县古城东北面的京杭大运河。该河段在不同历史时期有不同名称，"白河"是其元代至明时的叫法，到了清代一般称作北运河。

董方在《白河渔舟》诗中写道："河流汩汩复悠悠，欸乃声中烟水秋。襟带万年昌帝业，朝宗忆国拱皇周。风帆暮急沙鸥起，波影晴涵野树稠。遥望孤灯明灭处，芦花滩里钓鱼舟。"描述的是秋日里，河面上薄雾缥缈，暮色中远处灯光摇曳，钓鱼船悠然漂荡的美妙场景。同样的场景见于王维珍的诗中，"白河存旧迹，一湾复一湾。筶箸集渔舟，灯火明波间。"可见在清代时白河依旧像历史上往昔一样，河面上渔舟泛泛，灯光点点。

唯有李庆良诗中的场面跳出了朦胧清幽，显得更为热闹，"翠柳贯金鳞，仓臣贡献新。白河饶潞鲤，画舫集渔人。虾菜桄榔市，鱼苗藻荇春。

---

① 通州区政协文史和学习委员会、通州区漷县镇人民政府编：《千年古镇漷县》，团结出版社2013年版，第100页。

天厨栽岁供,环海沐皇仁。"说明在清代时白河上及岸边依旧有着非常繁忙且兴盛的集市,打渔归来争相竞价,集市上贩售各色菜蔬,即便已经到了清晚期同治年间,白河岸边依旧保持着往昔的繁华。

纵观漷县八景,基本涵盖了古城四周各个方位,同时包含了寺庙、古树、遗迹、古井、长堤、湖泊、树林和运河等不同景观和意象;这些由文人建构并不断赋诗强化的景观,在民间社会中也以别样叙事在不同程度地生动演述、传承。

三、四台八庙七十二眼井

漷县古城的结构相对简明,古城四方,由城墙围绕,四面设门,北有"拱阙门",南有"迎薰门",西有"通都门",东有"临津门"。南北门之间、东西门之间笔直相对,有街道相连,南北及东西两条正街如"十"字形,将整座古城约等分为四部分。相比较而言,东西两门更为常用,出东门向东可达运河,乘船可至天津,出西门则通往首都京城。

在漷县古城内部,与"漷县八景"的盛名有所区别,为当地人精练概括的"四台八庙七十二眼井"更加体现了人文景观与民众日常生活的关联。除了四台、八庙有确指外,由于历史变迁和生活环境改变,"七十二眼井"似乎变成了一个虚数,显示着"井"对于古城百姓日常生活的重要意义。

如今,在漷县社区服务站及村民委员会的后院,村委特别设置了"漷县村村史陈列室"(乡情村史陈列室)。除了保存和展陈村委遗留下的珍贵村史档案、村落碑铭、各类奖章荣誉,以及村民自己捐赠的各种生活器具以外,悬挂在陈列室西墙上硕大的《漷县古城原貌图》尤为引人注目。该图作于2012年,是基于相关史料及本村老人集体记忆,后由本村书画社创作完成的。图中对明清以来漷县古城的基本面貌和古城结构做了描绘,特别对重要标志性古城景观做了说明,如下将结合我们对该村徐永库老书记的访谈及相关资料,重点介绍该村以"四台八庙七十二眼井"为核心景观的多元叙事。

1. 四台

"四台"指的是瞻星台、落星台、呼鹰台和晾鹰台。

瞻星台。又称观星台、天台,位于古城外东南角的一处高地。观星台是我国古代天文观测的重要建筑,代表和体现了我国古代天文历法成就。尤其到元代,主持勘测和设计通惠河的郭守敬,在全国设立了二十七处观星台,"东至高丽,西极滇池,南逾朱崖,北尽铁勒,四海测验,凡二十七所"①。漷县观星台的有关史料及实物资料极少,但其位于古城东南方位,与元代时河南登封观星台和北京元大都天文台等所处地理位置相近,可见其历史真实性。

落星台。又称接星台,位于古城外西北角的一处高地,"可以观尺高圆柱陨石"②。由于漷县落星台缺少相关碑铭及信仰活动,这里补充介绍华北地区另外一处落星台,或许可反观其形成及相关信仰活动。在河北石家庄郊区东良厢村东也有一处落星台,并在台上建有落星台庙,庙中立碑以记事。由一通"真定府获鹿县东良厢修落星台记"碑文可知,东良厢村曾在嘉靖十四年(1535年)发生过一次陨石陨落的现象,使得落星台西侧落地为坑,东侧之后涌起为堆,于是村民围绕陨石有了相关祭祀活动,将土堆修整为高台,即落星台,并在台上修建庙宇,包含门阁、主殿、钟鼓楼和东西厢房等建筑③。由此推之,漷县落星台在历史上应该

---

① 《中国大百科全书》编辑委员会编:《中国大百科全书 元史》,中国大百科全书出版社1985年版,第37页。

② 北京市文物事业管理局编:《北京名胜古迹辞典》,北京燕山出版社1989年版,第597页。

③ 政协石家庄市委员会编著:《石家庄历史文化精华》,中国对外翻译出版公司1997年版,第137—138页。

也曾发生过陨石陨落的现象,之后村民为纪念该历史事件并便于观赏陨石而逐渐形成这一景观。尽管缺少实物和考古资料,与石家庄东良厢村有庙宇、碑刻及相关祭祀活动相比,我们虽然还不能确定落星台是否进入当地民众信仰体系,但在当地口头叙事中却似乎找到了相关答案。张建曾搜集整理过如下一则关于潞县陨石的传说。

> 今天的潞县城乡,散落着大大小小若干个天降陨石,最大的一块有一吨多重,就埋在古潞县城的地下,而分布在四外乡村的小块陨石则有待追踪寻找。据说,那块最大的陨石在明代时曾供奉在城西南的落星台上。这么多又如此重的陨石从何而来?什么时候由天而降?落地时出现了什么情况?没人知道年代,更别说具体事实了。
>
> 在潞县城西南部,笔者听到一则关于陨石的神话,说是传说也可以,觉得挺有意思,写出来,供学人和读者参考。据向笔者讲述的人说,陨石的年份是"远了去了",它们来源于一次天火,一次远古大天火,年代要追到三皇五帝那个传说时代。
>
> 远古时,东夷的蚩尤王从东南来,去燕山北面和黄帝争夺王位,争夺缙云氏的大片土地。他率领十支队伍,这些东夷人带着刚刚发明的青铜兵器,划着独木船经过这里。当时已经很疲惫,每个部落都在水中找到一片高地休息,并派人在附近寻找能吃的食物,鱼啊虾啊果实啊,能吃的就吃。蚩尤王借休息时间查点部落人数,看看伤亡掉队了多少人。
>
> 查点之后,蚩尤王很生气,因为有一个部落整体掉队,一个人影儿也没有,这使他不得不在这个地方安营扎寨,等候他们。这一等就出事儿了。据说,天刚亮时有人来报告,落在后面的那支队伍很快就到,用不了多长时间。蚩尤王刚要发脾气,一个响雷震动天地,把蚩尤王的话给喳了回去,好半天缓不过

劲来。

　　天空像下火一样，一团一团的火球在半空爆炸，炽热的火苗儿满天乱窜，落在水里的火球瞬间将水汽化，激起冲天水雾，蚩尤王的队伍鬼哭狼嚎四处躲避，眼前立马儿就死了几个人。此时，蚩尤王本人也吓傻了，反应不过来是怎么回事儿，因为这次行动之前他已经问过上天，问过自己的先人，应当一路顺风才对啊。

　　一片混乱中，一个巨大的火球带着浓烟砸入地下，蚩尤王被掀翻在地，滚出去很远，从大火球上又炸出去很多小火球，噼里啪啦地怪响着，连空气都被烤得发热。借着天光看，小火球黑红二色，每个都长有翅膀，像是一群正在飞舞的燕子，无拘无束地来回穿梭。如果从远处看这景象，绝对是一幅美妙画面，让人产生幻觉，产生联想，同时也产生敬畏。所有人都跪在地上仰视天空，像是在等待上天的恩赐，又像在等待上天的惩罚。

　　天火过后，蚩尤王收拢他的队伍，发现他的人并没死多少，他刚刚那点敬天的心又收了回去，准备继续西行，寻找黄帝打仗。但是，几个部落首领却认为这是天罚，这一仗不能打，必须回去，否则肯定会全军覆没，谁也别想活着回来，如果不服从天意，说不定上天还会降下更大的灾祸！死活不肯随蚩尤王西行。蚩尤王大怒，一斧砍死一个首领，杀鸡儆猴儿，众人无奈，只好跟着他继续西行。

　　落在后面那支队伍，正好走到天火外围位置，看了个全景。这场天火对其他部落来说肯定是灾难，但在这个部落首领眼里，性质却大不相同，在他看来，这是上天在照顾他和他的部落族人，那些火球，那么多飞舞的燕子正是自己部族兴起的征兆。说来也巧，就在这个节骨眼儿上，他的一个女人生下一个孩子，

第五章

漷县

部落中还有几个女人也已经临盆，这真是天大的祥瑞。

看着天火过后，天空飞来飞去的燕子，他心里一高兴，决定把这种黑色的小鸟作为自己部落的象征，作为本部落崇拜的偶像。于是，他以部落多人生孩子为借口请求蚩尤王允许自己缓几日出发，他一定按时赶到会合地点，蚩尤王答应了。

这支队伍并没去西北方向与蚩尤王会合，没去与黄帝打仗，蚩尤王带大队前脚刚走，首领便带着自己的部落向西南开拔了，直奔今天良乡、房山、涿州、易县方向，一路编造了不少神话。这个部落就是后来商民族的主体之一有易氏，后来逐渐南迁，最终取夏自代，成为夏、商、周三个奴隶制国家之一。

讲述人说：所谓"天命玄鸟，降而生商"的神话，其实就是潞县这次罕见的天降陨石的过程。古人不懂科学道理，认为陨石降落不是天罚就是祥瑞罢了。这从侧面说明这次天降陨石规模很大，在人们心中留下了很深的印象，一直被古人口头传承到今天。

据说，今天的潞县老城就建在那次天降陨石砸出的大坑旁边。①

该叙事更多地反映了上古蚩尤神话在华北东部地区的分布，在试图解释潞县陨石历史来源的过程中，以陨石为传说核，将蚩尤大战黄帝神话中的天火母题加以扩展和渲染，其间甚少有天火与潞县直接相关的叙事，只有在结尾处从地理方位上将通州与西南部涿州、易县做了关联，并补充到潞县古城就是在陨石大坑旁建造起来的。这种附会性故事代表了民众对自然万物来源的精妙解释，可以肯定的是，与潞县古城有关的

---

① 张建搜集整理《潞城陨石》，收入通州区政协文史和学习委员会、通州区潞县镇人民政府编：《千年古镇潞县》，团结出版社2013年版，第172—174页。

陨石叙事一定早已进入当地民众的生活叙事中去了，就像前述叙事中讲的那样，陨石总伴随着厄运或者祥瑞，落星台作为该历史叙事的核心和见证，其景观化历程反映了当地民众对自然的敬畏与尊崇。

呼鹰台与晾鹰台。与放鹰台一起被称为"三鹰台"，"昔日有辽皇元帝狩猎"①，即为辽金元三代皇帝曾先后在此狩猎放鹰时所修筑，总体方位位于通州区中南部。关于三台的叫法及位置，观点不一，有的观点认为"放鹰台，位于通县漷县村西，辽代皇帝游猎时所筑；呼鹰台位于通州区仓上村南，高3米，周百米；晾鹰台位于德仁务村中。现仅余晾鹰台一处遗址，已公布为通州区文物保护单位"②。这种观点将三台之中的放鹰台与晾鹰台视为漷县古城所辖范围内的两台，前者位于古城西侧沼泽地往西，后者位于古城西南侧。但在《元史·武宗纪》中有明确记载，至大元年（1308）七月，"筑呼鹰台于漷州泽中，发军千五百人助其役"③。可见，至少在明代时仍旧将漷县古城西侧沼泽中的高地称为呼鹰台。虽然存在叫法上的历史差别，至少可以肯定的是在漷县古城境内肯定存在两处专供辽元皇帝放鹰狩猎的皇家场所。

前文对晾鹰台已有提及，此处不赘述。关于放鹰台，除了相关文献记述以外，漷县地区还流传着一则口头叙事，整理后的文本如下。

> 元武宗率群臣带数鹰游猎延芳淀，见辽时建的"放鹰台"太小又低，便派1500名军卒，又在此基础上，筑起一座高三丈、周三十丈、如同小山一样的放鹰台，后因武宗放出的鹰不归，晚上还需卫士站在台上呼叫，又称呼鹰台。

---

① 北京市文物事业管理局编：《北京名胜古迹辞典》，北京燕山出版社1989年版，第597页。

② 曹子西主编：《北京史志文化备要》，中国文史出版社2008年版，第203页。

③ 〔明〕宋濂等撰：《元史》卷2，岳麓书社1998年版，第344页。

武宗放出的鹰为何不归?是由于连日捕捉,淀内猎物越来越少,有的已经远走高飞。众鹰费了好大劲,才能捕到几只野鸭,又累又饿,便先给吃了,然后卧在淀边安歇,不肯再捕,直到晚上卫士呼叫,才飞回台上。

如此这般,武宗很是气愤,决定杀一儆百。这天晚上,卫士呼回众鹰,武宗忽拔剑将一老鹰杀死,并对众鹰怒吼:"明日再不捕回猎物,统统杀死!"

众鹰见武宗如此残暴,个个义愤填膺,它们暗暗商量好,待明早武宗登台放鹰时,一同奋起,啄死武宗。不料,此事被一叛鹰告密,当夜武宗即派二百名卫士,各带利剑,悄悄上了呼鹰台。众鹰正在熟睡,卫士挥剑齐杀,可怜众鹰无一逃生。正是:反暴不成遭残害,众鹰血洒呼鹰台。

后来,武宗仍不甘心,又令人四处捉鹰训练,想再登呼鹰台放鹰游猎,但因一夜间梦见一苍鹰飞至宫内啄瞎了他的双眼,醒后惊吓成疾,再无心游猎放鹰了。①

在民间叙事中,不仅将呼鹰台与放鹰台的关系做了说明,而且进一步说明了呼鹰台的由来和作用,原来是因为有士兵站在高台上呼唤鹰归来而得名,同理,这些鹰又同样是在这样的高台上驯养和放出的,可见功能无异,应该只是不同历史阶段叫法的差别。除此之外,故事还展现了元代时期延芳淀整体生态环境的恶化,对人与自然的关系有所警示。

在潞县"四台"中,前两者瞻星台和落星台均与古代天文相关,体现了潞县古城较为深厚的科学文化底蕴,后两者呼鹰台和晾鹰台则与辽

---

① 冯树勋搜集整理《呼鹰台的传说》,通州区政协文史和学习委员会、通州区潞县镇人民政府编:《千年古镇潞县》,团结出版社2013年版,第160页。

元时期帝王捺钵活动密切相关，是潊县皇家苑囿文化的代表。

2. 八庙

"八庙"具体指的是文庙、关帝庙、城隍庙、庵庙、佑国寺、药王庙、龙王庙和火神庙。文庙，即潊县学宫，前文已经对其和佑国寺做了介绍，此处不再赘述。

关帝庙。位于潊县古城内十字街交会处的东北角把角，系一个坐北朝南的三进院，"文革"时期遭到彻底破坏，在此之前，因潊县学宫早已衰败。在我们访谈中，老书记徐永库和其他村民都对关帝庙印象深刻，不过在他们的印象中，关帝庙已经不再是具有神圣性的寺庙空间，而更多是童年求学与玩耍的美好回忆，这是一种因空间职能转换从而带来的集体记忆转变，尽管没有实际信仰活动，但关帝庙的"身份"依旧在记忆中保存下来。

城隍庙。位于潊县古城内十字街的南街东侧，一进院，坐北朝南，北侧为正殿，殿两侧有厢房。对于郊县农村而言，通常只有土地庙，而无城隍庙，尽管二者功能相似，都与地方丧葬信仰密切相关，但潊县旧时为古城，且有官署衙门，阴阳相对，便需要相应的"地方行政长官"。据悉，明代地方官员到任时需要先到城隍庙祭祀。对于当地老百姓而言，与绝大部分城隍庙功能相同，这里供奉城隍神，掌管地方阴司，与当地百姓的丧礼仪式关系密切。解放后，城隍庙衰败，且逐渐失去原有功能。

庵庙。位于城隍庙东侧，二进院，坐北朝南。解放初期曾有尼姑，遣散后庙已不存。

龙王庙。位于潊县古城北门拱阙门外、过护城河的西北角。一进院小庙，坐北朝南。龙王庙内以三潮井最为有名。

药王庙。与龙王庙对称，位于潊县古城南门外、过护城河的东南角。一进院小庙，坐北朝南，供奉药神。

火神庙。与药王庙同位于湖城南门外、过护城河的西南角，一进院小庙。

由于解放以后，绝大多数庙宇都失去了功能，并陆续遭到破坏，在当前民众的生活记忆中，这些曾经在历史上与古城百姓生活息息相关，充分反映民众精神生活的庙宇，一下子失去了物质和非物质双重文化功能，只是零星地散现于民众记忆深处。但是，从这些庙宇所构成的神灵信仰系统及其所在大体方位可以看出，作为一座有官署职衔的古城，潞县古城民众的精神空间是非常多元、丰富的。

如今，这些庙宇都没有了，仅留下一些碑铭石刻，存放在潞县村史馆前的小院里。

图 5-2　潞县村现存部分碑铭石刻
拍摄者：李梦婷；拍摄时间：2018 年 7 月 26 日；拍摄地点：潞县村村史馆

3. "七十二眼井"

与"八庙"所代表的精神空间相对，"七十二眼井"更多代表了古城民众的生活空间以及公共空间。"井"作为一种资源型物质景观，不仅为当地民众生活提供了重要的生命来源，而且因打井而构成的村落秩序、组织，以及因用水而形成的公共生活，则成为古城内最有生活情趣的标志性景观。

前文已经详述的驻跸甘泉古井，既有实用功能，又有深厚的历史文化底蕴，除此之外，当地民众中记忆最深、最有特色的一口井是位于北门外龙王庙内的"三潮井"。

在潞县古城北门外的龙王庙中有一口古井，当地俗称为"三潮井"。这口井的井水特别甜，当地百姓中流传着"潞州二县，就这儿水甜"的说法，除了水甜以外，据传该水井还曾一天变换三个颜色，十分神奇。以该口甜水井为中心，有两则传说。

其一，解释三潮井变色的原因。

> 传说此井之水与渤海相连，称作海井。最初，井水也没有"三潮"颜色。相传，渤海龙王有三个女儿，因龙王疼爱，一直没有出嫁，在龙宫陪着龙王老父亲享受天伦之乐。可天长日久，少女好动，姐妹们开始打听人间情况，寻问人间消息，因为她们谁也没到过人间。
>
> 后来，有龙子从渤海经过，向三姐妹介绍了人间的美好繁荣，告诉她们人间很美，三姐妹听了之后很想到人间看看，龙子让她们先到这里的海井试看一下，因为海井连着渤海，来去比较方便。她们请求父亲允许她们去逛逛，可是龙王死活都不答应，于是，三个人商量出一个办法。
>
> 龙女们决定，背着父亲去人间海井，大女早晨去二女中午去，三女晚上去，这样不容易被父亲发现。大女爱穿青衣裙，二女爱穿绿衣裙，三女爱穿红衣裙，井水在龙女到来之时，被龙女衣裙颜色所染，也就是谁来变成谁衣裙的颜色，便出现了

"晨青午绿晚红"的奇景。时间久了,这口海井因有龙女光顾,龙王庙里便热闹起来,香火盛极一时,来此观看奇景之人络绎不绝。

"三潮井"名传四方,龙王庙也因此风风光光,善男信女,拜神求药,香火不断,人流熙攘。这样一来,别的庙宇肯定日渐清冷萧条,那些神佛很是纳闷儿,一打听,才知道龙王庙里的海井出现了"三潮"景观。便联合到此查看,这才得知内情,急忙告诉了渤海老龙王。龙王大怒,把三个女儿狠狠斥责一顿,关进内宫,派专人看管,永不许再去海井。从此,海井的"三潮"景象不见了,四方游客也稀少下来,但是这个美丽的传说却永远流传下来,成为潞城百姓口中流行的佳话。①

该传说将三潮井与其所在的龙王庙结合起来,将井水变色归结为与井水相通的渤海龙王的三个女儿,既体现了民间传说中的龙王信仰,又展现了当地民众丰富的想象力。

其二,解释古井水为什么会这么甜。北京因其特殊地理位置,过去地下水多有苦水,并不适宜饮用,正如前述百姓口中流传的那样,于是围绕古井水为什么会这么甜,就有了如下传说。

永定河黑龙和白河青龙是亲兄弟,黑龙苦于西山白虎的骚扰,很想向东靠拢,但白河青龙不愿黑龙扩大地盘儿。黑龙便派一个儿子沿凉水河东下,龙行带水,浑河水就这样流到潞州城并在城东与白河相汇。青龙见木已成舟又是自家兄弟,只好默认,黑龙之子便在此凿了眼深井,从此长期定居下来。

白河青龙也不是省油的灯,他也派一个儿子,顺着黑龙之

---

① 通州区政协文史和学习委员会、通州区潞县镇人民政府编:《千年古镇潞县》,团结出版社2013年版,第155—156页。

子开出的水道逆行去了玉泉山，那一带是黑龙的势力范围。好在玉泉山离永定河较远，黑龙又有过错在先，它也同样不能说什么。从此，这眼井的水就和玉泉山在地下相连属于同一水脉了。

尽管如此，白河青龙心里仍然不是个滋味儿。为了不让黑龙之子再向东靠近，它约来永定河黑龙，弟兄俩在潮州城里喝酒，喝到半醒不醉时青龙对黑龙说："身上挺热，一直没发气练功，今天我试试原来的本事还行不行。"说完便钻入北门外龙王庙的一口深井，然后从南门外水井上岸，暗示黑龙以此为界。从此便出了怪事儿，百姓的水桶掉在北门井中却从南门外那口井里漂上来，而且井水也开始变甜。后来居民给这口井取了个名字叫"三潮井"。[1]

事实上，从井水与水系的关系考量，当地学者也考证此井可能与西山水源有关，"这种自然现象，很可能是城内中轴线上有条暗河，或是人工河，也有可能与两河水系的此消彼长有关，说明潮州城下既有东来之白河水也有西来之浑河水。而驻跸井水甜的原因，则可能与其属于北京西山水系有关"[2]。这与传说之中提及的关系或可相互印证。如此看来，这则潮县古城老百姓从其水系来源的角度讨论水甜缘由的传说似乎还具有了某种科学性。

在潮县古城空间结构中，至今遗留下的一处古迹只有原古城东门外港沟河上的一座平面方孔的大石桥，该桥约有60多米长、8米宽、5米高，共有13个方孔构成。关于这座石桥的来历还有如下一段传说。

---

[1]《驻跸井的历史与传说》，潮县镇人民政府宣传科主办微信公众号"潮县书院"，2017年4月7日。

[2] 通州区政协文史和学习委员会、通州区潮县镇人民政府编：《千年古镇潮县》，团结出版社2013年版，第142页。

传说是东门外大石桥是由清代张善人募捐建成的。张善人是武清县瓦屋村人,当年在北京一家饭庄当厨师。光绪二十年夏日的一天,他回家路过潞县,此时港沟河正涨大水,河上原有的木桥被冲毁,过往行人只靠一条木船摆渡。当张善人过河时,木船忽被一个浪头打翻,船上的人全部落水,多数人被淹死,幸亏张善人被人救起,没有葬身鱼腹。张善人谢恩之后,决定辞去工作,在此处募捐建一座石桥。他回到家与家人表明心愿,家人极力相劝,说此事难成,亲朋好友也说他不自量力,枉费徒劳。可他立志不移,告别亲人,到潞县方圆几十里的村镇无数次奔波,与一些开明士绅、商家店铺、财主富豪等相谈,苦口婆心,劝他们捐些银两,并说自己也拿出全部积蓄,共建石桥,为民造福。功夫不负苦心人,两年时间,张善人募捐纹银一万余两。光绪二十三年,张善人将建石桥之事,告知地方官府,得到支持和鼓励,便请工匠采石建桥,自己亲临现场,督促检查。一年半时间,石桥建成,自己却积劳成疾,卧床不起。自从有了大石桥,潞县地区交通甚便,过往行人,无不欢喜,张善人的名字和他募捐建石桥的事迹也流传下来。①

关于张善人捐资修建大石桥的故事,在2008年《重修潞县东门桥碑记》中也有记载,"清光绪二十三年(1897年),武清县瓦屋村张善人以东门外港沟河上无桥病涉,即募捐修建十三方孔平面带护栏石桥一座,为京畿此类桥梁之最,故名大石桥。自此来往行旅称便且盛赞倡建者美德"②。

---

① 《话说大石桥》,潞县镇人民政府网,下载时间:2018年7月7日。
② 通州区潞县人民政府:《重修潞县东门桥碑记》,2008年7月立。抄录人:王文超;抄录时间:2018年7月26日。

图 5-3　漷县东门大石桥
拍摄者：李梦婷；拍摄时间：2018 年 7 月 26 日；拍摄地点：漷县村村东

直到 20 世纪 70 年代，随着大石桥北面建起了一座钢筋水泥桥之后，大石桥才不再使用，并在 1985 年被列入通州区文物保护单位。2008 年，经过重新修正后的古老大石桥继续以地方文物的身份守卫着这座古城最后的"秩序"。

第三节　运河漕运与传统村落

漷县位于北运河流域沿岸，村落生产生活不可避免地与运河漕运紧密相连。历史上的漷县古城曾设有衙署，专门负责与北运河漕运有关的河务监管及审判事宜，同时明初还在榆林庄设立漷县钞关来征收漕运关税，一些村落的形成又与北运河修筑堤坝与防汛密切相关，并长期为北运河的防护、清淤及贸易做出贡献。因此，从传统村落视角入手，选择重点村落来逐一洞悉运河漕运的局部，或可为理解北运河整体文化提供个案参照。

一、河务与漷县衙门

漷县衙门位于漷县古城内十字街的东北区域，邻近古城东门，出临津门向东即通往北运河。与古城内其他建筑相比，衙署占地最大，结构最为复杂。清顺治十六年（1659年），漷县并入通州，清政府保留漷县衙署，设立管河州判一职。"河"当然指的就是通州北运河。州判的主要职责有，"职司河务，兼有管辖村庄、稽查地方之责"[①]，具体负责北运河漷县段的河务工作，掌管漷县所辖的村庄及地方安全事宜。

对于北运河漕运的河务工作而言，选择合宜的州判就显得十分重要。乾隆三十六年（1771年），时任漷县州判的吴标就因为不称职被"改补教职，允堪课士"。档案原文如下。

> 乾隆三十六年正月初九日
> 奏为查明通州漷县州判吴标才不称职请改教职事
> 直隶总督臣杨廷璋谨奏为州佐才不称职，请旨改教以慎器使事。窃查通州所属漷县地方僻处州南，旗民杂处，分驻州判，虽系佐贰之员，而职司河务，兼有管辖村庄、稽查地方之责，须才能办事，方于弹压、修防，均有裨益。今查现任州判吴标，系贵州举人。乾隆三十一年挑选分发直隶试用，改拨河

---

① 中国第一历史档案馆馆藏：《奏为查明通州漷县州判吴标才不称职请改教职事》，档案号：04-01-13-0044-017。

工。三十三年，借署通州漷县州判。任事以来，限于才质庸钝，凡办理河工、地方事务，不能振作有为。上年夏秋，如修堤筑坝等事，更形竭蹶。实系才不称职，难以策励。但该员于佐贰驱使之任，虽非所宜，而年力方富，文理尚优。若以之改补教职，允堪课士。据布政使周元理、按察使王显绪、通永道锡拉布会详前来，与臣察核无异。理合具招恭奏请旨，将通州漷县州判吴标改补教职，庶几人职相称，而于河工、地方均不致因循贻误。伏乞皇上睿鉴，赐部施行。①

吴标在担任漷县州判期间，原本应该担当起"职司河务，兼有管辖村庄、稽查地方之责"，要求州判本人必须"才能办事，方于弹压、修防"，可见，作为身份州判在应对修堤设防及弹压等方面经常会遇到很大难题。吴标，乾隆三十三年（1768）才到任担任漷县州判，在任期间无论是在河工，还是地方事务上都不能有大作为，尤其是在乾隆三十五年（1770）的修筑堤坝事件中出现了严重不称职的失责现象。经过再三裁定与考核，最终考虑到吴标本人"年力方富，文理尚优"，让其改做"教职"，清代教职即是州县等不同级别的儒学教官，漷县当时也有漷县学宫，只是不能断定吴标之后是否还留在漷县担任教职。从吴标的易职事件可以看出，对于漷县州判而言，能够担任并做好河工事务是一个非常重要的官员考核标准。

嘉庆十九年（1814年）六月十四日《题为遵议准以直隶省请以王锡景借补通州漷县管河州判事》，对漷县州判王锡景的选任也同样说明了漕运河工事务对于漷县衙门的重要性。

  经筵讲习、太子少保、吏部尚书、总管内务府大臣、正蓝

---

① 中国第一历史档案馆馆藏：《奏为查明通州漷县州判吴标才不称职请改教职事》，档案号：04-01-13-0044-017。

旗满洲都统、步兵统领臣英和等，谨题为河工佐杂要缺，循例提请补授事。吏科抄出直求总督那彦成题前事内开，该臣查得通州漷县管河州判倪本刚患病所遗员缺，系河工佐杂要缺，例应在外拣选。查此缺，现无本项应补人员，例得以衔大之员借补。

兹据直隶布政使素纳、通永道张五纬会呈称：查有河工候补州同王锡景年力富强，办事勤慎，堪以借补通州漷县管河州判，会详请题前来。臣查王锡景，年五十岁，江苏青浦县人，由监生捐职州同，投效东河，改拨黄河工竣，给咨赴部，签掣北河。嘉庆六年，借署霸州定河州判，七年实授，九年闻讣，丁父忧，回籍服满，仍赴直隶候补。十七年十一月二十八日到省，派永定河道属差委。十二月十三日到工。臣到任未及三月，例不出考。既据司道查明，该员年力富强，办事勤慎，系曾经实授之员，以之借补通州漷县管河州判，实堪胜任，与例亦属相符。理合具题。伏乞皇上睿鉴，勒部议覆施行。再该员系衔大缺小升转，时仍照原衔升转，合并陈明。谨题请旨。

嘉庆十九年四月十九日题。五月二十七日，奉旨，该部议奏钦此钦遵，于本日抄出到部。

该臣等议得直隶总督那彦成疏称：通州漷县管河州判倪本刚患病，所遗员缺，系河工佐杂要缺，例应在外拣选。查有河工候补州同王锡景。臣到任未及三月，例不出考。据司道查明，该员年力富强，办事勤慎，系曾经实授之员，以之借补通州漷县管河州判，实堪胜任，与例亦属相符。再该员系衔大缺小升转，时仍照原衔升转等因前来。查定例，河道总督所属州同以下等官，先尽钦奉特旨留工之员，次尽曾经实授，仍赴原工，及未经实授，并前次拣发之员。此外投效分发各员，择其在工年久，谙练河务者，先行咨部署理。俟一年后，察其果能胜任，再行保题实授。如不胜任，立即调回，另行遴员咨署等语。又臣部奏定章程，凡遇河工缺出，先尽奉旨留工之员一人次用，次尽服满仍赴原工一人，两项兼轮用。先尽无人，仍用次尽，次尽无人，仍用先尽。轮至第五缺，用投效分发试用一人。周而复始，不得越次挨补。如先尽次尽两项俱无人，听该督将投效分发试用人员，酌量补用等因在案。今通州潞县管河州判，系河工佐杂要缺，例应在外拣选。王锡景，江苏监生，原直隶以州同借补霸州淀河州判，丁忧服满，仍赴北河候补。该督既称，到任未及三月，例不出考。据司道查明，该员年力富强，办事勤慎，系曾经实授之员，以之借补通州潞县管河州判，实堪胜任，与例亦属相符等语。

应如该督所请，候补州同王锡景准其借补通州潞县管河州判，升转时仍照原衔升转。恭候命下臣部，尊奉施行，再此本科抄于五月二十七日，抄出到部，六月十四日办理。具题合并声明臣等，未敢擅便。谨题请旨。①

嘉庆十九年（1814年），江苏青浦县人氏王锡景已经年届50岁，做潞县州判之前，他先后参与过黄河、永定河等河道工程，因"年力富强，办事勤慎"，又有河工相关治理经验，与州判所承担主要工作有相似之处，但是即便如此，政府对河工官员升转有很大限制，要求"河道总督所属州同以下等官，先尽钦奉特旨留工之员，次尽曾经实授，仍赴原工，及未经实授，并前次拣发之员"，经历实际勘察考验之后，才有可能真正通过升转担任州判。这从侧面也反映了河工对于清政府基层管理的重要性。

---

① 中国第一历史档案馆馆藏：《题为遵议准以直隶省请以王锡景借补通州潞县管河州判事》，档案号：02-01-03-09020-023。

另外，还有一则与漷县州判有关的档案。同治十二年（1873年）三月初六《奏为署漷县州判钟沅继室刘氏因夫病故服毒以殉请敕部旌表事》记载，当时的州判钟沅去世了，他的妻子便在次日服毒殉葬了，对如此"节烈可风"的事件，通州知州上报清廷并恳请给予漷县州判继室旌表之誉，之后得到了礼部的允许。原文如下。

> 再据通州知州高建勋，详称署漷县州判钟沅继室刘氏相夫以礼，持交克勤。钟沅于同治十二年三月初六日在任病故。该氏措置棺验，即于次日，乘间服毒以殉，年三十九岁，节烈可风，开具事实，清册取结，详请旌表前来。臣核与例案相符，除册结咨部外，理合附片陈明。①

即便官位不高，漷县州判的"家事"也同样受到了清政府关注。

除此之外，实际上，身为漷县州判同样可以在地方文化层面做出重要贡献。道光十年（1830年），管嗣许担任漷县州判，其间他的弟弟管庭芬从家乡浙江海宁前来参考科考，并住在漷县古城内。管嗣许由于自己重视梳理漷县地方文史资料，并希望自己在任期望有所作为，于是便委托弟弟就管庭芬编修志书，并最终在一年后基于《畿辅通志》和《通州志》完成了《漷阴志略》，该书也成为明清时期漷县唯一留存下来的一本志书②，这是州判管嗣许及其弟弟管庭芬对漷县史志文化做出的重要贡献。

随着清末民初以来，北运河漕运功能逐渐丧失，漷县衙门也失去原有功能。光绪二十七年（1901年）以后，为了响应政府倡导建设学堂的号召，在通州成立了"通州官立小学堂"和西集开办了第一所完小之后，

---

① 中国第一历史档案馆馆藏：《奏为署漷县州判钟沅继室刘氏因夫病故服毒以殉请敕部旌表事》，档案号：04-01-15-0067-010。

② 王灿炽：《燕都古籍考》，京华出版社1995年版，第362页。

漷县于1920年在漷县古城内创办了漷县完小。原通州区进修学校离休教师王文续曾根据在漷县完小任教过的冯学思老师的回忆，专门撰文来梳理漷县完小的创办过程。据他描述，当时创办漷县完小的建议得到了一致同意，但在筹建问题上，最开始提出要通过增收佃租方式来集资，在遭到反对之后决定由漷县村摊派民工，利用旧有的漷县衙门作为房舍。于是，"把漷县原衙署的旧房舍分别整修为教室和饭厅，又盖了几间办公室和老师、学生的宿舍，以及厨房等若干间，年底新校舍落成。这是在民国年间通县农村，继西集完小之后的第二所完全小学"①。漷县完小的建设得到了漷县村民的大力支持，在此之后还进一步扩大了校舍规模，拆改旧大殿成教室和办公室，以及学生宿舍等。解放后，由漷县衙门改成的漷县小学，仍旧有学生曾在这里度过他们的童年时光，最终在"文革"前后遭到彻底废弃。

漷县衙门位于现在的漷县村，对现在的漷县村民而言，漷县衙门是历史上北运河漕运的重要政府管理部门，曾引导漷县村及其他辖区村民积极投身于河工事务，也曾服务于漷县民众的纠纷、安全等，这种历史叙事依旧在民间传承；与此同时，民国以来漷县衙门功能的转换，使其以"漷县完小"的形式进入百姓生活，更多记录了漷县村民的个人成长，见证了漷县村文化素养的传承与积淀过程。

二、钞关与榆林庄

钞关是明代以来政府施行的一种税收制度和收税机构，因最初用纸钞交税，故而得名。明宣德四年（1429年），政府在运河沿线由北自南

---

① 通州区政协文史和学习委员会、通州区漷县镇人民政府编：《千年古镇漷县》，团结出版社2013年版，第293页。

设立了漷县关、临清关、济宁关、徐州关、淮安关、扬州关等钞关，对运河上的过往商船征收关税。这其中，漷县钞关就设置在榆林庄。

榆林庄是一个因运河而成村的传统村落，曾大面积种植榆树林以预防河道决口、保障漕运，"因村北有榆树林，曾称北树林。相传，乾隆皇帝下江南经此歇息，问此村名，大臣刘墉说叫北树林，乾隆听后，举目北望，见榆树林长势茂盛，对刘墉说，改叫榆林庄吧，故得名"①。榆林庄北侧有凉水河与北运河交汇，两河交汇处向南百余米的河道中间有一处高地，据悉榆林庄钞关就曾设置于此。远远望去，一处狭长高地"浮"在大运河上，仿佛一个龟背探出河面。在当地人的神职序列中，龟神排位于天上水神、海底龙王、陆上河神之后，并关联钞关官员在整个河长管理体系中的排序，将这里俗称为"四爷台"②。对比明初漷县关下游的临清钞关也能发现同样情况，临清关选址同样位于运河分叉处、四面环水的"中州"，《临清县志》将之描绘为如同坐落于鳌背之上，当地俗称为"鳌头矶"。

正统十一年（1446年），漷县关下移至河西务③。尽管如此，明清以来榆林庄仍旧在沿袭了与漕运相关的民俗文化，在运河尚未失去漕运功能以前，每年开春还会在运河边的小龙王庙举行开漕祭祀。如今，榆林庄运河文化馆中悬挂着一幅当代重绘的《北运河开河祭祀图》，非常形象地描绘了开漕祭祀的场面，既有龙王庙前官员参与主导的官祭，又有运河岸边商人和民众举行的民间祭祀活动，将民众口传与历史记忆中的开

---

① 通县地名志编辑委员会编：《北京市通县地名志》，北京出版社1992年版，第145页。

② 访谈人：王文超；被访谈人：郝洪恩，榆林庄现任党支部书记；访谈时间：2019年1月12日；访谈地点：榆林庄运河文化馆、通州区精神文明办设地方历史教育基地。

③ 彭泽益主编：《中国社会经济变迁》，中国财政经济出版社1990年版，第748页。

漕祭表现得淋漓尽致。

清末时期，榆林庄仍旧在维系运河漕运方面发挥着重要作用。郝阔庭保存着祖上传承下的一张宣统二年（1910年）通州正堂谕。该官方文书中提到，当年北运河大堤已经修筑完竣，通州府下令各村掌村的正副职带人在运河堤坝栽种伏柳，为避免该项任务有"草率敷衍，不认真栽种"等情况，特派榆林庄的郝国玺前往附近的张家湾、小圣庙、张辛庄、梁各庄、上店、里二泗、姚辛庄、长陵营、马头等村检查柳树成活情况，如果发现有没有栽种的地方还要加以劝导。文书中提到的榆林庄郝国玺即是郝阔庭老人的爷爷。

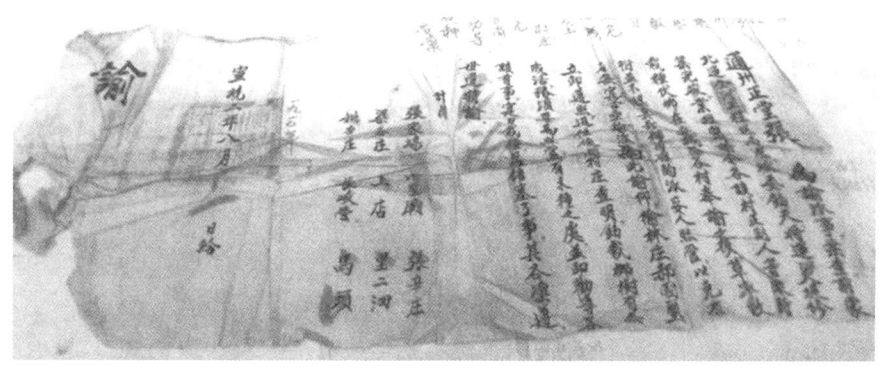

图5-4　1910年通州府委派榆林庄郝国玺查明柳植情况的官文
拍摄人：王文超；拍摄时间：2019年1月12日；拍摄地点：榆林庄运河文化馆

从明清时期大面积栽植榆树，到清末时栽植柳树，既能看到政府对栽植树木以保护运河堤坝、维系漕运的重视，又能反映榆林庄等传统村落对运河漕运所作出的历史贡献。

中华人民共和国成立后，为了加强蓄水和防污整治，1967年政府以榆林庄钞关的"四爷台"遗址为据点修建了榆林庄闸，1973年又在东闸基础添建榆林庄西闸，有效控制了上游凉水河入口水位，促进了运河防汛及防污整治的系统工程建设。由于十分临近运河，现在榆林庄党委书记郝洪恩仍旧在"市—区—镇—村"四级河长制中担任北运河漷县镇段责任人，榆林庄仍旧在北运河保护工程中发挥关键作用。

三、堤坝与马家堤

潞县有一部分村落的形成与北运河漕运有着密切关系,榆林庄、儒家林、肖家林、陈家桁等村与运河沿岸栽植树木以保持土质、保障漕运有关,杨家堤、马家堤、曹家庄堤等村落则更明显是因修建北运河沿岸堤坝而形成。

堤,顾名思义,即堤坝。单从名称上就可以看出,凡是带"堤"字的村落在过去都与运河防汛所用堤坝有着历史联系。驻堤的作用有二,一是通过修建河堤,可以防治夏秋季节的洪灾,减少给周围百姓生活带来的重大损失;二是可以保证运河漕运的稳定。因此,明清以来政府都在河道易决的地方设立专门机构,派遣兵丁、吏役驻防,以防溃堤。这种因特殊功能而形成的人口集聚,渐渐地就形成了村庄,而且由于最初入住人口较少,便有了以护堤杂役姓氏命名的惯例。

明清时期政府在北运河沿革修建堤坝事宜,通常有非常严格的管理体制,现在遗存下的珍贵档案说明了这一点。以马家堤为例,嘉庆十四年(1809年)有如下两则档案记载了北运河马家堤与河水满溢的情况。

> 嘉庆十四年《奏为北运河马家堤满溢现堵筑完竣事》
> 再查本年六月间,北运河水势盛涨,务关厅属马家堤缕堤漫溢八丈余,并未夺溜,无碍漕运。据该管厅员禀请,情愿赔修,当经臣据实奏明,一面饬令上紧赶办。兹据报,已于八月十一日堵筑完竣。除饬委天津道沈长春就近查验外,理合附片奏。①

---

① 中国第一历史档案馆馆藏:《奏为北运河马家堤满溢现筑堤完竣事》,档案号:04-01-01-0515-016。

嘉庆十四年《奏为查明北运河西岸漷县汛马家堤漫工事》

再据通永道禄宁禀报：据务关同知田宏猷禀称，本月十四、五、六等日，昼夜大雨，北运河水势陡长。该厅所属西岸漷县汛马家堤缕堤，水势汹涌漫过堤顶，竭力抢护，无如水大溜急，人力难施，于十六日戌刻，漫溢八丈余。现在赶紧抢办。并据声明，该工虽出保固限外，情愿自行捐修等情。臣当即饬查该处漫工，并未夺溜，漕船照常行走无碍，其漫水由凤河经大清河归海，亦不致淹浸田禾。除严饬该道厅上紧购料集，夫克日赶办完竣报查外，理合附片奏。①

从上述两则档案原文可以看出，嘉庆时已经有了马家堤，马家堤修建主要为了防止夏秋时节北运河河水泛滥，其管理主要归务关厅，在诸多最坏的结果中，官员似乎更加担心因漫堤而影响了漕运，只要"漕船照常行走无碍"，他们情愿自行捐修堤坝。

《漷阴志略》中也有记载"马家堤"，"马头店堤在县东南六里，与两家店堤东岸相接，即今马家堤。其地沙冈起伏，林木蓊鬱，水鸟风帆宛转碧波间，颇具江南风景"②。由此可能看出为保护漕运而修建的堤坝，同时也营造了风景秀美的"江南美景"。管庭芬甚至留下《秋日过马家堤诗》诗篇，来赞美其景色美致。"平沙少林木，蜿蜒绕长河。境静秋日凉，土屋八九家。大有桃源风，堤脊俯水涯。遥看塞外山，炊烟出远村。怡情一纵目，忽拥山峦势。杂树互拥蔽，微闻鸟声细。收秋趁晴霁，妇孺尽稚髻。叶叶蒲帆济，翠屏了无际。皎如匹练曳，消我俗尘闲。"③

---

① 中国第一历史档案馆馆藏：《奏为查明北运河西岸漷县汛马家堤漫工事》，档案号：04-01-01-0515-027。

② 转引自《漷县方志考略》，王灿炽：《王灿炽史志论文集》，北京燕山出版社1991年版，第195页。

③ 同上书。

从这首诗所描绘的意境可以看出，清末时马家堤已经聚集了若干户人家，在恍如桃源的胜景之中，农人、妇孺和稚髻怡然自得地生活。

杨家堤的情况与之类似，最初因为修建堤坝而人口聚集成村，之后"杨景芳偕全家至此看护河堤"①，进一步形成以杨姓为主的聚落，故名"杨景芳堤"。杨家芳这个名字也罕见地在《畿辅通志》《光绪顺天府志》等官方文献中被记录下来，这是颇为难得的。

此外，曹庄村的家谱记载，该村系元至正十年（1350年）由居住在北京城内的曹达汉迁居此处而逐渐成村，"依姓得名曹家庄，简称曹庄"②，明清两代曹庄也为北运河漕运修建过"曹家庄堤"，《潞阴志略》《畿辅通志》都曾记载，曹家庄堤初建于明万历三十九年（1611年），后在乾隆三十七年（1772年）重修。这说明曹庄与北运河漕运之间也有密切关系。我们在田野调查中，除了深入曹庄村之外，还对曹庄村外嫁女子做访谈，一位嫁至潞县村约70岁的老人告诉我们，自己是曹达汉的后代，祖上在清代曾长期负责北运河河道清淤及沿岸巡检，为运河河道和堤坝守护做过贡献，解放前的曹庄村还与安徽曹庄村有长期往来，与其他村相比，曹庄村"更有人情味"③。当然，她在这里所提及的"人情"是基于将宗族与邻里关系做了对比。事实也确实如此，与马家堤、杨家堤相比较，这种与漕运修堤有关而形成的大姓村落的宗族文化在曹庄村体现地更为明显。

直到现在，曹庄村仍旧以曹家世孙为主，且已有二十七世孙，自2014年重建了曹氏祠堂以后，如今每年清明时节都会举行较大规模的祭

---

① 通县地名志编辑委员会编：《北京市通县地名志》，北京出版社1992年版，第143页。

② 《北京百科全书·通州卷》编辑委员会编：《北京百科全书·通州卷》，奥林匹克出版社2001年版，第24页。

③ 访谈人：王文超、贾茜、李梦婷；被访谈人：曹某，女，嫁至潞县村的曹庄人；访谈时间：2018年8月9日；访谈地点：潞县村曹某家。

祖仪式（解放前，该村一直延续着清明青苗会祭祖仪式），全村人在祠堂边共享胙宴。一种基于祠堂、家谱所构成的传统宗族文化正在曹庄村复兴和实践。这是整个潞县最能反映宗族孝道文化的村落之一，以宗族关系网为依托和底色的社区人情关系成为该村精神文明建设的最大特色。

四、商贸与"马头集"

在潞县辖区的旧有市集传统中，唯有"马头集"是每天早上都有，频次甚至超出潞县古城的"逢双日集"。究其原因，则与漕运商贸有很大联系，"马头集——常市"也因此作为一句当地特有的歇后语流传开来。

明清时期，通州漕运码头众多，不仅因功能和材质各异，而且码头还时常会受到土质、水性、运河堵塞等诸多情况而发生变移，像大运河北端的石坝码头和土坝码头都是非常重要的皇家运粮码头，此外，还有如黄船坞这样专门用于运送皇木、金砖和盐的专用码头。而在通州城外、张家湾、潞县等还有大量的民用码头和客船码头。永顺镇的小圣庙村和大棚村一带就有一个客船码头，运河西岸的小神庙里还供奉着安清帮护漕小爷王培玉，因为有很多在此上岸的旅客祭拜渐渐形成一个较大的村庄和市场[①]；还有为方便香客商贩而形成的客货码头，张家湾里二泗村的佑民观，因供奉着天妃圣母娘娘而被来往商旅所膜拜，因香客众多便逐渐在河北岸形成一处码头[②]。可见，由于运河漕运所带来的巨大人口流动及商贸，使得北运河沿岸分布着大大小小、功能各异的码头。

谈及潞县马头村的码头，也属于民用码头。据悉，明清时期，"京杭

---

① 《北运码头何其多》，周良等主编：《通州漕运》，文化艺术出版社2004年版，第78页。

② 《张家湾码头成群》，周良等主编：《通州漕运》，文化艺术出版社2004年版，第82页。

大运河的北端一段河道是白河，浅滩很多，河面很宽，河水漫散，不能全道行船，只有很窄的航道。国家为保证漕粮和其他一些必需品的运输，以满足大都域内贵族、官员、军队的需求，必须保障漕船、官船、驿船等在浅滩段航道中行驶，民用商船则必然要在浅滩段两端靠边等候。民船当中运载的有些货物，怕腐朽变质，诸如水果海鲜之类，商民就得急于出售，以少受损失。于是，在商船靠岸停泊的地方，就形成了急于出售商品的市场，逐渐出现商运码头"①。可见，该村码头的形成除了与河道浅滩有关之外，还与商贸活动有很大关系。

如今，在马头村北运河南侧还保存着大运河商贸码头遗址，在长约300余米的河床上，底部为一层匀细河卵石，不但可以起到防止河水冲刷河床的作用，而且还有助于商船装卸货物，码头与村落之间运货陆道上，尽管变得狭窄，却依旧土质坚硬，是马头村历史商贸的重要见证②。

在调查中，当地民众还称之为"私码头"，因为很多商船满载货物从南到北之后，如果继续向北进入官码头卸货，则需要承应一部分税款，而在私码头卸货销售的话就能避免这部分税收，由私码头而生发的商贸活动进一步影响到了北京内城，很多北京商人也从私码头贩货，然后进京销售③。当然，这也是一种说法，目前还未有相关史料可以呼应。

如今，马头村早已没有了码头的实际功能，更没有日日繁闹的集市，但"马头集——常市（事儿）"却在当地百姓的语言习惯中延续下来，"不遵守交通规则就出交通事故，这是马头集——常事儿"。"这两家子老为房基地争竞，马头集——常事儿，你甭去，劝也劝不好。""你看不，他又翻脸了，咳，马头集——常事儿！""截婚车要糖要烟，马

---

① 通州区政协文史和学习委员会、通州区漷县镇人民政府编：《千年古镇漷县》，团结出版社2013年版，第170—171页。

② 同上书，第37页。

③ 访谈人：王文超；被访谈人：张某，漷县人；访谈时间：2018年7月6日；访谈地点：通州区文化馆。

头集——常事儿，得多预备点儿！""小贩子卖东西缺斤短两，马头集——常事儿，你又不是碰上一回了，嘟囔什么呀，以后防着点就行了。""你以为这是马头集——常事儿，不行！今天我就要扳扳你这臭毛病！"①仅仅从语言民俗可以看出，因漕运商贸而对当地百姓生活文化带来的持久烙印。

第四节　民间艺术与社区活动

调查发现，在漷县诸多民俗文化事象传承中，如今最活跃、最有显示度的还是民间艺术。作为陶冶和丰富民众日常生活的一种艺术种类，民间艺术因其集体性、社区性、共享性和变异性等特征，让民众喜闻乐见，并易于在当代生活中不断转化、创新。与此同时，我们也发现，与以往繁荣传统村落文化的民间艺术相比，在城镇化和多元文化冲击下，当前漷县的不同村镇社区出现了新的社区活动形态，这些更具多元化的主题活动大大促进了当地民众精神文化生活，提升了地方文化层次，构建了新时代的地方文化认同。2010年12月，漷县村先后获得"北京市农村社区建设典型示范社区""通州区农村社区建设精品社区"等光荣称号，文化建设一定是社区建设整体的重要组成部分。

---

① 通州区政协文史和学习委员会、通州区漷县镇人民政府编:《千年古镇漷县》，团结出版社2013年版，第171页。

一、传统民间艺术

潞县传统民间艺术形态多样,民间花会作为集音乐、舞蹈、杂艺等多种艺术形式于一体综合性艺术,在活跃传统村落社区文化和增添节日喜庆氛围等方面发挥重要作用。据悉,潞县民间花会素有"南八会"之称,每年农历正月十五、五月初一都会前往邻近张家湾镇里二泗村佑民观进香走会,"以潞县村者为会头,以靛庄者为会尾,都到靛庄南口外、许各庄西口外空场集合,约有两千人参加表演。由许各庄接茶会负责坐具和茶水。聚齐后自此出发,从吴营村村北过桥,沿十余里香道,直奔里二泗村北大运河南岸庙前空地,花会队伍头尾长有几里地"①。八会争雄的场面常常会将走会氛围推向高潮,"少林会枪舞刀飞,大鼓会鼓声震天,铙钹会铿锵悦耳,狮子会雄狮劲舞,中幡会幡旋杆越,高跷会趣舞圆腔,小车会车倾角戏,龙灯会大地龙腾,开路会飞杈辟道,接茶会顶码接茶,声闻四野,响彻云霄"②。

当然,除了民间花会以外,潞县民间工艺美术也非常多元,主要代表项目有靛庄花丝厂的景泰蓝制作技艺、李辛庄传统民间剪纸等,"一把剪刀多有用,能剪龙,能剪凤,能剪老鼠会打洞;能剪鸡,能剪鹅,能剪鲤鱼戏运河。"民谣反映了李辛庄民众的心灵手巧,也表现了他们与运河一衣带水的关联,李辛庄还因带动徐官屯、张庄、小屯、军庄等11个村建立了民间剪纸艺术小组而被命名为"北京市农民特色文化先进村"③。

---

① 通州区政协文史和学习委员会、通州区潞县镇人民政府编:《千年古镇潞县》,团结出版社2013年版,第247页。
② 同上书。
③ 同上书。

1. 运河名片：龙灯小车会

运河龙灯会是北运河民间艺术的重要表演项目，不仅有成套的表演程式，而且还传承了龙灯制作技艺。龙灯会在表演过程中辅以小车会，成为村落年节最喜庆隆重的文娱活动，属于历史悠久、村民自发组织参与、社区认同度最高、有地方特有文化品牌、最能体现运河文化的民间艺术活动形态。2006年，"通州运河龙灯"作为一种民间舞蹈入选北京市首批非物质文化遗产保护名录。2018年，张庄村作为现今传承运河龙灯的代表性村落成功入选北京市首批传统村落名录，系通州区唯一入选的传统村落。

事实上，通州运河龙灯不单在张庄村有传承，此前在马头村、长凌营村等其他村落均有分布，有一种说法是"解放前漷县境内有龙灯会6档，多分布于县城以南运河沿线村庄"①。20世纪80年代，由时国家文化部、国家民委和中国文联组织并发起的中国民族民间文艺搜集运动，在《中国民族民间舞蹈集成》（北京卷）中就记录了漷县马头村龙灯会。

经当年搜集者访谈得知，马头龙灯会是漷县长凌营村农民齐恩兆在马头村做长工时传下来的，第一代舞龙人是李久安，李海和刘忠是第二代舞龙人，李士文是第三代舞龙人。李海和刘忠两位老艺人均生于1917年，10余岁就开始练习耍龙，一直是舞龙会的骨干，二人改编单龙表演为双龙戏珠，并在龙节上内燃蜡烛；李士文生于1932年，13岁学艺，16岁正式耍龙，也是龙灯会的骨干力量。

"马头村龙灯原为九节，后改为七节。1939年，李海、刘忠又将单龙改为双龙。该村龙舞别具一格之处在于与'小车会'同舞，谓之'龙车'。艺人们说：这样表演更红火，更增加喜庆、热烈的气氛。此舞为水、火二龙，由一龙珠（当时称'蜘蛛'）引龙戏舞。舞珠者一上场就

---

① 通州区政协文史和学习委员会、通州区漷县镇人民政府编：《千年古镇漷县》，团结出版社2013年版，第248页。

要全神贯注、灵巧洒脱地引逗双龙。动作套路间均用固定的队形连接；为使周围观众看得清楚，每个套路都要面向两个方向表演。舞龙时伴奏为打击乐器，大鼓是乐队指挥，同时也是舞蹈动作指挥者。舞珠人引导队形的变化，而拐弯抹角、换把翻身、圆场摆队、跳跃翻腾等动作，则由大鼓提前发出 ｜冬冬 冬｜冬 ０｜的信号，舞龙人才能协调统一地完成以上动作，艺人们称这种明显的收尾点为'冬冬乙'。李海老艺人讲：'没有我们的冬冬乙，就起不了会。'打击乐根据舞蹈情绪决定伴奏轻重缓急。如'二龙戏珠'、'跳杆'、'跳龙腿'套路，节奏就要求欢快而热烈，'过龙腿'、'龙打滚'，节奏就要慢，'金龙盘玉柱'则由缓到急，但全舞的表演并不受打击乐节拍的制约"[1]。

这是当年搜集者调查后对马头村龙灯表演过程的一段精彩描述。除此之外，调查还记载了龙灯会的表演时间、演出器具等。

表演时间一般集中在每年年节、祭祀活动和特殊活动。年节活动主要是，农历正月初一要前往本村娘娘庙烧香、磕头，祈求一年顺当、四季平安、雨水充裕、粮食丰收。在特定活动中通常会有指定套数表演，如祈雨时就要表演"龙绕沙滩"，具体是，"双龙在离地面一尺左右盘旋，时急时缓，然后'双龙翻身'，龙头高昂似冲天腾飞状，突然疾速俯冲下来，再继续首尾相接，呈圆形拖地盘旋。表演到此时，围观人们连续高呼：'龙绕沙滩喽……'"[2] 在村民与表演者之间的互动中，大家共同向神灵祈求甘露，以祈祷在运河边砂质贫瘠的滩地上也能有所收成。

演出器具包括了表演所用的服装、道具和乐器。这些都是由马头村村民自行捐助拼凑的，"有钱的出钱，无钱出物，无物的拿几升米粒。服

---

[1] 《中国民族民间舞蹈集成》编辑部编：《中国民族民间舞蹈集成》，中国ISBN中心1992年版，第417页。

[2] 同上书，第417—418页。

装也是用攒来的钱购置布料后，自己缝制的"①。乐器主要有堂鼓、铙钹和水镲三件打击乐器。当时，搜集者夏德勇还根据李士文的传授将伴奏曲谱做了记录，留下了珍贵史料，如下截取一段以体现堂鼓、铙钹和水镲等简单乐器之间的相互配合。

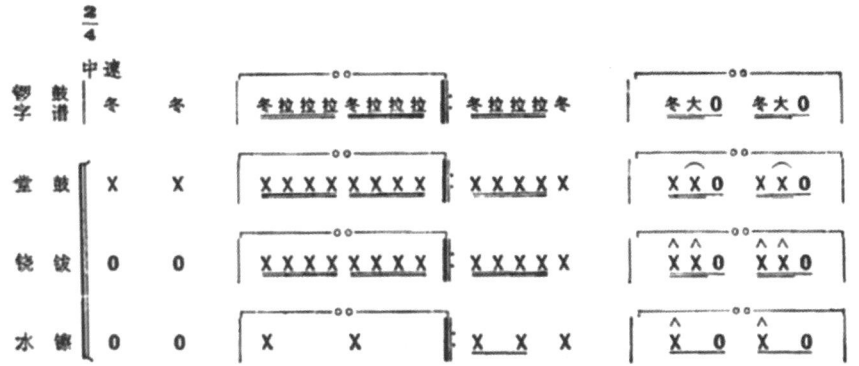

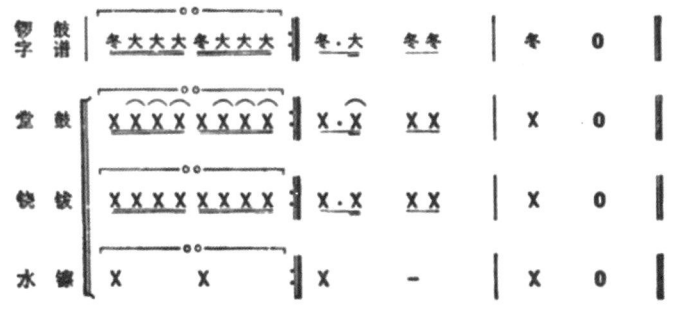

图5-5　潩县马头村运河龙灯会伴奏乐谱②

除了乐谱之外，搜集者还对龙灯会的道具做了较为细致的测绘，比如对龙的测量，全长是15米，每节间距2.1米，龙身骨架长0.7米、高2米，龙珠直径0.27米等。从其描述和绘图可以看出，马头村龙头并非

---

①《中国民族民间舞蹈集成》编辑部编：《中国民族民间舞蹈集成》，中国ISBN中心1992年版，第418页。

② 同上书，第419页。

现在张庄村所用"方口蓝龙",也可见运河龙灯的多样性。

图 5-6　潞县马头村运河龙灯会舞龙人①

与马头龙灯会的传承断裂相比,张庄村龙车会则延续至今。谢文荣是如今健在的老一辈舞龙人之一,也是老会头,他生于1934年,家族四代都参加了张庄村龙车会,有他曾祖父谢万春(1819—?)、祖父谢永富(1868—1941)、父亲谢廷俊(1896—1952),且都是龙车会骨干②。他从家族谱系推测该村龙灯会至少从清道光十五年(1835年)就开始了,至今传承180余年。

如今,龙灯会由谢文荣的儿子谢兆亮担任会头。和父亲一样,谢兆亮也同时是一位木匠,直到现在仍旧长期在邻近村落做木工和装修,我

---

① 《中国民族民间舞蹈集成》编辑部编:《中国民族民间舞蹈集成》,中国ISBN中心1992年版,第420页。

② 通州区政协文史和学习委员会、通州区潞县镇人民政府编:《千年古镇潞县》,团结出版社2013年版,第249页。

们的访谈也是在其家具厂上班的空闲休息时间才得以进行的。可见，龙灯会本身并不创收，作为一种村落文娱表演形式，即便是会头也需要有其他营生来维持生计。在谢兆亮家的前院，他从父亲那传承并保存了不同阶段的龙头，这些龙头及龙身都是他父亲谢文荣当年自己制作完成的，从选料、搭骨干、裁布、糊布装饰等一道道工序全都是手工制作完成[①]。

  单从这些不同时期的龙头形态也能初步总结运河龙灯的发展特点。首先，运河龙灯基本沿袭了"方口蓝龙"和脖系大铜铃的特征，方口大张，神态更加威严，铜铃索系，气势愈发威武，这一形式得到较为稳定的传承；其次，运河龙灯之"灯"变化明显，为了让晚上也能舞龙，龙灯的安置就十分必要，最初使用过煤油灯、蜡烛，如何保证舞龙过程中火源不至于使整条龙燃烧，谢文荣等老一辈制龙人下了一番功夫，他们专门在龙骨架中安置了移动的蜡座，使其总是保持垂直向上；电池和灯泡普及后，他们又重新改换装置，固定蓄电池、装灯泡，废旧龙头上龙眼的位置至今还保留着大灯泡装置；近年来他们又开始使用LED灯。龙灯从没有停滞，而是随着时代发展，不断地在材质上与时俱进；再次，运河龙灯重量日趋轻便，传统龙灯都是木头骨架，加以各种装置装饰后单单龙头就会达到30多斤，给舞龙人带来很大负担，好在以往农家人气力大，但即便如此一场舞龙下来，光龙头部分就得多次换人，在多次改进中，龙头从结构、选料上不断"减负"，到现在仍旧有近20斤。在访谈中，谢兆亮表示，如果继续沿用手工制作，材质选择的限制还是无法让龙头重量有明显下降，他目前正同广西一家专业制作舞龙道具的工厂联系，由他来提供专门的造型和纹样设计要求，专业工厂负责后期制作，如此能保证骨架材质的彻底改变，进而让更多年轻人能参与到年节龙灯队伍中来。最后，运河龙灯会与小车会共舞，与前文提到的马头村"龙

---

  ① 访谈人：王文超、贾茜、李梦婷；被访谈人：谢兆亮，张庄运河龙灯会第五代传人；访谈时间：2018年8月9日；访谈地点：涿县张庄村谢宅。

车"会相似,由于单纯舞龙表达非常耗费体力,为了不影响观者兴致,通常是舞龙和小车交叉进行,这种龙车结合的表演形式也得到了传承。

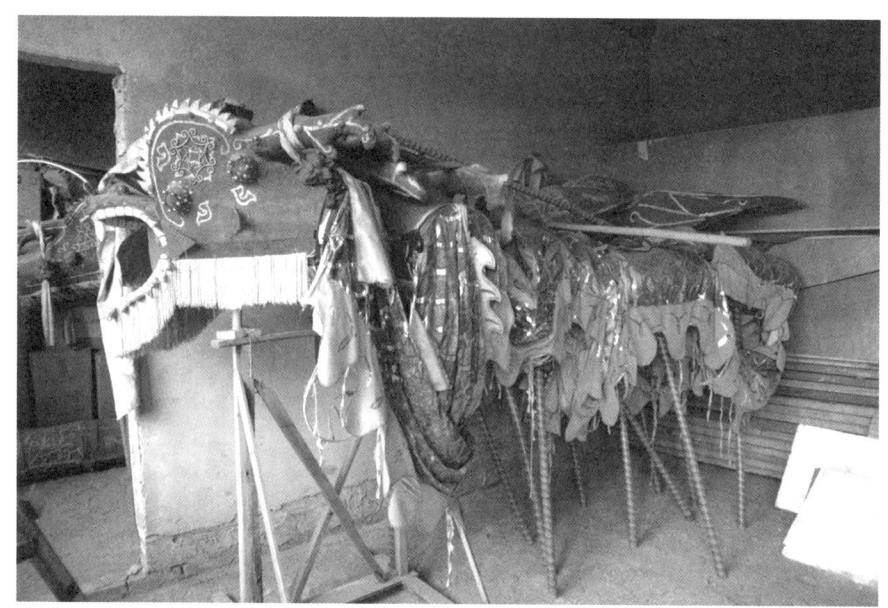

图 5-7 张庄运河龙灯会不同时期的龙头龙身
拍摄者:李梦婷;拍摄时间:2018 年 8 月 9 日;拍摄地点:潞县张庄村谢宅

另外,与马头村龙灯会祭祀本村娘娘庙有所不同。张庄龙灯会除了在年节、二月二龙抬头、三月三娘娘庙走会以外,还有一个较为特殊的祭祀节日和信仰,即农历六月二十四日"冰雹庙"走会。在该村靠近运河边的地方旧时有一座冰雹庙,体现了当地历史上曾因冰雹灾害而引发的民间信仰。冰雹庙也并非个案,通州地区旧时"六月六日,祭龙王,冰雪各神"[①]。在华北地区的河北固安大义店也有类似的"冰雹会"及其信仰,"出于对冰雹的恐怖,出于避免天灾达到风调雨顺物阜民丰的良好愿望,本地不少农村都有冰雹会,但仪式非常简单。讲究礼仪的大村,

---

① 《通县志要》,民国三十年(1941 年)铅印本。转引自丁世良,赵放主编;张军等编:《中国地方志民俗资料汇编》(华北卷),书目文献出版社 1989 年版,第 29 页。

猪头三牲，香纸齐备，在立夏的第一天，举行冰雹祭会。抬着供品直奔村子西北方向而去。在村子西北方向的田野上，摆设祭品，焚香化纸，香首率众朝西北方向跪拜磕头，连连祷告，就算完成了祭告的仪式。然后将供品抬回家中，做成丰盛的午餐，大家聚餐一顿，将拜神的企求和真诚的心愿尽情地溢于言表，就算完事大吉"①。张庄村的冰雹祭祀表现为龙灯会走会，谢兆亮听老一辈讲，每逢农历六月二十四日，龙灯会从村内关帝庙起会，然后前往运河边的冰雹庙，在庙前焚香和舞龙表演，之后再一路回到村里表演。不过，冰雹庙早在解放前就没有了，解放后的表演活动也主要集中在村内，运河边也因为场地限制，很少专程到运河边进行舞龙表演。

现在，每年张庄村龙灯会主要集中在春节前后彩排、表演，在村内表演时，多是从村委（原关帝庙旧址）起会，之后沿着村内主街绕游一圈，其间有些村民会在家门口"摆茶桌"，以示对龙灯会的感谢和回馈，龙灯会就会在其家门口表演一番。龙车会的规模及人员构成，现有两条18米长、共七节的长龙，男女各一条（龙头均为男性），正式表演时场上需16人，另有小车会、鼓乐队和替补舞龙人，一次完整的表演大约由50多人组成。与老一辈相比，现在舞龙人老龄化严重，村里大部分年轻人都在外打工，舞龙套路也比之前少了很多。

谈及今后的传承，谢兆亮表示，龙车会是张庄村最有历史文化的民俗活动，也是北京市首批非遗项目，希望能继续传承下去，但也确实面临人员、经费等诸多难题，毕竟舞龙本身不能作为一种生计手段，偶尔受邀外出演出所得酬劳也很有限。即便如此，他还是愿意在年节前后花大量时间组织乡亲们排练，每逢有演出活动也尽力为大家争取经费。鼓乐鸣奏，双龙舞动，小车秧歌曼妙，如此喜庆热闹的民俗场面仍旧是张庄百姓过节最期待的，它们也仍旧是张庄百姓参与度最高的社区民俗

---

① 赵复兴：《固安地区民俗辑录》，天津古籍出版社2006年版，第58页。

活动。

2. 多样花会：高跷会与路灯老会

除了运河龙车之外，潞县还有觅子店高跷、徐官屯村路灯老会、西鲁村杈会、三黄庄五虎棍等丰富多元的民间花会。

觅子店高跷会。高跷作为传统民间花会中最具代表性、流传范围最广的表演形式，深受各地百姓喜爱。觅子店高跷历史较长，当地人传说已有200多年历史，其角色通常由16人构成，包括公子、药膏、打锣的、敲鼓的、渔樵等等，表演形式多样。近20多年来，觅子店高跷除了年节表演外，最重要的活动是参加了喜迎香港回归文艺演出，当时在接到这项任务之后，李福和一改以往成年人的高跷表演形式，首次在村内选拔小孩上跷，在故事和音乐表演上重新编排，经过长期练习和磨合后，将传统民间花会表演带到了国家大型文艺表演活动中，成为觅子店高跷最值得纪念的一件大事[①]。如今，高跷仍旧活跃于当地年节民俗生活中，是当地人热衷参与的社区活动。

徐官屯村路灯老会。作为一种地秧歌表演形式，路灯老会集舞蹈、表演、唱词于一体。其角色与觅子店高跷有所类似，由两锣、两鼓、托托、小二公子、樵夫、药包、渔婆、渔翁、俊锣、俊鼓、丑锣、丑鼓组成。作为一种村落文化遗产，徐官屯村路灯老会最重要的是保留了带唱词的民间艺术表演，同类很多花会都逐渐没有了唱词，这是非常难得的。演唱形式有独唱、对唱和群唱等，内容也比较多样。以下是徐官屯村村民徐学田搜集整理的一些唱词，从中也能反映民间表演艺术的作用和民众观念。

一是作为一种故事文本的活态表演。路灯老会地秧歌本身就由一

---

① 访谈人：王文超、贾苪、李梦婷；被访谈人：李福和，觅子店人，现任潞县书院主任；访谈时间：2018年7月20日；访谈地点：潞县书院。

个自己的故事构成，开头由一位名叫"老坐子"的角色唱《秧歌角儿》，一一介绍本故事中将要出现的每一位角色及角色之间的关系；然后再由每一个角色自己上前演唱自己的角色故事，"药包"的唱词《药包治病》中就鲜明地表现了这个角色的滑稽，如"单治男子月子病，又治女子童子痨""碰见了死尸横躺着，拉过大腿号号脉""四棱的鸡蛋要八个，太监的胡须用九条"。可以想见，这些源于生活，又打破常规，反逻辑又荒诞不羁的话语会让听众如何的捧腹大笑。

秧歌角儿①

（老坐子唱）谁似我老坐子命儿薄，嫁了傻公子的男人恰似憨哥。二哥本是奴亲生子，又顽皮，又淘气不服奴说。陀头本是二哥亲娘舅，此地出家不会念佛。渔翁是奴大大伯，肩背鱼篓笑呵呵。樵夫小叔分居另过，每日间打干柴把荆条割。药包本是痨四鬼，他是二哥叔伯哥哥。有个渔婆天生的俏，手拈丝长在河坡。四个妹妹天生俊，不学针线贯打花锣。四个姨夫会打鼓，来你看，聚一块大伙唱一段秧歌。

药包治病②

（药包唱）谁似我药包本领高，不会下药，就会动膏。闲来无事我把买卖做，我一到大街就把串铃摇，卖的是大膏药、小膏药、狗皮膏药，单治男子月子病，又治女子童子痨。左一瞧，右一瞧，碰见了死尸横躺着，拉过大腿号号脉，不是伤寒就是杂痨。要得死尸病儿好，药材容易，引子难淘，苍蝇的肝来蚊子的胆，兔子的犄角，蛤蟆的毛，四棱的鸡蛋要八个，太

---

① 通州区政协文史和学习委员会、通州区漷县镇人民政府编：《千年古镇漷县》，团结出版社2013年版，第182页。

② 同上书，第180页。

监的胡须用九条。这些东西搁在了一处,放在老君灶里熬成药膏,好人贴上吭吭又咳嗽,病人贴上昏迷了。有人问我名和姓,来你看,我本是秧歌队里治死活人的嘎药包。

基于此,这十二个角色代表着十二个精灵,它们聚集在一起共同去找如来佛处讨封。在《大五佛》的唱词中,它们一路上见到了达摩祖师、金花娘娘、观音菩萨等。为民众展现了一个神灵仙境,同时具有教化民众慈悲向善的意味。

大五佛①

(头行唱)达摩过江手托钵,脚踩芦苇快如梭,来你看,那一直竟奔雷音寺,见了如来念了声佛。

(小头行唱)潘玉太子离了凤阁,真心一点要出家科,一直竟奔寺门去,太平年,见了燃灯念了声佛年太平。

(打锣的唱)金花娘娘广银国,朝阳洞中盘膝坐着,珞珈山上养真性,哩落莲花原是千手千眼佛,爷们哎呀哎!

(老坐子唱)观音老母双眼合,金童玉女护法韦陀,净水瓶内盛甘露,见了菩萨碧桃花开,念了声佛。

(樵夫唱)南辛店的娘娘灵验多,外国九州共都晓得,朝顶进香保庙内,来你看,见了娘娘念了声佛。我的天爷呀,一秉虔诚念了声佛。

二是通过演唱向民众传递历史知识。《二十古人名》中上至上古神话传说人物,下至三国历史人物,由一位"打鼓的"在边击鼓边说唱的表演中,向民众讲述了二十位传说、历史人物及其每个人的文化标志和代

---

① 通州区政协文史和学习委员会、通州区漷县镇人民政府编:《千年古镇漷县》,团结出版社2013年版,第175—177页。

表性事件。《十二月花草古人名》中依次介绍了十二个月的花草，并象征性引出相关历史故事，如"四月里黄瓜开花伴服銮驾，有刘备和关张结拜弟兄"，借用黄瓜藤的攀援缠绕来象征刘关张之间的兄弟情义，"九月里菊开花严霜打死，孟姜女寻夫哭倒长城"，借用菊花盛开与严寒将至的景致来比喻孟姜女寻夫的凄惨；另外还有《十学》，教女子要如何处事，如何做到孝顺父母、弟兄，照顾公婆和丈夫的贤良女子，这是传统社会公共教育的体现，在公共场所演唱表现的是一种社会规范。

二十古人名[①]（打鼓的唱）

一人放火数孟良，二郎担山赶太阳。老爷三英雄战吕布，撅了李密四马投唐。伍员逃国保太子，把守三关杨六郎。七擒孟获诸葛亮，诛仙镇里鞭鞭打的八锤是狼大王。九里山前活埋母，十面埋伏困霸王。十一岁罗成挂帅印，十二岁姚刚下南唐。十三岁太保李存孝，十四岁铁篙王彦章。十五岁罗通贩过马，十六岁花红李春阳。十七岁秦琼又把登州打，十八岁子胥过沙江。十九岁士杰赵匡胤，来你看二十岁梁山数着宋江。

三是引入戏文丰富演唱内容，加强民众教化功能。《西厢》唱词中分别出现了崔莺莺、红娘、张生和老夫人的角色，分别由地秧歌中的打鼓女和公子等来扮演，他们跳出自己的角色，又扮演上《西厢》中的角色，这种"戏中戏"的表演方式丰富了表演内容，也让民众进一步了解《西厢记》故事。

西厢[②]

（女唱）莺莺闷坐象牙床，低言巧语唤红娘。我今日差你

---

① 通州区政协文史和学习委员会、通州区漷县镇人民政府编：《千年古镇漷县》，团结出版社2013年版，第191页。

② 同上书，第194—198页。

点心腹事，你到西厢聘请张郎。他若来还算罢了，他要不来你和他遭殃。打滚失头和他闹，碰破你油头粉面也是饥荒。他要是打来你先动手，碰散油头，撕了咱的衣裳。摔了他的砚台叫他研不得墨，撕了他的书叫他念不得文章。他要是讲告跟着他去，手拉手儿和他到公堂。他告咱私闹学房该当何罪，咱告他私进花园理不当。他仗着一位黄门秀士，咱本是未出闺阁两个姑娘。他依仗着他们家银钱广，咱们抖搂搂破皮箱。老夫人知道我全然不怕，不和他打一场热闹官司算奴平常。

（打鼓的唱）红娘姐闻听抿着嘴笑，说是姑娘呀你真正透了膛。这点小事交与我，我一到西厢聘请张郎。我今一到西厢院，我拿糖做事竟和他装腔，我心中没气假装有气，我拧着眉、瞪着眼、鼓着腮帮。款动金莲朝外走，慌慌张张来到西厢。我一把手把张生忙抓住。

（公子唱）倒把我大相公脸都吓黄。面黄忧中又欢喜，我暗暗夸奖女红妆。但则见她似有如无香粉面，身穿着半新不旧素衣裳。身量不高又不矮，性情儿不柔又不刚。见了人不悲又不叹，说话儿不慌又不忙。红娘姐你来者确当为何事？你对我张君瑞诉说衷肠。

（打鼓的唱）我道说花园事情今朝犯，你这个乱子不小我替你着忙。老夫人手挂大棍先打莺莺后打你张郎。

徐官屯村路灯老会通过这种地秧歌的综合性表演技术，从不同方面在娱乐民众的同时，还传授知识、教化民众，是一种很有特色的民间艺术。如今，已经少有人能将这些唱词完整地唱出来，传统民间艺术的整体表演形态正在消减。

潮县其他民间花会还有三黄庄五虎棍和西鲁村杈会等。据悉，三黄庄五虎棍大约在1930年就已经存在，"文革"中破坏之后再没有恢复，与大部分五虎棍一样，讲的是宋朝皇帝赵匡胤与董家五虎的故事，表现形式为多种套路的打棍表演；西鲁村杈会同样在解放前已经存在，作为整个花会走会的"开路会"，表演形式是一人或多人的飞杈表演，现在已经不再传承。

3. 大浪遗珠：靛庄花丝厂与熊氏珐琅

关于潦县的民间工艺美术，我们在调查中重点关注了靛庄花丝厂。自20世纪初叶开始，以景泰蓝（珐琅）、漆器、玉器和牙雕等为代表的特种工艺在民间得以发展。中华人民共和国成立后，特种工艺品又被作为一种出口外销品，帮助国家换取外汇，始终保持在国民经济中占有一定份额。改革开放以后，随着整个工艺美术行业的大力发展，北京工艺美术品总公司下属的20余家专业厂家"为适应外贸的需求，不断扩大生产规模，增加产品种类，部分厂家的产品一度出现了供不应求的状况，使该行业在整体上呈扩张之势"[1]。

在这样的背景下，以城市为产销中心的特种手工艺生产不得已向京郊农村蔓延，开始利用京郊农村丰富的劳动力资源进行扩大化生产。北京雕漆厂李一之曾回忆，"为了满足外贸出口，北京雕漆厂除了人员迅猛增加外，还积极发展乡镇外加工企业，在京郊大力发展雕漆加工点，有宣武街道雕漆厂，朝阳区东坝、洼里、黄港、孙河、辛堡、七棵树、将台、望京、三里屯，通县西集、大闸，房山县西庄户，密云县太师屯，顺义县李桥、后沙峪、北务，以及河北省固安、文安、曲阳等雕漆加工作坊40余处，以解决产能不足的困难。"[2] 乡镇外加工企业和加工点体现了北京雕漆厂对于环京地区雕漆工厂的定位描述。

---

[1] 吴明娣主编：《百年京作 20世纪北京传统工艺美术的传承与保护》，首都师范大学出版社2014年版，第12页。

[2] 李一之编著：《雕漆》，北京美术摄影出版社2012年版，第54页。

具体到珐琅行业同样如此，由于投资少、风险小，还能充分发挥村落闲置劳动力资源为农民创收，这类外加工工厂在京郊农村如雨后春笋般兴起，据不完全统计，各种门类的工厂总计达数百家。这其中，潮县靛庄花丝厂也是在这样的大背景下发展起来的。

靛庄村位于潮县镇政府向北3.1公里处，靠近凉水河西岸，古延芳淀地区东北角，地势较为平坦，村落布局由东西向3条主街和南北向2条主街构成，村民多为汉族，据说是自明代时移民屯田而逐渐形成的村落。

1972年，靛庄花丝厂作为一家村办企业草创成立，以生产花丝珐琅为主。在之后的生产浪潮中，靛庄花丝厂同样由村委领导，吸收本村闲置劳动力，在生产销售上与北京珐琅厂和北京市工艺品进出口公司密切配合。但不同的是，该厂在业务上技术体系要相对成熟，这得益于该厂技术负责人及厂长熊振江，熊振江的父亲在清末、民国时曾在北京老天利当学徒、做工，晚年才回到家乡靛庄，这种系统化的作坊学徒经历为靛庄花丝厂日后的进一步发展奠定了技术基础。1985—1991年，该厂扩大生产规模，职工人数达400人，在这同期其他同类工厂中均属罕见，由此带来经济效益大幅度提高，资产总额突破300万元。1988年，厂长熊振江获得"县级农民企业家、市劳动模范"等称号。

20世纪80年代末期，由于我国外贸出口市场遭到限制和破坏，整个工艺美术行业陷入困境。1989年，北京工艺美术品总公司迫于国际市场形势压力，一改此前以外贸出口为主的政策，实行"立足国内，以内为主"的方针[①]。由于国内特种工艺品消费市场有限，很多工厂难以及时调整产品结构，致使经营陷入困境，如1992年经营状况较好的北京珐琅

---

① 吴明娣主编：《百年京作　20世纪北京传统工艺美术的传承与保护》，首都师范大学出版社2014年版，第13页。

厂都开始靠出租厂房来维持生计①，没有了"计划经济的外加工订单"的京郊工厂被迫倒闭。

生产大潮中的绝大部分农村工厂由于存在技术短腿和市场缺失，纷纷倒闭。在这样的情势下，靛庄花丝厂首先不存在技术短腿的问题，同时，在厂长熊振江带领下，顺应当时政府提出的"允许乡镇企业拥有自主产品出口权"的政策，积极争取"自营出口权"。从1993下半年筹备，到1995年初成功获批，该厂成为了"北京市村办企业中第一个获得自营出口权的企业"②。于是，在整体出口市场不乐观的情况下，积极与美国和香港地区等地的企业进行业务洽谈，继续维系花丝珐琅的出口贸易。

进入21世纪和非遗时代，尤其是当2006年"景泰蓝制作技艺"被列入第一批国家级非遗名录后，靛庄花丝厂抓住机遇，迎来新的发展。我们在田野调查中专门对现任厂长熊松涛进行访谈，如下简要概括其发展策略及特点。

第一，靛庄花丝厂延续了"浪潮"中的一个重要特点，即以本村及周边村民为主要劳动力资源。该厂鼎盛时工人总数曾达400多人，目前为60余人，大多数自20世纪八九十年代就在该厂做工，也有少量年轻人加入，目前工人群体的相对稳定可靠是该厂发展的重要前提，当然熊松涛表示对未来工人培养的隐忧。靛庄花丝厂在企业发展的过程中，向来以靛庄村落整体为背景，积极依靠本村劳动力资源优势，通过珐琅这种特种工艺来带动靛庄村整体发展。如今，靛庄花丝厂不但成为靛庄村的重要品牌，还是整个潞县镇的传统优势企业和文化名片。

第二，在特殊技术上保持不断创新。与北京市珐琅厂相比，熊松涛

---

① 吴明娣主编：《百年京作　20世纪北京传统工艺美术的传承与保护》，首都师范大学出版社2014年版，第14页。

② 中共通县县委办公室：《潞县镇靛庄花丝厂获得自营出口权的启示与思考》，《农村经济与管理》1995年第2期。

认为靛庄花丝厂有"船小好调头"的优势,可以通过钻研技术、大胆创新来改善产品质量及层次。最有代表性的有两点:一是改铜胎为银胎,传统景泰蓝制作技艺一直延续的是铜胎掐铜丝做法,这也是"京珐"的主要特点,熊松涛则选用纯度高达99.9%的白银作胎体,认为银胎的反光度高,能更加衬托珐琅釉料的通透度和鲜艳色彩,且银胎的抗氧化度也要优于铜胎;二是在特殊产品上用金丝或银丝代替铜丝,由于金银丝比铜丝更细密,适于制作更为繁密精细化的图案。此外,他还改用"大明火"烧制,温度高达820—850摄氏度,确保珐琅料的纯净以及持久生命力;从多国进口天然矿物釉料,提升珐琅色彩的品质;优化打磨工艺流程,等等。

第三,积极拓展珐琅的产品应用领域。该厂目前最有标志性的事件是探索掐丝珐琅表盘技艺,2000年由于受到欧洲珐琅表盘启发,熊松涛不惜投入重金探索珐琅表盘技艺,终于在2006年成功与北京手表厂合作完成"银坯掐金丝珐琅夹板的陀飞轮手表——蝶恋花",同年在瑞士巴塞尔钟表珠宝展会展出。近年来,他又持续地与欧洲某手表厂合作,为其定制珐琅表盘。目前,仅珐琅表盘就有掐丝珐琅、内填珐琅和微绘珐琅三类制作技艺的产品。除此之外,工厂继续保持在传统器物和首饰品领域的新品制造与研发。

第四,品牌化经营,注重打造家族企业文化附加值。"传统工艺品牌的创建是振兴传统工艺的关键,它既是一种中国企业身份的战略,也是一种中国身份的战略。"[①] 通过多年与不同厂商的合作,熊松涛逐渐意识到品牌对于企业发展的重要性,传统的"靛庄花丝厂"并不能充分反映其技术特性和文化价值。考虑到目前花丝厂的企业性质为个体民营,2011年以来,熊松涛正式打出了"熊氏珐琅"的品牌,并将之作为一个

---

① 李晓岑、朱霞:《传统工艺与中国品牌》,《自然辩证法研究》2017年第2期。

有文化传承的"家族品牌"经营。熊松涛还期望自己的家族后代能在珠宝艺术设计领域继续探索，在"熊氏珐琅"品牌下，今后进一步创造性地将传统工艺与首饰设计理念相结合，拓宽品牌化道路。

第五，建设艺术馆，打造收藏级的珐琅艺术珍品。由于金银用料的特殊性，决定了熊氏珐琅的市场定位一定是高端的、精品的。熊松涛希望打造收藏级的艺术珍品，在制作上采取"少而精"的思路，例如考虑到制作难度极高、破损率太大等因素，有些收藏级的珐琅器就进行限量定制，仅做9件（套），有些甚至仅做2件或单件；与此同时，他还打破传统破损废料的处理办法，将废料集中起来进行艺术化处理。目前，熊氏珐琅已经在北京宋庄艺术园区建立了自己的艺术馆，用于全面展示家族品牌的历史、文化与实物珍品。通过举办不定期的艺术观展和演讲活动进一步传播熊氏珐琅文化。在文化传播和销售渠道上，还采取微信自媒体公众号和官方网站等多元传媒形式，让更多人了解和走近熊氏珐琅。

靛庄花丝厂与熊氏珐琅的发展，确实展示了改革开放初期京郊特种手工艺发展浪潮中一颗"遗珠"的顽强生命力和创造力。如今，"靛庄景泰蓝制作技艺"已经在2011年入选通州区区级非遗名录，"熊氏珐琅"的家族品牌仍在不断拓展经营，更为重要的是，靛庄花丝厂和熊氏珐琅始终没有抛弃靛庄村，没有抛弃因这门特种工艺而集聚的村落技艺共同体，它依旧是靛庄村乃至漷县镇的文化名片。

二、现代社区活动

与传统民间艺术相比，中华人民共和国成立后和改革开放以来，伴随着国家不同发展阶段，漷县社区活动涌现了新形式，并与传统民间艺术一并成为活跃当地民众日常生活的重要内容与方式。

1. 民间文娱活动

中华人民共和国成立后，潞县最有代表性的现代民间文娱活动应该是农村业余评剧团。评剧原本就是华北东部地区较为流行的剧种，尤其是解放前后，国家为了活跃群众文艺，并通过民众喜闻乐见的文艺形式来宣传新政策、新文艺，广大农村涌现了大量的业余评剧团。潞县农村业余评剧团也是在这样的大背景下迅速发展起来的，在马家务、西黄垡、东寺庄、马头和潞县村等多个村落都有了自建自导自演的评剧团。

相比之下，东寺庄评剧团成立最早，约在1949年就成立了，通过自筹经费的方式购置剧装、道具和布景等，全团20多人，都是本村村民，排演的代表曲目有《小女婿》《刘巧儿》《小二黑结婚》《新事新办》等；1951年，马家务、潞县村评剧团先后成立，为了提高业务水平，马家务评剧团还曾邀请评剧院专业演员筱玉霜莅临指导，培养了何桂珍和何莲静等主角，后还进入北京市评剧团工作，成为了"台柱子"[①]；1953年，马头评剧团成立；1955年，西黄垡评剧团成立，同样为了提高业务水平，它们还到邻村的评剧团去"偷戏"。

这些农村业务评剧团有其共性，都是自筹经费，没有正规师承学习，全凭个人爱好，为了提高业务水平便通过多种渠道进行学习、钻研；它们共同排演着相似剧目，不但在本村演出，还在周围四邻八村演出，极大地丰富了当时农民群众的文娱生活。无疑，农村业余评剧团的出现尽管在业务水平上不能与专业评剧团相较，但对传播社会主义新文艺、新思想，繁荣民间文化生活起着特殊历史作用，这是需要给予肯定的。

改革开放以后，尤其是进入20世纪90年代以后，随着人民生活水平的提高和对公共活动的迫切需求，潞县社区活动的开展明显更为丰富，最突出的以潞县村为中心开展的门球运动和太极拳，包括这两项在内的

---

① 通州区政协文史和学习委员会、通州区潞县镇人民政府编：《千年古镇潞县》，团结出版社2013年版，第268页。

其他体育活动还使漷县村于2011年获得了"全民健身明星村"称号。

我们在调查中发现，漷县村村史馆中陈列着漷县门球队所获的多项荣誉。门球作为一种外来运动项目，尽管在20世纪30年代就引入我国，但直到20世纪70年代才得以推广，由于这是一项非剧烈的室外球类运动，因此十分受到中老年群体喜爱。据漷县村老书记徐永库介绍，门球运动在漷县村已经开展了20余年，民众参与意愿强，村委为此还在社区服务站隔壁专门修建了专业化场地，门球场周围还设有乒乓球台等其他文娱设施，几乎每天下午都会有村民在此聚集练球，大家在对抗练习中锻炼身心，提高技术水平，因此才能不断地在通州区门球比赛中斩获桂冠。2018年7月27日，调查小组亲自参与观察了当天下午的门球活动。尽管当天天气非常炎热，但自2点多起，门球场旁边的大槐树下渐渐有了阴凉遮蔽，村民们陆续从四面八方赶来，稍微活动后便开始训练。训练模式采取以赛代练，大约15人，大家分为三组轮流上场。粗略统计，当天参加活动的村民平均年龄有60岁，年龄最长者73岁，大部分都有10余年的球龄。在我们整个项目调查期间，2018年北京市通州区重阳节"长寿杯门球赛"隆重举行，在全区55支门球队报名参赛中，漷县因为门球普及率高、参赛队伍多、整体水平高，在漷县村首先进行了小组预赛以后，最终由漷县三黄庄队获得全区第一名的好成绩。由此不难看出，门球运动作为漷县社区活动的主要项目之一，已经成为当地村民锻炼身体、维系社区团结的重要方式。

漷县另一项很有特色的社区活动是太极拳的普及与开展。北京近郊自古就有习武传统，通州漷县在历史上也曾出过武秀才、武举人，尚武或者以武术作为强健体魄的重要方式，这在漷县地区是有历史根基的。清末民国至今，漷县地区的武术传承几乎没有间断，目前主要传承李氏太极拳、吴氏太极拳和五行通背拳等。

图 5-8 绿树掩映下的潞县村门球场
拍摄者：李梦婷；拍摄时间：2018 年 7 月 26 日；拍摄地点：潞县村门球场

李氏太极拳原本起源于天津武清，2014 年连同吴氏太极拳等一并被列入第四批国家级非物质文化遗产代表性项目名录扩展项目名录。李氏太极拳在解放前就已经在潞县地区传承，解放后，永乐店人任万良作为李氏太极拳的第三代传人开始在永乐店、潞县等地区招生徒弟，潞县东黄垡村宋洪田等人拜入门下。这时期，学习太极拳的规模并不大，仍旧限定在小范围的师徒传承。直到 1984 年，李氏太极拳第四代传人王宝华因在永乐店供销社工作，便与同样热爱太极拳的张连合、宋洪田等人一起在潞县卫生院后院开设了"少林悟真派李氏太极拳辅导站"，主要面向潞县地区的武术爱好者传授太极拳，一时间有 200 余人报名参加了辅导站的学习，很多人都是利用农忙或工作闲暇时间专程到此学习，由此迅速扩大了李氏太极拳在潞县的普及范围。

与李氏太极拳稍有不同，吴氏太极拳近年来在潞县推广更为迅速，主要由当地政府聘请吴图南太极文化艺术研究社社长李毅多及其教学团队，在此传承吴氏太极拳。自 2014 年 4 月以来，以潞县书院为中心，先期有350多名学员在此系统学习太极拳招数和知识，之后吴氏太极拳又从潞县镇的潞县书院向各个村落蔓延，主要通过在各村开设分点，以成立太极拳活动小组和表演队的形式，进一步普及太极拳，例如杨堤村村级太极拳馆、榆林庄文化太极馆、苏庄太极馆、军庄太极馆等等，与此同时，镇政府还以潞县书院为中心开展了不同规模的太极拳比赛活动。在学习太极拳、强身健体的同时，他们还一并通过设立道德讲堂等形式，传播传统太极文化和国学文化。另外，潞县书院还为摔跤、乒乓球等其他活动项目的开展设立专业场地。

对于这种民间文娱活动的社区价值，潞县镇政府也表示，"潞县镇结合各农村社区及城乡社区的特点，融合在太极文化中的仁义礼智信传统美德和社会主义核心价值教育，围绕太极拳中的阴阳辩证理念，突出颐养性情、强身健体的主题，在广大农村社区及城乡社区中倡导健康向上的村风民风，形成传统文化治理农村社区及城乡社区和谐独特的潞县治理模式"①。

我们经过调查也确实发现，这些文娱活动的开展不是局限于某一群体或单个村落，而是在潞县地区呈现规模化发展，已经分散到很多村落，吸收大量民众参与。可以说，这些社区活动已经在构建新时代社区文化的过程中发挥了重要作用，让我们看到了一种由政府主导、社区组织介入、民众积极参与的运作模式，体现了现代农村社区的活力与向心力。

2. 公共文化建设

基层公共文化建设是当前社区建设的重要内容之一，在潞县的社区文化建设中，民众自发性和主动性表现得十分明显。

潞县自古就有学宫，儒学传统深厚，与其他地区的基层文化活动中心建设相比，潞县打出了建设"潞县书院"的发展思路。在镇政府所在

---

① 潞县镇政府《潞县镇将太极文化融入社区治理》，《社区》2017年第33期。

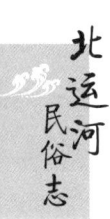

的漷县村东端建设了总面积3854平方米的建筑群，主体建筑有四层，内设有服务于全镇居民公共文化活动的图书室、报告厅、排练厅等各类功能活动室，同时注重从多方面来组织、推广文化活动，以期弘扬传统文化，促进社区文化多元发展。

书画协会是传统文化底蕴的一种艺术表现。2004年，在通州区老年书画研究会指导下成立了漷县分会，协会成员目前达到近70余人，以中老年人为主，他们之中既有本地农民，也有外地工作退休回乡的漷县人。除了在一起切磋交流之外，每逢年节，协会还会结合"写春联"等传统民俗活动同漷县社区民众互动。近年来，他们还利用暑假时间义务开设书画培训班，免费教授漷县及周边地区的青少年儿童，使漷县传统文化在代际互动中得以传承。除了镇中心之外，像榆林庄等村落也有自己的书画协会，有固定会员25人，他们还邀请京津地区的书画爱好者在此交流，希望在挥毫泼墨中深度体会、酝酿大运河文化内涵，共同探索书画艺术与大运河文化弘扬的发展模式。

2018年9月，经过两年多筹备的"榆林庄运河历史文化研究会"正式成立，作为一个几乎坐落在运河上的传统村落，村委书记郝洪恩希望能借此总结和整合榆林庄历史文化资源，探寻社区文化建设和文旅产业发展之路。该研究会设在榆林庄村口的"榆林别院"，主要吸收本村爱好历史和民俗文化的村民、退休返乡工作人员加入，同时邀请通州区、漷县镇的部分退休教师和地方学者。郝洪博是土生土长的榆林庄人，退休前曾是一名中学化学老师，他挚爱自己的家乡文化，并深受刘绍棠启发，自20世纪80年代起就开始创作乡土小说和大运河乡土文学，他时常将家乡传说、故事或者逸闻趣事融入自己的文学创作，至今仍笔耕不辍；闫宝林的祖上曾是榆林庄少有的"漕帮"，他幼年时对家庭商贸也有记忆和体验，对北运河漕运民俗文化很有研究，经常拜访通州区文史专家周良先生，还曾多次陪同周老先生在漷县地区做实地考察；近期正在编撰

《潞县志略》的李福和、于富两位老师也是研究会的特邀嘉宾和常客①。大家只要家里没事，就会聚集到这里，在榆木老家具的雅致家居里，共同梳理和探讨榆林庄与大运河文化，其间，院子里还会蒸上一大锅热气腾腾的榆钱糕。品茗、吃糕、聊运河，已经成为榆林别院这个新农村文化空间的常事儿。

在国家层面"讲好中国故事"的大背景下，该研究会已经致力于搜集和整理榆林庄故事的文化实践。2018年，他们在整理本村1948年发生的一个共产党员英勇就义的英雄人物故事时，无意中还引来了该烈士家属的关注和到访，"烈士家属及后代并不了解当时就义的全过程，榆林庄健在的几位老人都亲眼见到了，一位年仅25岁的共产党员在高唱完《四郎探母》后，英勇地走向铡刀。这是发生在榆林庄的男版'刘胡兰'"②。郝洪恩书记认为，这个英雄故事不单单属于榆林庄的历史，更是当前榆林庄基层党组织建设需要深度学习的楷模。另外，他们将搜集到的村落史料、器具、文本等一并放在榆林庄运河文化馆馆藏和展陈。

从这些个案故事中，我们能感受到当前的北运河儿女对传承运河文化的炽热，看到他们积极构建新型农村社区公共文化的主动实践。

本章主要以潞县镇为个案，围绕传统村落古镇与北运河民俗文化的关系，从潞县地理历史及村落概况、人文景观与多元叙事、运河漕运与传统村落、民间艺术与社区活动四个方面对该地域民俗文化做了总

---

① 访谈人：王文超；被访谈人：郝洪博、闫宝林；访谈时间：2019年1月12日；访谈地点：潞县榆林庄村榆林别院。

② 访谈人：王文超；被访谈人：郝洪恩；访谈时间：2019年1月12日；访谈地点：潞县榆林庄村榆林别院。

体梳理。[①]

　　漷县历史悠久、人文底蕴深厚，但其在历史上最有影响力、被当地百姓视为具有代表性的标志性文化形态主要还是从辽代开始形成。漷县西域延芳淀湿地为辽代帝王春捺钵提供了优越的自然条件，帝王巡幸进一步带动了漷县镇域的发展；明清以来以文人诗文为印记而流传至今的"漷县八景"描绘了明清时期漷县古城及其周边区域的自然和人文景观，并由此形成了丰富多元的民间叙事；如今，漷县古城虽然早已不存，但描述古城空间结构的"四台八庙七十二眼井"却成为民众追忆古城风貌的精练概述，内化了当地民众的情感认同。漷县民俗文化，集古代皇家文化、文人雅士文化与地方民俗文化于一体，反映了不同阶层文化之间的相互交融与糅合。

　　作为北运河流域的重要古镇，漷县辖内诸多村落都与大运河密切相关。漷县村内历史上存在过的漷县衙门曾将河工事务作为重要工作，河务同样成为清政府考量漷县州判是否合格的重要标准；榆林庄的成村原本就与运河有关，在明初它曾是运河沿线重要的漷县钞关所在地，明清以来一直承担着栽树防汛等工作；马家堤、杨家堤和曹庄等都与运河堤坝修筑与漕运维护有关；马头村还因运河商贸形成了带有时代特征的马头集，等等。漷县运河文化与地方村落历史及民俗文化相互关联，成为构筑北运河流域民俗文化的重要组成部分。

　　文化源于民众创造，并为民众所享用、传承。民间艺术是传统村落社区文化的艺术表现，最不易受制于物质文化的羁绊，漷县民间艺术是其整体民俗文化当代传承中最为突出的部分，同时又始终根植于农村社

[①] 漷县民俗文化普查与个案调查中得到了漷县镇各级领导和群众的大力支持，他们是：漷县镇宣传科科长孙艳春、漷县书院李福和主任和于富老师、漷县村党委书记徐永库和第一书记肖长森、榆林庄村党委书记郝洪恩、张庄龙车会会头谢兆亮、靛庄花丝厂厂长熊松涛，此外还有郝洪博、闫宝林，以及更多不能一一提及或不愿留名的漷县村民，在此郑重致谢！

区不断地演进、更新。近几十年来,潞县大力施行政府引导、社会组织介入和民众主动参与的模式,大大丰富了社区民俗文化新形态,构建了多元新型农村社区文化,促进了农村基层公共文化建设。潞县民俗文化与社区文化建设有机统一。

如今,随着北京大运河文化带保护建设、北京城市副中心建设与城乡一体化加速融合,千年潞县在秉持深厚历史文化、运河文化和民俗文化的积淀基础上,必将重新焕发生机。

(王文超撰写)

调研日志

调查时间：2018年07月20日
小组成员：王文超、李梦婷、贾茜
调查地点：通州区漷县镇漷县村
执 笔 人：贾茜、李梦婷
录影照相：李梦婷

2018年7月20日，漷县调查小组继续利用假期时间开展田野调查。前一天，在通州区图书馆杨兰英馆长帮助下，我们联系了漷县书院的李福和主任，期望通过漷县书院了解当地公共文化活动的开展以及其与传统民俗文化的关系。

上午九点半左右，我们和李主任如约在通州区图书馆门口会合。见面时，李主任正指挥下属搬运图书，这些都是通图下架并无偿捐赠给漷县的图书，将陆续分发到漷县书院图书馆和辖区各行政村的图书室。之后，我们分头乘车前往漷县书院。

漷县书院于2014年投入使用，总建筑面积3854平方米，一层是多功能厅、图书馆；二层是摔跤馆；三层是太极馆和道德大讲堂；四层是匾额陈列室。到达书院后，我们还见到了正在漷县编撰地方志的于富老师，两位老师先带领我们参观书院四楼的陈列室。该陈列室主要陈设匾额、地契文书等实物，实际收藏者并非本村人，大量实物多是从全国各地收集上来的，有专人在此整理编目。据李老师介绍，这里收纳的契约文书及匾额存量在全国均属罕见，他们期望今后能在漷县打造专题性博物馆。之后，我们又参观了太极馆和摔跤馆。书院一楼为图书馆，目前有各类图书四万余册，配备专门图书管理人员，居民可以凭读书证免费借阅图书，也可在阅览室自由阅读。临近暑假，书院还会专门为孩子们购置一批新图书。近年来，漷县书院的成立为当地民众提供了必要的公共文化活动空间和条件，书院长期聘请知名太极拳专家入镇入村去一招一式地教授村民太极拳，并通过定期举办表演比赛的形式来敦促村民强身健体。在谈及与传统民俗文化活动的衔接上，李主任表示，当地原本也有太极拳和摔跤基础，但并不是很普及，而一些民俗活动因区域性和节令性比较明显，并不完全适合在日常生活中对大众普及推广。另外，书院还通过举办道德大讲堂来宣传传统国学教育，提升村民文化素养。

在对李老师访谈的过程中，得知他本人是觅子店村人，还请他概括总结觅子店的民俗文化。他从村名谈起，谈到"觅子店"和"麦子店"两种叫法，于富老师补充了他所知的一个传说，即"觅子店"村名源于古时一富裕人家寻找丢失儿子的故事；觅子店同样位于大运河沿岸，村里曾有一座塔基，据说最先修建镇河塔时是在觅子店选址的，李老师具体讲了宝塔一夜未成而弃的故事；觅子店村有一个高跷会，平常均是年节表演，近20年来参加过的最重要的活动即是香港回归文艺演出，李老师具体介绍了他如何打破常规，组织村里的小孩子，借助传统民间花会的形式在国家大型文艺演出活动中展现传统民俗文化的经历。

在李老师引荐下，我们在漷县镇政府访谈了宣传科孙科长，初步了解近年来政府部门在当地文化宣传推广方面的具体工作。之后，我们转战到镇政府所在地漷县村，在村委会访谈了徐永库老书记。徐书记带我们首先参观了村史馆，围绕馆内最令人注目的——《漷县古城原貌图》，徐书记详细介绍了漷县村的历史、结构、村内主要寺庙和重要民俗空间等等，这些都是最能体现漷县村历史文化的标志性事象。

除了这幅古镇原貌图外，村史馆还陈列了该村保存的特殊历史时期

的重要档案文献，详细记录了该村在特定时期的人口总数、分类和家庭生活情况等具体细节；另外还有该村所获得的各项荣誉，彰显着潞县村的历史成绩，村民丰富的文娱生活，等等。

之后，我们在办公室和徐书记做了简短访谈，初步了解了该村近年来的一些变化，尤其是古镇重建与现实生活、乡民意愿等问题。通过第一次访谈，我们从书院走向镇政府，再走进潞县村，不同层面窥探了潞县古镇的历史与现状，感受到当地历史绵延悠久与文物古迹匮乏之间不对称的遗憾，也看到了民众现实文化生活的丰富和活力。在历史传统与现实生活之间，还有很多问题有待我们今后继续探究。

附 录
北运河问卷调查数据分析报告[①]

一、问卷调查基本情况

该调查问卷属于"北运河流域民俗文化普查活动及民俗志编纂活动"的辅助调研材料,调查对象为通过微信平台随机关联到该问卷的群体。问卷内容包含受访者基本情况、对北运河民俗文化了解情况、对活动举办的满意度等几大类问题,在2018年12月至2019年1月期间持续向社会投放,达到了预期的效果。

二、问卷调查目的

调查问卷作为北京市文联、北京民协组织开展的"北运河流域民俗文化普查活动及民俗志编纂"项目的重要补充材料,旨在进一步拓宽民众对通州北运河民俗文化关注度的调查渠道,在一定程度上客观掌握公众对通州运河文化和运河民俗文化普查活动及民俗志编纂项目的了解现

---

① 此报告由中国社会科学院民族学与人类学研究所在读博士王京撰写。

状，搜集分析民众对该活动的意见和建议，以及北运河文化在社会民众中的传播。为今后类似项目的进一步开展提供数据支撑，并对北运河流域民俗文化的传播推广、增强区域民众文化自信和促进地方文化的繁荣等方面产生一定的实践指导意义。

三、问卷发放与回收情况

项目组以"北运河今昔"公众号作为主干发布平台，充分利用微信公众号的推送机制，兼及相关联微信用户间的互动和分享机制，在2018年12月至2019年1月期间持续向网络投放并完成了177份有效问卷的回收，有效填写率为88.5%，社会反馈信息良好，公众参与活跃度高，反映出较好的群众认可度。

四、问卷调研结果分析

1.受访人年龄职业分析

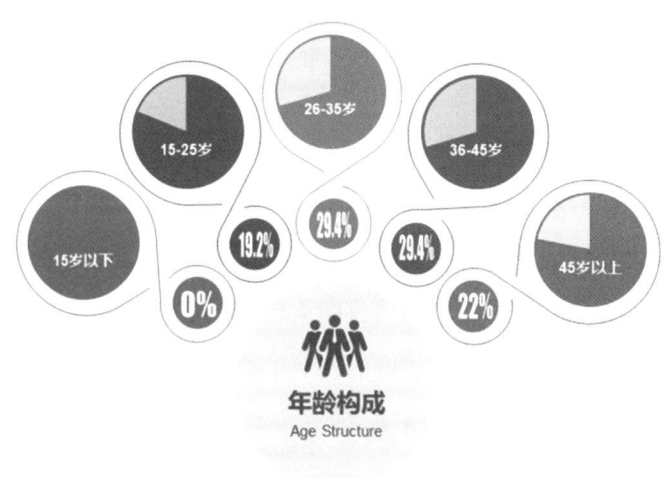

年龄结构分析图　　绘制者：王京

从填写调查问卷的年龄分层数据来看,在15—45岁的大范围区间内均有受访者分布,且各年龄层比例较为均衡,其中稍为突出的年龄构成集中在26—45岁,约占全部调查对象的60%,这在一定程度上表明了中青年群体对运河民俗文化类项目的接受度和关注度不断攀升,其也必将成为同类型社会项目的主要推动力量,值得后续项目中的持续关注。

在受访者职业构成调查部分,差异性凸显,位列前三位的分别为专业技术人员(29.4%)、学生(24.9%)和机关干部(15.8%),三者总量达70%。可见"北运河流域民俗文化普查活动及民俗志编纂"项目的推广在某种程度上讲,尚局限于学术界和专业技术领域,而在全社会范围内存在一定的传播壁垒。将年龄数据和职业数据进行叠加分析,在26—45岁受访者区间,除其他职业选项之外,专业技术人员和学生占据绝对比重,分别为38.2%和14.7%,建议将后续宣传工作的重点集中在上述两类主要人群,并以此为发散点向其他职业类型群体渗透。

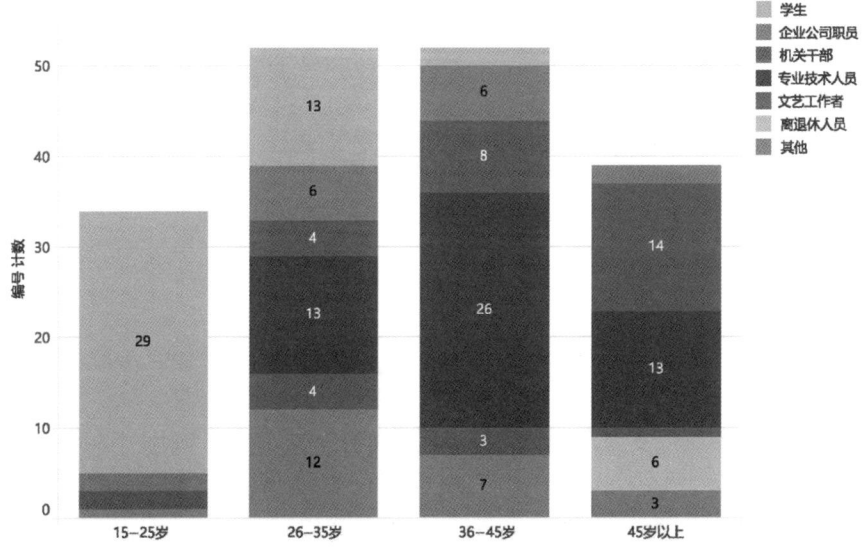

年龄职业复合分析图　绘制者:王京

2.传播途径及接受度分析

在"您是通过什么途径了解到'北运河流域民俗文化普查活动及民俗志编纂'活动的?"这一问题项下,有49.2%的受访者选择了"他人介绍",而"通过北京民协微信公众平台发布的信息"和"通过该活动专属微信平台发布的信息"两选项也均有25%左右的受访人选择,但纸媒、电视媒体等重要传播渠道的信息获取量则稍显不足,仅占全部受访量的8.5%。从上述结论可见公众接触北运河活动的途径还是相对明确和集中的,反映出民协对该项目的大力支持,也体现出对该活动项目组推广工作的充分认可。但同时也发现,传播广度和公众接受度作为影响一个项目社会影响力的重要一环,在传播途径的丰富度和渗透广度方面还有进一步提升的空间。

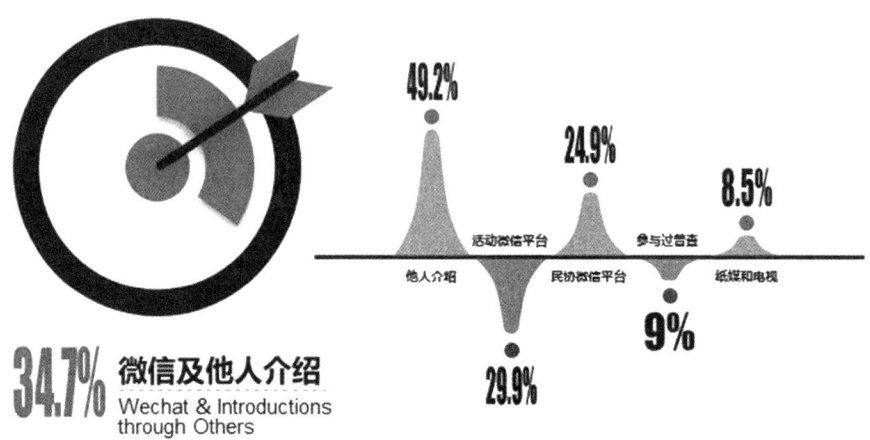

传播途径分析图　绘制者:王京

3.了解程度及满意度分析

根据调查问卷反馈信息显示,只有9位受访者(5.1%)认为自己对北运河流域民俗有全面的了解,达到"有初步了解"程度的受访者占38.4%,而有过半数(56.5%)的受访者认为自身"还需要进一步了解"。

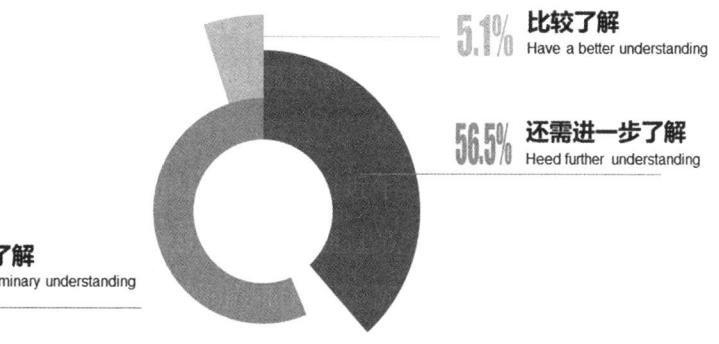

了解程度分析图　绘制者：王京

可见目前北运河民俗文化在一般大众中的普及程度和了解程度还比较低。在与上述受访者进行微信平台互动过程中,绝大多数群众对北运河民俗相关文化活动表现出了进一步了解的兴趣。这一数据表明,开展北运河文化普及和宣传活动在群众当中具有良好的心理需求,具备进一步扩大运河文化宣传的必要性。同时,在对北京市文联、北京民协已经开展的北运河流域民俗文化普查活动及民俗志编纂活动的满意度调查中,受访群众普遍给出了高于4分(满分5分)的评价,直接表明这一活动得出的成果具有在全社会范围推广的价值。

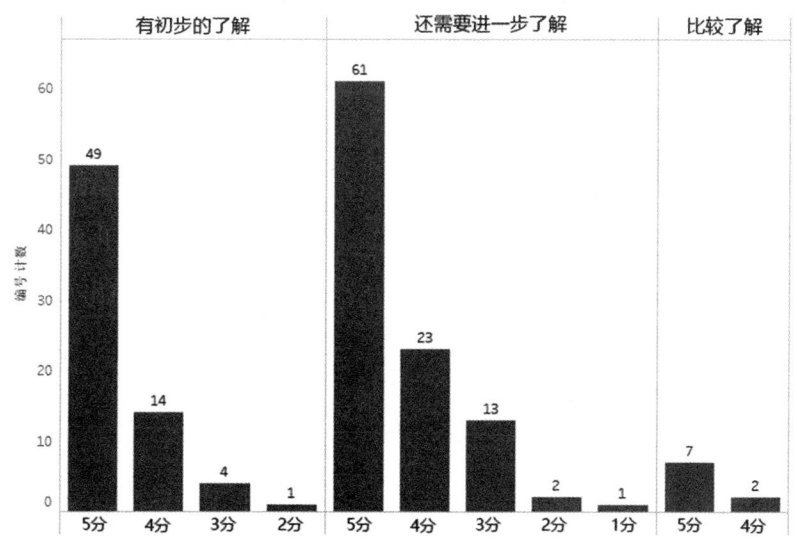

了解程度及满意度复合分析图　绘制者：王京

五、结语

项目组通过问卷发现,系统地发掘、整理、宣传北运河流域民俗文化有助于进一步提高该地区的文化影响力,将运河文化融入中华民族文化产业化发展的大局之中,该地区的民俗文化研究也有利于地方经济的发展,对全面系统地研究自隋唐以来的中国历史文化乃至地理物候的变迁也有重要意义,能对通州作为北京首都副中心的政治文化定位提供一些具有现实参考价值的民俗学资料。

由此可见,"北运河流域民俗文化普查活动及民俗志编纂活动"意义重大,是有利于文化持续发展的一项重要工作。正如不少群众在公众号留言反映的那样,普遍认为该活动在梳理、留存、保护北运河民俗文化资源,在宣扬北京民俗文化乃至中华优秀传统文化方面,在促进公众加深对京津冀三地文化同源的理解方面,以及基层文化建设方面均具有指导意义。

同时,问卷也反映出了不少需要改进的地方,如:动员更多基层民俗工作者参与进来,以保证最大程度挖掘、还原当地民俗文化全貌;建议将纸媒和网络媒体进行更深层次的结合,充分利用大数据手段进一步扩大社会影响力;保证普查活动和编纂活动具有持续性、系统性和规模性等等。这些都是"北运河流域民俗文化普查活动及民俗志编纂活动"后续工作的重点。

六、附件

北运河流域民俗文化普查活动及民俗志编纂调查问卷

1. 您的年龄?

1)15岁以下

2）15—25岁

3）26—35岁

4）36—45岁

5）45岁以上

2. 您的职业？

1）学生

2）企业公司职员

3）机关干部

4）个体经营者

5）专业技术人员

6）文艺工作者

7）离退休人员

8）其他

3. 您是通过什么途径了解到"北运河流域民俗文化普查活动及民俗志编纂"活动的？（可多选）

1）通过北京民协微信公众平台发布的信息

2）通过该活动专属微信平台发布的信息

3）在纸媒和电视媒体上看到过相关报道

4）作为采访对象或工作人员参与过普查

5）他人介绍

6）其他

4. 您了解北运河流域的相关民俗吗？

1）有初步了解

2）比较了解

3）还需要进一步了解

5.您认为开展民俗文化普查并编纂相关的书籍具有哪些意义？（可多选）

1）梳理、留存、保护北运河民俗文化资源

2）使公众对北京、天津、河北三地文化同源有深刻的了解

3）对普查对象（北京市各区）的基层文化建设具有指导意义

4）是对北京民俗文化，乃至中华优秀传统文化的宣传与弘扬

6.您对北京市文联、北京民协已经开展的北运河流域民俗文化普查活动及民俗志编纂活动是否满意？请为该项活动打分。

5分为最满意，1分为最不满意

1）5分

2）4分

3）3分

4）2分

5）1分

7.您对北运河流域民俗文化普查活动及民俗志编纂活动有哪些建议和意见？

8.联系方式

参 考 文 献

古籍

[1]〔明〕汪有执、杨行中纂修：嘉靖《通州志略》，嘉靖二十八年（1549年）刻本。

[2]〔明〕万表：《皇明经济文录》，嘉靖三十三年（1554年）刻本。

[3]〔明〕周之翰：《通粮厅志》，万历三十三年（1605年）刻本。

[4]〔清〕马齐、朱轼纂修：《大清圣祖仁皇帝实录》，内府抄本。

[5]〔清〕吴存礼修，陆茂腾等纂，康熙《通州志》，康熙三十六年（1698年）刻本。

[6]〔清〕黄成章纂修：雍正《通州新志》，雍正二年（1724年）刻本。

[7]〔清〕李卫等：雍正《畿辅通志》，雍正十三年（1735年）刻本。

[8]〔清〕高天凤修，金梅等纂：乾隆《通州志》，乾隆四十八年（1783年）刻本。

[9]〔清〕杨锡绂编纂：《漕运则例纂》，嘉庆刻本。

[10]〔清〕英良、高建勋修，王维珍等纂：光绪《通州志》，光绪五年（1879年）刻本。

[11]〔清〕张岱：《石匮书》，稿本补配清抄本。

[12] 高凌雯纂修:《天津县新志》,民国二十年(1931年)天津金钺刻本。

[13] 金士坚、徐白等纂修:《通县志要》,民国三十年(1941年)铅印本。

[14] 〔清〕顾祖禹:《读史方舆纪要》,中华书局1955年点校本。

[15] 〔晋〕陈寿:《三国志》,中华书局1959年点校本。

[16] 〔元〕脱脱等:《金史》,中华书局1975年点校本。

[17] 〔明〕宋濂等:《元史》,中华书局1976年点校本。

[18] 〔明〕蒋一葵:《长安客话》,北京古籍出版社1982年点校本。

[19] 〔清〕曹雪芹:《红楼梦》,人民文学出版社1982年点校本。

[20] 〔清〕刘锡信:《潞城考古录》,中华书局1985年点校本。

[21] 〔清〕傅泽洪等编:《行水金鉴》,《文渊阁四库全书》台湾商务印书馆1986年影印本。

[22] 〔清〕于敏中等编纂:《日下旧闻考》,《文渊阁四库全书》台湾商务印书馆1986年影印本。

[23] 〔清〕潘荣陛:《帝京岁时纪胜》,北京古籍出版社1981年版。

[24] 〔清〕康有为著,汤志钧编:《康有为政论集》,中华书局1981年版。

[25] 〔清〕孙承泽:《天府广记》,北京古籍出版社1984年点校本。

[26] 〔清〕刘锡信:《潞城考古录》,中华书局1985年版。

[27] 〔清〕《嘉庆重修一统志》,《中国古代地理总志丛刊》,中华书局1986年影印本。

[28] 〔清〕周家楣、缪荃孙编纂:光绪《顺天府志》,北京古籍出版社1987年点校本。

[29] 〔清〕嵇璜、刘墉等纂修:《清朝通志》,浙江古籍出版社1988年影印本。

[30] 〔清〕于成龙修,郭棻纂:康熙《畿辅通志》,河北人民出版社

1989年点校本。

[31]〔清〕赵翼撰，栾保群、吕宗力校点:《陔余丛考》，河北人民出版社1990年点校本。

[32]〔清〕彭元瑞:《孚惠全书》，《续修四库全书》，上海古籍出版社1996年影印本。

[33]〔清〕王先谦撰:同治《东华续录》，《续修四库全书》，上海古籍出版社1996年影印本。

[34]〔清〕李鸿章修，黄彭年纂:光绪《畿辅通志》，《续修四库全书》，上海古籍出版社1996年影印本。

[35]〔明〕刘侗、于奕正著，孙小力校:《帝京景物略》，上海古籍出版社2001年点校本。

[36]〔清〕昆冈等修，吴数梅等纂:《大清会典》，上海古籍出版社2002年点校本。

[37]〔清〕李逢亨:《永定河志》，北京燕山出版社2007年点校本。

[38]〔明〕谢肇淛:《五杂组》，上海书店出版社2009年点校本。

著作

[1]《中国大百科全书》编辑委员会编:《中国大百科全书》，中国大百科全书出版社1985年版。

[2]北京市文物事业管理局编:《北京名胜古迹辞典》，北京燕山出版社1989年版。

[3]丁世良、赵放主编，张军等编:《中国地方志民俗资料汇编》（华北卷），书目文献出版社1989年版。

[4]周魁一等注释:《二十五史河渠志注释》，中国书店1990年版。

[5]王灿炽:《王灿炽史志论文集》，北京燕山出版社1991年版。

[6]通县地名志编辑委员会编:《北京市通县地名志》，北京出版社1992年版。

[7] 中国民族民间舞蹈集成编辑部编:《中国民族民间舞蹈集成·北京卷》,中国 ISBN 中心 1992 年版。

[8] 冯其庸主编:《曹雪芹墓石争论集》,文化艺术出版社 1994 年版。

[9] 王灿炽:《燕都古籍考》,京华出版社 1995 年版。

[10] 政协石家庄市委员会编著:《石家庄历史文化精华》,中国对外翻译出版公司 1997 年版。

[11]［韩］朴趾源:《热河日记》,上海书店出版 1997 年版。

[12] 钟敬文主编:《民俗学概论》,上海文艺出版社 1998 年版。

[13] 北京市地方志编纂委员会编著:《北京志·地质矿产水利气象卷·水利志》,北京出版社 2000 年版。

[14]［韩］林基中编:《燕行录全集》,韩国东国大学出版社 2001 年版。

[15]《北京百科全书 通州卷》编辑委员会编:《北京百科全书 通州卷》,奥林匹克出版社 2001 年版。

[16] 张修桂、赖青寿编著:《辽史地理志汇释》,安徽教育出版社 2001 年版。

[17] 田银生、刘韶军编:《建筑设计与城市空间》,天津大学出版社 2001 年版。

[18] 刘晓春:《仪式与象征的秩序——一个客家村落的历史、权力与记忆》,商务印书馆 2003 年版。

[19] 北京市通州区地方志编纂委员会编:《通县志》,北京出版社 2003 年版。

[20] 天津市北辰区委员会文史委员会编:《北辰文史资料·北运河》,天津古籍出版社 2003 年版。

[21] 于德源:《北京漕运和仓场》,同心出版社 2004 年版。

[22] 陈左高:《历代日记丛谈》,上海画报出版社 2004 年版。

[23] 周良等主编:《通州漕运》,文化艺术出版社 2004 年版。

[24] 孟宪良:《通州民间艺术》,文化艺术出版社 2004 年版。

[25] 郑建山:《大运河的传说》,文化艺术出版社 2004 年版。

[26] [英] E. 霍布斯鲍姆、T. 兰格:《传统的发明》,顾杭、庞冠群译,译林出版社 2004 年版。

[27] 傅崇兰:《中国运河传》,山西人民出版社 2005 年版。

[28] 北京市政协文史资料委员会编:《北京文史资料精选 通州卷》,北京出版社 2006 年版。

[29] 北京市通州区政协文史资料委员会编:《古韵通州》,文物出版社 2006 年版。

[30] 赵复兴:《固安地区民俗辑录》,天津古籍出版社 2006 年版。

[31] 北京市通州区文化委员会、北京市通州区文学艺术界联合会编:《通州文物志》,文化艺术出版社 2006 年版。

[32] 刘铁梁:《中国民俗文化志 北京通州区卷》,中央编译出版社 2006 年版。

[33] 杨正泰撰:《明代驿站考 增订本》,上海古籍出版社 2006 年版。

[34]《中国小康村纪实丛书》编委会编:《新农村建设群英谱》,西苑出版社 2006 年版。

[35] 中国民俗学会、北京民俗博物馆辑:《传统节日与文化空间——东岳论坛国际学术研讨会专辑》,学苑出版社 2007 年版。

[36] 赵维平:《明清小说与运河文化》,上海三联书店 2007 年版。

[37] 李文治,江太新:《清代漕运》,社会科学文献出版社 2008 年版。

[38] 孙连庆:《北京地方志·古镇图志丛书 张家湾》,北京出版社 2010 年版。

[39] 宁波市鄞州区政协文史资料委员会整理:《甬上耆旧诗》,宁波出版社 2010 年版。

[40] 李吏、戴立军主编:《不能隔断的记忆——北京市通州区非物质文化遗产保护名录》,大众文艺出版社 2010 年版。

[41] 北京市旅游发展委员会编:《北京乡村旅游发展报告:2010年度》,中国旅游出版社2011年版。

[42] 宋大川主编、胡传耸著:《北京考古史·汉代卷》,上海古籍出版社2012年版。

[43] 李一之编著:《雕漆》,北京美术摄影出版社2012年版。

[44] [英]贝拉·迪克斯:《被展示的文化:当代"可参见性"的生产》,冯悦译,北京大学出版社2012年版。

[45] 周良、谷建华:《漂来的北京》,中国书店出版社2012年版。

[46] 通州区政协文史学习委员会编:《通州民俗》,团结出版社2012年版。

[47] 段飞编注:《清河历代文选》,中国文联出版社2012年版。

[48] 郑建山:《通州民俗文化》,漓江出版社2013年版。

[49] 程国政编注、路秉杰主审:《中国古代建筑文献集要》(明代上),同济大学出版社2013年版。

[50] 北京市旅游业培训考试中心编:《京郊旅游案例:民俗旅游村精品汇》,旅游教育出版社2013年版。

[51] 通州区政协文史和学习委员会、通州区漷县镇人民政府编:《千年古镇漷县》,团结出版社2013年版。

[52] 潘倩菲主编:《实用中国风俗辞典》,上海辞书出版社2013年版。

[53] 吴明娣主编:《百年京作 20世纪北京传统工艺美术的传承与保护》,首都师范大学出版社2014年版。

[54] 北京市通州区文史和学习委员会编著:《漕运古镇 张家湾》,团结出版社2014年版。

[55] 中国水利史典编委会编:《中国水利史典 运河卷》,中国水利水电出版社2015年版。

[56] 北京市政协文史资料委员会编:《首都文史精粹·通州卷》,北

京出版社 2015 年版。

[57] 刘征:《北京会馆纪事》,中国戏剧出版社 2015 年版。

[58] 王绵厚、朴文英:《中国东北与东北亚古代交通史》,辽宁人民出版社 2016 年版。

[59] 诸葛净:《辽金元时期北京城市研究》,东南大学出版社 2016 年版。

[60] 习近平:《决胜全面建成小康社会 夺取新时代中国特色社会主义伟大胜利》,人民出版社 2017 年版。

[61] [法] 居伊·德波:《景观社会》,张新木译,南京大学出版社 2017 年版。

[62] [法] 茨维坦·托多罗夫:《共同的生活》,林泉喜译,华东师范大学出版社 2017 年版。

[63] 北京市通州区政协文史和学习委员会,北京市通州区西集镇人民政府:《颐和西集》,团结出版社 2017 年版。

[64] [德] 约翰尼斯·费边:《时间与他者:人类学如何制作其对象》,马健雄、林珠云译,北京师范大学出版社 2018 年版。

[65] 周良:《大运河源头第一镇》,内部文稿。

论文

[1] 陈峰:《漕运与中国的封建集权统治》,《西北大学学报》(哲学社会科学版) 1990 年第 2 期。

[2] 北京市通县张家湾镇人民政府:《关于曹雪芹墓碑的发现经过》,《运河》1992 年第 3 期。

[3] 中共通县县委办公室:《潞县镇靛庄花丝厂获得自营出口权的启示与思考》,《农村经济与管理》1995 年第 2 期。

[4] 刘铁梁:《村落集体仪式性文艺表演活动与村民的社会组织观念》,《北京师范大学学报》(社会科学版) 1995 年第 6 期。

[5] 刘铁梁:《村落——民俗传承的生活空间》,《北京师范大学学报》(社会科学版)1996年第6期。

[6] 赵世瑜:《国家正祀与民间信仰的互动——以明清京师的"顶"与东岳庙为个案》,《北京师范大学学报》(社会科学版)1998年第6期。

[7] 王永斌:《历史上的京畿码头——张家湾》,《北京规划建设》2000年第3期。

[8] 崔新建:《文化认同及其根源》,《北京师范大学学报》(社会科学版)2004年第4期。

[9] 李猛:《民间信仰与贵州民族民间文化》,《贵州民族大学学报》(哲学社会科学版)2008年第6期。

[10] 杨昕:《朝鲜使臣笔下的明代通州》,《延边大学学报》(社会科学版)2009年第2期。

[11] 陈喜波:《明清北京通州运河水系变化与码头迁移研究》,《中国历史地理论丛》2011年第1期。

[12] 周青青:《北京通州运河号子中的山东音乐渊源》,《中央音乐学院学报》2012年第1期。

[13] 范瑞婷:《北京通州区春节志》,硕士学位论文,北京师范大学2012年。

[14] 冯鹤:《通州佑民观小考》,《中国道教》2012年第3期。

[15] 郑民德:《明清京杭运河沿线漕运仓储系统研究》,博士学位论文,南开大学2013年。

[16] 李永胜:《浅谈汉江硪歌曲调的多样性与研究价值》,《戏剧之家(上半月)》2013年第3期。

[17] 刘铁梁:《村庄记忆——民俗学参与文化发展的一种学术路径》,《温州大学学报》(社会科学版)2013年第5期。

[18] 王玉圳:《北京通州漷县镇绿地系统规划研究》,《农业科技与信息》2013年第7期。

[19] 汤晓青:《非物质文化遗产保护与传承中地方民俗精英的地位与作用》,《文化遗产研究》2014年第1期。

[20] 葛荣玲:《景观人类学的概念、范畴与意义》,《国外社会科学》2014年第4期。

[21] 邵双龙:《中世纪暖期渤海沿岸内涝现象的出现及其成因的个案研究》,陕西师范大学2015年硕士学位论文。

[22] 岳永逸:《教育、文化与福利:从庙产兴学到兴老》,《民俗研究》2015年第4期。

[23] 金泽:《如何理解宗教的"神圣性"》,《世界宗教文化》2015年第6期。

[24] 陈喜波,邓辉:《明清北京通州城漕运码头与运河漕运之关系》,《中国历史地理论丛》2016年第2期

[25] 陈喜波,邓辉:《明清北京通州城漕运码头与运河漕运之关系》,《中国历史地理论丛》2016年第2期。

[26] 周星:《"生活革命"与中国民俗学的方向》,《民俗研究》2017年第1期。

[27] 李晓岑、朱霞:《传统工艺与中国品牌》,《自然辩证法研究》2017年第2期。

[28] 孟伟:《北京通州张家湾山西会馆考略》,《山西大学学报》(哲学社会科学版)2017第2期。

[29] [摩洛哥]艾哈迈德·斯昆惕:《非物质文化遗产及其遗产化反思》,马千里译,巴莫曲布嫫校,《民族文学研究》2017年第4期。

[30] 鲁晓帆:《北京通州出土两方唐代墓志考释(下)》,《收藏家》2017年第6期。

[31] 王瑞迪:《论刘绍棠新时期小说中的地域文化书写》,安徽大学2018年硕士学位论文。

[32] 谢林轩:《运河文化遗产在乡村建设中作用探究——以通州张家

湾地区为例》，中央美术学院 2018 年硕士学位论文。

[33] 张举文：《民俗认同：民俗关键词之一》，《民间文化论坛》2018 年第 1 期。

[34] 毛巧晖：《民间传说与文化景观的叙事互构——以嫘祖传说为中心》，《贵州民族大学学报》（哲学社会科学版）2018 年第 3 期。

[35] 朱莉莉：《非遗公众活动：强化博物馆非遗传播效应的思考——以南京博物院非物质文化遗产馆为个案分析》，《民族艺术研究》2018 年第 5 期。

[36] 王子涵：《"神圣空间"的理论建构与文化表征》，《文化遗产》2018 年第 6 期。

[37] 岳永逸：《"庙会"研究专栏导语》，《文化遗产》2018 年第 6 期。

[38] 沈一兵：《乡村振兴中的文化危机及其文化自信的重构——基于文化社会学的视角》，《学术界》2018 年第 10 期。

后　记

"北运河流域民俗文化普查活动及民俗志编纂"项目是中共北京市宣传部全国文化中心建设2018年重点项目之一，该项目委托北京市文联、北京民间文艺家协会组织实施，学术项目组成员包括中国社会科学院民族文学研究所毛巧晖研究员，中央民族大学文学与新闻传播学院王卫华教授，中央民族大学民族学与社会学学院张青仁副教授、袁剑副教授，中国社会科学院民族学与人类学研究所王耀副教授，中国科学院自然科学史研究所博士后王文超，北京师范大学文学院博士生翟丹，中央民族大学少数民族语言文学系博士生张歆等。2018年3月项目正式启动，5月至12月项目组成员在京津冀北运河流域一带全面调查。同时课题组还于5月18日开启"北运河今昔"公众号，此公众号希冀通过新媒体的形式，公开课题进展、关注运河文化研究动态，结合普及性与学术性，"书写"北运河民俗文化。

课题组成员集思广益，积极思考"运河"水域对民众生活实践的影响，在"标志性"民俗思想的统领下，以点带面，结合地域与水域，在通州区内北运河沿途选择了永顺、潞城、西集、张家湾、漷县，运用文献与田野调查的方法完成了书稿撰写。其中"绪论：文献中的北运河民俗述要"由翟丹主持撰写；第一章由张青仁主持撰写，参与调查和撰写者有北京师范大学文学院民俗学硕士生程浩芯，中央民族大学民族学与

社会学学院曲直、杨慧云；第二章由袁剑主持撰写，参与调查和撰写者有中央民大民族学与社会学学院王宇晗、朱晓晓、刘润蛟；第三章由王卫华主持撰写，参与调查和撰写者有北京师范大学文学院博士生霍志刚、中央民族大学民族学与社会学学院硕士生孙佳丰和徐睿凝；第四章由毛巧晖主持撰写，参与调查和撰写者有中央民族大学少数民族语言文学系博士生张歆、中央民族大学民族学与社会学学院硕士生王晴、中国社会科学院民族学与人类学研究所博士生王京、中国艺术研究院艺术人类学研究所硕士生洪运涅；第五章由王文超主持撰写，参与调查和撰写者有中国艺术研究院艺术人类学研究所硕士生李梦婷、贾茜。

课题的顺利完成离不开北京市文联和北京民间文艺家协会的组织与领导。北京市文联党组副书记、副秘书长杜德久，他熟悉通州历史文献、了解通州的风土民情，对于课题的设计与布局提出了建设性意见。北京民间文艺家协会驻会副主席、秘书长史燕明积极推动与通州区文史学者、民俗精英的对接与联络工作，为课题的顺利完成提供了保障。此外要特别感谢北京民间文艺家协会副秘书长苑柏，通州区图书馆馆长杨兰英、通州区图书馆古籍部主任郝津俐，没有她们的帮助，课题无法如期完成。在调查过程中，通州区文史资料中心研究者、地方文化学者以及永顺、潞城、西集、于家务、漷县、张家湾的文化干部、村干部都积极支持，并对我们的调查提出大量修订建议。在此一并表示感谢！

在课题的完成过程中，厦门大学彭兆荣教授、中国社会科学院民族文学研究所汤晓青编审、南京旅游职业学院纪文静副教授等都对课题提出了建议，课题组受益匪浅。在此表示衷心的感谢。

本书的出版还离不开中国戏剧出版社张霞编辑的努力与推进，为了书稿的顺利完成并不延误出版时间，她不厌其烦地督促与跟进。这浮躁社会中的一抹"清新"，让我们内心感动，感受到了年轻一代出版人的责任心与事业感。此外就是中央民族大学少数民族语言文学系博士生张歆为此书的统稿、编辑、校对付出了大量的时间和精力，她的细心、勤奋令我钦佩。

    由于时间紧促，我们的调查过程难免出现偏差，书稿撰写可能也有诸多遗漏，但课题组所有成员以及参与调查撰写者都全力以赴，只希望能借此课题，展示通州区北运河流域村落、社区的历史与民俗的脉络与生活现状，不足之处，将在今后的课题延展与深入研究中进一步弥补。

毛巧晖
2019 年 1 月 10 日